济忆
历史上的这一周

主编 林强 周黎萍

同济大学出版社·上海
TONGJI UNIVERSITY PRESS·SHANGHAI

图书在版编目(CIP)数据

济忆:历史上的这一周 / 林强,周黎萍主编. --
上海:同济大学出版社,2022.12
ISBN 978-7-5765-0192-6

Ⅰ.①济… Ⅱ.①林… ②周… Ⅲ.①同济大学—校史—史料 Ⅳ.① G649.285.1

中国版本图书馆 CIP 数据核字(2022)第 069067 号

济忆——历史上的这一周

主 编　林 强　周黎萍

责任编辑:翁晗
责任校对:徐春莲
装帧设计:刘青

出版发行:同济大学出版社
地址:上海市杨浦区四平路 1239 号
电话:021-65985622
邮政编码:200092
网址:http://www.tongjipress.com.cn
经销:全国各地新华书店、网络书店

印刷:上海安枫印务有限公司
开本:710mm × 1000mm 1/16
印张:41.5
字数:830 000
版次:2022 年 12 月第 1 版
印次:2022 年 12 月第 1 次印刷
书号:ISBN 978-7-5765-0192-6
定价:288.00 元

本书若有印装质量问题,请向本社发行部调换。
版权所有 侵权必究

《济忆——历史上的这一周》编委会

主 编

林 强　周黎萍

编委会成员（按姓氏笔画排序）

王晓云　王毓灵　吕真真　朱国兰　刘丽娟
孙 洁　杜 婕　李双双　张 静　林 松
林 强　季玲玉　周 玮　周黎萍　章华明
程如心　臧亚丹

同舟济,向未来
——祝贺《济忆——历史上的这一周》出版

序言

　　同舟共济向未来。自1907年创校至今,同济大学已走过了115年的办学历程。从怀抱匡时济世、厚国聚民的办学初心,到在中国共产党的领导下踏上建设社会主义现代化大学的蓬勃历程,同济大学始终坚持与中华民族命运休戚与共,与祖国科教事业心手相牵,与上海城市发展相濡以沫,形成了"与祖国同行,以科教济世"的办学传统,培养了大批具有家国情怀、有实干精神的杰出人才,为民族独立和人民解放、国家富强和人民幸福做出了重要贡献。百年同济,从起步于医工结合到迈向中国特色世界一流大学,见证了中国高等教育的成长与发展;百年同济,在我们党百年奋斗波澜壮阔的交响乐中,悠扬着"同心同德同舟楫,济人济事济天下"的优美乐章。

　　"海不辞水,故能成其大;山不辞土石,故能成其高。"大学的历史积淀与文化传承是大学创新与发展的精神养分,更是新时代建设中国特色世界一流大学的内在动力。2019年,在庆祝同济大学建校112周年之际,为更好地从百年同济的历史和文化积淀中总结治学理念和办学特色,传承同济精神,同济大学档案馆(校史馆)通过微信公众号推出了"校史回眸"之"历史上的这一周"系列推送,用丰富的史料和图文再现了学校的发展历程和办学实绩,在读者中取得了良好反响,达到了较好的育人效果。系列推送持续一年,于2020年上半年结束。其间,校内外不少读者和师生校友提出了将相关内容整理出版的建议。2021年,为庆祝中国共产党成立100周年,充分展现在党的领导下同济大学欣欣向荣的办学盛景,更广泛地向师生校友和社会大众传播同济文化、传承同济精神,学校同意将相关文稿编辑成书。在近一年的筹备过程中,档案馆(校史馆)对52篇不同主题的文稿做了系统性校对,对相关史料进行了二次挖掘和补充,字斟句酌、一丝不苟,最终形成了《济忆——历史上的这一周》书稿。

　　翻开眼前的这本书,"永远的吴淞之殇""治淮工程的光荣一页""同济人的'汽车梦'""同济文科的'红楼'记忆""走向世界的同济设计""同济百年校庆经典时刻"……以时间为纲、事件为目,一个个鲜活的历史事件,勾勒出了学校发展历程的大致轮廓,拓展了学校办学育人的丰富内涵,构成了40万同济人共同的历史记忆和精神财富。此书以校史为主要内容,以事件为切入点,却不限于学校发展的某一个时代或者阶段,通过横向比较与纵向分析,以翔实的史料、严谨的考证和丰富的图片再现学校在教育理念、学科发展、办学特色、社会服务、对外交流、校园文化、机构变迁等方面的演变过程,由点到线,由线到面,融合了编者的思考与总结,既是赓续同济文脉、弘扬同济精神的重要载体,也是学校推进党史学习教育"燃起来"的一部良好教材,有助于激励广大师生同心协力,共同推进中国特色世界一流大学建设。在此,我向此书的出版表示热烈祝贺,向所有参与此项工作的同事们表示衷心感谢!书中所记,不少是我的亲身经历。所以,在翻阅这本书的时候,既有共鸣,也有新的思考。我相信,书中所展示的同济发展历程中弥足珍贵的精彩瞬间、所凝结的同济人自强不息的精神风貌,也一定会吸引和打动广大师生和校友,成为同济人建功新时代的不懈动力。

述往者以思来者。习近平总书记指出:"不忘本来才能开辟未来,善于继承才能更好创新。"创新校史教育,传承同济精神,提升育人成效是学校始终高度重视和不断思考的课题。同济大学115年的发展史不仅记载着学校薪火相传、弦歌不辍的孜孜追求,见证着学科从无到有、从弱到强的发展历程,也诠释着同济人自强不息、严谨求实的精神品格,更镌刻着师生始终听党的话、坚定跟党走的意志信念。当前,学校正在大力推进"十四五"规划的落地实施,如何顺应时代发展趋势和潮流,从更高层次思考大学的属性、功能定位、办学宗旨等一系列重大问题是学校未来发展的关键所在。回顾历史,总结经验,可以为我们更好地面向未来、实现跨越式发展提供有益的借鉴。值此建校115周年之际,学校编辑出版《济忆——历史上的这一周》一书,既是回顾,也是展望;既是传承,也是创新,更是对未来的期许。希望以此为契机,学校各部门通力合作,激活校史资源,讲好同济故事。希望同济的历史文化能够走出档案馆藏,走进校园,走入师生,走向大众,取得良好的教育意义和广泛的社会影响力。

档案馆(校史馆)和出版社一起将《济忆——历史上的这一周》从微信推文转化为正式出版物是一次非常好的尝试。书籍排版保留了微信推文中生动活泼的展现方式,化档案的厚重沉闷为图文并茂的轻盈悦目,化历史的沉蕴为语言的灵动,使原本略显枯燥的历史话题转化为轻松明快的大众阅读体验。本书主题鲜明、内容丰富，兼具历史内涵和时代价值，将有助于提升师生校友和社会大众对同济百余年发展历程的了解，加深对同济精神内涵的理解。希望通过阅读此书，师生们能够更加深入地了解校史，感悟同济人的奋斗精神，进一步激发干事、创业、治学的激情，共同推进中国特色世界一流大学建设。

面向新的百年征程，在"同济天下、崇尚科学、创新引领、追求卓越"的新时代同济文化的浸润下，让我们以史为鉴，勇毅前行，坚持在继承中创新、在创新中发展，为学校"十四五"建设画好同心圆，加快推进中国特色世界一流大学建设，沿着中华民族伟大复兴的航向再出发！

原同济大学副校长

前 言

历史的长河蜿蜒，济舟者溯游而上。同济创校于1907年，从"医院能救人于一时，学堂能救人于后世""厚国聚民，莫先乎工"的办学理念起步，经过115年的发展，同济大学已经成为一所特色鲜明的综合性、研究型、国际知名高水平大学，综合实力位居国内高校前列。

校史，既是学校历史的缩影和学校发展的轨迹，更是学校精神与文化传承的载体。为了深入开展同济大学档案馆馆藏档案史料的挖掘和同济精神文化的传承工作，宣传同济历史、讲好同济故事，为师生提供喜闻乐见的高质量校史文化阅读体验，2019年6月至2020年5月，档案馆（校史馆）通过微信公众号推出了以校史中的重大事件为主题、连续52周共计52期的"历史上的这一周"系列主题推送活动。

为了更加完整地体现学校的发展历程，在选题考量上，除以学校百年校庆期间出版的《同济大学百年志》中的"大事记"作为选择主题的基本依据外，编者主要秉持了以下几个原则：一是着重关注所选题材的重要性和代表性，主题能够反映学校发展过程中的重大事件或重要节点，体现学校发展的基本特征和主要特色；二是综合考量和平衡各期推送主题，审慎选取个别特殊主题的发布节点，确保各期推送主题不仅具有较高的宣传推广价值，也不遗漏学校发展的重要方面；三是注重事件的延展与文脉传承，除"抗美援朝""治淮工程"等单一节点事件外，尽可能地向历史发展的纵深延展，向事件本身的横向对比扩充，深入挖掘和总结学校在某一方面、某个领域的重要举措和发展历程，提升传承学校文脉、传递精神内涵的价值；四是确保内容来源的准确性和可靠性，主要史料参考同济大学档案馆馆藏档案和已公开出版的校史校志图书，图片多来源于同济大学档案馆馆藏历史图片和同济大学党委宣传部的图片库，相关图文均经过认真考证，力争推文内容准确、可信、丰富、翔实，具有较高的权威性，从而更好地发挥校史传承的正向作用。

根据以上原则，最终遴选的推送主题以学校早期发展历史为主，主要包括以下几个方面：一是对影响学校发展的重要历史事件的追溯，如"校董会的成立与早期发展""永远的'吴淞之殇'""医学院内迁往事""治淮工程的光荣一页""中共同济支部公开"等；二是对学校相关学科创办与发展历程的回顾，如"早期的理学院""同济人的'汽车梦'""同济文科的'红楼'记忆""开创工科职业教育""跻身世界一流的同济土木工程学科""走向世界的同济设计"等；三是对学校阶段性历史及成果的总结以及对相关部门发展脉络的介绍，如"'985工程'建设历程""济忆'211工程'一期建设""同济嘉定校区的由来""图书馆溯源""济忆'同济附中'""学生工作体系的建立"等；四是对学校文化传承体系的呈现，如"中德教育与文化交流之桥""同济与李庄的'故乡'情缘""'年夜饭'里的同济关怀""同有济艺 学乐青春""同济百年校庆经典时刻"等。总体而言，52篇推送文稿以"历史上的这一周"为切入点，点线结合，面面俱到，图文并茂，交织成历史和文化的叙述网格，呈现了同济一百多年发展历程中的主要方面和相关成就，构成了同济人共同的历史记忆和精神财富。

推文最初在档案馆和校史馆微信公众号上发表，得到了师生的广泛关注和转发，反响热烈。为进一步扩大影响，从第四期开始，校友会也在其官微作同步推送，更多师生校友伴随着"历史上的这一周"开启了同济百年文脉和精神传承的文化之旅。其间，有的师生校友表示每周一都会等着看新一期的推文，有的更是希望此类推送能够长期延续下去，也有师生和领导提议将推送内容整理成书稿予以出版发行。受此启发，在征得学校同意后，我们于2021年启动整理出版工作，通过对推送内容的进一步核校和编审专家的逐篇审读，最终实现了公开出版的愿望。

习近平总书记在致信祝贺第二十二届国际历史科学大会开幕时强调，"历史是人类最好的老师"，他指出："重视历史、研究历史、借鉴历史，可以给人类带来很多了解昨天、把握今天、开创明天的智慧。"今年是同济大学建校115周年，在百余年发展历程中，同济大学形成了独特的历史文化和精神财富：建校初期，同济人为救国医民、厚国聚民而和衷共济、艰难创业；吴淞办学阶段，同济人自强不息、潜心治学，经历了吴淞办学的兴与殇；西迁时期，同济人与祖国命运休戚与共，弦歌不辍、坚持文化抗战；返回上海后，同济人孜孜追求、广聚人才，推动学校迈入综合性大学行列；新中国成立初期，同济人牢记使命、服从大局，充分发挥学科专长，服务社会主义建设；改革开放后，同济人把握时代脉络、推动跨越式迈进，积极服务国家经济社会发展；进入新时代，同济人不负韶华、追求卓越，推进前沿科技研究，努力建设中国特色世界一流大学……百余年同济,为我们留下了弥足珍贵的历史勋章和精神养分。前事不忘,后事之师,让我们面向未来,同舟共济,"与祖国同行,以科教济世",沿着中华民族伟大复兴的航向扬帆起航,在建设中国特色世界一流大学的征途中奋发前行!

目录

01	第一周 校董会成立与早期发展	018
02	第二周 "985工程"建设历程	026
03	第三周 "211工程"一期建设	034
04	第四周 人民同济的新起点	042
05	第五周 早期的理学院	048
06	第六周 进入中管高校行列	056
07	第七周 中国高教改革的"同济模式"	060
08	第八周 "两个转变"办学方针的提出	066
09	第九周 同济文科的"红楼"记忆	072
10	第十周 同济人的"汽车梦"	078
11	第十一周 永远的"吴淞之殇"	084

12	第十二周 《同济人》改组复刊	090
13	第十三周 跻身国立大学行列	098
14	第十四周 回望研究生培养之路	106
15	第十五周 漫步"环同济知识经济圈"	114
16	第十六周 医学院内迁往事	124
17	第十七周 同济嘉定校区的由来	132
18	第十八周 同济与李庄的"故乡"情缘	140
19	第十九周 治淮工程的光荣一页	152
20	第二十周 中德教育与文化交流之桥	160
21	第二十一周 同济大学科技园：学界与业界同行	172
22	第二十二周 开创工科职业教育	180

23	第二十三周 走向世界的同济设计	196
24	第二十四周 追梦,启航:仰望星空共济世	208
25	第二十五周 抗美援朝,保家卫国	222
26	第二十六周 "附属医院"述往	230
27	第二十七周 同说"校友会"	248
28	第二十八周 同有济艺 学乐青春	266
29	第二十九周 同聚英才共济世	280
30	第三十周 中共同济支部公开	302
31	第三十一周 "述绝学,输精思":同济学术期刊发展历程	318
32	第三十二周 同济与新中国初期的"血吸虫病防治"	338
33	第三十三周 同济"一·二九"事件始末	350

34	第三十四周 校庆日的由来	364
35	第三十五周 跻身世界一流的同济土木工程学科	372
36	第三十六周 同济校园经典建筑略览	390
37	第三十七周 "年夜饭"里的同济关怀	404
38	第三十八周 同济学生就业记略	412
39	第三十九周 同舟共济 钩深致远——走向深海的同济大学	426
40	第四十周 图书馆溯源	440
41	第四十一周 国际合作办学平台的建立	456
42	第四十二周 "三一七"事件始末	472
43	第四十三周 同济廿年吴淞之兴	486
44	第四十四周 那些年,那些承载着历史印记的校舍	502

45	第四十五周 同济的"留德中转站"	524
46	第四十六周 本科毕业设计（论文）的发展与变迁	538
47	第四十七周 自西向东，回迁上海	554
48	第四十八周 同济医科的恢复与发展	570
49	第四十九周 济忆"同济附中"	590
50	第五十周 《同济大学章程》与现代大学治理	614
51	第五十一周 同济百年校庆经典时刻	630
52	第五十二周 学生工作体系的建立	644

参考文献　　　　661

后记　　　　662

01

1907年德文医学堂成立时位于白克路（今凤阳路）的校舍

第一周　　　　　　　　　　　　　　　　6.02~6.08 [2019]

校董会成立与早期发展

五月的鲜花盛开，迎来了同济112岁生辰
六月的阳光明媚，开启了对"历史上的这一周"的回望
历史的长河蜿蜒，济舟者溯游而上
"与祖国同行，以科教济世"
回首往昔，同济精神的光芒
闪烁在一代代同济人
与中华民族命运休戚与共
与祖国科教事业心手相牵
与上海城市发展相濡以沫
为培育国家栋梁之才而求索的道路上

1907年6月3日
为确保日后德国师资可以采用德文教材并以德语授课
学校为先期入学的学生开授德语课程
标志着"德文医学堂"的办学历程正式起航
为决策学校开办的重大事项
1907年8月2日，学校召开首次董事会
商议建校资金、土地及校舍等问题

回眸"历史上的这一周"
让我们一起回顾
同济校董会的成立与发展历程

埃里希·宝隆,德国医学博士,主持筹建同济医院和德文医学堂,德文医学堂首任总监督、总理(1907—1909)

奥斯卡·福沙伯,德国医学博士,同济德文医学堂第二任总监督、总理(1909—1911),同济德文医工学堂总监督、总理(1912—1917)

朱葆三,首任华人校董之一,曾任上海总商会会长

虞洽卿,首任华人校董之一,曾任上海总商会会长

1907年，在中德两国政府和社会各界的支持下，"德文医学堂"(Deutsche Medizinschule)在上海诞生，开启了同济112年的育人之路。

1907年6月3日，为确保即将开学的德文医学堂沿用德国教育模式、由德国师资采用德文教材并使用德语进行授课，学校对已先期入学的20余名学生开授德语课程，以测试中国学生对德语的接受能力，为后续的语言强化培训积累经验。德语课程的先期开授标志着学校的办学历程正式起航。

按照德国教育模式，学校由董事会掌管一切事务。为此，学校成立了以德国人为主的校董会，并于正式开学前召开了首次董事会议，对学校开学后的一些重要事务作出了决定。1917年，法租界当局强行霸占同济校园、学校被迫迁至吴淞后，华人全面接管校董会，董事会成员也改由教育部函聘。1927年学校成为国立大学后，校董会成为学校的咨询与监督机构，退出了掌管学校一切事务的舞台，学校的各项事务改由校长主管。

一、德文医学堂：首届校董会成立

1907年8月2日，德文医学堂召开首次董事会。同济医院院长、德医公会创办人埃里希·宝隆(Erich Paulun, 1862—1909)博士，德医公会成员奥斯卡·福沙伯(Oscar von Schab, 1862—1934)、奥古斯特·弗尔克尔斯(August Völkers)，上海德国协会会长 A. 齐克尔曼(A. Zickermann)，瑞记洋行的勒姆克(Lemke)，美最时洋行的米歇劳(Michelau)，礼和洋行的沙勒斯·赖纳(Charles Rayner)，科佩尔基金会代表谛部(Cl. Du)博士，德国驻上海副总领事海因里希·冯·吕德特(Heinrich von Rüdt)，德国驻上海总领事馆翻译库尔特·席默尔(Kurt Schirmer)，以及朱葆三(1848—1926)、虞洽卿(1867—1945)、叶洪涛、吴少卿等中国实业家，作为首届校董会成员参加会议；德国驻上海总领事冯·卜利(Von Buri)以监事身份参加会议；促进在华德国文化工作委员会代表、《德文新报》编辑卡尔·芬克(Carl Fink)未能参加会议。

根据总领事冯·卜利的建议，会议选举宝隆博士为董事会主席，齐克尔曼为董事会副主席兼财务主管，虞洽卿为财务副主管，冯·吕德特为董事会秘书，席默尔为秘书助手。首次校董会还就同济医院和德文医学堂的财务运作模式及资金募集、土地购买及逐年建设校舍、请求工部局资助、制定基金会章程等事宜作出了决议。

二、同济德文医工学堂：校董会扩容

伯恩哈特·贝伦子，但泽工业大学名誉博士，特许工程师，同济德文工学堂创办人

第二届校董会新增华人校董贝仁元，名闻上海滩的颜料大王，曾任全国商业联合会副会长

第二届校董会新增华人校董唐元湛，民族资本家、政治活动家

1908年，学校中文名改为"同济德文医学堂"。1912年，德国工程师伯恩哈特·贝伦子（Bernhard Berrens，1880—1927）在上海主持创建"德文工学堂"（Deutsche Ingenieurschule），与医学堂共用德语语言学校，并与同济德文医学堂合称"同济德文医工学堂"（Deutsche Medizin-und Ingenieurschule）。工学堂成立后，贝伦子等3名工程师加入校董会。

1914年，同济德文医工学堂的办学规模逐步扩大，全校教师已达20人，学生也增至321人。同年，校董会进行了改组，福沙伯、朱葆三、虞洽卿等继续留任，德医公会代表克礼（Krieg）教授、江哥斯（Gerngross）博士，德国工商界代表及华人代表贝仁元（1872—1947）、唐元湛（1861—1921）等人进入校董会。

三、同济医工专门学校：华人接管校董会

1907年至1917年间，校董会直接负责学校的日常管理与运行，其成员也以德籍校董为主。1917年3月14日中德断交，位于上海法租界的同济德文医工学堂于3

常务校董沈恩孚，曾任江苏都督府民政司次长、江苏省教育会秘书长、上海市议会议长等

袁希涛，教育家，曾任北洋政府教育部次长、代理总长、江苏省教育会会长，1923—1927年任常务校董

1917年2月20日，时任北洋政府教育部次长袁希涛就法租借当局可能对学校有"分外之干涉"致函同济校董沈恩孚，商讨"特别护持之法"

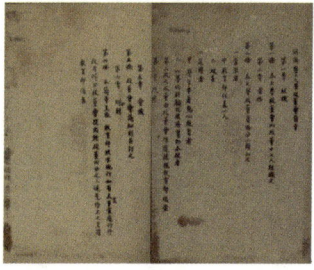

1920年代的《同济医工大学校董会简章》进一步规范了校董会职责，并将校董分为当然校董和选聘校董，明确教育部代表和本校校长为当然校董

月17日被租界当局强行关闭。在此危难时刻,"朝野人士莫不竭诚营救"。在社会各界的大力支持和帮扶下,学校迁至吴淞,并租借中国公学、炮台湾海军学校等处校舍继续办学。4月23日,教育部下达第一八二号训令,学校更名为"同济医工专门学校"。

此后不久,校董会由华人接管,校董也由教育部正式函聘。新的校董会由原华人校董朱葆三、沈恩孚等6人和新增补的唐绍仪、黄炎培2人组成。此后,校董会陆续进行过多次成员调整,并设立了常务校董一职,沈恩孚、袁希涛等先后被推举为常务校董。

新的校董会沿袭了原有模式,执掌着学校对内对外的所有权力,聘任校长、制定建设计划和规章制度、筹措经费、审议预决算、处理日常重要事务等均须由校董会决策。1917年4月,27岁的阮尚介接受校董会聘任,成为同济历史上首位华人校长。根据当年的体制,校长应对校董会负责,须贯彻执行校董会的决议,并代表校董会行使管理职责。

四、国立同济大学:校董会职能转变

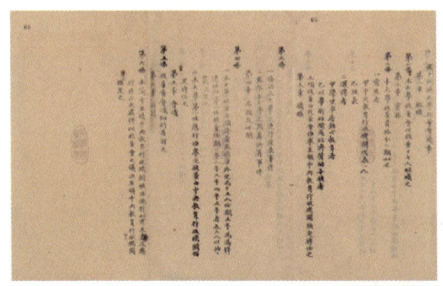

1927年8月校董会讨论通过的《国立同济大学校董会简章》

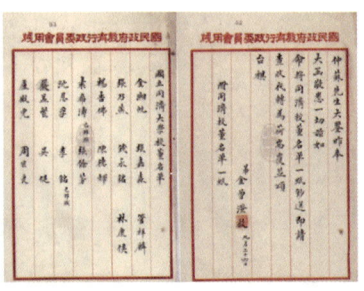

1927年9月26日,国民政府教育行政委员会致张仲苏校长的校董聘任函

1927年,同济大学被南京国民政府确认为首批八所国立大学之一。1927年8月,校董会依据国民政府教育部的要求讨论通过了《国立同济大学校董会简章》。《国立同济大学校董会简章》在继续保留原有的校董名额、当然校董和选聘校董的任职条件、校董任期等相关内容的基础上,将校董会职能修改为:"一、协助本大学

之进行发展事件；二、监察本大学之预算决算事件。"这一重大变化标志着校董会的职能已由决策与管理转变为咨询与监督。此后，校董会逐渐淡出了直接管理学校的历史舞台。

与此同时，校长的管辖权限相应扩大，由国民政府任命的校长开始全面领导学校的各项工作。从此，学校的管理模式发生了根本性改变。

2007年，为迎接百年校庆，学校重新成立董事会。新成立的董事会包含了一批来自科技教育界、国内外政界及经济界的专家学者，他们认真审议校长的年度工作报告，积极为学校制定战略规划建言献策，努力推动学校与企业和地方的合作，并踊跃向学校捐赠资金，成为促进学校发展的重要战略支持者和推动者。

02

2002年6月26日,教育部与上海市政府签订协议,重点共建同济大学

第二周　　　　　　　　　　　　　　　6.09~6.15 [2019]

"985工程"建设历程

20世纪末，为提升高等教育水平和科技创新能力
国家推出《面向21世纪教育振兴行动计划》
开启了创建世界一流大学的序幕

从2002年6月26日
到2005年6月10日
再到2010年12月29日
教育部与上海市实施三次重点共建
支持同济大学建设世界一流大学

"985工程"建设历时十余载
从"一期"的夯实基础
到"二期"的重点发力
再到"三期"的全面推进
同济人站在"985工程"的基石上
沿着"与祖国同行 以科教济世"之路砥砺前行

回眸"历史上的这一周"
让我们共同回顾
同济大学"985工程"建设历程

六月的同济绿意盎然，同济的六月青春飞扬，让我们将镜头拉回到2005年。那一年的6月10日，教育部与上海市继续重点共建同济大学签字仪式在上海市人民大厦议事大厅举行，时任教育部部长周济、上海市市长韩正分别代表教育部和上海市政府签署协议。本次协议是在2002年6月首次重点共建、学校"985工程"一期建设取得显著成效基础上签署的，意味着学校"985工程"二期建设的全面推进。此后的2010年12月，教育部与上海市再次签署重点共建同济大学协议，全面启动学校"985工程"三期建设，助力学校实现世界一流大学的办学目标。

"985工程"源于国家的教育振兴战略。1998年5月4日，时任国家主席江泽民在庆祝北京大学建校一百周年大会上向全世界宣告："为了实现现代化，我国要有若干所具有世界先进水平的一流大学。"1999年1月13日，国务院转批教育部拟定的《面向21世纪教育振兴行动计划》。1999年5月21日，为保证教育振兴行动计划顺利实施，加强专项资金管理，使其发挥最大效益，教育部印发《面向21世纪教育振兴行动计划专项资金管理暂行办法》。至1999年年底，北京大学、清华大学等9所高校被列为创建世界一流大学的第一和第二批高校（即"985工程"建设高校）。

一、确立高水平大学的学术地位

2002年上半年，教育部正式批准将同济大学列入创建世界一流大学（即"985工程"建设高校）名单。2002年6月26日，教育部与上海市政府签订重点共建同济大学协议。这是继教育部与上海市重点共建复旦大学、上海交通大学后，又一次重点共建上海的教育部直属重点大学，标志着上海建设国内外知名高水平大学的队伍不断壮大。共建协议明确，2001年至2003年的三年内，在正常经费和建设投资按"法定增长"予以安排的基础上，教育部对同济大学增加投入建设经费3亿元，上海市对教育部增加的重点建设资金提供1∶1配套建设经费，两方合计投入6亿元。

"985工程"一期建设是继"211工程"一期建设后学校不断夯实发展基础的关键举措。根据前期规划，学校重点加强了学科建设投入，支持重点学科、发展优势学科、鼓励新兴学科，特别关注信息、医学、生命、车辆工程和文法经管等学科建设，并在可能的范围内尽量给予倾斜支持；支持教学教改、大学生科技创新基地、科技创新与科技特区建设,不断提高学生综合素质;加大基础设施建设投入,推动图书馆、校园网络、基础实验室等校园设施的不断完善;改善教学条件和科研教学用房,建造了研究生公寓,修缮了一批学院大楼;同时,实施岗位聘任及校内津贴制度改革,大力开展人才引进,推进人才强校战略。

通过"985 工程"一期建设,学校的教学科研实验设施获得较大提升,设备更加精良;引进了一批优秀人才,师资和科研队伍结构得到优化;解决了学科建设中一些长期希望解决的问题,学科布局更加完善,初步形成了研究型大学的学科体系;国际学术影响力不断扩大,确立了高水平大学的学术地位,学校的整体实力得到明显提升。

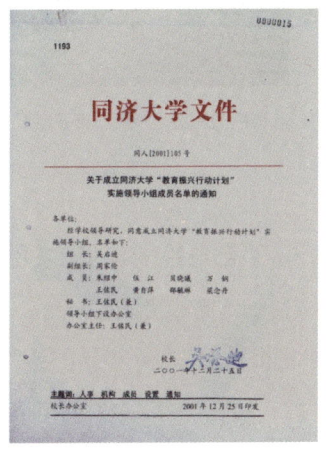

2001 年 12 月 25 日,同济大学成立"教育振兴行动计划"实施领导小组

2004 年 10 月 11 日,时任法国总统希拉克和时任同济大学校长万钢为中法中心大楼奠基

二、加速构建学科高峰和学科高地

2005 年 6 月 10 日,时任教育部部长周济与上海市委副书记、市长韩正分别代表教育部和上海市政府签署《关于继续重点共建复旦大学、上海交通大学、同济大学的协议》,深入推进部市合作共建三所高校的进程,开启了学校"985 工程"二期建设的序幕。学校的"985 工程"二期建设总投资 9.4 亿元,其中中央专项资金 4 亿元,上海市政府共建资金 4 亿元,其他渠道资金 1.4 亿元。

"985工程"二期绩效工作考察组来校指导工作

同济大学主持的苏州河水环境治理关键技术研究
有效解决了苏州河水体黑臭的问题

改造后的同济大学图书馆读者服务大厅

在"985工程"二期建设中,学校在队伍建设、平台与基地建设、条件支撑、国际交流等四个方面重点发力,结合《国家中长期科技发展规划纲要》提出的重点领域、优先主题和重大专项,结合国家经济建设和社会发展需要,结合上海市"科教兴市"主战略,充分凝聚、整合学校优势资源,努力构建若干个国内领先、世界先进的学科群,在同济大学内形成学科高峰;积极培育支持社会发展、具有良好发展前景的几个新兴学科群,形成国内有优势、高校系统内有特色的学科高地;大力促进学科交叉融合,围绕城市管理与城市文化,形成有特色的哲学社会科学基地,使学校成为特色鲜明、开放共享的高水平科研平台,培育高层次创新人才的摇篮,对外开放和国际交流的重要窗口,为将学校建设成为综合性、研究型、国际化高水平知名大学、建设更多世界一流学科奠定坚实的基础。

通过"985工程"二期建设,学校构筑了以科技战略和产业布局为取向的学科群和学科链,形成了若干具有鲜明特色和广阔发展前景、在上海市及全国具有领先地位的学科高地,拥有硕士学位授权一级学科33个、硕士学位授权点209个、博士学位授权一级学科17个、博士学位授权点78个、博士后流动站13个及全国重点学科10个、上海市重点学科9个;师资队伍的学历结构、职称结构、年龄结构逐步优化,涌现出一批领军人物,形成了若干高水平学术研究团队;科研实力显著增强,承接了一批国家重大科技专项、重大科研项目和国家重大工程,取得了一批标志性研究成果;教学质量稳步提高,获评国家级精品课程10门、上海市精品课程17门;校园基础设施得到明显改善和提升。

为全面总结地方配套建设的成效,为三期建设做好准备工作,2009年10月30日,上海市发改委、教委、财政局联合发文,决定于11月中旬对上海有关高校"985工程"二期建设绩效情况开展考察。2009年11月19日,考察组一行来到同济大学,听取了学校领导的专题汇报,实地了解学校"985工程"二期建设的绩效情况,并对学校的建设进展和取得的成效给予了高度评价。

三、加快一流大学建设步伐

为加快推进世界一流大学和高水平大学建设,加强"985工程"建设管理,确保实现建设目标,根据《教育部财政部关于继续加快推进世界一流大学和高水平大学建设的意见》,2010年12月6日,学校颁布修订后的《"985工程"建设管理办法》。

2010年12月29日,教育部、上海市举行签约仪式,继续重点共建复旦大学、上海交通大学、同济大学和华东师范大学,时任教育部部长袁贵仁与上海市委副书记、市长韩正代表双方签署协议。新的共建推动了学校在新的起点上持续科学发展,全面提高了学校的教学质量,进一步完善了办学体系,提升了科学研究水平,提高了学校服务国家和区域发展的能力。根据共建协议,学校的"985工程"三期建设总投资12亿元,其中中央专项资金6亿元,上海市政府共建资金6亿元;此外,中央财政另拨付"985工程"三期奖励经费4900万元,"支持一流大学和一流学科建设过渡经费"8800万元,合计1.37亿元。

在"985工程"三期建设过程中,学校以国家科技发展战略和区域重点需求为指针,形成了"单学科—跨学科—学科群"的发展模式,学科建设水平显著提高。在2012年教育部组织的学科评估中,11个学科进入前10(其中9个前5、7个前3),7个学科排名全球前1%,3个学科接近前1%;全面建设协同性、开放式、立体化卓越人才培养体系,形成了"1条主线、2大特色、3大联盟、4大改革、

2010年,同济大学举行"985工程"三期建设方案专家论证会

2010年12月29日,教育部、上海市继续重点共建上海四所高校

5项建设、6个行动"的人才培养模式,人才培养质量稳步提升;坚持以"人才、学术、质量"为核心,促进高层次人才集聚,师资队伍建设卓有成效;推动重大项目和基础研究,强化基地平台建设,提升科研成果质量,科研创新能力快速提高;服务国家重大发展战略、重大工程建设、区域经济社会发展、重大对外合作和援助工程,服务社会特色继续凸显;形成了"有特色、全方位、主动型、高水平"的具有同济特色的国际化发展模式,国际交流合作持续深入;推进治理体系改革、人才培养改革、人事体制改革、科技体制改革和教育综合改革,机制体制改革稳步推进;注重科技节能、节约管理和节约育人,形成了以可持续发展为导向的普遍共识。

"985工程"三期建设的实施,促进了学校与上海市长效合作机制的进一步深化。在坚持服务全国的同时,学校更大程度地参与上海的经济建设和社会发展,为上海的发展提供了有力的人才支持和知识贡献,更好地发挥了在上海高等教育改革发展中的引领、示范作用,在上海推进"四个率先"、建设"四个中心"过程中发挥了重要支撑作用,推动学校继续向新的更高水平和目标迈进,加快了学校建设成为研究型、综合性、国际化世界一流大学的进程。

从进入"211工程"建设高校行列到被列为"985工程"建设高校,学校迈入了新的快速发展阶段。在国家和上海市的重点支持下,借助于两次并校后相关学科汇聚与整合的优势,学校建设了嘉定校区,重点培育了以四平路校区为基地的"城市建设与防灾"学科群和以嘉定校区为基地的"现代地面交通与装备制造"学科群,强化了国际交流和国际化办学,教育教学水平持续提升,为建设成为中国特色世界一流大学奠定了坚实基础。

2012年6月,同济大学与美国加利福尼亚州再生医学研究院签署协议,正式成立中美干细胞研究中心

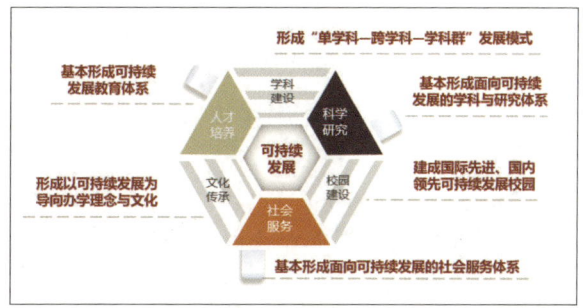

同济大学"985工程"三期总体建设成效

2012年,时任校长裴钢、副书记方守恩为"985工程"三期科研平台揭幕

03

同济大学"211工程"部门预审启动仪式

"211工程"一期建设

1995年,国家正式启动"211工程"
面向21世纪重点建设100所高等学校
作为首批入选高校
学校紧紧抓住这一历史机遇
精心谋划,全面布局
突出重点,提质增效
励精图治创一流
经世济邦育英才
学校整体发展水平跃上一个新台阶

在同济人的共同努力下
2001年6月22日
学校"211工程""九五"期间建设项目
顺利通过专家验收

回眸"历史上的这一周"
让我们一起重温
"211工程"一期建设的点滴记忆

一、首批入选"211工程"建设高校

同济大学"211工程"整体建设规划

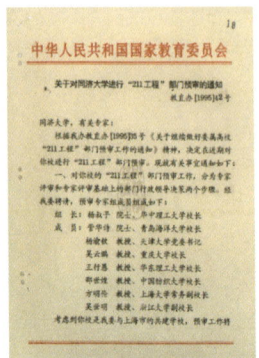

1995年10月16日,国家教委发布《关于对同济大学进行"211工程"部门预审的通知》

1991年年底,国家计委、国家教委、财政部联合提出"211工程"建设计划。1993年,中共中央、国务院发布《中国教育改革和发展纲要》,决定实施"211工程"建设,面向21世纪重点建设100所左右高等学校和一批重点学科。同年7月,国家教委发布《关于重点建设一批高等学校和重点学科的若干意见》。1995年11月18日,经国务院批准,国家计委、国家教委和财政部正式发布《"211工程"总体建设规划》,设立专项资金支持"211工程"建设。

1992年7月,学校决定"全力争取早日进入'211工程',把同济大学办成一流名牌大学"。1993年3月,学校成立"211工程"工作领导小组,吴启迪副校长任组长。此后,学校进行了广泛动员、调研和研讨,成立了专家咨询委员会,并着手制定"211工程"建设规划。1995年9月,经广泛听取各方面意见,《同济大学"211工程"整体建设规划》《同济大学重点学科及学科建设规划》编制完成。1995年10月,同济大学被列入国家教委和上海市政府共建高校名单。11月,国家教委和上海市政府共同组织了对同济大学申请进入"211工程"的部门预审,时任华中理工大学(现华中科技大学)校长杨叔子院士担任专家组组长。

1995年11月14日,专家组全体成员、国家教委和上海市领导及有关部门负责人听取了吴启迪校长所作的"迈向二十一世纪的同济大学"主题报告。此后,专家组

同济大学"211工程"部门预审专家合影

成员实地考察了土木工程防灾、混凝土材料等国家重点实验室及建筑与城市规划学院、桥梁工程系、海洋地质与地球物理系等学科点，走访了化学、材料力学等教学实验室，参观了图书馆、建筑设计研究院等部门和单位，召开了学术带头人和中青年学术骨干教师座谈会。

11月16日，在听取校长总体汇报、开展实地考察调研、认真讨论与评议的基础上，专家组作出了《同济大学"211工程"部门预审专家组评审意见》，并"一致建议通过同济大学申请进入'211工程'的部门预审"。

二、"211工程"一期建设概况

部门预审通过后，学校立即启动了"211工程"一期建设项目的遴选与论证、可行性研究报告的编制等工作。1996年7月26日，时任国家教委主任朱开轩宣布，同济大学被列为"211工程"首批启动学校。

1997年年初，《同济大学"211工程"建设项目可行性研究报告》编制完成，"211工程"总体建设目标、重点建设学科及建设项目正式确定。学校的"211工程"总体

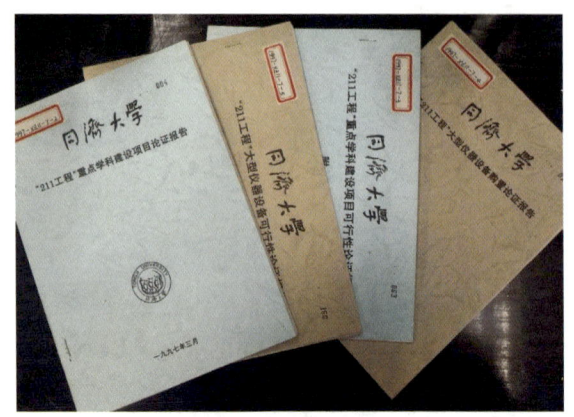

同济大学"211工程"建设项目论证报告

建设目标为：力争到20世纪末，同济大学在教育质量、学科建设、科学研究、管理水平和办学效益等方面得到明显提高，总体办学水平居于国内重点高校前列，部分学科接近或达到国际先进水平，成为国家高等教育领域培养高层次和高素质专门人才、解决国家和地方经济建设和科技进步重大问题的基地之一，为到21世纪初叶把同济大学建成具有国际影响和中国特色的社会主义大学奠定坚实的基础。

1997年5月，专家组对学校提交的《可行性研究报告》进行了通信审核评议，提出了"整体审核意见"，一致同意通过对《可行性研究报告》的论证。同月，国家计委致函国家教委，同意同济大学作为"211工程"项目院校进行建设，并同意同济大学"211工程"的总体建设目标和主要建设内容。

1997年年底，国家计委和国家教委原则通过了学校"211工程"一期项目的立项审核。1998年5月，国家计委下发《关于同济大学"211工程"建设项目可行性研究报告的批复》。此后，"211工程"建设资金陆续到位。"九五"期间，学校获得的"211工程"建设资金达2亿元，其中用于重点学科及装备建设8000万元、公共服务体系建设5000万元、配套基础设施建设7000万元；按资金来源区分，中央专项资金（包括国家计委和财政部）投入3000万元，教育部专项资金投入3280万元，其余为地方配套和学校自筹资金。

经过严格的校内预论证和校内外立项论证，1998年9月，学校对结构与岩土工程、桥梁道路与交通工程、海洋地质、环境污染控制和资源化、自动化建筑机械与现代施工技术及建设经济、法规与项目管理等6个学科建设项目作出正式批复,明确了首期建设的主要内容、效益目标、投资额(学科自筹资金必须到位)、项目负责人和建设期限。1999年4月,学校批复建筑材料研制与应用、人居环境规划与设计等2个学科建设项目,并将学术队伍建设列入首期建设项目。

同时,在教学与公共服务体系建设方面,学校确定了计算机教学实验中心、外语视听中心、图书馆现代化、校园网络建设等4个子项目。在基础设施建设方面,学校将商学院大楼、研究生院大楼、教工住宅与学生宿舍、公共基础设施改造、城市污染控制工程研究中心等5个子项目纳入首期建设内容。

1999年7月6日,时任国家计委副主任郝建秀和社会发展司副司长李守信、上海市教委副主任魏润伯等国家计委、上海市计委、教委有关部门负责人来校考察,检查"211工程"建设情况和投资效果,视察了学校"211工程"重点建设项目中的海洋地质学科、土木工程防灾国家重点实验室、学生公寓、"安居工程"教师公寓和"筒子楼"改造工程。郝建秀副主任认为,同济大学"211工程"建设进展顺利,开局很好,希望在保证质量的前提下加快建设速度,尽快全面达到建设目标,发挥更大的社会效益和经济效益。

原沪东校区内的"筒子楼"经改造后焕然一新

1999年,郝建秀一行来校考察"211工程"建设情况

1999年12月11日至14日,财政部投资评审中心殷丽华处长一行来到同济大学,专门检查"211工程"建设进展、资金使用情况,并考察了"筒子楼"改造工程。2000年1月12日,殷丽华处长再次来校,宣布同济大学已通过财政部的检查评审。

三、"211工程"一期建设验收

"211工程"建设基建项目验收汇报会

"211工程"建设海洋学科项目验收汇报会

2001年1月,学校"211工程"建设领导小组两次召开专题会议,全面推进"211工程"建设的收尾工作和验收前的各项准备工作。4月24日,学校向教育部直属高校工作办公室提交《关于申请对同济大学"211工程""九五"期间建设项目进行验收的报告》。6月,在"211工程"部际协调小组办公室的统一部署下,根据国家有关重点建设项目管理要求和《"211工程""九五"期间建设项目验收办法》的有关规定,"211工程"一期建设项目验收专家组听取了吴启迪校长的总结报告,开展了实地考察和座谈访谈,查阅了相关材料,对学校"211工程"一期建设任务的完成情况、建设成效、经费到位和使用、仪器设备购置和管理等进行了全面、严格的审查。

2001年6月22日,验收专家组形成《同济大学"211工程""九五"期间建设项目验收专家组意见》。《意见》认为,同济大学自1998年5月经国家计委批准立项开展"211工程"重点建设以来,在国家和上海市政府的支持下,学校领导高度重视,精心谋划,带领广大师生员工,发扬"同舟共济、自强不息"的精神,追求卓越、开拓创新,全面完成了国家下达的"211工程"一期项目建设计划,高质量地完成了一批重点学科、教学与公共服务体系及基础设施建设项目。专家组一致建议,支持对同济大学实施"211工程"二期建设,尽快实现学校的总体建设目标。

通过"九五"期间的"211工程"建设,学校在管理体制改革、重点学科建设、师资队伍建设、人才培养、科学研究、保障体系建设等方面取得了可喜成效,实现了预期建设目标,并取得了一批高水平的标志性成果,大大提升了学校的整体办学水平和综合办学实力。至2000年年底,学校新增二级学科博士点17个,博士点总数上升至39个,硕士点达82个,已拥有博士后科研流动站10个,长江学者特聘教授岗位

16个,国家级重点学科点4个,省部级重点学科点14个(含上海市重中之重学科2个,另有7个上海市重点学科已通过论证),国家级科研基地5个,省部级科研基地5个。

进入"211工程"建设高校行列是学校自实施"两个转变"以来的又一次重大发展机遇。"两个转变"推动学校恢复了对德交流传统,实现了由单科型大学向多科型大学的转变。"211工程"建设为学校的全面发展注入了新的活力,巩固了传统学科实力,促进了新兴学科成长,提升了创新能力,夯实了发展根基,成为学校实现跨越式发展、迈向中国特色世界一流大学的里程碑。

2001年6月18日,《同济报》以专刊方式介绍同济大学"211工程"建设成果

2001年6月19日,《光明日报》专题报道同济大学"211工程"建设情况

04

同济大学工友联谊会向保护校舍的师生员工赠送的锦旗

第四周　　　　　　　　　　　　　　6.23~6.29 [2019]

人民同济的新起点

1949 年 6 月 25 日
是同济历史上值得欢庆的日子
这一天，阳光明媚
分散在各个校区的同济师生
聚集到了工学院校园
迎接接管时刻的到来

校园广场上，到处是明媚的笑脸
高耸的旗杆上，五星红旗迎风飘扬
庆祝的主题墙上，大大的红星耀眼夺目
师生纷纷在"庆祝接管"四个大字前合影
感受回归的喜悦
体会自由的欢畅

回眸"历史上的这一周"
让我们重回那激动人心的时刻
见证人民的新同济迈入新的征程

1949年5月27日,上海解放,中国人民解放军上海市军事管制委员会(简称"军管会")正式成立,陈毅任主任,粟裕任副主任。5月28日,上海市人民政府宣告成立,并着手对上海的重要单位和基础设施进行系统性接管。

上海解放初期,市内共有大专院校48所,其中公立学校15所、私立学校27所、教会学校6所,同济大学是政府重点接管的四所国立大学之一。为了稳定人心、顺利推进接管工作,军管会和市人民政府多次召集各校校长、院长、教授和学生代表座谈,陈毅市长亲自到会宣传党对高校"维持原状,逐步改造"的方针和政策。此外,军管会还组织召开了有知名教授、著名科学家等民主人士参加的座谈会和文化界人士座谈会,陈毅市长向大家介绍和分析了全国解放战争的形势,宣传了中国共产党团结一切爱国力量的政策,号召广大爱国民主人士、知识分子和愿意恢复生产的民族资本家携起手来,共同建设繁荣富强的新中国。

为了迎接接管,同济人积极开展各项筹备工作。工学院校园修葺一新;电机、造船系的学生做了3000多朵解放花,准备分发给参加接管盛典的来宾和师生;学生自

上海解放第一天的同济校园

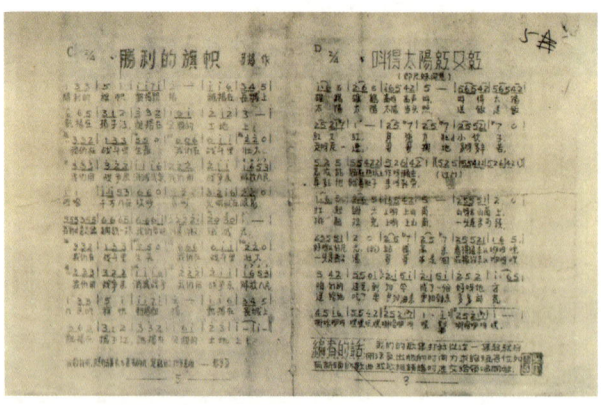

同济师生创作的迎接解放的歌曲

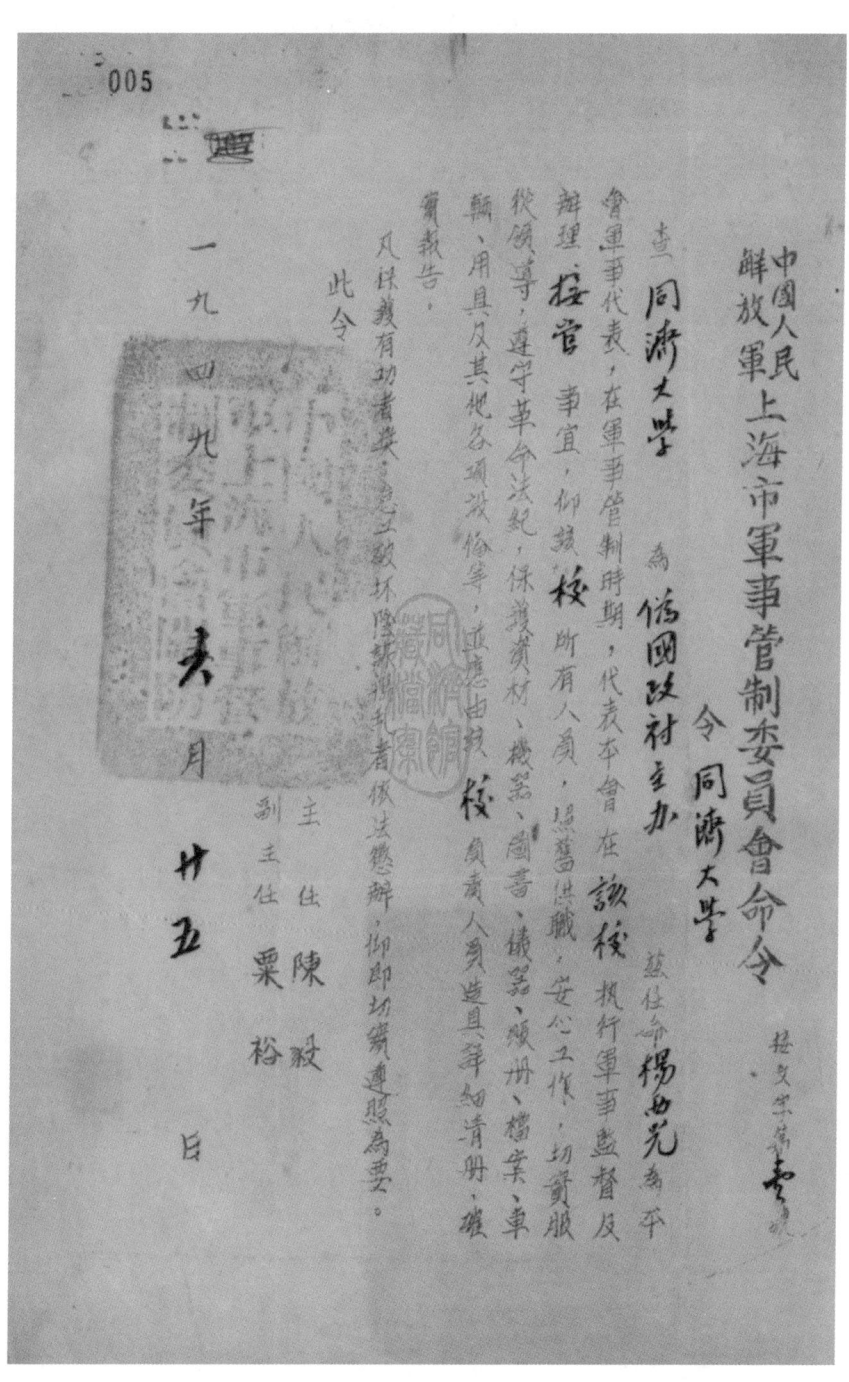

上海市军事管制委员会关于接管同济大学的命令

新生院学生踊跃参加接管仪式　　在"一·二九"礼堂举行的接管仪式

治会还专门制作了一面"劳动英雄模范班"的红旗,奖励给在筹备工作中表现出色的小组。

1949年6月25日,3200多名师生从各个校区汇聚到位于其美路(现四平路)的工学院校园,共同迎接这个庄严而隆重的时刻。上午10点,当军管会代表杨西光、上海市人民政府副市长韦悫、卫生处处长崔义田、高教处顾问施复亮等一行人抵达校门口时,焦急等待的人群中立刻响起了热烈的掌声。在爆竹声和《跟着共产党走》的嘹亮歌声中,师生们簇拥着前来宣布接管的领导进入校园。

接管仪式在工学院礼堂(现为"一·二九"礼堂)举行。礼堂里的气氛喜庆热烈,主席台正中挂着"以建设庆祝接管"七个大字,表达了全体师生脚踏实地、以建设迎接新生的意愿和决心。接管大会开始后,杨西光向矢志不渝英勇斗争的全体师生员工表达了敬意和慰问,代表军管会宣布了接管命令,提出了教育必须与人民解放事业相结合、科学技术要为人民服务的办学方针,要求全体师生携手建设人民的新大学。韦悫副市长在讲话中指出,同济大学与德国有着悠久的历史渊源,在今后的办学过程中,学校在学习和传播外国文化与技术时要采取审慎研究的态度,取其精华,去其糟粕。

夏坚白校长回顾了同济42年的艰辛奋斗史,代表全校师生员工感谢中国共产党和人民解放军解放了上海、解放了同济大学,表示今后要在党的领导下办好学校、努力为广大人民服务,并号召全体师生踊跃加入新中国的建设行列。他说:"我们医学院的学生们要走到穷乡僻壤里去,工程师们要越高山、涉深水为建设新中国而奋斗,科学家们要为大众的需要而工作。"

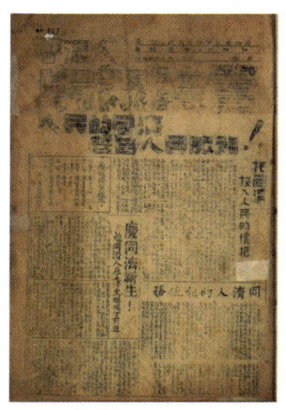

《同济人》出版的庆祝接管专刊

教授代表郭绍虞、讲助会代表翟立林在发言中表示，要加倍努力工作，为新中国建设培养更多更好的人才。接管仪式上，部分师生员工及学生自治会理事会代表也纷纷上台发言，表达了拥护党的政策的决心和办好学校的信心。

当天，学校还在"一·二九"大楼二楼资料室举办了由学生朱钟岱、李樑臣共同筹划的同济学运史料展。展览以1946年以来的进步民主运动中同济学生的英勇事迹为主题，展示了同济人为争取民主、自由和进步而抗争的奋斗精神。当晚7点，学校举行了庆祝晚会，师生们尽情地欢呼、歌唱，脸上充满着发自内心的喜悦和对未来的憧憬。随着11点半晚会的结束，同济人渡过了庄重、欢庆、难忘的一天。

为迎接接管，学校学生自治会出版了《同济人》的"接管专刊"，以"人民的同济，誓为人民服务"为头版标题，发表了《把同济投入人民的怀抱》《庆同济新生——勉同济人在毛泽东旗帜下前进》《同济人的新任务》等文章，并开辟了"工友心声""教授的话""同济进步学生运动回顾"等专栏。在第四版"教授的话"栏目中，夏坚白、郭绍虞、熊伟、李国豪、李赋京等教授纷纷表示拥护党的政策，继续推动学校发展，努力为社会培养更多有用的建设人才。

与此同时，学校的附属中学、附设高级工业职业学校、附属中美医院、附属护士职业学校等附属机构也一并由人民政府高教处会同卫生处接管。同济大学被军管会顺利接管后，学校的办学等各项事业伴随着新中国高等教育迈入了全新的发展时期。

05

1937年理学院成立时所在的教学大楼

早期的理学院

"好一片中华大地
不格物穷理真可惜 真可惜
同有头脑同有智慧同有星辰空气
不学理负了好教育
明彻清晰
训练我中华国民 同舟共济
同舟共济 格物穷理"

1937年7月1日
理学院宣告成立
学校拥有了医、工、理三大学院
向着综合性大学的目标持续迈进
伴随着理学院的成立
原来二段式的老校歌
也在"振兴工艺"及"健康身体"的基础上
增加了"格物穷理"的新内涵

回眸"历史上的这一周"
让我们共同聚焦
理学院的成立与早期发展

一、理学院成立

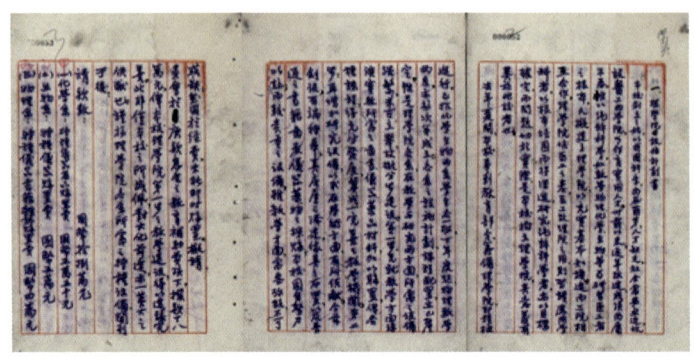

理学院的设备计划书

理学院筹办者、首任院长
王葆仁教授

同济大学于1907年创办医科,1912年建立工科,1930年医、工两科升格为医学院和工学院。此前,国民政府于1929年7月26日颁布《大学组织法》,规定:"凡具备三学院以上者,始得称为大学。"为了落实国民政府关于大学建制的要求,提高医学院、工学院的办学水平,强化生物、化学等基础学科的教学和研究,学校于1930年决定筹设理学院。

1935年5月,学校首先在医学院内设立了生物学研究馆,并聘请德国动物学家柯勒(Koller)博士主持生物馆的工作。生物馆的建立不仅为医学院的普通动物学、分类动物学及普通生物学、遗传学等课堂教学提供了基础保障,也为后续在理学院内成立生物系创造了条件。

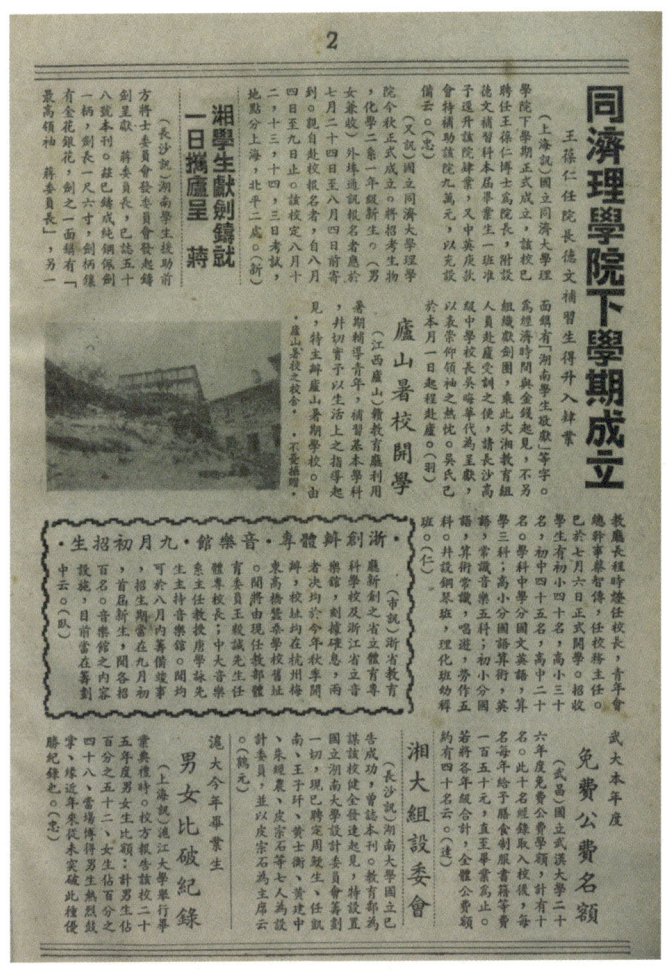

1937年的《学校新闻》：同济理学院下学期成立，王葆仁任院长

  1935年，翁之龙校长拟聘请从海外国学成归国的王葆仁博士主持筹建化学系。王葆仁1926年毕业于东吴大学，1933年作为中英庚款（注：第一次世界大战结束后，中国作为协约国之一，属战胜国；巴黎和会后英国宣布放弃"庚子赔款"，并要求将退回的庚款设立基金，其利息部分可用于发展教育文化事业）的首批官费生赴英学习有机化学及染料化学，1935年夏获伦敦大学博士学位及皇家学院文凭，后转赴德国开展对石油的研究。到任后，王葆仁以医学院现有场馆为基础，积极开展各项筹备工作，并从国外订购了大量办学所需的图书和仪器设备。

  1937年7月1日，国立同济大学理学院宣告成立，王葆仁成为首任院长。新成立的理学院设有化学系和以动物研究馆为基础扩充而来的生物系，董爽秋任生物系主任，王葆仁兼任化学系主任，相关专业的学制均为四年。当年，理学院便开始面向本校德文补习科招收生物及化学方向的学生。

在此前的办学过程中，医学院及工学院院长均由德国人担任。理学院成立后，王葆仁成为同济历史上第一位担任院长的中国人，标志着中国籍教授开始独立管理学院的教学和日常事务。

二、内迁时期的理学院

1937年7月7日，卢沟桥反击的枪声揭开了全面抗战的序幕。同年8月，日军进攻上海，学校的吴淞校园被炸成一片废墟，刚刚成立的理学院被迫随校西迁并沿途办学。

由于学校在淞沪抗战爆发前抢运了绝大部分物资，加之王葆仁院长及师生的悉心呵护，学院前期采购的珍贵图书、药品及仪器设备等得以随校西迁并在旅途中得到了很好的保护，保证了学院在迁校途中各项教学和实验活动的正常开展。到达昆明后，为"培植学生攻读数学和物理之间的理论"，学校于1940年在理学院内增设了数理系。其间，石声汉、谢苍璃、郑太朴等多位著名教授加盟理学院。

1940年年底，学校迁往李庄。由于办学条件等因素影响，理学院院长及各系主任发生了频繁变更。其中，谢苍璃（1940年）、顾葆常（1944年）先后接任理学院院长，顾敬心、吴兆梓、顾葆常、薛愚等先后接任化学系主任，徐凤早、吴印禅、童第周（代）、董爽秋等先后担任生物系主任。数理系虽在昆明设立，但因设立后不久学校即开始再次搬迁，故直至迁往李庄后才正式开始授课；其间，郑太朴、谢苍璃先后担任数理系主任。

1941年，生物学家童第周受聘担任生物系教授。他自费购买了一台德国造的旧显微镜，在李庄开展了我国早期的胚胎学研究，取得了领先世界的生物胚胎研究成果，并因此被誉为中国的"克隆之父"。

办学过程中，理学院坚持理论与实践相结合的理念，尤为重视实验室建设和图

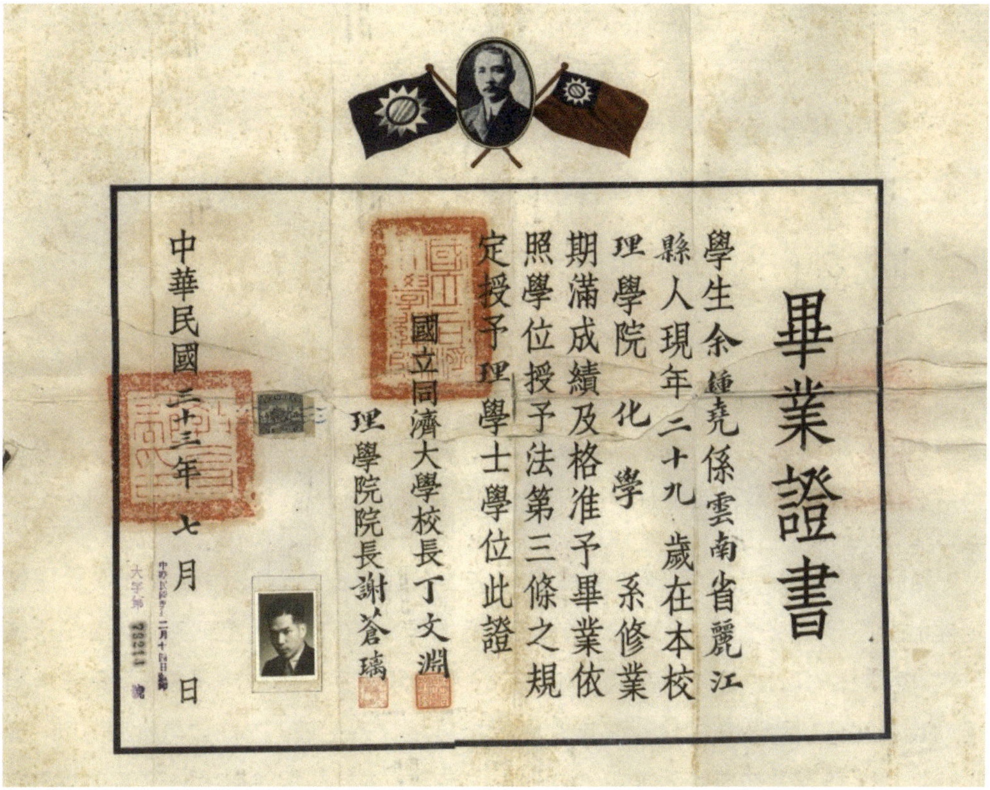

畢業證書

學生余鍾堯係雲南省麗江縣人現年二十九歲在本校理學院化學系修業期滿成績及格准予畢業依照學位授予法第三條之規定授予理學士學位此證

國立同濟大學校長丁文淵

理學院院長謝蒼璃

中華民國三十三年七月日

1944 年，理学院学生余钟尧的毕业证书

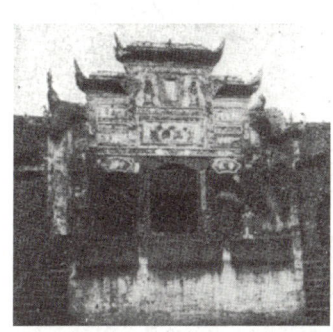

李庄时期的理学院校舍（南华宫）

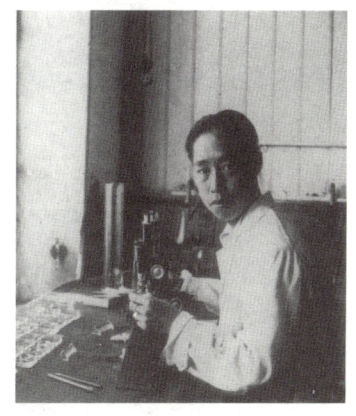

童第周在李庄时期的工作照

书设备的购置。到达李庄后不久，学院便建立了化学实验室和生物实验房。同时，理学院积极开展学术研讨，关心学生的学业和生活，学术氛围日渐浓厚，师生间的感情也非常融洽。1945年，数理系被拆分为数学系和物理系。

三、回迁上海后的理学院

1946年，理学院和其他学院一起回迁上海。同年8月，理学院增设了中国文学、外国文学、哲学三个系，并更名为文理学院。1948年6月，上述三个系又从文理学院中划出并单独成立文学院，理学院也重新恢复了建制。1948年8月，理学院的生物系被拆分为动物系和植物系。

其间，顾葆常、叶雪安（代）先后担任文理学院院长，汪浏、薛德焴依次担任恢复建制后的理学院院长；顾葆常、汤腾汉、黄衡禄、曾石虞先后担任化学系主任，戚作钧、王福山先后担任物理系主任，谢苍璃、程其襄先后担任数学系主任，薛德焴担任动物系主任，薛德焴（兼）、陈邦杰先后担任植物系主任。在教学与科研方面，理学院继续坚持课堂与实验教学相结合的办学传统，学院的相关学术交流活动也日益活跃。

回迁上海后的理学院校舍

1950年，物理系学生在做实验

1950年，生物系学生在做实验

1950年，化学系学生在做实验

1949年,理学院毕业生合影

学校早期的理学院虽然成立较晚、延续时间也不长,但仍然培养了以唐有祺、卢佩章、俞鸿儒、黄志镗、曹楚南、戚正武、邓景发、丁大钊、李同保、张耀明等院士为代表的优秀学子,充分体现了理学院卓著的办学成效。

1951年8月27日,依据中央人民政府教育部决定将私立光华大学与私立大夏大学合并组建为华东师范大学的行政令,华东军政委员会教育部将同济大学动物系和植物系划出,并与光华大学生物系合并组建华东师范大学生物系。1952年8月至9月,同济大学数学系、物理系调整至复旦大学,部分师资调整至华东师范大学;化学系也调整至复旦大学、华东化工学院等高校。至此,同济的理科暂时停办。恢复高考后,数学、物理、化学等专业相继恢复招生。1998年7月,学校重新成立理学院。

06

2004年9月6日，教育部宣布同济成为中管高校的有关决定

第六周　　　　　　　　　　　　　　7.07~7.13 [2019]

进入中管高校行列

2004 年 7 月 8 日
中共中央决定
周家伦任同济大学党委书记
万钢任同济大学校长

同济大学被列为中管高校
学校党政主要负责人由中央任命
成为副部级中管干部
既是党中央对学校所做贡献的肯定
更是党中央对学校未来发展所寄予的厚望
任重而道远　千钧惟担当

回眸"历史上的这一周"
让我们聚焦那载入同济史册的时刻
回望同济人砥砺奋进的步伐

教育部党组成员、副部长赵沁平宣布中共中央和国务院关于
同济大学主要领导任命的通知

　　2004年7月8日，中共中央批准周家伦任同济大学党委书记（副部长级），万钢任同济大学校长（副部长级），同济大学主要领导干部列入中央直接管理。9月6日，教育部党组成员、副部长赵沁平在同济大学中层干部大会上宣布了中共中央和国务院关于同济大学主要领导任命的通知。赵沁平在讲话中指出，同济大学进入中管高校行列，是党中央、国务院对同济大学领导班子工作的肯定，是对同济大学为国家和地方经济建设所做特殊贡献的肯定，同时也意味着同济大学被寄予更高的期望。

　　区别于由国家部委及地方政府管理的高校，中管高校为中共中央直接管理的高校，其党委书记、校长为中管干部，行政职级为副部长级。目前，全国共有中管高校31所。学校主要领导任命后，学校开始行政领导班子（副职）的换届工作。

　　学校被列为中管高校，学校主要领导干部列入中央直接管理，体现了党中央、国务院对学校的信任和支持，标志着学校的发展迈上了一个新台阶。新中国成立以来，在党中央的领导下，学校紧紧围绕国家建设和改革开放总要求，"与祖国同行，以科教济世"，形成了"同舟共济，自强不息"的同济精神和深厚的文化积淀。路漫漫其修远兮，被列为中管高校以后，学校以《"十五"期间同济大学发展规划纲要》为指引，以"综合性、研究型、国际知名高水平大学"建设为目标，依托"211工程""985工程"及嘉定校区建设等重要发展机遇，积极投身科教兴国和科教兴市战略实践，为国家和上海市的建设与发展做出了卓越贡献。

　　此后的几年中，在加强各项改革的基础上，学校推出了一系列新的思路和举措，实施了传统学科高新化、新兴学科强势化、弱势学科集约化的学科发展战略，采用新技术拓展和提升优势学科，以市场和社会需求为导向加大新兴学科的支持力

2004年8月4日,学校举行嘉定校区入驻仪式

2004年8月5日,在上海世博会园区规划方案国际竞标中,同济大学提供的世博会方案以"世界眼"的独特创意最终胜出,成为与美国、英国团队方案并列的"三甲"方案之一

2004年9月6日《同济报》第146期刊载《同济大学行政领导班子换届开始》的报道

度,将弱势学科组成学科群和学科链,推动联合发展;完善综合性大学的学科布局,加强医学建设,加大文科发展的支持力度;着眼于争取获得国家和地方重大科研项目,强化大学服务于社会经济建设的功能,提升学校服务国家经济建设和社会发展的能力和水平;集中财力、人力和物力,建设一批大科学基地,提升学校承担国家重大基础研究和有关国计民生的重大科研项目的能力;加强内涵建设,提高教学质量;加强人才引进和培养,积极推进人才强校战略,培养和汇聚一批帅才、将才和具有国际先进水平的学术大师和学科带头人,大力推进创新团队建设,培养和建设一批特别能战斗的创新团队和优秀群体;结合校区定位,重点发展四平路校区和嘉定校区,构筑以土木工程防灾为核心的城市建设学科群,着手组建可持续发展学科群和医学生命科学学科群,构筑以地面交通工具为核心、以汽车为龙头的现代装备制造学科链;拓展国际交流与合作的范围,在巩固和发展中德关系的同时,加强与欧盟其他国家的合作与交流等。

以此为契机,在"十五""十一五"期间,学校的学科建设快速发展,科学研究上升势头强劲,教学质量不断提高,师资队伍日益壮大,嘉定校区建设进展顺利,国际合作取得突破性进展,校园建设日新月异。在学校党委的领导下,全校上下同舟共济,积极奋进,向着综合性、研究型、国际知名高水平大学的目标迈出了坚实的步伐。

07

1996年9月4日,时任国家教委主任朱开轩来校就两校并入同济大学召开师生座谈会

第七周　　　　　　　　　　　　7.14~7.20 [2019]

中国高教改革的"同济模式"

20 世纪末，为实现高等教育的跨世纪发展
国家着手酝酿高等教育体制改革
作为一所有着悠久历史的高校
同济担负起了探索高教改革的重任

1996 年 7 月 18 日
上海城建学院和上海建材学院并入同济大学
拉开了中国高教管理体制改革的序幕
高教史上这一重大举措
被称为中国高教改革的"同济模式"
为后续全面启动高教改革提供了有益借鉴

回眸"历史上的这一周"
让我们回首既往
重温学校服务国家教育发展战略
迈向跨越式发展的探索之路

一、"两校"并入的实施

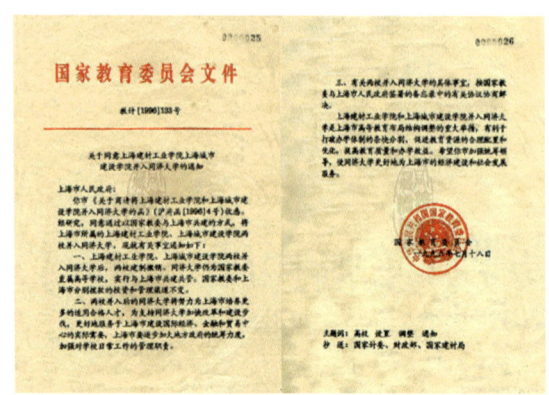

国家教委《关于同意上海建材工业学院 上海城市建设学院并入同济大学的通知》

1996年7月18日,国家教委向上海市政府发出《关于同意上海建材工业学院 上海城市建设学院并入同济大学的通知》。上海建筑材料工业学院、上海城市建设学院并入同济大学的管理体制改革工作全面展开。

20世纪末,国家从转变政府职能、合理配置高等教育资源和提升高等学校办学水平的大局出发,在全国范围内启动实施以"共建、调整、合作、合并"为主要内容的高等教育管理体制改革。1995年3月,中共中央政治局常委、国务院副总理李岚清专程来到学校视察和调研,鼓励同济大学要力争建设成为"世界一流大学"(《同济报》1995年3月27日第1版)。同年10月,国家教委和上海市政府决定共建同济大学。11月,国家教委和上海市政府共同组织了对同济大学申请进入"211工程"的部门预审,专家组成员一致同意同济大学通过预审。与此同时,上海市政府提出了将上海城市建设学院和上海建筑材料工业学院并入同济大学的设想,并得到国家教委和国家建材总局的赞同和支持。

1996年3月28日,国家建材局和上海市教委签署《关于上海建筑材料工业学院转由上海市管理、并入同济大学有关问题的协议》。同年7月20日,国家教委和上海市政府签署《关于上海城市建设学院、上海建筑材料工业学院并入同济大学的备忘录》。《备忘录》指出,经国家教委与上海市政府协商研究,"同意通过以国家

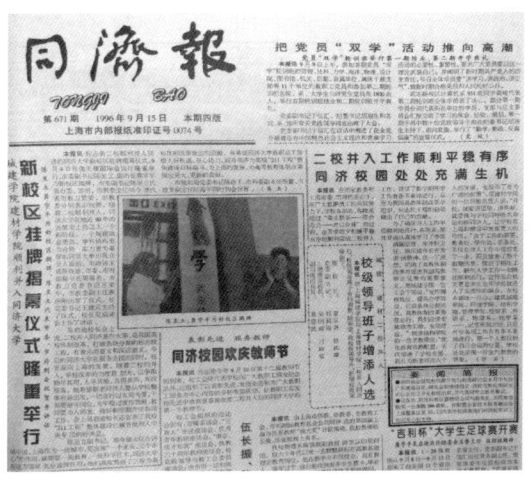

1996年9月15日,《同济报》在第一版报道了并校工作进展情况

教委与上海市共建的方式,将上海城市建设学院和上海建筑材料工业学院并入同济大学";实施并校后,同济大学仍为国家教委直属高等学校,由国家教委与上海市共建共管,国家教委和上海市分别拨款的投资和管理渠道不变。7月26日,国家教委、国家建材局和上海市政府联合召开大会,宣布上海城市建设学院、上海建筑材料工业学院并入同济大学。9月4日,国家教委主任朱开轩来校就两校并入同济大学召开师生座谈会,听取并校后相关工作进展情况的报告。

二、"两校"与同济的渊源

原上海建筑材料工业学院和上海市城市建设学院与同济大学有着深厚的历史渊源。

上海建筑材料工业学院创建于1953年,其前身是建筑工程部上海建筑工程学校,1958年更名为上海建筑材料工业学校,同年10月再次更名为上海建筑材料工业专科学校。1960年3月,建筑工程部(注:1958年7月22日,同济大学划归建筑工程部管理;1966年1月,改由国家高教部直接领导)决定以上海建筑材料工业专科学校和同济大学建材系的硅酸盐、塑料、材料性能学等3个专业为基础,组建上

原上海建筑材料工业学院的历史保护建筑——毓秀楼

原上海城市建设学院校址现为同济大学南校区

海建筑材料工业学院,并由时任同济大学校长王涛兼任院长。1961年,为贯彻中央关于"调整、巩固、充实、提高"的方针,建筑工程部决定撤销上海建筑材料工业学院,并再次设立上海建筑材料工业学校,原同济大学人员返回同济大学建材系。"文化大革命"期间,上海建筑材料工业学校因遭到严重破坏而被迫停办。改革开放后,国家建材总局于1979年决定恢复上海建筑材料工业专科学校建制,并由国家建材总局与上海市双重领导。1985年,经教育部批准,上海建筑材料工业专科学校升格为上海建筑材料工业学院。至1996年并校前,上海建筑材料工业学院已具备一定规模和综合实力,学院设有5个系、2个部、2个研究所和2个研究院,共开设11个本科专业,在校学生3500余名。

原上海市城市建设学院创建于1978年10月,其前身是同济大学建筑工程分校,隶属于上海市建设委员会。创建初期,分校的书记、校长均由同济大学的副书记、副校长兼任。1985年1月，教育部批准在同济大学建筑工程分校基础上成立上海市城市建设学院。1988年，上海市城市建设学院通过国家新建院校的合格评估；1993年，通过国家教委的评估验收。经过十几年的发展，上海市城市建设学院已成长为一所具有一定规模、特色鲜明的普通高等院校。至并入同济大学之时，上海市城市建设学院共设有7个系、3个部、1个研究所以及城市设计研究院和工程研究中心，在校学生近3000名。

上海建筑材料工业学院和上海城市建设学院并入后，同济大学的办学规模迅速扩大，在编教职工增加至近6000人，在校学生逾2万人，在校师生总数为同济大学建校近90年来的最大规模。

三、"同济模式"的示范效应

同济大学在高等教育管理体制改革中的探索与创新受到国务院及国家教委、上海市政府、国家建材总局领导的密切关注和高度评价，李岚清副总理将这项改革称之为具有示范效应的"同济模式"。

"同济模式"以对不同隶属关系的学校实施实质性合并为标志，以深化校内管理体制改革为手段，以实现"教育要面向现代化、面向世界、面向未来"的"三个面向"和"全面适应现代化建设各类人才的需要和全面提高办学质量与效益"的"两个重要转变"为目标，探索了更加注重质量与效益的新型高等教育办学模式，为后续全面启动高等教育管理体制改革提供了有益的借鉴。

"同济模式"既是新时期深化高等教育管理体制改革的创新与探索，也是同济大学优良办学传统的发扬与传承。国家教育行政主管部门与地方政府"共建"模式的建立，促进了高等教育全面快速发展，提升了高等教育服务地方经济社会发展的效能，为新时代建设"中国特色世界一流大学"奠定了坚实基础。

08

1979年7月,方毅副总理来校视察

第八周　　　　　　　　　　　　7.21~7.27 [2019]

"两个转变"办学方针的提出

在新中国成立初期的院系调整中
因大部分学科相继调出
同济由拥有五大学院的综合性大学
变成为以土木建筑为主的单科性大学

十一届三中全会召开后
我国教育事业迎来了发展的"春天"
同济抓住机遇寻求新的发展契机
提出了具有里程碑意义的"两个转变"
恢复了对德联系和德语教学
实现了以理工为主的多科性大学发展目标
开启了同济新一轮振兴之路
1979年7月25日
方毅副总理来校视察
指示学校进一步推进"两个转变"

回眸"历史上的这一周"
让我们重新回到那一重要时刻
聆听中央领导的亲切关怀
感悟同济人创新发展的胆识与谋略

1979年7月25日，方毅副总理来校视察，一再谈到同济要实行"两个转变"。他说："我们下决心要同济大学恢复使用德语教学的传统，建成一所理工科大学。光土木建筑太单调，要办理科，理工分开不合适。"方毅副总理的讲话进一步指明了同济大学实行"两个转变"的方向，增强了学校实行"两个转变"的决心。

方毅副总理来校视察期间指示学校进一步推进"两个转变"

一、"两个转变"办学方针的酝酿与提出

1978年12月，党的十一届三中全会在北京召开。十一届三中全会确立了解放思想、实事求是的思想路线，做出了全党工作重点转移到社会主义现代化建设上来的决策。此后，国家又推出了改革开放的一系列方针政策。这些政策的推出，为同济大学的发展提供了历史性机遇。

同济大学在开展国际交流与合作方面具有悠久的历史和传统，与德国的关系更为源远流长。粉碎"四人帮"以后，随着国家逐步加大对外开放的力度，德国教育科技界与同济之间的交流访问也得到逐渐恢复。1977年10月，李国豪出任同济大学校长。在学校党委的支持下，学校开始酝酿讨论恢复对德联系的传统及采用德语开展教学的事宜，并决定尽快与西德建立联系。1978年9、10月间，国务院副总理方毅在接待联邦德国来宾时均谈及同济大学的对德联系及恢复德语教学传统的问题。

同年9月，教育部批准学校提交的《关于组织赴西德教育考察报告》。11月16日，方毅副总理在《考察报告》上做出批示："请刘西尧同志（时任教育部部长）研办，此事我已面告过，应抓紧进行。德方也愿意同我合作，大力支持。"根据方毅副总

1978年3月,全国科学大会召开,同济有30项科技成果获奖,图为参加全国科学大会的四位教师(左起:翁智远、冯纪忠、李国豪、王开发)

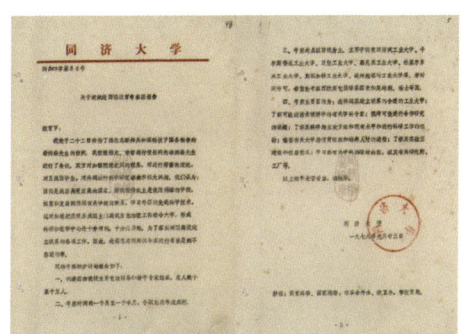
学校向教育部提交的《关于组织赴西德教育考察报告》

李国豪校长首次率团访问联邦德国,市、校领导到机场送行

教育部向国务院提交的《关于同济大学与西德建立联系并恢复使用德语教学的请示报告》

理的指示,1978年12月,李国豪应联邦德国洪堡基金会的邀请率团访问联邦德国,受到了西德各界的热烈欢迎和隆重接待。李国豪校长的访问重新开启了同济与德国的交流合作和联系之门。

同时,在充分调研的基础上,学校党委提出了恢复同济大学德语教学传统和恢复为综合性大学的设想。这一设想经充分酝酿逐步演化成为学校上下的共识,形成了在同济发展历史上具有深远意义的"两个转变"(恢复对德联系和以德语为教学内容的转变、由以土木为主的单科性大学向以理工为主的多科性大学转变)的办学方针。

1978年12月21日,学校向上海市和教育部提交了《关于与西德建立联系将我校建成以理工为主的新型大学的报告》。12月28日,市教卫办主任王一平批示"同意"。1979年1月26日,教育部向国务院提交《关于同济大学与西德建立联系并恢复使用德语教学的请示报告》,指出"同济大学拟参照西德大学的系科设置,并结合我国实际情况,有步骤地增设新专业,特别是理、工科中的新技术和德语专业,如应用数学、应用物理、应用化学、工程力学、计算机技术、热质传递与流体力学、信息专业等,逐步将同济大学办成具有特色的多科性理工科大学。"邓小平、方毅、余秋里、耿飚、王震、谷牧、康世恩、陈慕华等8位副总理作了批示,同意教育部意见。

二、"两个转变"办学方针的落实与推进

1980年,学校举行第一期留德预备班结业典礼

根据"两个转变"的总体目标,1979年,学校在9个专业恢复德语为第一外语,当年入学的500多名新生在第一学年将德语作为主要学习内容;同时,学校还从1977年、1978年入学的学生中抽调200人增加了1年德语学习;以上学生的学制也因此由4年延长至5年。1980年,学校又将以德语为第一外语的专业扩大至全校近一半专业。

为落实和推进德语教学,1979年,学校成立外语系,系内设德语教研室、德文资料编译室,同时在全校开展德语广播教学。此后,外语系开始招收科技德语专业本科生和硕士研究生,并开办科技德语进修班。

另一方面,受教育部委托,学校于1979年1月成立留德预备部,开始承担对即将留学西德的全国各地大学生进行德语培训的任务。1979年3月,来自全国各大专

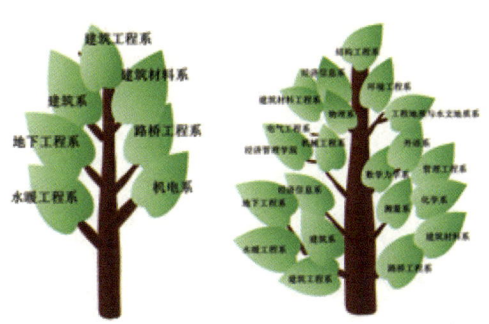

同济大学 1977 年和 1984 年的院系结构示意图

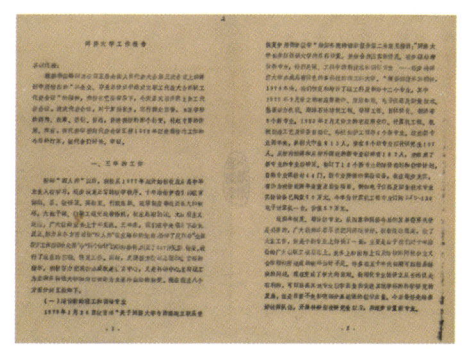

李国豪校长 1980 年 11 月 24 日所作《同济大学工作报告》，首次对"两个转变"做了书面总结

院校的 100 名学生成为留德大学生预备班的首批学员。1980 年 5 月，预备班的首批学员经德语培训后结业，成为新中国成立后第一批由国家派遣的留德大学生。至 1984 年 11 月，留德预备部共培训了 3 届 287 名拟派往西德深造的本科生。同期，学校也成为当时国内最大的科技德语培训基地。

与此同时，学校加快了理、工、德语等学科的建设步伐。1979 年 7 月，经教育部批准，学校增设应用数学、应用物理、电子仪器及测量技术、热能动力机械、海洋石油建筑工程、管理工程、园林绿化、德语等 8 个专业；此后，学校又增设了科技德语、机械制造工艺与设备、管理信息系统和环境监测等专业。至 1983 年年底，学校新成立了外语系、留德预备部、结构理论研究所、管理工程系、测量系、高教研究所、计算中心、化学系等系所和单位，并根据社会发展需要，在原有系科的基础上恢复、改建成立了机械工程系、电气工程系、建筑材料工程系、物理系、数学力学系、环境工程系、工程地质与水文地质系、结构工程系、道路与交通工程系。经过几年的探索与发展，学校已初步构建起以理工科为主的多科性大学新格局。

"两个转变"的办学方针对于同济的发展具有重要意义。通过实施"两个转变"，学校恢复了传统学科，突出了特色；加强了与德国乃至整个欧洲的交往，赓续了国际化；新建了与国家现代化建设密切相关的专业，推动了学校的综合发展，开辟了同济大学继往开来的通衢大道！

09

"红楼"实景(现为上海市复兴初级中学校舍)

同济文科的"红楼"记忆

在四川北路的复兴初级中学校园内
有一幢独具特色的小洋楼
别致的壁柱、凸窗、红平瓦和棚式老虎窗
处处流露出英国文艺复兴晚期的风格
1946年同济从李庄回迁上海后
文学院和法学院曾在此办学
因小洋楼的外墙为赭红色
同济师生亲切地称之为"红楼"

1949年8月2日
文学院与法学院合并后更名为文法学院
一个月后又被整体并入复旦大学
同济文科的办学历史暂告中断

回眸"历史上的这一周"
让我们重拾同济的这段"红楼"往事
一起回顾同济文科人的光荣与梦想

20世纪40年代的"红楼"

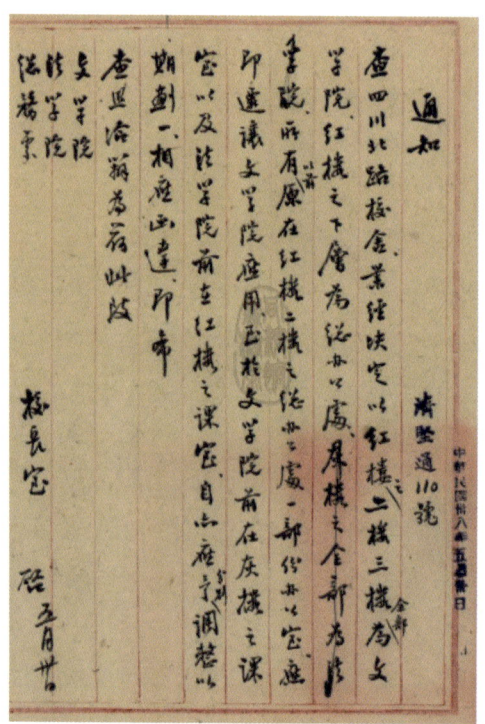

学校关于校舍使用分配的决定

李庄时期的法学院教室

法学院首任院长胡元义

"那是1947年秋天，我们刚刚进入同济大学文学院。校舍在上海四川北路底江湾路口的一幢赭红色楼房里，紧挨着的是几排红瓦白墙的日本式平屋，算是师生的宿舍。马路那边，和我们校园遥遥相对的，是国民党淞沪警备司令部巨大的灰白色堡楼，那一个个黑洞洞的窗口就像张着的嘴。"

这段文字转录于国立同济大学中文系第二届学生鲍史采1984年在《人民日报》副刊《大地》上发表的回忆文章《忆郭绍虞先生》。1946年至1949年，在这幢同济师生称之为"红楼"的房子里，曾经聚集了郑寿麟、杨一之、熊伟、郭绍虞、陈铨、章士钊、冯契等一大批在国内外有重要影响的人文学者，也承载着一代同济文科人短暂而辉煌的记忆。

法学院和文学院是新中国成立前同济最年轻的学院。1914年，同济曾接收过因战争原因而停办的青岛特别高等专门学校（亦称"德华大学"）法政科学生，有过短暂的培养文科学生的历史。此后的30年中，学校虽未招收过法政科学生，但筹办法政专科教育却一直是同济人的梦想。作为以德语为第一外语的高校，同济无疑在传播以德国法律为代表的大陆法系方面具有得天独厚的优势。1945年，因抗战而西迁至四川李庄的国立同济大学正式筹办法学院。

1945年秋，徐诵明校长聘请胡元义教授为法学院筹备主任。胡元义是国民政府教育部聘任的全国34名"部聘教授"之一，在业界具有很高的威望。新成立的法学院名师荟萃，不仅汇聚了章士钊、胡元义、徐道邻、钱实甫、张企泰等蜚声海内的名家、学者，后来成为法学界权威并有"中国民法三杰"之称的谢怀栻、安徽大学

1949年3月,同济法学院第一届毕业生的合影

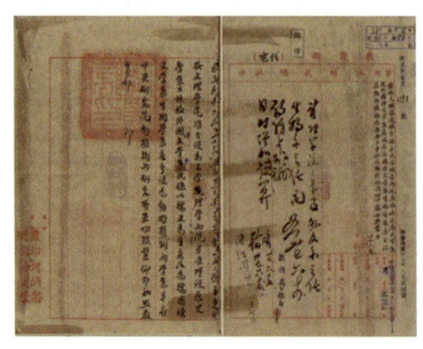

教育部同意将文理学院拆分为文学院、理学院及外国语文学系更名的批文

法学院创始人陈盛清、国际法专家邱日庆等一批业内翘楚也陆续加盟学院教学。1945年12月,法学院正式开学。按照教育部的命令,法学院设立了理论法学、国际公法、行政法学、司法等四个组。

与法学院不同的是,文学院起初并非单独设立。1946年8月,学校在理学院内增设中国文学系、外国语文学系和哲学系,理学院因此更名为文理学院。1948年6月,经教育部批准,学校将文理学院拆分为理学院和文学院,外国语文学系则更名为德国语文学系,并新设了历史学系。

文学院成立后,校长丁文渊(兼)、熊伟、郭绍虞等先后担任院长。在系一级层面,自创立之初便担任中文系主任的郭绍虞不仅为同济延揽了知名教授牟润孙、穆木天、潘伯鹰、蒋大沂及兼职教授张常工、徐俊彦、王善业、徐中玉等一批知名学者,引入了顾起潜、魏建猷、陈乃乾、黄光耀、潘继安等青年才俊,还于任教期间完成了个人代表作《宋诗话考》。由著名剧作家陈铨担任系主任的德国语文学系则汇聚了布鲁谟(德籍)、姚可崑、索天章、张云谷、李振麟、博凌、姚杏初、陈一荻、郝如川、钟隼林、廖尚果、黄冠群、赵世洵、吴瑰卿、米芳霓、方蓁等一批学者,充分发挥同济在德国文学研究方面所具有的得天独厚的优势,积极开展教学和研究工作。1946年,学校创办了上海高校中第一个哲学系,在董洗凡(兼)、郑寿麟、杨一之、熊伟等系主任(依次担任)的带领下,哲学系开启了哲学教学的探索之路。历史学系是新中国成立前学校最年轻的系,张贵永和吴泽先后担任系主任。

中文系主任、文学院院长郭绍虞教授

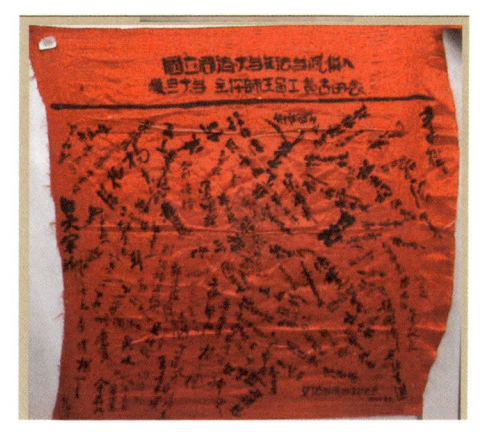
文法学院并入复旦大学时全体师生员工的签名

  1949年6月25日同济大学被上海市军事管制委员会接管后，文学院、法学院的学生响应国家号召积极报名参加"南下服务团""西南服务团"，踊跃"参军参干"，导致在读学生人数迅速减少，个别专业仅有三五名学生仍在校上课。鉴于上述情况，为了合理调配教育资源，军管会开始考虑将同济的文、法两学院并入以文科教学为主的复旦大学。

  按照军管会要求，1949年8月2日，学校将文学院、法学院合并，并更名为文法学院。9月2日，军管会主任陈毅、副主任粟裕联合签署了"高教字第405号命令"。"命令"指出："查你校文法学院学生人数过少，兹经本会考虑决定将该学院各系合并于复旦大学文、法两学院各同系，以求合理发展。""命令"公布后，同济、复旦的校务委员会和学生自治会分别召开会议，一致拥护军管会的决定。1949年9月15日，文法学院的学生离开同济并迁入复旦。至此，同济人文学科的发展暂时中断。

  虽然一段历史结束了，但同济的文脉仍在延续。文法学院并入复旦后，为开展日常的外语和政治课教学，学校增设了外语组和政治组，并直接挂靠教务处。多年以来，重建同济文科一直是海内外同济人的夙愿。1993年1月，学校恢复了文法学院建制；2006年7月，学校在文法学院的基础上组建了人文学院和法政学院。如今，学校已拥有人文学院、法学院、马克思主义学院、政治与国际关系学院，文科办学体系逐步趋于完善。同济人"同心同德同舟楫，济人济事济天下"的情怀依旧，同济天下、报国为民的理想长存。

10

我国首辆燃料电池轿车"超越一号"试制成功

同济人的"汽车梦"

八月的炎炎夏日
挡不住同济人成功的喜悦
同济汽车人与时间赛跑
在科研路上历经艰难跋涉
迎来了我国汽车产业的"混合动力之夏"

2003年8月7日和8日
"国家'863'燃料电池轿车项目"通过专家评审
标志着我国首辆燃料电池轿车试制成功
新型燃料汽车的成功突破
不仅提升了我国在国际汽车领域的话语权
还使我国拥有了完全自主知识产权
为民族汽车工业的腾飞创造了条件

回眸"历史上的这一周"
让我们随着我国首辆燃料电池轿车
一起迅驰在那年八月的同济
一起重温那一刻热烈的喜悦

一、混合动力之夏

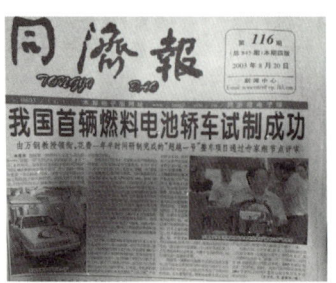

2003年8月20日,《同济报》刊载《我国首辆燃料电池轿车试制成功》的新闻报道

2005年,万钢校长向德国大众总裁介绍"超越三号"

  2003年8月7日至8日,科技部专家组对汽车学院团队承担的"国家'863'燃料电池轿车项目"进行节点评审。在评审专家组组长、我国著名汽车工程专家、中国工程院院士郭孔辉的带领下,专家组认真听取了项目科研及进展情况汇报,对试制的燃料电池轿车各项性能指标进行了严格检查,作出了"项目组按照合同节点要求完成装配一台燃料电池轿车……整车动力性和经济性指标达到了合同节点的要求。专家组一致同意该课题通过节点检查"的评审意见。专家组的评审结论标志着我国第一辆燃料电池轿车的试制取得圆满成功。

  此次评审通过的燃料电池轿车"超越一号"是中国第一代燃料电池混合动力样车。就外观而言,它与普通桑塔纳轿车并无多大区别。它虽然没有变速箱,但体内却搏动着一颗"绿色的心脏"——燃料电池。"超越一号"是一台混合动力轿车,但混合的是燃料电池和蓄电池,而不是人们所熟悉的燃料电池与内燃机的"混居",其控制电路是"超越一号"内部的心脏和灵魂。"超越一号"样车由中国团队独立研发,具有完全自主知识产权。

  第一辆燃料电池轿车的试制成功,标志着我国已经在燃料电池汽车方面拥有了完全自主知识产权,不仅可在国际汽车领域取得一定话语权,更重要的是,新型燃料电池汽车符合环保和能源安全的理念,具有十分广阔的应用发展前景。

二、新能源汽车之路

1983年,大众汽车基金会向学校赠送测量工程车及仪器

学校的汽车工程学科起步于20世纪70年代初期。1978年,热能动力机械专业恢复招生。1984年,上海市与联邦德国大众汽车公司筹备合资生产桑塔纳轿车,应德方要求,学校开始筹划培养汽车专门人才。1988年,机械工程系开始招收机械设计与制造专业(汽车方向)第一届本科生。1990年,学校将汽车工程学科纳入重点学科,并在实验室建设、学科带头人引进、经费划块和自主管理等4个方面给予倾斜性政策,为其后续的迅速发展壮大奠定了基础。1991年,机械学院增设汽车工程系,并实行按系招生;1992年,汽车专业开始招收本科生。1997年7月,上海汽车工业(集团)总公司在学校投资850万元,建立上汽-同济造型与内饰设计工程中心、上汽-同济噪声与振动工程中心、上汽-同济汽车模型风洞工程中心和上汽-同济汽车整体设计工程中心。1998年10月,车辆工程专业获得博士学位授予点,机械工程一级学科博士后流动站同期建立。1999年7月,同济大学汽车营销管理学院成立。2000年,同济大学新能源汽车工程中心成立。

2001年,上海市政府决定在嘉定兴建上海国际汽车城。经过努力争取,上海市政府最终决定同济大学汽车学院落户上海国际汽车城,同济大学嘉定校区由此而建立。与此同时,国家"863"计划设立电动汽车专项,学校申报的"燃料电池轿车"项目成功立项;同期,车辆工程学科被列为上海市重点学科。

新能源汽车参展工博会

同济大学参与研发的
新能源汽车

同济大学研发的洁净能源汽车被评为2005年中国高校
十大科技进展之一

为进一步推进我校汽车学科发展，2002年4月28日，在汽车工程系、新能源汽车工程中心、汽车营销管理学院的基础上，学校正式成立汽车学院，万钢教授任首任院长。2004年9月，汽车学院整体迁入嘉定校区，取得更加广阔的学科发展空间。2006年12月，上海地面交通工具风洞中心在嘉定校区落成。

在新能源汽车研发方面，自2002年起，由国家"863"电动汽车重大专项首席科学家、专项总体组组长万钢教授领衔承担的"燃料电池轿车"项目取得丰硕成果，我校先后自主研发出三代"超越"系列燃料电池轿车动力平台，并圆满通过科技部三轮审查考核。

"超越"系列氢燃料电池轿车的多项技术填补了国内空白，部分技术达到国际先进水平，形成了自主知识产权，并在各类展览、竞赛中取得了一系列成绩，在国内外引起很大反响。"超越一号"燃料电池轿车在2003年上海工博会获得创新奖。"超越二号"燃料电池轿车试验样车参加了2004年10月12日在同济大学汽车学院举行的"必比登"世界清洁能源汽车挑战赛,在污染排放、CO_2排放、噪声、蛇行和燃料经济性等方面达到 A 级水平,获得 5 个单项技术奖,比赛成绩名列前茅。2005 年试制完成的"超越三号"燃料电池轿车被评为"中国高等学校十大科技进展";2006 年,"超越三号"在巴黎举行的第八届清洁能源汽车"必比登"挑战赛上取得优异成绩。

三、助力汽车工业腾飞

随着改革开放的日益深入和中国汽车工业的迅猛发展,学校努力服务民族汽车工业创新,聚焦新能源汽车和智能驾驶系统,积极开展前沿科学研究、前瞻技术研发和重大产品开发,形成了世界一流的学术影响力和竞争力。"十五""十一五"和"十二五"期间,学校汽车工程学科团队承担了国家"863""973"专项和国家自然科学基金等一大批国家及地方科技项目,并为奥运会、世博会期间新能源汽车的示范运行提供了重要的技术支撑。

学校现已成为国内车辆工程领域教学和科研的重要基地,在汽车设计、汽车动力系统力学与控制、汽车电子技术、汽车噪音与控制、汽车结构与安全、车用动力系统节能与排放等汽车工程领域形成了明显的技术特色,燃料电池轿车科研项目先后开发出 4 代燃料电池、3 代纯电动和混合动力汽车动力平台,填补了国家空白,并应用到 15 家整车企业,21 款电动汽车产品由工信部《道路机动车辆生产企业及产品公告》发布。学校研发的新能源汽车和在智能汽车领域的核心创新成果已在上汽、一汽、长安等汽车企业广泛应用,有效推动了我国汽车产业的发展和科技进步。

同济大学主持研制的北京奥运氢燃料电池轿车

2010 年,同济大学汽车团队为上海世博会的大规模新能源汽车示范运行提供技术保障

11

被炸为一片废墟的大礼堂

永远的"吴淞之殇"

1931年,日军发动"九一八"事变
在中华大地燃起野蛮的硝烟
全国人民众志成城
拉开了中国军民抗日的大幕

1937年"七七"卢沟桥事变后
日军策划"八一三"事变
对上海发动大规模进攻和狂轰滥炸
同济人苦心经营二十年的吴淞校园
在日军轰炸中毁于一旦
同济师生被迫背井离乡
踏上万里西迁征程

回眸"历史上的这一周"
让我们撕开"八一三"事变的伤痕
含泪倾听落在美丽校园的爆炸声声
忍痛翻开徒留断壁残垣的泛黄影像
共同哀悼同济人心中永远的"吴淞之殇"

1937年7月7日,卢沟桥反击的枪声揭开了全面抗战的序幕。当二十九军奋起抗敌时,同济师生员工同仇敌忾,通电声援。在项本道、陶亨咸、于诛呆等的发起下,学校成立了前敌将士后援会,并将7月14日募捐的百余元款项委托《立报》馆及《大公报》馆汇交前方将士。

日军侵占平津之后,又在上海蓄意制造了"八一三"事变。当时正值学校放暑假,校内师生较少。鉴于形势日益紧张,学校吸取了"一·二八"事变时的教训,在翁之龙校长的部署和秘书长郭德歆、总务长陆振邦的组织安排下,学校租借了位于上海公共租界地丰路(今乌鲁木齐路)121号的房屋作为临时校舍,并将能拆装的仪器设备和图书等分批抢运到上海市区。由于是临时采取的搬迁措施,加之所租借房屋比较狭小,故从吴淞校区搬迁出的图书、仪器和设备等只能作简单堆放。8月12日下午,当郭惠申、纪增觉等最后一批人员搬运校产撤离吴淞时,在黄浦江中杀气腾腾的日本军舰已经褪去炮衣准备轰击,大战迫在眉睫。

大礼堂前遭日军轰炸的情形

惨遭炸毁的吴淞校园

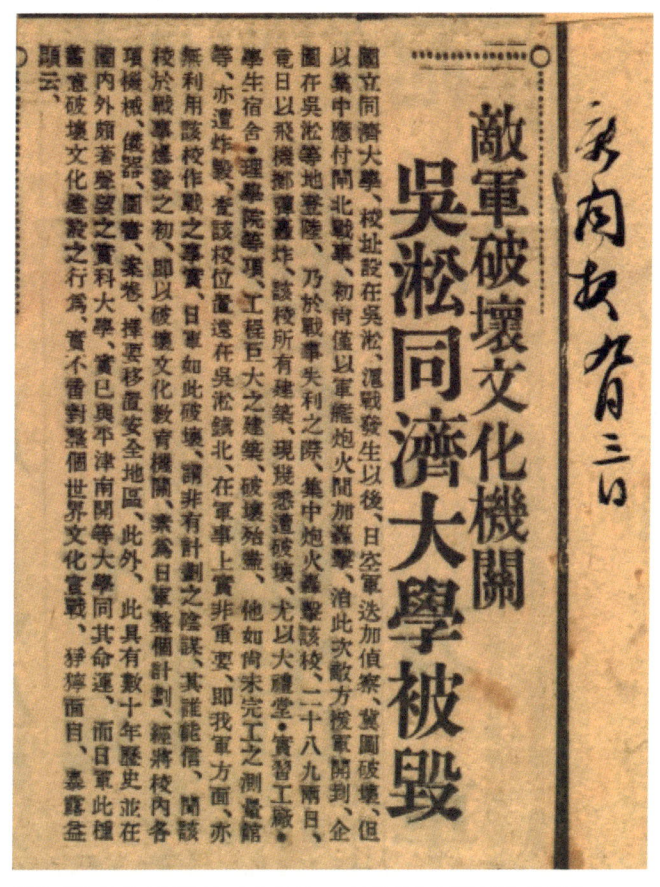

《新闻报》刊载《敌军破坏文化机关——吴淞同济大学被毁》的报道

8月13日,日军以租界和停泊在黄浦江中的日舰为基地对上海发动了大规模进攻,日军飞机对上海市区及部分郊区进行了狂轰滥炸。在上海的中国驻军奋起抵抗,与日军展开了激烈的"淞沪会战"。"八一三"事变后的8月28日和29日,日本飞机对吴淞地区实施了连续轰炸,吴淞校园的大礼堂、办公楼、工学院、理学院、电机馆、解剖馆、生理馆、材料试验室、实习工厂、图书馆、教授住宅及学生宿舍等主要建筑遭到严重破坏。

日军对同济校园的轰炸激起了舆论的强烈谴责。9月3日,《大公报》严正指出:"同济大学位置,远在吴淞镇北,在军事上实非重要,即我军方面,亦无利用该校作战之事实,日军如此破坏……实不啻对整个世界文化宣战,狰狞面目,暴露日显。"

中外各媒体关于同济大学遭到日军轰炸的报道

淞沪抗战爆发后,学校立即组织医学院师生投入救治受伤将士和民众的工作之中。学校在戈登路(今江宁路)玉佛寺附近的一处民房内建立了红十字会临时重伤员医院,设立了120张病床,翁之龙校长担任医院院长,郭秉宽教授任医务长,张静吾、黄榕增、章元瑾、李化民、唐哲等教授和医学院的一批学生踊跃参加了救治工作。临时医院建立后发挥了重要作用,先后收治了大量来自淞沪前线的受伤将士和南京路上被炸伤的市民。同济师生积极投身抗战,夜以继日地忘我工作,不仅体现了同仇敌忾、抗日救亡的爱国主义精神,也唤起了其他在校学生和市民的爱国主义热情,发挥了广泛的教育作用。

与此同时,医学院应届毕业生陈延华、钱章材等积极募集款项,并聘请蒋益生老校医担任院长,在沪西大沪花园(现丁香花园)开办了中国红十字会第十三救护医院,先后收治了三百余名伤、病将士和同胞。在宝隆医院实习的医学院高年级学生也积极响应学生救国会的号召,利用课余时间踊跃参加上海红十字会救护队和难民收容所的救护工作,另外25名学生则响应中国红十字会首都医院的号召前往南京参加救护伤兵的工作。

为恢复日常教学,学校原准备在地丰路再搭建一部分临时房屋,并计划于10月14日正式上课。但由于上海战事日益激烈,已无法正常上课,学校遂决定从上海迁往浙江金华继续办学。此后,为延续学脉、保存知识精英,同济人辗转沪、浙、赣、湘、粤、桂、滇、黔、川等9省市并绕道越南,走过了一万一千多公里的办学长征路,铸就了"不畏艰辛行万里,矢志不渝守初心"的战时丰碑。

德国《东亚观察家》杂志关于同济大学被轰炸的报道

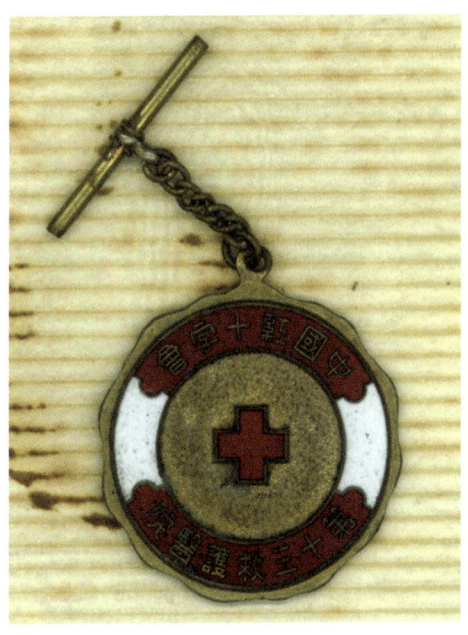

中国红十字会第十三救护医院徽章

12

1949年8月20日出版的《同济人》

第十二周　　　　　　　　　　　　8.18~8.24 [2019]

《同济人》改组复刊

八月的第三周
距离开学的日期渐渐近了
先来考考你
每一个在校或不在校的同济人
每一个即将到来的新同济人

你知道《同济人》吗?
你知道《同济报》吗?
你见过 1949 年 8 月 20 日的《同济人》吗?
你知道她们之间的渊源与故事吗?

回眸"历史上的这一周"
让我们翻开历史的这一页
回味《同济人》背后的故事

如今的《同济人》杂志是一份季刊，由同济大学校友总会主编，其宗旨为传播同济文化、联系同济校友，发行对象主要为各地校友。但在70多年前的1949年8月20日，经改组后复刊的《同济人》却是一份铅印报纸，由同济教授会、讲助会及学生自治会共同主办，并被主办者称之为"同济人的喉舌，是我们共同的头脑"。确切地说，当年的《同济人》是现在《同济报》的前身，而她的历史，可以追溯到1948年的同济"一·二九"事件之后。

1948年1月29日，为争取学生自治会的合法地位，在中共地下党的领导下，同济爱国学生高举"反饥饿，反内战，反迫害"的旗帜举行示威游行，并与军警发生冲突，爆发了著名的同济大学"一·二九"事件。"一·二九"事件后，由于受到国民党反动政府的镇压和迫害，校园内的进步活动转入地下。为了加强舆论引导，广泛宣传迅猛发展的革命形势和党的政策，由乔石领导的同济地下党总支决定编印报纸《同济人》，并安排总支委员、文学院学生万孝信和丁申宽负责报纸的编写与刻印工作。

为了鼓舞斗志，团结群众，同济地下党组织决定于4月8日在工学院礼堂为被开除的地下党员和学运积极分子举行"惜别晚会"。为了让报纸在"惜别晚会"上与广大同学见面，4月7日，万孝信和丁申宽整整忙碌了一个通宵，终于如期完成报纸的编印。4月8日，《同济人》创刊号正式出版。在当天的"惜别晚会"上，《同济人》上刊载的《在为真理斗争的路上，我们永远不会分离——被迫害同学访问记》等通讯报道成为学生们争先恐后阅读的内容。

《同济人》是同济地下党主办的报纸，主要在师生员工中秘密流传。在白色恐怖的日子里，《同济人》经常发表诸如《从五四谈到学生运动的方向》《认清敌人，认清自己——同济"一·二九"以后斗争经验》等有指导性的文章，宣传党的主张，分析形势，指明方向，号召同学们"坚强地团结起来"，及时提出战斗口号，同时报道校内外重大消息，反映广大师生的心声。由于所刊载的文章思想性强，短小精悍，生动活泼，故深受广大学生的欢迎，报纸的发行量从最初的300份增加到停刊前的1500份，编辑人员也大幅增加。为了确保安全，在丁申宽父母的支持和掩护下，自第四期起，《同济人》编辑部从校内转移到市区西康路644号丁家的小后楼，继续从事编辑和出版工作。

《同济人》每期4个版面、篇幅约15000字。每逢周六，丁申宽和谢经江从晚上9点开始汇集资料、编排版面、刻写蜡纸，通常需要连续工作到次日中午，之后再由

1948年1月29日，为争取学生自治会的合法地位，同济爆发"一·二九"事件

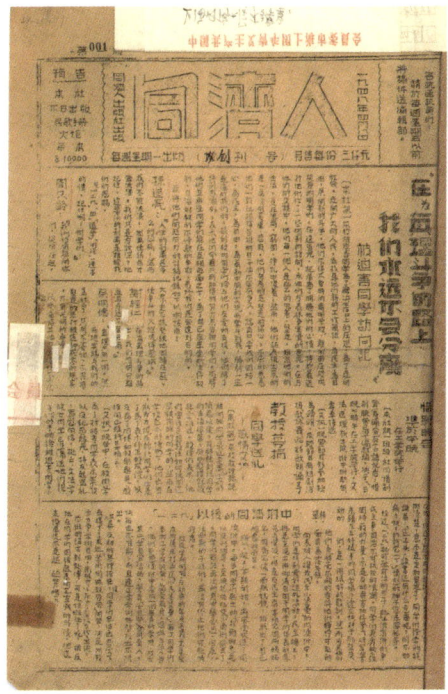

1948年4月8日出版的《同济人》创刊号

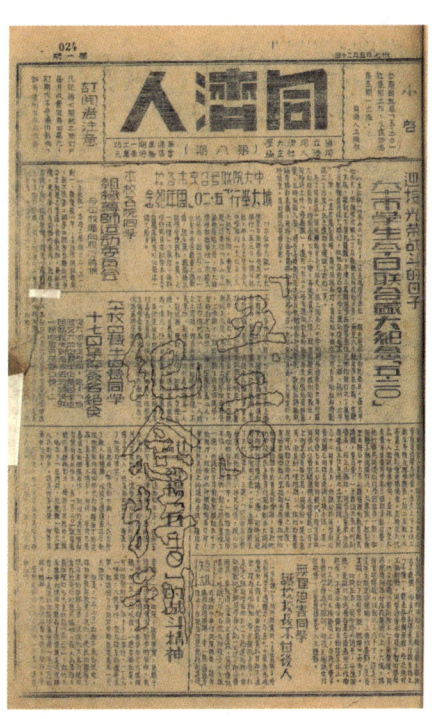

1948年5月20日《同济人》刊出的"5·20"纪念特刊

万孝信、和振五、董明伦和罗国杰等4名学生手摇油印机"轮流接力",完成报纸的印刷。周日晚上,几名学生便分别带着《同济人》回到各个学院,由所在校区的发行员以最快的速度将报纸送到学生们的手中。

《同济人》既是党联系群众的纽带,通过办报,校内的积极分子也经受了锻炼和教育。《同济人》不仅报道同济各学院的学运活动,还报道上海其他各校的学运情况,从而在上海的青年学生中形成了极大影响力,不仅成为除《学生报》之外最受学生欢迎的报纸,甚至还一度传播到武汉、开封、郑州、济南等地。自4月8日创刊至6月中旬因形势变化而停刊,在前后2个多月的时间里,《同济人》一共刊印了10期。

1948年年底至1949年年初,随着解放战争形势的迅猛发展,学校的进步学生运动逐渐恢复。在地下党的领导和推动下,各学院先后成立了年级级长联合会、福利会和各类进步社团,以墙报、壁报等方式报道时事进展,并延伸成立了壁报联合会、社团联合会等学生组织。1949年2月,经全体学生普选,学生自治会得以恢复。此后,学生自治会每天摘录新华社有关解放战争进展的电讯,并以《同济人》大字报的形式张贴在学生自治会门外的墙上(现"一·二九"大楼二楼)。

上海解放后,学生自治会正式成立"同济人报社",再次出版《同济人》并重编刊号。新成立的报社由机械系的张继庆任社长,造船系的洪君健任副社长,土木系的董鉴泓任总编辑,测量系的彭垂慈负责刻印等具体工作。

《同济人》在重新出版6期后暂时休刊,经改组后于1949年8月20日复刊,印刷方式也由油印改为铅印。复刊后的《同济人》由教授会、讲助会与学生自治会共同主办,文学院院长郭绍虞担任报社社长,董鉴泓任总编辑。1950年10月,因土木系、测量系的毕业班学生响应毛主席"一定要把淮河修好"的号召奔赴治淮工程工地,肖友瑟接替董鉴泓担任总编辑。

正如改组复刊后的《同济人》在头版所宣告的那般,她开启了"新的方向与新的道路"。她的新,不仅在于其休刊三周后以全新的姿态与全体同济人见面;她的新,并非仅仅是由油印改为了铅印;她的新,归根结底,是"在组织上、内容上起了根本的变化,摆在《同济人》面前的是一个新的方向与新的道路""我们不但要在物质上

1948年6月7日出版的《同济人》第十期

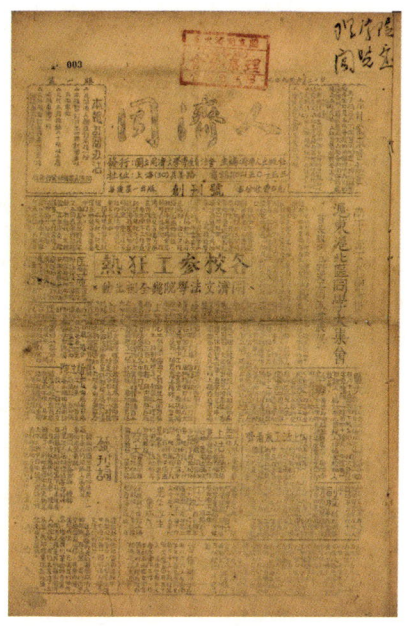

1949年6月20日,学生自治会重新出版的《同济人》创刊号

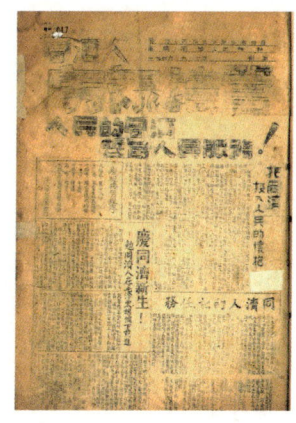

1949年6月25日出版的《同济人》

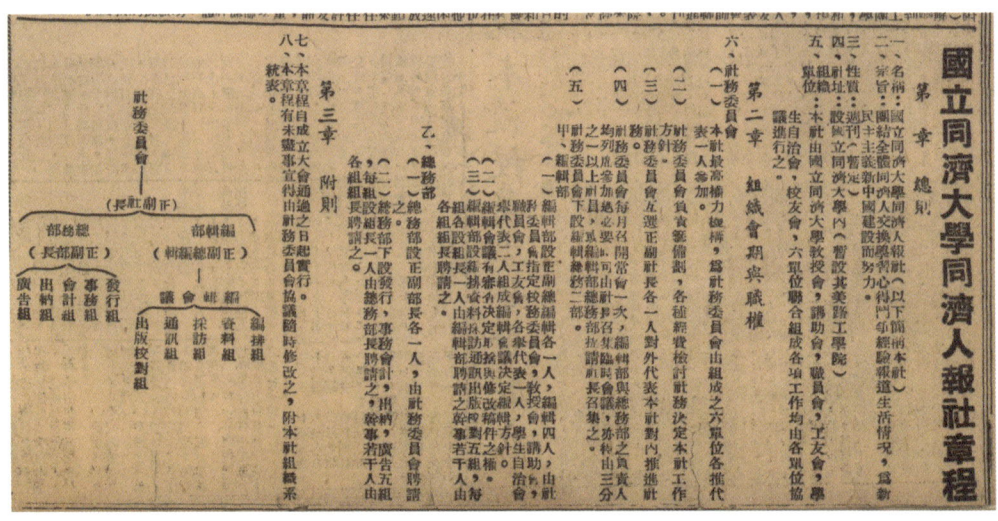

1949年8月20日《同济人》刊载的《国立同济大学同济人报社章程》

1949年8月20日《同济人》刊载的夏坚白校长的致辞

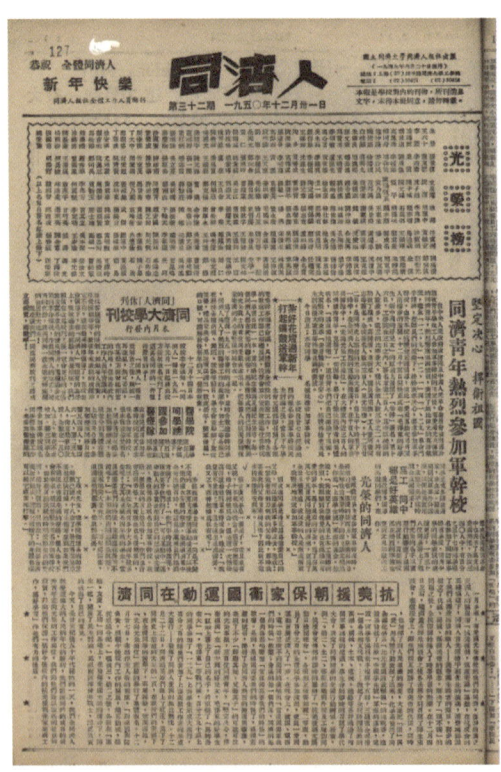

1950年12月31日,《同济人》第三十二期刊登休刊说明

1953年9月19日的《同济》校报创刊号

帮助《同济人》解决一切困难，我们更应当在内容上充实它，使《同济人》真正能够在全同济人的思想上起一个领导与启发作用，要使《同济人》真正能够变成我们的喉舌与头脑。"时任校务委员会主任夏坚白在《同济人》的改组复刊词中写道："如今同济已为人民的同济，《同济人》为同济人共有的报刊，举凡学习研究、工作检讨以及一切动态之报道、对行政之批评，咸可尽情发表，不复有所顾虑。"自此，《同济人》步入了一个新的发展时期。

2009年6月25日，《同济报》第1000期发刊

1950年12月14日，校务委员会通知《同济人》报社，自1951年1月1日起，《同济人》将由校方接管，并变更为校刊。1950年12月31日，《同济人》在出版第三十二期并发布"《同济人》休刊"的消息后停刊。1953年9月19日，同济大学校报《同济》创刊，并一直发行至今（后更名为《同济报》）。

13

国立同济大学校门

第十三周　　　　　　　　　　　　　　8.25~8.31 [2019]

跻身国立大学行列

1927年南京国民政府成立后
同济被列为首批国立大学
有着二十年发展历史的同济
被称之为"吾国最新式之医工大学"
成为德国式高等教育在中国的示范
受到国人的大力推崇

1927年8月29日
张仲苏被任命为国立同济大学校长
成为同济历史上首位由政府直接任命的校长
校长取代校董会
成为学校的最高行政首领
代表政府全面行使管理职责

回眸"历史上的这一周"
让我们一起重温
同济被列为国立大学的点滴记忆

1917年的同济医工专门学校校门

所谓"国立大学"区别于私立大学,为公立大学性质,由中央政府教育部门直接管辖,校长由中央政府部门任命,办学经费由政府承担。当年,除国立大学外,国内还有省立大学、教会大学、私立大学等多种形式的高等学校。在被正式列为国立大学之前,同济曾走过很长一段迈向国立的艰难跋涉之路。

同济创建时属私立性质,董事会为学校的最高决策机构,由董事会聘任的校长仅负责管理日常校务。创办初期,学校借鉴德国教育模式,聘用德籍师资,采用德文教材和德语开展教学,以严谨的学风、严格的管理、精良的设备、注重实践重视应用的办学理念培养了大批医工专门人才,深受社会各界赞许。

1917年,受第一次世界大战影响,中德两国政府断交,大批德国人被驱逐离境,同济校园也被法租界当局强行霸占,学校一度面临解散的困难局面。在中国政界、工商界人士的大力支持下,学校迁至吴淞继续办学,由华人组成的校董会成为学校最高领导机构,学校更名为"私立同济医工专门学校",办学性质也由中德合办变更为国人自办。华人校董会接管后,学校虽仍属私立,但经费已大部分来源于政府拨款,其中,北洋政府每月由国库拨给11000元,吴淞所属的江苏省另拨给4000元,保证了学校经费收支的基本平衡。

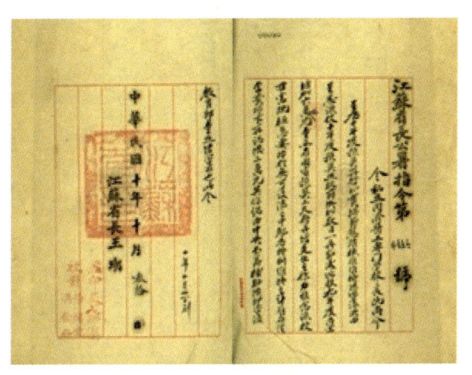

江苏省1921年10月关于同济医工专门学校次年预算的指令

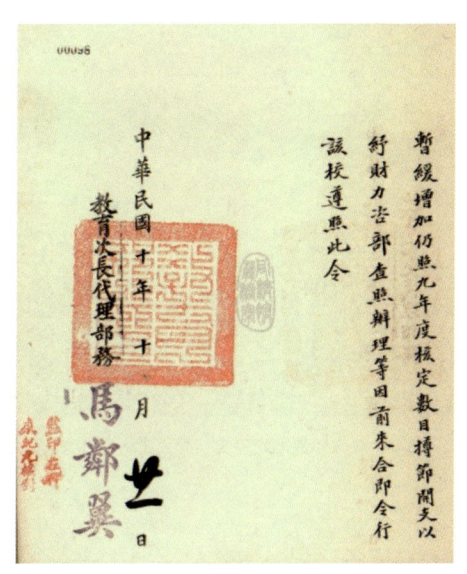

教育部1921年10月关于同济医工专门学校次年预算的指令

    1919年4月28日,同济校董会向教育部提出"请改私立同济医工专门学校为国立"的要求,理由是"德员已全遣送,旧校舍又急切未易收回",学校已由"华人掌理,而经费之支给,两年来均受国款补助,其性质实与纯粹私立者不同",如将私立改为国立,"不惟便目前之维持,且可图将来之推广"。然而,学校的请求未获得教育部批准。1922年3月29日,校董会再次呈文教育部,"请批准将学校名称改为同济医工大学"。

    此后,教育部派员到校视察。1923年3月17日,教育部下达第108号训令,批准同济工科"改为大学",但认为医科校舍及设备不如工科,故未批准医科为大学,可将医科"暂以医科专门部名义附设工科大学内"。如此一来,学校既不能再称"同济医工专门学校",也不能称"同济医工大学",但又必须称"大学"。为此,学校召开校董会,将学校定名为"同济大学"(回避了医、工二字),并于3月26日以"同济大学校董会"名义呈文教育部。1923年4月24日,教育部下达第634号指令,称"该校名称拟改为同济大学,应予照准备案。""同济大学"校名由此正式诞生(学校已于1922年先行启用"同济大学"称呼,并于当年8月发布《同济大学暂行简章》)。随着医科所属校舍、实验室条件、附属医院实习条件等的日臻完善,经学校力争,1924年5月20日,教育部下达第120号训令,称同济医科"学制系参照德国大学通

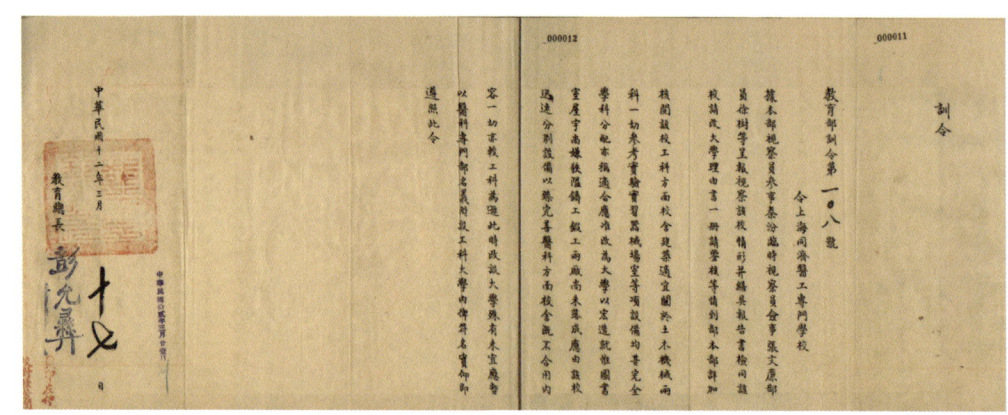

1923年，教育部批准同济工科为大学的第108号训令

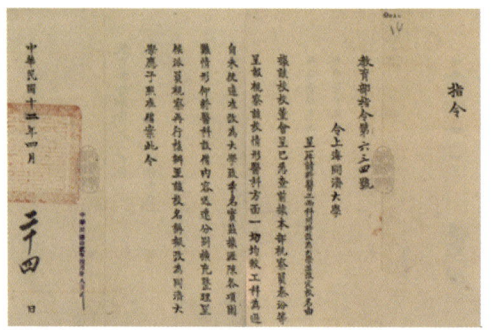

1923年，教育部同意将校名改为同济大学的第634号指令

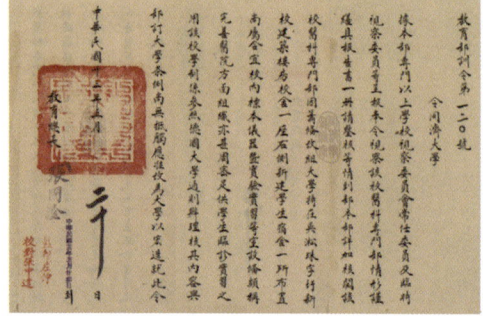

1924年，教育部批准同济医科为大学的第120号训令

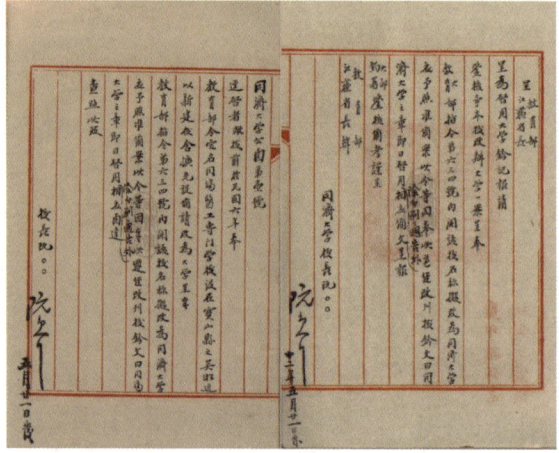

1923年5月21日，阮尚介校长签发"同济大学公函第壹号"（左），并同时呈报教育部和江苏省长公署（右），即日起启用"同济大学"印章

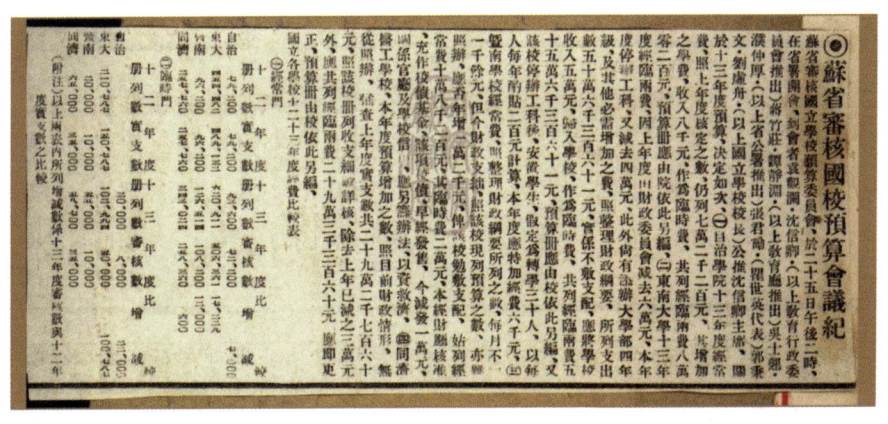

1924年，江苏省审核国拨经费学校预算的会议纪要

则办理，核其内容与部订大学条例尚无抵触，应准改为大学，以宏造就。"虽然此时的同济已升格为大学，办学经费也得到政府大力资助，但学校仍属私立大学之列。

由于列强的侵略分割和军阀连年混战，当时国民经济已陷入持续衰退。1924年国库拨款停止后，学校经费立刻出现短缺，日常运行遭遇严重困难，以至于教职工薪金都无法开支。此后，虽然学校实施了"减成支付"等策略，但也仅能依靠借款勉强维持日常开支。由于长期依靠借款维持办学，至1927年3月，学校所积累的欠薪等债务总计达14万元，学校财政已陷于极端困难的境地。1927年6月5日，经对学校账目进行全面清理，学校的维持费借款及欠发的教职员薪金等合计已达26万余元。此时，摆在校董会面前的只有两条路：一是将学校划归"国有"，由政府全面接管，并将办学经费纳入政府财政预算；二是由校董会变卖价值约30万元的仪器、设备等校产以偿还薪金和债务，同济大学就此停办。

在此危难时刻，同济的发展迎来新的契机。1927年4月18日，南京国民政府宣告成立。同时，蔡元培（1868—1940）当选国民政府委员，并任中央监察委员、南京国民政府教育行政委员会委员。在蔡元培的提议下，国民政府成立了作为全国最高教育行政单位的大学院，蔡元培被任命为大学院首任院长。蔡元培是我国著名的教育家和思想家，曾留学德国，对德国的教育颇有研究。蔡元培认为："医工两科则德国之教学法尤全世界所推许也"，"南洋北洋两公学均采美国式"，而"同济学校发端于德人"。因此，他对同济尤为器重，在同济大学成立二十周年之际，他不仅派代表参加了纪念会，还为《国立同济大学二十周年纪念册》撰写了序言，充分肯定了

济忆——历史上的这一周

蔡元培，时任国民政府常务委员、大学院院长

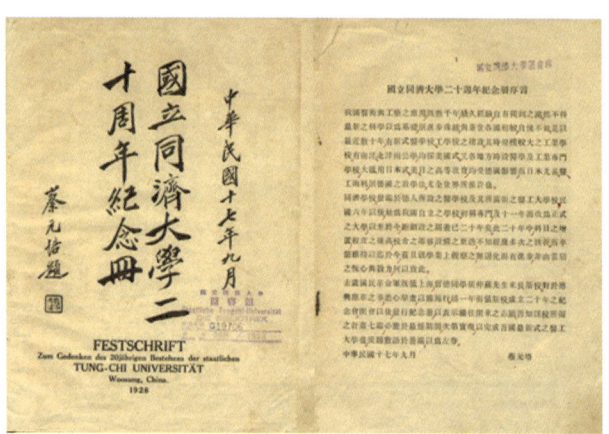

1928年蔡元培为《国立同济大学二十周年纪念册》撰写的序言

国立同济大学首任校长张仲苏
（任期：1927.9—1929.3）

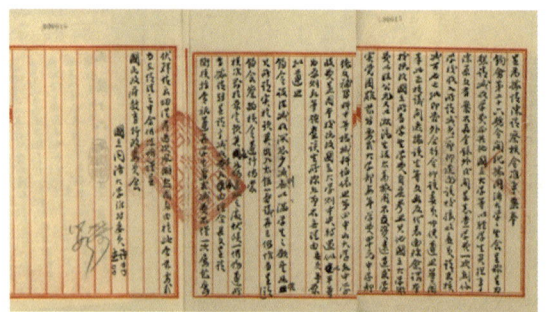

1927年，国立同济大学向南京国民政府教育部呈请减免学费的公函

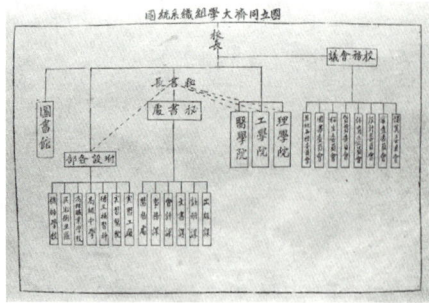

1934年的《国立同济大学组织系统图》

同济大学20年的发展成就，表达了他对同济大学"完成吾国最新式之医工大学"的美好期待。

蔡元培力主将同济大学列为国立大学。在蔡元培的大力支持下，1927年8月，国民政府正式将同济大学确立为国立大学。8月29日，张仲苏被国民政府任命为国立同济大学校长，成为全面领导学校一切事务的最高行政首领。

在国民政府及社会各界的大力支持下，国立同济大学得到了迅速发展。为使更多青年学生得以进入同济读书，学校向教育部递交报告，计划从1927年秋季起学费减半；同时，学校陆续与全国多所著名中学签订合作协议，吸引更多学生来校就读。此后，学校接收停办的国立劳动大学，设立了附设高级职业学校，开创了我国高等职业教育的先河；设立国内首个高等测量系，成为我国高等测量人才培养的摇篮；与上海市政府合作，建立了医学院附属市立医院；1930年，学校将医工两科升格为医学院、工学院；1937年，学校成立理学院；在校学生规模也已达千人以上。

经过同济人在吴淞二十年的辛勤耕耘，学校已初具综合性大学的雏形，校园面貌也已焕然一新。1937年5月20日，学校举办三十周年校庆典礼，浙江省政府主席朱家骅、教育部长代表、上海市长等中外来宾及师生共3000余人参加庆典，活动现场可谓盛况空前。其间，蒋介石、林森等分别题词，高度赞扬同济的办学成就；德国柏林各报也发表纪念文章，赞美同济为增进中德文化事业所做出的努力；上海《申报》还用两个专版设立"国立同济大学三十周年纪念刊"，刊载各界人士的题词、讲话，介绍同济概况和校园风貌。至此，国立同济大学已成为闻名世界的科学中心、人才培养的摇篮和中国近现代教育的一扇窗口。

14

1982年9月6日，学校举行恢复高考后的首次颁发硕士学位证书大会

第十四周　　　　　　　　　　　　9.01~9.07 [2019]

回望研究生培养之路

九月第一周，校园里洋溢着迎新的喜悦
鲜活的面孔，恣意的青春
一个个朝气蓬勃的身影
穿行在初秋的同济校园
在军歌嘹亮声中，在五星红旗之下
我们一起见证同济的十二时辰

翻开历史的年表
回到 1982 年 9 月 6 日那一天
学校隆重举行硕士学位证书颁发仪式
恢复高考后的首批 143 名研究生
获得了硕士学位
踏上服务祖国建设之路

回眸"历史上的这一周"
让我们一起重温
同济的研究生培养历程

1953年年底,结构系和铁路公路系招收的第一届9名研究生

1955年11月,同济大学召开第一次学生科学技术讨论会

1956年,同济大学举行国内首次副博士研究生入学考试

同济的研究生培养可以追溯到新中国成立之前。20世纪40年代，医学院开始在细菌研究所招收研究生；1947年8月，工学院成立大地测量研究所，并开始招收研究生。新中国成立后，细菌研究所和大地测量研究所仍继续招收研究生，后因医学院、测量系及大地测量研究所等按照国家要求迁往武汉，学校的研究生培养工作暂告中断。

一、新中国成立初期的探索与尝试

1951年，教育部与中国科学院联合招收研究实习员和高等学校研究生，同济大学也被列入可以招收研究生的15所大学之一。但由于生源原因，当时学校未招收到研究生。为了适应日益发展的高等教育和科学研究需要，高等教育部于1953年11月27日颁布《高等学校培养研究生暂行办法（草案）》，要求凡有苏联专家、人民民主国家的专家或师资条件较好的高等学校均应承担培养研究生的任务，以加快培养高等学校师资和科学研究人才；研究生的指导教师可由苏联专家或教研组选定的教授、副教授担任。按照高等教育部要求，学校于1953年在结构系和铁路公路系招收了学制为3年的9名研究生。

1955年，学校开始组织教师和学生开展有计划的科学研究，先后成立了14个研究室或研究所，并延聘了12位苏联和德国专家。11月，学校组织召开第一次学生科学技术讨论会，报告了60名本科生和8名研究生的研究成果。本次讨论会使同济成为第一个举办学生科技会议的上海高校。

1956年，借鉴苏联培养模式，高等教育部决定增加招收副博士研究生，要求其经过4年的学习，达到苏联科学副博士研究生的水平。根据高等教育部要求，学校于当年选拔录取了6名副博士。1957年，高等教育部决定取消"副博士研究生"称呼，并一概统称为研究生。

1958年，受当时政治运动影响，学校的研究生录取工作被迫暂停了一年，次年又予以恢复。1961年11月，为了提高在职教师的科学水平，学校制定了《同济大学在职研究生试行办法》，决定从大学本科毕业或相当于大学本科毕业且在校工作2年以上的教师中选拔在职研究生，学习年限一般为5年。1962年，学校正式启动在职研究生招收工作。

至 1965 年，学校共录取各类研究生 243 人。"文化大革命"开始后，国家有关部门发出暂停招收研究生的通知，后经国务院批转又发出了取消研究生制度的通知。1968 年年底，学校已招收的研究生全部分配完毕。

1974 年，上海市教育主管部门发布《关于高等院校积极招收研究生的意见》。1975 年，学校在桩基勘测、工程力学、噪声控制等 3 个专业共录取 17 名研究生，1976 年和 1977 年又分别录取 3 名和 5 名研究生，并均以 2 年制研究生试点班的方式进行培养。

二、研究生培养体系的建立与完善

1977 年下半年，国家恢复高校统一招生考试制度，研究生招收工作开始步入正轨。1977 年 10 月 21 日，国务院批转教育部《关于高等院校招收研究生的意见》，要求"高等学校，特别是重点高等学校，凡是教师条件和科学研究基础比较好的，应从 1977 年起，在办好本科的同时，积极招收研究生"。1978 年 1 月，教育部在《关于高等学校 1978 年研究生招生工作安排意见》中明确，"1977、1978 年两年的研究生招生工作合并于 1978 年进行，招收的研究生统称为 1978 级"。1978 年 9 月，学校在 17 个专业的 29 个研究方向录取了 73 名 3 年制硕士研究生。为了加快师资队伍建设，学校还同步招收了在职研究生。

1979 年，根据"加强对德联系、加强理科，把同济办成以理工为主的新型大学"的办学方针，学校决定"大量招收研究生"，招生计划增至 422 名，但由于生源不足，最终仅在 29 个专业的 60 个研究方向录取了 171 名研究生。1980 年，学校将研究生招生计划数大幅缩减为 96 名，后为贯彻国家"保证质量，宁缺毋滥"的招生规定，实际仅录取 32 名（含 2 名在职研究生）。1981 年，恢复高考后的应届本科毕业生成为研究生的主要来源，学校的研究生录取人数有了较大增长，但仍未达到招生计划数。

1981 年 1 月 1 日，《中华人民共和国学位条例》正式实施。同年，根据国家颁布的《授予博士、硕士学位和培养研究生的学科、专业目录》，经学校申请、国务院审批，学校成为全国首批获得博士、硕士学位授予权的单位，5 个博士点、18 个硕

建筑系陈从周教授在指导研究生

结构系徐次达教授在指导研究生

机械系蒋汉文教授在指导研究生

1981年，德语专业首届毕业研究生与导师的合影

士点获得博士、硕士学位授予权，冯纪忠、朱伯龙、孙钧、李国豪、杨钦、黄蕴元等6名教授成为首批博士生导师。当年，学校共录取6名博士生（次年3月入学），开创了同济大学招收博士生的先例。1982年2月，教育部批准同济大学成立学位评定委员会。9月6日，学校举行恢复高考以来的首次硕士学位证书颁发仪式。1985年2月7日，学校举行首次博士学位证书颁发仪式。

获得学位授予点后，学校对研究生教育进行了大胆改革，严格审批导师资格，加强导师队伍建设；修订培养方案，拓宽专业面，强化研究和实践能力培养；适应生产建设需要，发展应用型硕士研究生，提高研究生在全校学生中的占比。1984年5月，学校成立研究生处，次年6月成立研究生院（筹）。1985年11月，学校确立了"由本科教育为主转变为本科、研究生教育并重"的办学思想，并加大了博士生招生及培养力度。1986年4月15日，国家教委批准同济大学试办研究生院。从此，学校的研究生培养迈上了新的台阶，研究生教育、学科建设水平明显提高。

1995年1月，学校提出"本科教育是立校之本，研究生教育是强校之路"的办学方针，决定进一步扩大研究生尤其是博士生的招生规模，积极推进研究生的国际联合培养，扩大外国留学研究生和港澳台研究生的招生人数。1996年3月28日，经国家教委批准，学校正式成立研究生院，成为全国33所建立研究生院的高等学校之一。此后，随着学校综合实力的提升及考研热的升温，学校连续多年向教育部申报增招计划，研究生培养规模得到快速增长。

1986年,同济大学举行庆祝建校79周年暨研究生院成立大会

研究生毕业时与校领导合影留念

  与此同时,根据国家经济建设发展需要,在加强培养科学学位(科研型或学术型)研究生的同时,学校大力拓展研究生的培养领域,积极筹备并着手培养专业学位(应用型或职业型)研究生。1993年,学校招收首届工商管理(MBA)硕士研究生;1998年,首届工程硕士研究生入学;2002年,学校开始招收公共管理(MPA)硕士研究生;2003年,首届高级管理人员工商管理(EMBA)硕士研究生入学;2009年,学校开始招收全日制专业学位硕士;2012年,首届工程博士入学。经过二十多年的发展,同济大学的专业学位研究生已成为研究生培养的一支生力军。

  进入21世纪以来,学校加快了向研究型大学转变的步伐,借助于"211工程""985工程"的有力支持,学校的教育教学、科学研究、国际交流、校园建设、管理服务水平等不断提高,学校的综合实力和综合排名大幅提升,研究生培养与学科建设在相互促进的基础上取得了飞速发展。学校充分发挥学科优势和专业特色,已形成多层次、全方位的培养模式,为国家培养了一大批高素质的高级专门人才,至2019年已授予博士学位9348人,硕士学位近77000人,其中有相当一部分已成为我国社会主义现代化建设的重要骨干力量和杰出人才。

15

2009年9月12日,"上海环同济设计创意产业集聚区"签约仪式举行

第十五周　　　　　　　　　　9.08~9.14 [2019]

漫步"环同济知识经济圈"

一所历史悠久、内蕴丰富的大学
对她所在的社区知识溢出
会产生怎样的经济效益?
一所与祖国同行、以科教济世的百年名校
与她所在的城市互相滋养
会结出怎样的智慧果实?

2009 年 9 月 12 日
"上海环同济设计创意产业集聚区"揭牌
"环同济知识经济圈"迎来新契机
百余年学府 数十年深耕
伟大的事业始于梦想,基于创新,成于实干
"环同济知识经济圈"这艘产业巨舰
实现了从 10 亿元到 415 亿元产值的腾飞

回眸"历史上的这一周"
让我们一起漫步"环同济知识经济圈"
体验知识、人才、产业和城市空间
相互促进的"同舟共济"之路

"环同济知识经济圈"是同济大学优势学科知识外溢形成的产业集群化经济活动圈,是学校与杨浦区"三区融合、联动发展"的城区发展理念相结合、共同孕育"市场驱动、学科支撑、企业主体、政府引导"产业发展的新模式。"环同济知识经济圈"的发展与成熟经历了几代同济人数十年的实践与探索。

一、学科溢出与萌芽初生

20世纪90年代,"建筑设计一条街"上的"设计创意工场"

作为一所注重实践、以服务社会著称的百年名校,自改革开放以来,同济大学一直注重发挥专业特长和知识经济的溢出效应,服务上海经济建设和城市发展,服务新中国建设事业。

自20世纪90年代以来,学校的土木、建筑、城市规划等学科享誉国内外,优势学科培育优质人才,产生优质成果,从而产生优势溢出效应。在学科外溢和政府引导的双重影响下,"环同济知识经济圈"建设进入第一个快速成长期。20世纪90年代初期,部分同济教师曾挂靠校办企业,在校园里创办了大大小小的公司,学校周边也陆续出现了一些教师工作室。此后，随着教学用房日益紧张，在校园内租房办公司的政策逐步收紧，于是，杨浦区便以"服务科教就是服务杨浦，发展科教就是发展杨浦"的远见顺势而为，在赤峰路组建了与同济科技园相呼应的上海沪东科技经济园区，同济周边的工作室模式逐渐被正式注册的公司所取代，形成了从设计到工程监理，再到模型制作、效果图制作、图文输出等相应配套服务的完整产业集群，赤峰路"建筑设计一条街"逐渐成形。

二、创新发展与全面启动

进入21世纪后，"环同济知识经济圈"迎来创新发展期。除赤峰路以外，附近的密云路、国康路、四平路也逐渐被包含进来，同济大学建筑设计研究院、同济城市规划设计研究院、上海市政工程设计研究总院、上海邮电设计院、中建国际设计集团、安藤忠雄设计公司等多家知名设计机构先后落户同济大学周边。2003年前后，又形成了以密云路、中山北二路、江浦路、控江路、大连路围合而成的约2.6平方千米的核心区。

2003年2月，杨浦区政府实施"依托高校、发展杨浦"战略，打造"知识杨浦"新形象，计划在同济大学周边的赤峰路、密云路和四平路构建一条"环同济产业带"，以建筑设计业为龙头，辅以汽车研发、环保设计、生物医药、艺术传媒设计等知识型服务业，形成沪东北地区重要的高科技产业基地。

2005年，时任同济大学校长万钢和杨浦区委书记陈安杰在三好坞的一次茶叙，拉开了"环同济知识经济圈"全面建设的大幕。2006年元旦过后，学校与杨浦区政府就打造"环同济知识经济圈"的具体工作安排、时间节点等进行了深入沟通和协调；同年4月，"环同济知识经济圈"项目在杨浦区发改委和同济大学国家大学科技园立项。此后，按照"三区融合、联动发展"的理念，2007年1月15日，学校与杨浦区签署了《关于进一步加强全面合作联手推进自主创新框架协议》；6月16日，双方签订《杨浦环同济知识经济圈建设合作协议》，对外发布了总体规划

2007年6月16日,时任同济大学校长万钢与上海市副市长杨定华为"同济杨浦新技术创新基地揭牌"

2007年6月16日,同济大学与杨浦区人民政府签订《杨浦环同济知识经济圈建设合作协议》

纲要,并成立了经济圈管理委员会,建立了"同济杨浦新技术创新基地","环同济知识经济圈"全面建设正式启动。

三、产业集群与规模经济

在2007年百年校庆之际,学校周边的四平路、国康路、密云路和赤峰路所围成的区域已形成了以设计咨询产业为核心圈层,设计服务、物品制造、软件制作等服务行业为次心圈层,企划研究、房地产、信息服务等行业为包围圈层,公关服务等业态为外围圈层的设计产业集群,年产值达30亿元。

百年校庆后,"环同济知识经济圈"升级为国家火炬计划特色产业基地。2009年4月18日,"环同济研发设计服务特色产业基地"揭牌,成为当时国内首个以现代服务业为主的特色产业基地。为有效集成设计类学科资源,发挥知识溢出效应,2009年9月12日,上海市首个市、区、校三方共建的全球最大创意产业集聚区——"上海环同济设计创意产业集聚区"在同济大学揭牌,掀开了"环同济知识经济圈"建设的新篇章。至2009年年底,区内已吸引近1200家设计类企业集聚,从业人员

2009年4月18日,时任科技部部长万钢和上海市副市长沈晓明为"国家火炬计划环同济研发设计服务特色产业基地"揭牌

近3万人,形成了以现代设计为主体的设计创意产业集群。虽然时值国际金融危机的大背景,但区内产业仍呈现逆势飞扬的势头,2009年上半年总产值达59亿元,同比增长19.3%。2010年5月,环同济设计创意产业集聚区成为上海市首批示范创意产业集聚区。

四、规模效应与辐射发展

随着"环同济知识经济圈"在四平路校区的不断发展,学校启动了对"环同济嘉定知识经济圈"的规划和建设,同时加强与虹口区、普陀区政府的合作,辐射"环同济知识经济圈"的范围,扩大"环同济知识经济圈"的发展规模。

2009年3月20日,"环同济嘉定知识经济圈"工作研讨会在嘉定召开,学校与嘉定区政府有关部门就发展"环同济嘉定知识经济圈"达成共识。同年6月1日,学

2009年6月，同济大学与嘉定区政府举行联组学习会暨共建"环同济知识经济圈"和"同济科技园"合作协议签字仪式

校与嘉定区政府签订《关于建设上海国际汽车城环同济知识经济圈的战略合作框架协议》，决定共建上海国际汽车城"环同济知识经济圈"及上海国际汽车城同济科技园，以新能源汽车产业发展为契机，依托嘉定区完善的汽车产业链，发挥同济大学嘉定校区汽车、交通、电子信息、软件的学科优势与知识溢出效应。2014年1月，由同济大学、嘉定区人民政府联合建设的上海国际汽车城同济科技园奠基开工，"同济大学国家大学科技园（嘉定园区）"揭牌。2018年5月，学校与嘉定区共建的"环同济创智城"形成初步建设方案，"占地2.18平方千米的环同济创智城将重点聚焦新能源汽车和智能网联汽车、智能制造、人工智能、汽车文化和创意等产业"。

此外，学校与杨浦、虹口、普陀等区的"环同济"合作相继传出拓展新领域、推出新举措的积极信号，在全国高校中具有样板意义的"环同济"模式进入"提质升级"的新阶段。根据同济大学与虹口区签署的合作协议，双方将共建"绿色技术产业园"，致力于鼓励、支持、孵化绿色技术企业，建成绿色技术创新企业的种子中心，全力打造"环同济"环保产业集群。目前该产业园已集聚世界自然基金会、大学生环保科创中心、城市污染控制国家工程研究中心等功能性平台，力争经过数年发展后形成700亿元产值规模。

学校助力"上海制造"的"环同济"模式也在升级。位于普陀区环同济沪西产业园内的同济大学中车创新中心处于桃浦智慧科技城的拓展区，将聚焦核心技术研发和技术成果转化，助力普陀区形成智能交通和轨道交通等产业链集聚群。

2010年10月18日,作为杨浦区引领"环同济知识经济圈"新一轮发展的龙头项目及上海建设"联合国创意城市·设计之都"的核心引擎项目,学校与杨浦区政府共建的"上海国际设计一场"启动第二期改建工程暨同济大学设计创意学院大楼改建项目,标志着由区校共同策划推进的这一重点项目建设迈上又一新台阶。

五、国际接轨与产业升级

2010年以来,"环同济知识经济圈"的发展逐步与国际接轨,通过加强国际合作,逐步形成了以设计创新产业为引领,致力于上海特色、中国领先、世界前沿的特色产业集聚平台。2011年4月21日,由中国科技部、意大利公共管理与创新部共建,作为中意两国政府间合作项目的国家级设计创新研发中心和服务平台——"中意设计创新中心"揭牌成立,旨在打造国内最大的"中意设计创新集群",推动中意两国在设计领域开展全方位、多层次的合作。2014年12月26日,同济大学设计创意学院创意工场正式揭牌,将致力于联动周边社区,为街道的创意建设出谋划策。

2016年,学校与杨浦区签署新一轮战略合作协议,基于"十三五"新一轮重大发展和杨浦区建设具有全球影响力的科技创新中心重要承载区的重大机遇,全面提升"环同济知识经济圈"的发展能级,共同推动杨浦区建设全国首批"大众创业万众创新示范基地"和"万众创新示范区",携手创建以可持续发展为导向的世界一流大学和全国文明城区。

2019年1月18日,时任上海市委书记李强在视察"环同济知识经济圈"内的大学科技园和同济建筑设计研究院(集团)有限公司时指出,"要坚持区校合作,坚持'三区联动',推动产业结构实现转型升级,用'智能+''互联网+'赋予传统产业新的发展智能,积极服务上海智慧城市、科创中心建设"。

经过多年的发展,"环同济知识经济圈"从一条街、几个点到划成一个圈,逐步形成了以建筑设计、城市规划、工程咨询、环保科技、工程设计软件等为核心的知识型服务业集聚群。在市场需求的激励下,经区校联手策动,同济优势学科长期以来积淀的厚重底蕴转化为区域经济增长和社会发展的强大动能,"环同济知识经济圈"的产值从2002年的10亿元、2007年的80亿元,发展到2015年超过300亿元、

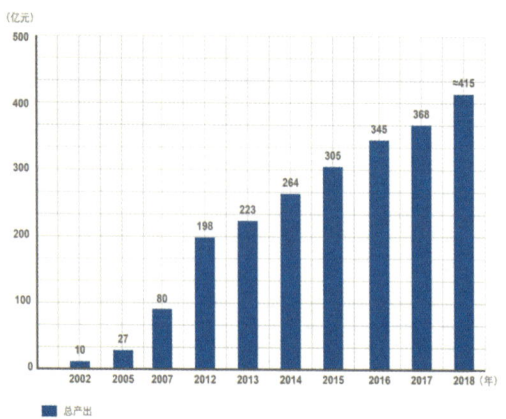

"环同济知识经济圈"近年产值

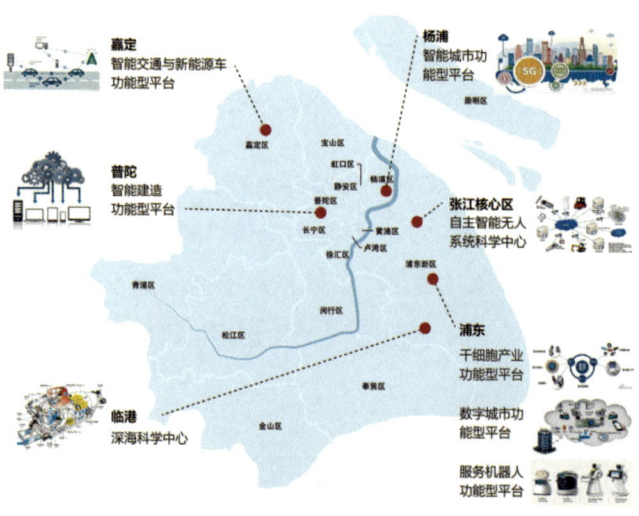

"环同济知识经济圈"发展规划

2018年达到415亿元，实现了围绕同济优势学科知识外溢形成的产业集群所带来的经济腾飞，成为知识、人才、产业与城市空间互动发展的经济高地。

如今，"环同济知识经济圈"已经成为杨浦区由"传统工业杨浦"到"知识创新杨浦"成功转型的经典案例。在与市场需求和社会治理紧密互动的过程中，"环同济知识经济圈"核心产业所涉及的同济相关学科不断调整重点突破方向,赢得强势发展机遇,在"环同济知识经济圈"产值持续"上台阶"的同时,土木工程、城乡规划学、管理科学与工程、环境科学与工程在全国第四轮学科评估中成功登顶,学科排名获得 A+,设计学科在 QS 学科排名中一飞冲天,2018 年直抵亚洲之巅,至 2019 年,土木工程学科更是已连续三年在"软科世界一流学科排名"中位居全球第一。

漫步"环同济知识经济圈",我们可以看到,同济人始终坚持"与祖国同行,以科教济世"的信念,实践了一句十分朴实的真理:伟大的事业,始于梦想,基于创新,成于实干!

16

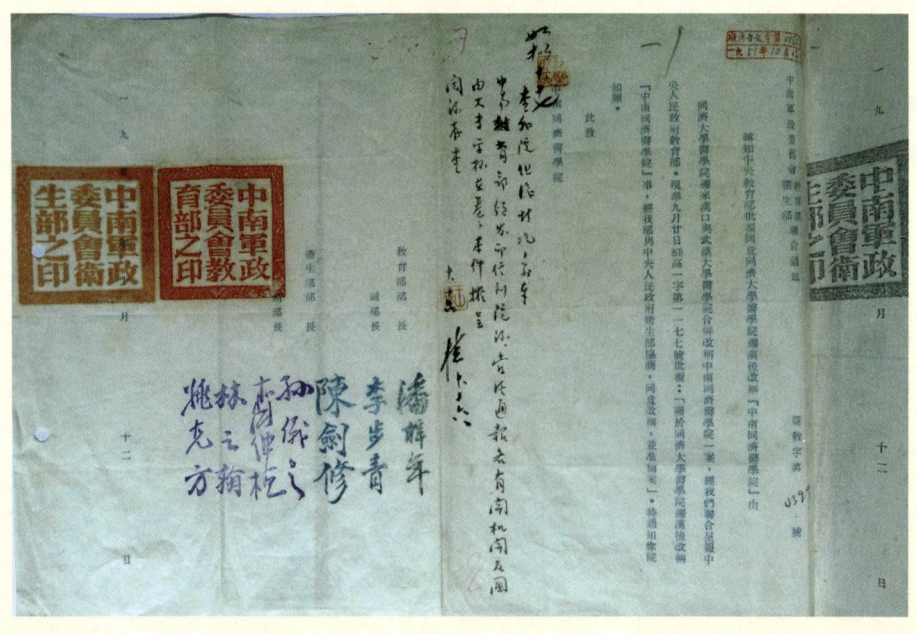

1951年10月12日,中南军政委员会教育部、中南军政委员会卫生部转印关于同济医学院内迁武汉的批复文件

第十六周　　　　　　　　　　　　9.15~9.21 [2019]

医学院内迁往事

1907年，德文医学堂以医科起步
医科也成为同济历史上影响最为深远的学科
"医院能救人于一时，学堂能救人于后世"
同济医科以治学严谨著称
培育了大量医术精湛的医学人才
"南同济"享誉中外

为了发展中南地区医疗卫生事业
1951年9月20日，中央人民政府教育部批复
同济大学医学院迁往汉口
与武汉大学医学院合并成立"中南同济医学院"
同济医科的办学历史因此而告一段落

2000年，同济大学与铁道大学合并
同济大学医学院得以恢复
同济医科的发展虽历经曲折
但对我国医学教育事业的贡献非凡

回眸"历史上的这一周"
让我们一起回顾
同济医科的内迁往事

济忆——历史上的这一周

江逢治，同济医科首届毕业生，1915年获柏林大学医学博士学位，是首位在德国获得医学博士学位的中国学生

裘法祖，18岁考入同济大学预科，1936年在医学院结业并赴德留学，被誉为"中国外科之父"，1993年当选中国科学院院士

吴孟超，1940年进入同济附中，1949年毕业于同济大学医学院，中国肝脏外科的开拓者和主要创始人之一，被誉为"中国肝胆外科之父"；1991年当选中国科学院院士，2005年获国家最高科学技术奖

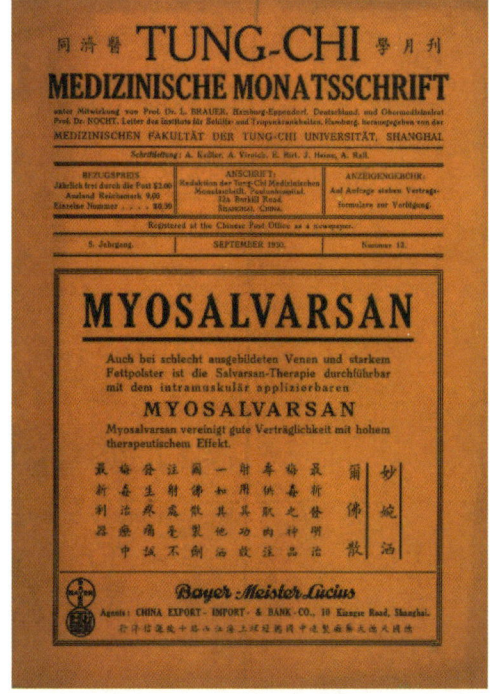

《同济医学月刊》(Tung-Chi Medizinische Monatsschrift)于1925年10月创刊，以中德双语出版，刊载德中两国最新医学学术文章，极具影响力，堪称我国最早的医学类CSCI刊物

1907年，在中德两国政府和社会各界的支持下，德国医生埃里希·宝隆博士在上海主持创办德文医学堂，开启了同济的办学之路。1908年，学校中文名改为"同济德文医学堂"。医科作为同济历史最悠久的学科，最初以培养"中国人自己的施诊医生"为主要目标。作为我国早期医学人才培养的重要基地，同济先后培养了裘法祖院士、吴孟超院士等著名医学家，被誉为"医生的摇篮"，并驰名海内外。

1950年年初，中南、东北两个行政区的领导希望华东行政区分别在武汉和大连支援建立1所医学院和1所工学院。1950年2月，中央人民政府政务院决定"上海同济大学医学院及附属中美医院迁武汉"。这一决定是应中南军政委员会要求、经华东军政委员会研究后做出的新中国首个关于高校及医疗卫生单位跨地区搬迁的重大调整，因而受到中央人民政府教育部、卫生部和华东、中南两地军政负责人的高度重视。但此时该决定仍属于"内部决议"，尚未下发正式文件。

消息传到同济后，医学院立即召集教授们商议探讨，学校也为此召开校务委员会进行研究。1950年3月28日，学校综合各方意见后向华东教育部提交了《本大学医学院传将被迁往武汉一事之意见书》，阐述了校方意见："医学院是同济首创的学院，经过几十年的积累发展，有了一定的成绩和规模，如要搬离上海，为适应中南地区的需要迁往武汉，无论从财政方面和客观条件方面，都应当慎重其事；迁院一说，并无明文明令，道听途说已在学校引起各种猜测，影响师生的情绪，对教学和行政工作都造成了影响，给学校的管理增添了很多困难。"

1950年4月19日，华东教育部召集同济校务委员会全体成员和各学院负责人，传达政务院决定。4月20日，华东教育部副部长唐守愚来到学校，口头传达了"同济医学院迁武汉，将校部及理、工两学院迁大连"的指示。

唐守愚的这份口头指示震动了整个同济校园。师生们纷纷议论，并通过各种途径向校务委员会提出了意见和建议。根据校内讨论情况，1950年5月10日，校务委员会第49次会议决定，由李国豪率领理学院和工学院代表团、唐哲率领医学院代表团分别赴大连和武汉了解情况。医学院代表团由12人组成，唐哲（教授、医学院院长）、林竟成（教授、中美医院院长兼公共卫生馆主任）任正副团长，成员包括教授代表金问淇（妇产科主任）、梁之彦（生化馆主任）、于光元（皮肤科主任）、章元瑾（后期主任兼泌尿科主任），讲师及职员代表武忠弼、徐增祥、陈汉兴、刘毓谷，学生代表王自模、吴滋霖。同行的还有华东军政委员会代表等。

1950年5月26日至6月5日，代表团在武汉调查了城市经济发展、居民生活状况、衣食住行、物价水平等情况，并与中南地区社会各界作了广泛交流，受到热烈欢迎。经过自5月29日起连续4天的会谈，中南卫生部、华东教育部、武汉大学医学院、同济大学医学院及附属中美医院的负责人和各单位代表就迁校后的校名、校舍建设、附属医院选址、经费、人事、生活待遇等问题达成共识。为顺利开展迁校建校工作，各方还商定立即在上海和武汉分别成立迁校委员会、建校委员会，重点推进迁校工作。

各代表团回沪后，结合医工代表团的意见，学校于6月28日上午召开第55次校务委员会会议，并形成"理、工学院以目前形势而言，迁校条件不足，事实困难，仍以上海为宜""医学院迁校事仍按6月21日校务委员会会议决议，授权医学院院务会议广泛征求意见，慎重处理并报本会核备"的决议。当日，学校将决议内容呈文上报给华东教育部，并请华东教育部转呈中央人民政府教育部。同时，为了安定师生对迁校事宜的不安情绪，6月29日，学校将这一决议内容在各学院布告栏内予以公布。

7月5日，学校收到华东教育部转来的中央教育部电令："关于同济大学迁校问题，即令学校夏坚白主委、刘先志教务长及薛德熔、李国豪、唐哲、林竟成等院长，工理医各院学生会主席，于斋日前来部商讨决定。"根据这一电文，7月8日，夏坚白、各院院长及三学院学生会主席朱昱、赵明洲、毕增祺等一行赴京。

7月9日，中央教育部部长马叙伦与学校赴京代表进行了座谈和反复沟通，认真听取了校方及师生的意见。7月12日上午，马叙伦向学校代表宣读了《中央人民政府教育部关于同济大学迁校问题的决定》：

（1）关于同济大学医学院迁武汉问题，同意学校校务委员会授权医学院院务会议妥善处理，并呈报中央人民政府教育部核准。至于何时迁移及如何迁移等问题，由华东军政委员会教育部、同济大学医学院（一方）与中南军政委员会教育部、卫生部（另一方）协商办理。

（2）理、工两学院决定本年度仍留上海，希望华东军政委员会教育部、同济大学校务委员会（一方）与东北人民政府教育部（另一方）继续妥为协商，并将协商结果，呈报中央人民政府教育部以便最后确定。

至此，迁校事宜基本形成定论。8月27日，中央教育部高校司副司长张宗麟在上海召集华东教育部及卫生部、中南教育部及卫生部、同济大学及医学院、中美医院

1950年5月,在院长唐哲的带领下,同济大学医学院代表团一行12人赴武汉商讨迁校事宜

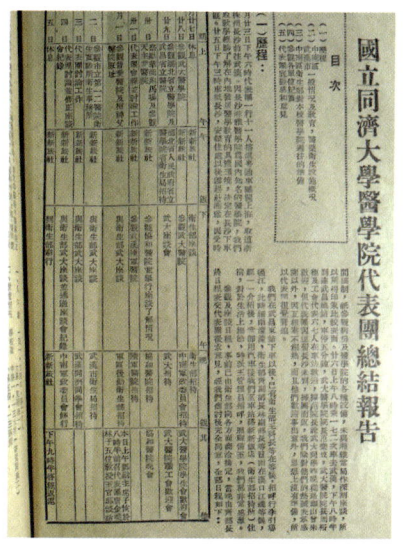

医学院代表团撰写的考察报告

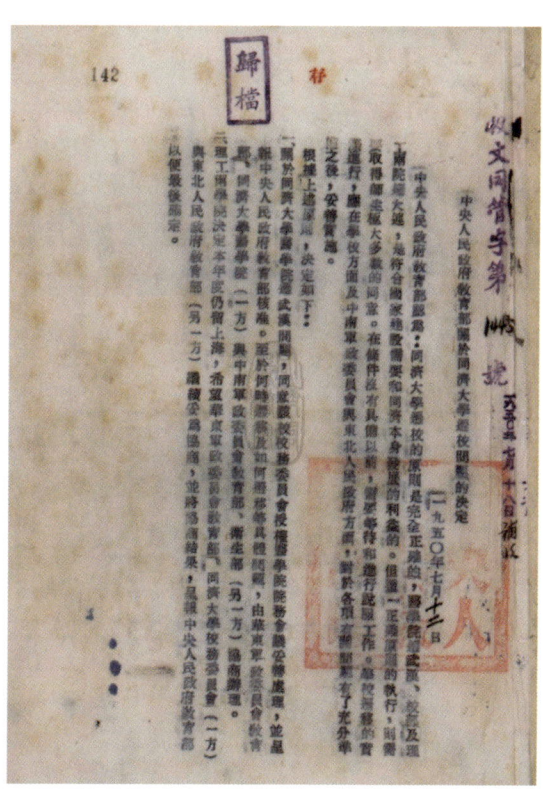

《中央人民政府教育部关于同济大学迁校问题的决定》

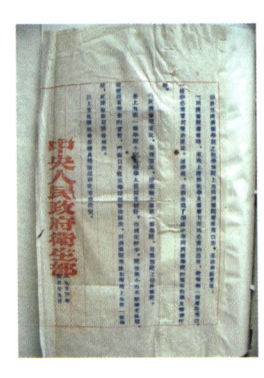
1953年6月29日，中央人民政府卫生部关于附属同济医院的迁址文件

1946年同济回迁上海后的医学院附属中美医院，后更名为医学院附属同济医院，1955年内迁武汉

20世纪50年代的"中南同济医学院"大门

等各方座谈，并就同济大学医学院（包括附属中美医院）迁校问题最终取得一致意见：1950年暑假开学后，同济大学医学院1年级新生一律到武汉报到上课；两校2年级学生暂时分别在上海、武汉上课；武汉大学医学院3年级学生到同济大学医学院上课；为照顾上海市民的医疗需求，附属中美医院分批迁移；为做好迁校建校工作，上海成立迁校委员会，武汉成立建校委员会。

医学院的迁建工作按照"有计划、有步骤，既见成效又稳步前进"的要求逐步推进，进展十分顺利。1950年8月底，同济大学医学院和武汉大学医学院分别从同济大学和武汉大学建制中划出，直属各大区领导。10月，建校委员会在武汉成立。1951年4月，位于原汉口跑马场的医学院各学馆及多栋教职工宿舍动工修建；同年5月20日，中美医院更名为"同济大学医学院附属同济医院"（简称"同济医院"）。1951年秋，医前期即医学基础部各个学馆的物品及设备相继开始搬迁。9月20日，中央人民政府教育部作出批复，同意同济大学医学院迁来汉口与武汉大学医学院合并，改称"中南同济医学院"，唐哲任院长，范乐成、殷传昭任副院长；同济大学医学院的上海待迁部分（含附属同济医院）划归中南卫生部领导。这一批复标志着华中地区一所新的医学院校正式诞生。随后，姚永政、于光元、李赋京、梁之彦、李宝实、金问淇、陶桓乐、杨述祖等知名教授及陆道培、侯云德等学生陆续迁往武汉。自此，同济大学的医学办学历史告一段落。

至1952年7月，除生化学馆外，解剖、细菌、寄生虫、病理、生理、药理、公共卫生等7个学馆的物品、设备和师资、技术人员全部迁往武汉，医学院医前期的搬

现同济大学四平路校区医学院大楼

迁工作基本完成。同月,建校委员会决定启动医后期迁移,主要包括同济医院及附设卫生学校的搬迁工作。12月31日,中南同济医学院、同济医院、中南军政委员会卫生部、华东军政委员会卫生部、上海市人民政府卫生局共同签署了《关于同济医院迁汉合约》,其要点包括:①原则上同济医院全部迁汉;②自1954年秋开始迁院,至1954年年底前迁移完毕,其中,妇产科于1953年秋迁汉;③在迁院前,同济医院的行政及业务受上海市卫生局及中南同济医学院双重领导,有关社会服务及教学业务双方应共同照顾,医院经费仍由上海市卫生局供给;④签约单位各派一人组成医院迁移工作组,协商办理迁院的具体事宜。至1955年,附属同济医院全部迁至武汉,迁校工作全部完成。同济医院外迁后,上海市卫生局将同济医院院址交由中国人民解放军第二军医大学接管,由二军大在该处开办长征医院,并作为二军大附属医院。

虽然同济大学医科的办学历程暂时中断,但同济人的医学情结至深。在历经近百年沧桑后,同济大学在新世纪交替之际重建了医科体系。2000年4月,同济大学与原上海铁道大学合并,并在原上海铁道大学医学院的基础上恢复设立了"同济大学医学院"。

为探寻同济医科的创新发展之路,近年来,同济大学结合世界医学发展前沿和未来趋势,将医学及生命科学学科发展重点集中于对接国家重大需求、未来发展前景看好的"干细胞""肿瘤""脑与脊髓"等几大领域,深化基础研究与临床应用的紧密合作,服务医疗事业,服务"健康中国行动"。经过20年来的快速发展,同济大学医学学科的整体水平已跻身全国医学院校前10%。

17

2001年9月28日，同济汽车学院举行奠基仪式

第十七周　　　　　　　　　　　　　　9.22~9.28 [2019]

同济嘉定校区的由来

大学文化空间与所在地理空间的交融
形成了大学特有的学科特色和文化内涵
十里一亭，以安名亭，以亭为镇
在上海西北部的嘉定区安亭镇
围绕上海国际汽车城建设
2001年9月28日
同济汽车学院举行奠基仪式
同济人继续脚踏实地，播种梦想

人工湖上风波吟，万丈高楼平地起
昔日的郊野农田如今已变身美丽校园
作为学校重点发展、两翼之一的嘉定校区
与四平路校区遥相呼应
已构建起以地面交通工具为核心
以汽车为龙头的现代装备制造学科群
成为学校人才培养和国家科技创新的重要引擎

回眸"历史上的这一周"
让我们与"嘉园"同舟
顺着同舟河的波影
回看嘉定校区的建设历程

时任上海市委副书记龚学平出席同济汽车学院奠基仪式

    曹安公路4800号，位于上海市西北部嘉定区安亭镇，处于曹安公路中段，正对着绿苑路的尽头有一处半圆形的凹口，环形的门廊绿树植荫，红棕色的石墙挺拔相对，其门牌上并无明显的标识。而如果你去过四平路1239号，如果你曾经近距离感受过作为百年名校的同济大学丰姿，你就会对这朴素的环形门廊、这红棕色的石墙熟悉无比。每一个细节，每一处景致，都在无声地告白：这里是同济大学嘉定校区，这里是同济为国家培养人才的另一个重要基地，这里是与四平路周边遥相呼应的大学知识溢出的另一个高地，这里也是同济人心中的美丽"嘉园"。2001年9月28日，同济汽车学院（后定名为"嘉定校区"）和上海国际汽车城同日举行奠基仪式，由此开始了同济大学嘉定校区的建设之路。

    国家实行改革开放以后，学校提出了"两个转变"的办学方向，并得到中央领导的认可和教育部的大力支持。为发挥对德交流的窗口优势、适应汽车工业的发展需要，学校积极谋划，先后推出派遣年轻骨干教师赴联邦德国进修、在机械设计及制造专业设立汽车方向、不断引进汽车领域高级专门人才、将汽车工程学科纳入学校重点学科等诸多举措，推动了汽车学科的迅速发展。1984年，上海市与联邦德国大众汽车公司筹备合资生产桑塔纳轿车。应德方要求，上汽销售公司承担了桑塔纳轿车的销售任务，同济大学受托为其培养汽车销售专门人才，并于1999年成立了汽车营销管理学院。

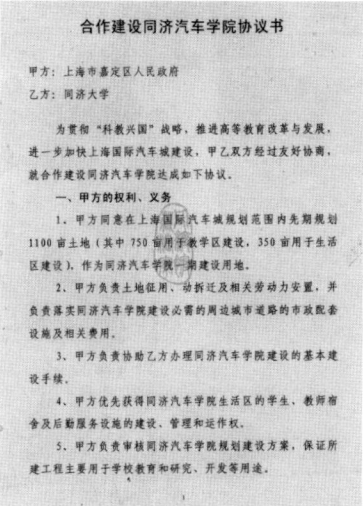

2001年11月7日，上海市嘉定区人民政府与同济大学签订《合作建设同济汽车学院协议书》

2000年年初，在制定上海市产业规划时，考虑到北部地区有宝钢、南部地区有金山石化、东部地区有浦东开发，而上海的西部地区尚缺少大的产业布局，因此，上海市委、市政府决定在嘉定区安亭镇建设"上海国际汽车城"，推动建立和壮大汽车销售产业。鉴于同济大学此前已成立汽车营销管理学院，在汽车营销方面拥有独特优势，2000年11月，在上海市计划委员会召开的建设上海国际汽车城专家咨询会上，同济大学汽车营销管理学院院长陈永革教授和汽车系主任余卓平教授受邀作了汇报发言；听取汇报后，市计委有关领导决定委托同济大学汽车营销管理学院起草建设上海国际汽车城的策划方案。

面对这一重大发展机遇，学校立即着手统筹协调与全面谋划。2001年1月，学校完成上海国际汽车城策划方案。学校在策划方案中建议，上海国际汽车城建设应立足长远，着力发展汽车全产业链，除建立销售体系外，应将汽车的生产、研发、专业人才培养、文化体育（之后建设的上海F1赛车场）等元素纳入其中，既可丰富其内涵，又可健全汽车产业链。3月30日，时任上海市长徐匡迪主持召开建设上海国际汽车城专题会议，同济大学副校长陈成澍、汽车营销管理学院院长陈永革参加会议。在听取同济大学的汇报后，徐匡迪市长充分肯定了同济大学提出的策划方案，明确了上海国际汽车城的发展方向，并提出将同济大学汽车营销管理学院和汽车研究院搬迁至上海国际汽车城的构想。4月21日，时任中共上海市委副书记龚学平、上

校领导在汽车学院规划模型前研讨

2004年8月11日，同济大学嘉定校区举行进驻仪式

海市副市长周慕尧等市领导来校调研，积极支持同济大学将与汽车相关的学院和专业机构迁入上海国际汽车城，并指示要用新的思维和体制来建设新的校区。

此后，校领导分别赴上海市政府、嘉定区政府及相关部门开展了密集调研和走访，积极调动校内资源，制定并不断完善"上海国际汽车城科教基地暨同济汽车学院筹划方案"。同时，为合理使用新建汽车学院的用地，谋划学校的整体发展，学校内部同步开展了汽车学院所在地后续作为学校的一个新校区（即嘉定校区）的整体发展规划。8月16日，上海市委、市政府召开相关委办局负责人联席工作会议，专项研究同济汽车学院的建设问题。市委副书记龚学平在会上指出："在上海国际汽车城建设同济汽车学院，不仅是同济大学的事，也是上海市的事。""上海汽车集团应该把同济大学作为最大的支持对象，同济大学也要开放式办学，为汽车工业服务。""嘉定区要作为科教兴区的最大机遇，教育在哪里，哪里就有了生气。"9月28日，同济汽车学院和上海国际汽车城同日举行奠基仪式。11月7日，同济大学与嘉定区人民政府联合举行"合作建设同济汽车学院协议书"签约仪式。2002年10月23日，同济汽车学院全面开工建设，计划3至5年建设完成，总投资20多亿元人民币。

2003年年底，嘉定校区建设一期工程陆续竣工。2004年年初，学校决定将嘉定校区作为重点发展的校区，并计划在嘉定校区建设以地面交通工具为核心、以汽车为龙头的现代装备制造学科链。4月12日，学校专题讨论"嘉定校区搬迁方案"。4月26日，学校最终确定将汽车学院、软件学院、电子与信息工程学院、机械工程学院、交通运输工程学院、材料科学与工程学院、经济与管理学院、传播与艺术学院等

8个学院按一定的时间节点分批整体搬迁至嘉定校区。5月10日,学校成立嘉定校区管理委员会,并设立管委会办公室,作为校区管理的常设行政机构,负责校区的日常管理与协调工作。

8月11日,学校举行嘉定校区进驻仪式,标志着嘉定校区正式投入使用。8月30日,汽车学院、软件学院作为首批入驻单位开始整体搬迁。9月7日,嘉定校区举行学生入住仪式,欢迎入住的首批学生。9月13日,嘉定校区迎来开学第一天。10月31日,学校举行嘉定校区落成庆祝大会,上海市及有关方面的领导出席庆典,科技部、教育部发来贺词。万钢校长在庆典仪式上表示:"同济大学嘉定校区的建设与搬迁,为学校进一步实践'依托社会,融入社会'的办学理念、更广泛投身于科教兴市主战略提供了良好契机,对学校未来发展是一个重要机遇。"

2004年11月5日,《同济报》刊载《学校举行嘉定校区落成庆祝大会》的报道

2006年12月8日，学校举行嘉定校区图书馆开馆仪式

20世纪末至21世纪初，根据国家高等教育体制改革和总体布局规划，学校进行了多次并校，办学规模得到迅速扩大，学科也呈迅猛发展势头，但相对于其他同类高水平高校而言，学校现有其他几个校区的占地面积相对较小，制约了学校发展的综合布局。

嘉定校区的创建是学校在新的历史时期具有划时代意义的重大事件，对于学校发展成为研究型、综合性、国际化的一流大学具有重要意义，不仅使学校站上了一个新起点、新高度，更为学校的可持续发展注入了强劲动力。时任校长吴启迪在2003年3月12日举行的嘉定校区捐款仪式上讲话时指出："学校的事业迅速发展，现有的空间已经无法满足需要，（嘉定）新校区的建设对同济大学至关重要。"2004年4月15日，时任副校长万钢在《同济报》发表题为《在新的土地上获取新的发展动力》的文章，进一步强调和论述了建设和利用嘉定校区对学校未来发展的重要意义和作用。

百年深根，十载新绿。如今的嘉定校区占地面积1900余亩，建筑总面积约45万平方米，建设总投资约25亿元，已形成行政服务培训区（校前区）、公共教学区、二级学院区、研发实训区、体育运动区、生活休闲区、公共绿地区、磁悬浮和轨道交通实验区、上海地面交通工具风洞试验区等九大功能区。截至2019年新学年开学，嘉定校区有学生近11600人，教职工1430余人，拥有汽车学院、软件学院、机械与能源工程学院、电子与信息工程学院、交通运输学院、经济与管理学院、材料科学与工程学院、艺术与传媒学院、中德工程学院、中德学院、职业技术教育学院、铁道与城市轨道交通研究院等12个教学单位及上海地面交通工具风洞中心、多功能振动

嘉定校区鸟瞰

实验中心、磁浮交通工程技术研究中心、新能源工程研究中心和新农村发展研究院等科研机构,并拥有一批高水平、国际化的重大科研试验平台。作为学校两大平行发展的校区之一,嘉定校区整合与装备制造业相关的学科,已初步构建起以地面交通工具为核心、以汽车为龙头的现代装备制造学科群,成为学校人才培养和国家科技创新的重要引擎。

18

如今的李庄同济广场

第十八周　　　　　　　　　9.29~10.05 [2019]

同济与李庄的"故乡"情缘

1937年全面抗战爆发后
为延续学脉，科教报国
同济师生冒着日寇飞机的轰炸扫射
忍受着颠沛流离和饥寒交迫
开始了总行程11000公里的西迁之路

从上海到金华、赣州、吉安、八步、昆明
坚持沿途办学，支援抗战
1940年9月30日
昆明校舍遭日军轰炸后
学校决定迁址四川李庄和宜宾
开启了同济与李庄的六年情缘
相识于战火硝烟之时，相知于筚路蓝缕之际
相交于朝夕问道之谊，相融于血浓于水之情

回眸"历史上的这一周"
让我们一起回顾
一个千年古镇与一所百年学府
"幸而有托，不废研求"的故事

抗战十四年间,同济师生始终与中华民族命运休戚与共,与祖国科教事业心手相牵,坚持支援抗战,科教报国。1937年全面抗战爆发后,位于吴淞的同济校舍被日军炸毁,学校被迫辗转于浙、赣、湘、粤、桂、滇、黔、川等八省和越南,坚持在离乱中艰难办学。经过在金华、赣州、吉安、八步等地的短暂停留后,学校于1939年在昆明暂时安顿了下来。1940年9月30日,学校校舍再遭日军轰炸并有学生被炸身亡,学校遂决定由昆明迁址四川省南溪县李庄镇和宜宾县。此后,同济在李庄渡过了相对安定的六年,师生们向隅一方,潜心问学,支援抗战,并在教学、科研等方面取得了一系列成果。

一、幸而有托,不废研求

同济校友钱子宁,我国现代造纸工业的开拓者

1939年夏,日寇开始对昆明实行"疲劳轰炸",暂居昆明的同济大学决定再次迁址。学校向宜宾中元造纸厂厂长、同济校友钱子宁发电报求援,请他在宜宾与泸州一带为同济寻找新校舍。

因抗战爆发后大量机构纷纷从上海、武汉、长沙等地内迁,当时的宜宾早已人满为患,下游的泸州比宜宾情况更为严重,两地均无法安置拥有几千名师生员工和家属的同济整体迁入,新校址只能在宜宾和泸州之间的江安县和南溪县寻找。此时,江安县已有国立剧专等单位捷足先登,无力再度接纳;南溪县城虽有条件和能力接手安置，但当地官员、士绅担心"下江人"（注：当地人对来自长江下游的外地人的统称）涌入这个江边小城后会影响当地治安和风俗，造成社会动荡，便以"小庙太小，供不起大菩萨"为由谢绝了同济的迁入请求。

而李庄却恰恰相反。听到同济急于寻找校舍而南溪县拒绝安排的消息后，南溪县所属李庄镇士绅罗伯希和王云伯经商议后取得共识："他们不要，我们来接待。"于是，他们找到时任国民党李庄区党部书记罗南陔说明情况。罗南陔当即表示可以考虑，并召集了一批士绅名流、巨贾富豪到自己家中共商决策。经过几个小时的反复权衡和充分议论，与会者最终达成共识：如果同济大学有意迁居李庄，大家将竭尽全力为其安置。随后，李庄方面分别致函同济大学、重庆国民政府行政院及教育部等机关，详细介绍了李庄的历史、地理、交通、物产、民俗等方面的情况，表达了接收的意愿。

接到函件后，学校方面十分兴奋，校长周均时当即委派理学院院长王葆仁、事务主任周召南赴李庄考察和落实迁校事宜。经前期考察与接洽，1940年9月30日，学校决定校部和大多数单位迁往李庄，医学院后期和附属医院迁往宜宾，并在重庆至圣宫七号、泸州峨嵋体育会、宜宾下西街九号分别设立办事处。虽然在入川过程中途经川滇公路和滇黔公路，山陡路险，旅途非常艰难，且汽车事故频发，但经历了千辛万苦的同济终于有了安身之处。此后，同济师生在李庄度过了六年相对安定的教学生活。

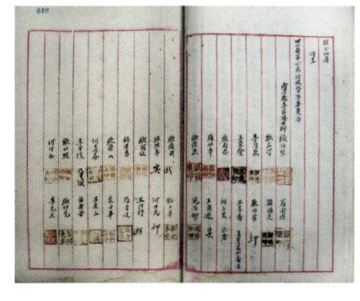

李庄32乡绅致信冷寅东，表示愿意接纳同济

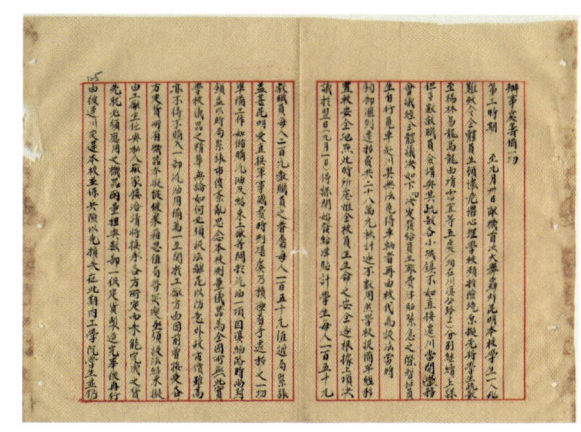

1940年12月，周均时校长向教育部汇报迁川情况

迎接师生们到来的李庄码头

为了迎接同济的到来,李庄乡民表现出极大的热情和真诚。他们将自己奉若神明的菩萨埋入地下,腾出祖祠和庙宇,供学校办学使用。六年间,在各方的支持下,同济的师资、生源、设施和实习条件等均得到一定保障,学校的办学规模逐步扩大,并在教学、科研等方面取得积极成果。

二、启蒙智识,解放思想

对于古老而传统的李庄而言,同济的到来同样也促进了这个偏隅一方的千年古镇的现代化进程。同济师生为李庄封建思想的破除和现代知识的注入做出重要贡献,促进了先进思想的传播和对大众的启蒙。

随着同济大学、中央研究院等迁入机构陆续开展教学和研究工作,李庄乡民对同济师生做人体解剖实验和中央研究院历史语言研究所运输的古代人骨等产生了误解,传出了"'下江人'吃人"的说法,乡民们对此深感恐惧。为此,中央研究院率先举办展览,展出了古人类骨骼、恐龙化石、古代兵器、青铜器、明清字画等,为当地乡民普及科学知识。随后,在校长周均时的指示下,同济医学院在祖师殿厅堂内举办了"人体解剖展览",展出了人体全副骨骼、用药水浸泡的尸体及人体主要器官、各种人体图表、医疗器械等,师生们还在现场详细介绍人体的组织构造、各种器官的作用、得病的原因、解剖的作用、如何对症治疗等医学知识,使当地乡民大开眼界,增长了见识。

学校曾举办"人体解剖展览"的李庄祖师殿

1943年6月,学生在李庄教室里聆听英国著名学者李约瑟博士的演讲

1941年,同济女学生在李庄江边的合影

同济学生罗汉章、彭成斌、顾应龙在李庄边的长江冬泳

两个展览的举办立刻轰动了四方,《中央日报》《新华日报》等报刊均分别作了专题报道。观展者中不仅有李庄、南溪等当地父老乡亲、学校师生和各界人士,就连重庆、成都、泸州、乐山等地的人也赶来李庄观展,祖师殿门前还一度排起了蔚为壮观的长队。展览成功举办后,当地群众扩大了视野,了解了历史和人体知识,也增进了对现代医学的理解。

同济师生的到来对破除当地的陈旧观念也起到了积极影响。李庄镇濒临长江,沿江有10里长的开阔地带。于是,每到夏天,长江边便成了游泳场,同济的男女学生在长江中尽情游泳，一时间成为一大奇观。当地人从未见过女生游泳，于是，许多人竟从很远的地方专程赶来，一睹游泳场的壮观景象。与此同时，每当太阳落山之际，江边便坐满了观景乘凉的茶客，由此构成了远近闻名的李庄"三江晚景"。而男女同游也一时传为佳话，流传于十里八乡，对当年李庄乃至更大范围内民众的思想产生了深远的影响。从此，人们对于延续了几千年的"男女授受不亲"的封建思想有了新的认识。

三、造福川南，促进发展

同济师生的到来不仅促进了李庄镇现代教育事业的发展，还改善了当地人的医疗条件，改变了李庄人的生活方式。

当时川南一带流行痹病（又名软病或麻脚瘟），病人轻者周身乏力、皮肤发麻或局部肌肉麻痹，重者腹痛、吐泻、四肢麻痹，发展至胸部时甚至造成死亡，当地患者深受其苦，但因致病原因不明，一直没有根治的办法。某一天，宜宾中学因聚餐致37人发病，医学院唐哲教授受邀前去会诊，并诊断为钡或磷中毒。唐哲为此发表了《李庄所见之痹病》一文，内科部主任李化民教授经研究后也发表了名为《痹病》的文章。此后，医后期公共卫生研究所杜公振教授和邓瑞麟助教通过动物实验和反复研究，发现当地食用的四川五通桥食盐中含有有毒的氯化钡，从而查出了致病原因，并提出了预防和治疗方案，挽救了成千上万的病人。此外，医学院学生会与宜宾《商报》社于每周一合作出版的《医讯》、与宜宾《金岷日报》社于每周六合作出版的《医影》等刊物也对向广大民众普及医学常识起到了积极作用。

除极大地改善了川南地区的医疗水平外，同济人还为李庄带来了"光明"。李庄人民自古以来过着"日出而作，日落而息"的较为原始的生活，老百姓晚上依靠点"洋油"（煤油）、菜油、桐油灯照明，不但光线昏暗，也易引发火灾。同济入川后，设在李庄东岳庙内的工学院电机实验室有一台50千瓦的汽油发电机组，所发电能除供工学院教学使用外，晚间还为李庄部分民众及路灯照明供电，李庄的用电历史因此比县城南溪早了近10年，李庄民众也引以为豪。因处在战争年代，汽油发电成本太高，油料来源又难以保证，加之发电机组经常发生故障，很难保障正常供电。

學術獎狀

杜公振鄧瑞麟著痺病之研究應用科學著作一種獲得民國三十二年度學術獎勵一等獎

依照本部獎狀規程之規定特授與學術獎狀此狀

教育部部長 陳立夫

中華民國三十三年五月 日

1944年，杜公振、邓瑞麟撰写的痹病研究论文获教育部1943年度学术奖励一等奖

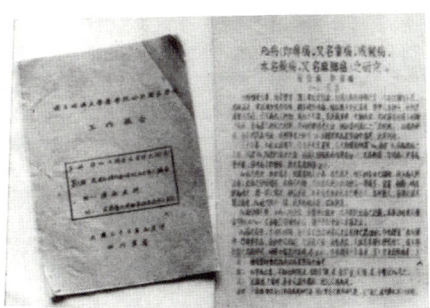

同济教授发表的痹病研究论文

李庄时期工学院做实验用的滑轮,现基本保存完好

师生们在简陋的环境下学习与实验

1943年年初,在内政部、教育部的协调下,学校用一台500马力电动机与宜宾马鞍石发电厂交换了一台变压器和一条架通电厂至李庄全长15公里的6000伏线路,实现了电厂直接供电,彻底解决了内迁李庄的各单位和当地居民的用电问题。

除了"发电"这一惠民工程,同济的"发明家"还给李庄的日常生活带来了很多便捷。工学院教师王达生人称"同济爱迪生",在李庄期间先后发明了"达生灯"、浅水汽船,改进了自贡盐井抽取卤水用的单筒抽水筒;长江的丰枯期水位落差极大,枯水期时尖头的长江渡轮难以靠岸,他便将渡轮改成了平头船,从而解决了枯水期渡轮的靠岸问题,大大方便了民众出行。后来成为中国工程院院士的王守觉当年还是一名工学院学生,他自行修好了一台废旧收音机,平时用于收听广播、传播时局信息;据说,正是通过他的收音机,抗战胜利的消息得以在第一时间传遍了整个李庄。

留德博士杨宝林教授代表从军师生接受社会各界献旗

学生们在李庄的课堂里听课

四、文化科教，知识报国

同济师生不忘抗战救国。李庄时期，学校的益友读书会、"济声合唱团"等进步团体团结广大同学，传播抗日救国思想，开展文化抗战；师生们响应政府号召，踊跃报名，投笔从戎保卫国家，更有大批机械专业毕业生在制造武器弹药的兵工厂大显身手，为取得抗战胜利发挥了重要作用。

在持续努力办学的同时，同济还积极促进当地教育事业的发展。据统计，同济落户李庄后，1941年至1945年招收的新生中约有一半为四川省籍，另有大批学生毕业后留在四川工作，为当地乃至西南地区的发展和进步创造了条件。为了提高李庄的基础教育水平，1944年，学校还向李庄中心小学捐赠了国民常识通俗小丛书，供李庄中心小学、益德小学的学生阅读。

在李庄期间,学校采取开放办学的方式,鼓励文化层次较低、未能考入大学的当地居民旁听。当年的旁听生来源广泛,有随大部队逃到李庄避难的,有边听课边做工攒钱、等攒够了钱再交学费注册的,也有年龄已三十多岁仍坚持听课的,战争的创伤没有磨灭他们对知识的渴求,而大学的到来更为他们的求知之路提供了便利。学校也十分欢迎旁听生来上课,并对他们一视同仁。李庄居民左鹤鸣老先生曾讲述道:"那个时候没有钱读书,就搬了块石头作凳子,到上课教室去当旁听生。"这种长江石被江水冲磨得十分光滑,当年在李庄随处可见,现在还有很多居民在家门口放两块江石作凳子用,闲来无事时便坐在那里聊聊天,很是惬意。

话剧社在即将回迁上海时演出的话剧《原野》

李庄时期的歌本《小夜曲》在师生中广为流传

由于李庄地处偏远山区,没有文化设施,学生的生活也比较清苦,于是,学生们便组成了许多课外社团,闲暇时自娱自乐,丰富课余生活。著名作家、《红岩》作者之一杨益言先生就曾组织二胡社,并经常在禹王宫的古戏台上演出。学生们还自编自演活报剧、滑稽戏等各地剧种,并将《雷雨》《原野》等经典剧目搬上了禹王宫的戏台。看惯了王侯将相、才子佳人故事的李庄老百姓对学生们演出的"文明戏"充满了浓厚的兴趣。这些"文明戏"与当地老百姓熟悉的川剧并存,交替演出,为当时清贫的校园和百姓生活带来了无限的欢乐。

李庄同济大学纪念碑奠基仪式

"吴语柔,德文香,川音如酒诉衷肠。禹王宫中雷雨沸,东岳庙里机声琅。桂轮江涛动天外,留芬茶浪醉书乡。"如今的李庄,依旧保留着 70 多年前同济办学的痕迹,新建的李庄同济广场上立起了同济大学纪念碑,东岳庙、禹王宫等办学旧址现已成为同济大学校史展示和陈列馆。李庄古镇的青石板小路、庙宇殿堂、民宅大院无不静静地诉说着一个千年古镇与一所百年学府的故乡情缘。滚滚长江水,带来了离愁,却带不走同济人对第二故乡永恒的眷恋。

1950年10月,《同济人》关于学生参加治淮工程的报道

治淮工程的光荣一页

淮河，这条无尾的蛟龙
辽阔的两岸本应是"江淮稻粮肥"
但因历代以来黄河多次决口，水流入淮
淮河入海口受黄河泥沙淤积之困
沿淮地区洪水泛滥，人民饱受灾难之苦

新中国成立后不久
毛主席发出"一定要把淮河修好"的指示
同济师生积极响应号召
1950 年 10 月 12 日
学校举行治淮师生欢送大会
土木及测量系四年级学生奔赴治淮前线
肩担"学好本领，建设祖国"的重任
吃苦耐劳，发挥专长
将论文写在祖国大地上
谱写了治淮工程的光荣一页

回眸"历史上的这一周"
让我们一起重温
同济人的治淮往事

淮河流域地处中国南北气候的过渡带，为暖温带半湿润地区，降雨的时节分布极不均匀，很容易出现洪涝、大旱的现象。历史上黄河曾多次决口并经淮河入海，导致淮河泥沙淤积，入海口受阻，洪涝水因缺乏出路而泛滥成灾。这些自然和历史条件致使淮河流域成为一个水旱灾害频繁的农业低产地区。1950年，国家决定有计划、有步骤地治理淮河，并成立了治淮机构。根据毛主席"一定要把淮河修好"的指示，政务院发布了根治淮河的号召。

治淮工程是新中国成立以来全国范围内的第一个建设高潮。为落实和完成根治淮河的艰巨任务，1950年10月5日，教育部、水利部在上海召开大会，水利部副部长刘庞光向到会的华东地区高校土木、水利、测量等相关系科的师生作了介绍和动员。经过动员，同济师生认识到了根治淮河水患、拯救千百万人民的重要意义，土木、测量系的69名四年级学生（即将于1951年毕业）积极响应政府号召，踊跃报名参加治淮一期工程，义不容辞地担负起了"学好本领，建设祖国"的光荣任务。10月12日，学校为参加治淮的师生举行了欢送大会。

1950年10月中旬，同济治淮师生到达南京参加集训；一周后，师生们被分派到各个工作岗位。其中，归属治淮委员会管理的测量系14名学生负责精密测量工作，土木系赵殿甲等8名学生参加设计、绘图及高良涧地形的测量工作；其余学生则被分配至位于苏北的淮河下游工程局开展测绘工作。

12月初，正值寒风凛冽、冰封大地的严冬季节，为了加快完成入海水道的测量工作，32名学生被分配到了5个测量队。其间，大多数学生还纷纷抢着要去位于海边、条件最为艰苦的第八测量队。寒冷和困难阻挡不了学生们为祖国建设奉献的热情，八队的张人龙、郁雨苍经常需要赤着脚在满是芦根的岸边泥塘中涉水工作，四队的杜如楼、钱昆润、陈盛源经常工作到夜晚……学生们发扬"同舟共济"的精神，克服各种困难，与测量队的其他同志积极配合，终于在一个多月后完成了测量任务。参加治淮的董鉴泓回忆道："毛主席号召'一定要把淮河修好'，我们土建、水利、测量的学生就去治淮。""我们在大雪天里测量，生活很艰苦。这一年让我终身受益，什么苦都不怕了。"

此后，国家对治淮计划作了调整，暂缓开辟入海水道，将建设中游的涧河集蓄洪工程和加强下游的运河堤防作为治淮的首要任务。1951年2月，学生们被安排到不

出发前,测量系学生在赶制标杆和地形尺

测量队员踏着冰雪开赴入海水道测量现场

测量队员在测量河底断面

学生戴智本在做土壤试验

1951年,学生们在淮安的运东分水闸前合影

学生参加夯实地基的打夯劳动

同岗位继续参与治淮工作。其中,范家仑在水利培训班任教,钱昆润、黄耀鸿在洪湖大堤勘察,董鉴泓、李鸿鼐、庞雄在中山河段(老黄河)勘测,巫锡畴等4名学生被调至中游的涧河集蓄洪工程,原来留在治淮委员会的学生则参加了器材运输、洪湖地形测量等工作。1951年5月,参加治淮的学生分批到达扬州,开展入江(长江)水道的测量及闸坝的设计绘图等工作。

在大家的共同努力下,同济师生的治淮成果"战绩骄人":测量下游路线(含入海水道)170余千米,勘测入江水道自高邮湖至三江营段80余千米,勘测淮阴船闸、高良涧电厂厂址及涧河集分水闸蓄洪工程,并参与运河春修(涉及木工640万立方米、石工13000余立方米、护岸工程9段、砌石块16段)、11座涵洞、1座水闸、500米洪湖大堤的修建及中山河7处危险段的整修等工程的勘测工作。由于工作表现优异,吕益恕等当选"治淮功臣",黄远明、何德生等受到《人民日报》的表扬。1951年7月,首批参加治淮的师生载誉返回学校。

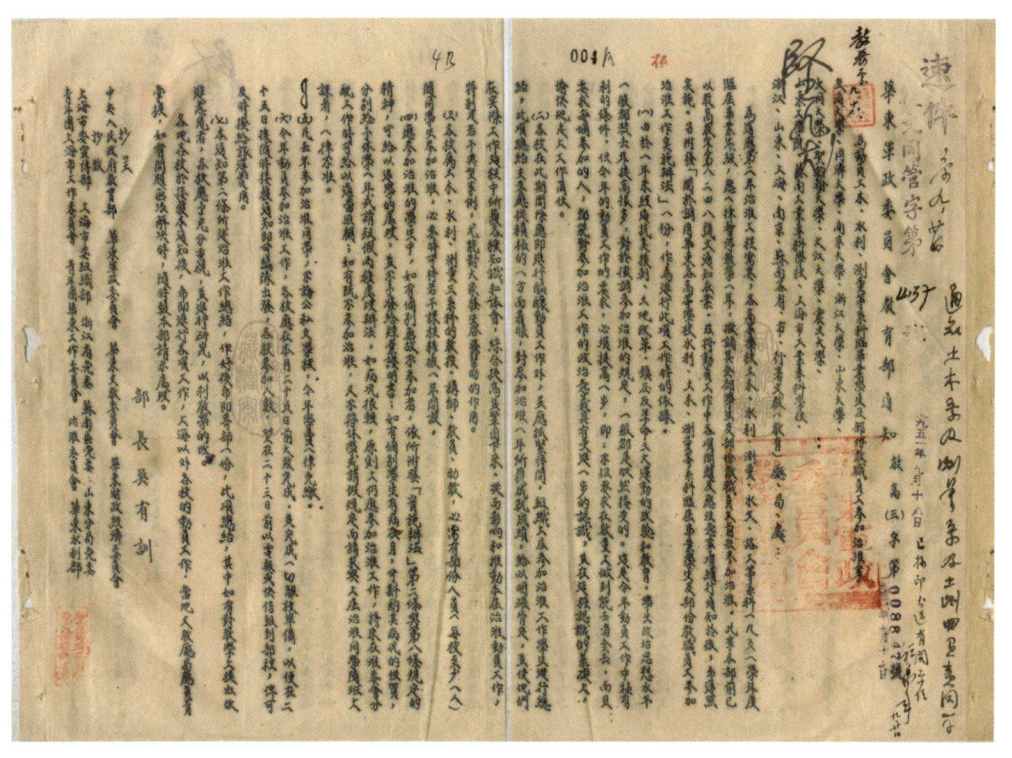

1951年9月，华东军政委员会教育部再次发出动员师生参与治淮的通知

1951年9月，华东军政委员会教育部再次发出关于"动员土木水利测量等系科临毕业学生及部分教职员工参加治淮"的通知。学校积极响应和动员，土木系及测量系的田应中、何孟章等73名学生报名并参加了治淮工程。

其间，学校还为水利部开办了治淮工程培训班。同济教师为来自治淮一线各个部门的学员选择适宜教材、编写量身制作的讲义、讲授实用课程，使培训班的学员在较短时间内修完了近20门课程，掌握了必要的工程技术知识。

通过参加治淮工程，师生们提高了思想觉悟，理论知识得到巩固，业务水平不断提高，独立工作能力得到锻炼，增强了"学好本领，建设祖国"的责任感和荣誉感。师生们充分发挥"严谨求实"的同济校风，吃苦耐劳、朴实沉着、虚心好学，获得了治淮工程局领导及其他单位队友的一致好评。

与此同时，同济还收获了一份机缘：1983年至1989年担任同济大学校长的江

济忆——历史上的这一周

参加治淮工程培训班工作的同济师生合影

江景波在治淮工地现场

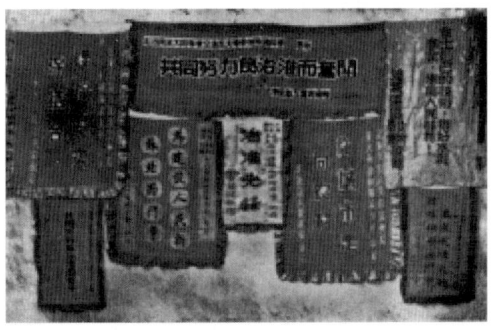
淮河两岸人民赠予同济师生的锦旗

景波正是因为参加治淮工程而结缘于同济。据江景波回忆："我是一个侨眷。1950年在上海大夏大学土木工程系学习。这一年10月，我响应人民政府号召，作为土木工程技术人员参加了治理淮河的工作，被分配在安徽滁县专区治淮工程指挥部，曾任工程股长、工务所代所长等职务。八个月后，我的工作结束，由于表现出色，被评为'治淮功臣'，受到表彰。在华东军政委员会召开的庆功会上，由于当时华东地区17所高校的土木工程专业师生均参加了，所以同济作为当时最大的土木工程系，其系主任李国豪先生也参加了。会上，我代表学生作了发言。李先生听了我的发言后，认为我是一块很好的教师料子，遂点名要我到同济大学工作，我当然很乐意。这件事也获得了华东军政委员会教育部的批准。从此我进入同济大学工学院土木工程系任助教。"

参加治淮工程是新中国成立以来同济师生心系国计民生、发挥学科优势、服务国家建设的剪影。正如1951年参加第一批治淮的学生在总结中所说："让我们留下光荣的回忆吧！淮河两岸及苏北都留下了我们伙伴的足迹，根治淮河的伟大工程中有我们的工作成绩，新中国建设的记功簿中，有我们伙伴们写下的光荣的一页。数年后，当淮河流域千万人民过着美好的生活，淮河驯服地流向大海，拖拉机在广大的平原上奔驰……同济人曾经为这幸福的成果尽过一份力量。"

历史不会忘记，同济人更不会忘记，多年前，同济人曾经在治淮工程中写下了这光荣的一页！如今的同济，依然秉持着"与祖国同行，以科教济世"的初心使命，为国家的富强、人民的幸福书写着知识报国的崭新篇章！

20

1982年，联邦德国总统卡尔·卡斯滕斯来校访问

第二十周　　　　　　　　　　10.13~10.19 [2019]

中德教育与文化交流之桥

19 世纪末至 20 世纪初
在"西学东渐"的影响下
我国高等教育得到迅速发展
不同于按照英法美日体系创建的学校
德国模式、德籍教师、德文教材、德语授课
同济以鲜明的"德国特色"著称于世
确立了与德国的独特渊源

伴随着国家发展和社会进步
同济已成为享誉世界的高等学府
发挥着对德教育与文化交流的桥梁作用
1982 年 10 月 15 日
联邦德国总统卡尔·卡斯滕斯来校访问
成为中华人民共和国成立以来
首位到访中国高校的德国总统

回眸"历史上的这一周"
让我们共叙
同济大学的德国之缘

同济大学与德国的教育文化交流已有百余年的历史。作为中德文化交流与碰撞的结晶，创校初期，同济便确立了以"德国模式、德籍教师、德文教材、德语授课"为特色的办学模式。第一次世界大战后，因中德两国断交，同济与德国的官方联系一度中断，不久后又逐步恢复。全面抗战爆发后，学校被迫西迁，此后与德国的关系也逐渐淡化和疏远。德国纳粹政府上台后，学校与德国政界、商界的联系彻底终结。改革开放后，邓小平等8位副总理签署意见，一致同意同济大学恢复对德联系和恢复使用德语教学。此后，学校相继建立了德语系、留德预备部、德国问题研究所、科技德语培训中心、中德学院和中德工程学院等办学单位和研究机构，开展了一系列对德教育交流活动和教育合作项目，在我国对德科学文化交流和教育合作等方面发挥了重要的桥梁作用。

一、创校初期：德国教育模式的中国样板

1909年，中德两国官员来学校视察时的合影

　　1900年，德国医生埃里希·宝隆在上海开办了一家医院。由于"德语"（Deutsch）的发音与中文"同济"两字的本地话读音很相似，为了使中国百姓更容易了解和认可医院的医术，实现与中国人和衷共济的愿望，宝隆将医院取名为同济医院。1907年，在中德两国政府的支持下，宝隆又在同济医院的基础上创办了一所培养中国医生的学校，中文名为德文医学堂（同济大学的前身，1908年更名为同济德文医学堂）。

　　德国政府酝酿在中国建立医科学校的计划由来已久。19世纪90年代，德国威廉二世推行"世界政策"，向海外扩展殖民地，争霸世界。此时的中国已沦为半

德文医学堂成立时在校任教的辛德勒博士、阿曼博士和谛部博士

1916年的工科教职员

殖民地半封建国家,晚清政府正处于风雨飘摇之中。在德国驻上海总领事克纳佩(Wilhelm Knappe)等驻华使领馆人员的建议和努力下,德国政府在中国开办德国医科学校的设想逐渐形成。1905年,德国外交部与普鲁士文化部就在上海开办德国医科学校一事达成共识,文化部司长阿尔特霍夫(Althoff)建立了促进德国与外国精神文化关系的科佩尔(Koppel)基金会,决定向中国派出更多医生并开办专科学校。与此同时,清政府派出以宪政大臣端方为首的五大臣出访欧美,并于次年3月与德国文化部签订了在上海筹建德国医科学校的协议。

德国与清政府达成协议后,克纳佩在建校筹款及实施建校计划等方面发挥了关键作用。1907年,德国医科学校基金会在上海成立。8月2日,学校召开了董事会第一次全体会议,推选宝隆为董事会主席,并就学校开办的相关事宜作出了决定。10月1日,德文医学堂正式开学。德国政府认为,新建的德国医科学校卓有成效的工作能够"赢得中国民众及政府的理解"。

1912年，德国政府决定在上海建立工科学校，以阻止"日益增长的英国文化和英语在中国的影响"。1912年6月，德文工学堂正式开学，在德国科隆国立联合机械学校任教的特许工程师贝伦哈尔德·贝伦子受命负责工学堂的校务工作。此后，工学堂与医学堂因共用一个语言学校（德文科）而被合称为同济德文医工学堂。至1917年，同济德文医工学堂的发展和建设已初具规模，办学条件也日趋完善。

二、"一战"之后：在曲折中深化互信与合作

第一次世界大战爆发后，德国在中国文化教育活动中的优势很快化为乌有。1917年3月17日，根据法国驻上海总领事的指令，法租界军警以中德断交、没收德国财产为由强行占领了同济校园，并驱逐同济师生，勒令学校解散。德国驻上海总领事馆、学校董事会、江苏督军、江苏省教育会和广大同济师生以各种形式对法租界当局占领同济校园的暴行提出了强烈抗议，要求其立刻归还校园。在谈判中，学校仍坚持沿袭德国教育模式并继续聘用德籍教师，使得在属于法租界管辖的原校园恢复办学变得更加困难。不久后，在各方的大力支持和帮助下，同济师生迁入在吴淞租借的临时校舍，并于4月16日正式复课。

学校之所以能够在短时间内渡过危机并得以保全，其中一个重要因素就是经过十年办学，学校已获得良好的声誉，即使是对学校抱有敌视态度的人也不得不承认，同济德文医工学堂已成为上海乃至全国办学条件最好的学校之一；同时，德国工商界及社会团体在组织德国师资等方面提供了积极支持，也为维持学校和保持德国特色发挥了重要作用。

迁至吴淞后，学校转由中国人主办，并更名为同济医工专门学校，阮尚介被聘为校长。此后，校董会和阮尚介与政府进行了协商，使德籍教师得以暂时不被遣返回国，学校的教学工作也尽可能地继续由德国人担任。然而，在英、美、法等国的强大压力下，大部分德国教师、医生及护理人员于不久后被迫陆续离开上海返回德国。1919年4月，原同济德文医工学堂总理（校长）福沙伯和最后一批德国教职员、医护人员等离校回国。虽然德国师资均已离开学校，但学校依然延续和保留了德国的办学模式，为德国在战后重新支持学校的发展奠定了基础。

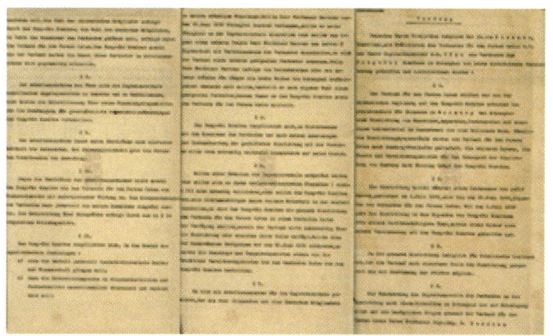

阮尚介与德国远东协会签订的捐赠合同

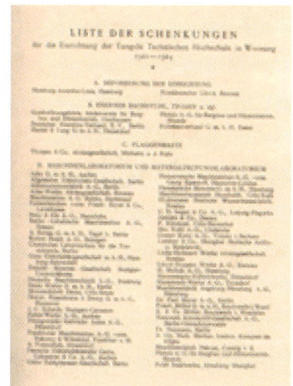

德国工商界给予学校的捐赠清单
（1921—1924）

为了恢复由于第一次世界大战而中断的同济与德国实业界、教育界的联系，争取师资和设备的支援，阮尚介校长于1920年7月赴德国考察。在德国访问期间，阮尚介校长得到了于1919年春回德的原同济工科创办人贝伦子教授的大力协助；其间，贝伦子答应重返同济工科工作。1921年3月29日，阮尚介代表校董会与德国远东协会会长崔纳签订合同，约定由远东协会将价值400万马克的仪器设备等捐赠给同济。同期，德国财政部还向学校提供了25万马克的一次性经费。

1920年，学校开始在吴淞动工兴建校舍，并聘请德国建筑学教师欧伯兰担任建筑设计师。德国政府也十分关注同济吴淞新校区的建设。1923年8月，德国总理施特斯曼在致贝伦子和校长阮尚介的信函中表示："我以强烈的兴趣和十分满意的心情获悉，此前在上海的德中学校新舍已经在吴淞建成，它将成为展示纯正的德国技术及科学工作的一个样板……希望学校继续巩固和促进德中之间的文化及经济领域的关系。"

1924年5月18日，吴淞新校舍全部建成，学校举行了盛大的落成典礼，中德两国政府及各界代表出席了庆典。德国外交部部长、教育部部长和工商部部长也专门致贺信，祝贺同济新校舍落成。中国政府代表在讲话中称，德国科学享誉世界，同济大学（1923年4月，教育部将学校更名为"同济大学"）的前身是由中国和德国共同管理的专科学校，"国人视其为德国科学的一个中心"。2天之后，同济医科被国民政府认定具备大学水准（1923年，同济工科已被认定具大学水准）。

三、国立时期：中德教育文化交流的桥梁

1927年8月，同济大学被南京国民政府确立为"国立同济大学"，成为全国唯一一所具有外国办学历史背景的国立大学。经过全校师生多年的辛勤耕耘，在内各界及德国政界、商界的大力支持和帮助下，此时的同济大学已师资雄厚、硕果累累，培养出了一大批医学和工程技术方面的杰出人才。

成为国立大学后，学校的管理体制随即发生了重大变化，董事会由决策和监督管理转变为咨询机构，校长成为代表政府掌管学校一切事务的行政首脑。虽然这一被德国人称为"国有化和中国化"的转变彻底排除了德方直接参与学校决策的机会，但学校始终保持着创校初期的办学传统，德国模式的教育理念和教学方法并未受到明显削弱。1928年9月，蔡元培在为《同济大学二十年周年纪念册》所作的序中写道："美、日之高等教育，均受德国影响……医、工两科，则德国之教学法，尤全世界所推许也。""同济此二十年中，科目之增置，程度之提高，校舍之更迭，不知经几多次之挫折，而卒能维持，以迄于今。"

1932年1月28日淞沪抗战爆发后，德国驻沪总领事馆曾多次与日本驻沪总领

事馆联系，要求日军在战争行动中关注在吴淞的同济大学，保证德国教师及其家属的人身和财产安全。然而，学校依然受到日军炮击，校园多处建筑物受到严重损毁，学校再次面临严重危机。淞沪抗战也给德方及同济的德国教师带来极大震动，"如果不采取有力的措施，同济大学将首先失去它的声誉，然后是它的学生，对中德关系具有最重要意义的文化机构将停止生存"。

同年7月，学校委托德国建筑师设计和修复损毁的校园建筑。此次修缮的总费用高达5万银元，其中的3.4万银元由德方以分期贷款方式提供。德国驻华公使曾在此前不久为庆祝同济建校25周年而撰写的纪念词中指出，"同济大学能发展成为一所重要的大学，是因为学校具有在遭遇挫折后更加奋发进取的精神"。

保持德国在同济的优势始终是德国各方关注的重点之一，其中最实质性的内容便是同时使用中文和德文开展教学。除此之外，资助优秀的中国学生到德国深造也是德国对华文化政策的重要措施，德方尤其关注具有德国办学背景、以工科和医科见长的同济所培养的学生。学校成为国立大学后，上述传统仍得以保留和延续。1936年4月1日，柏林德国工程师学会来函，承认同济大学工学院毕业生与德国工业大学毕业生具有同等资格，并可成为该会上海分会成员。

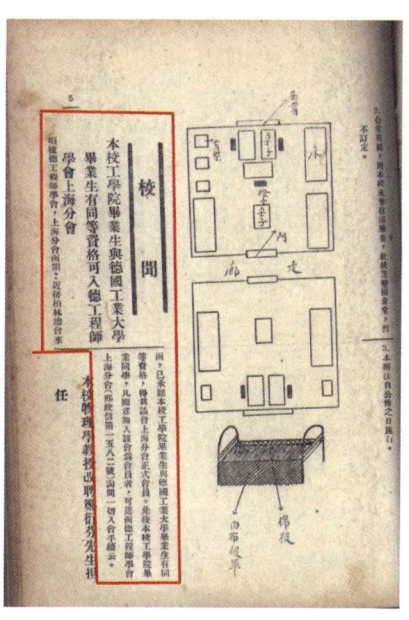

《国立同济大学旬刊》关于德国工程师学会承认同济工学院毕业生资格的报道

1937年7月,学校成立理学院,迈入向综合性大学发展的新阶段。然而,卢沟桥的枪炮声揭开了中华民族全面抗战的序幕。上海"八一三"淞沪抗战爆发后,位于吴淞的同济校园被日军飞机炸毁,学校师生被迫踏上艰苦卓绝的西迁之路。在西迁过程中,由于德国停止了对在华德籍教师的补贴,大部分德国教师陆续脱离学校,仅有医学院的史图博教授和附中的几名德国教师随学校一路西迁来到四川李庄。其间,由于不少拥有德国留学背景的同济毕业生陆续加入教师队伍,学校的教学安排依然采用德国模式,大多数教师也主要采用德语授课。

尽管如此,学校与德国的传统关系并未随着同济的西迁而同步迁徙,并在万里征程中逐步淡化和疏远。在德国纳粹政府对华政策的影响下,这种关系最终于1941年走向终结。

四、改革开放后:中德教育文化合作的新纽带

改革开放后,中德两国间科教界人士的往来交流日益增多。1978年,国务院副总理方毅在接待德国来宾时多次提及同济大学对德联系及恢复德语教学的事宜。在中央领导的关心和中、德两国有关人士的协助下,同济大学逐渐恢复了对德联系和德语教学传统。1978年12月,李国豪校长应洪堡基金会邀请率团访问西德。1979年3月,学校承办德语预备班,专门为公派赴德国留学的国内各校大学生开展德语强化培训。1979年6月,联邦德国科技部部长霍夫来访并与学校商定,由德国大众基金会资助100余万马克,为学校建立了以德国物理学家波耳的名字命名的"波耳固体物理实验室"。1980年10月,联邦德国黑森州副州长兼经济部长及文教部副部长在访问中国期间会见了李国豪校长,双方一致同意成立以"加深同济大学与德国科技界的联系,促进德中两国人民友好"为宗旨的"同济之友协会",增进中德两国人民的相互了解。

1982年10月15日,在时任上海市市长汪道涵和外交部副部长章文晋的陪同下,联邦德国总统卡斯滕斯来校访问。这是德国总统第一次来校访问,标志着同济大学的对德关系发展到了一个新的历史阶段。

联邦德国总理赫尔穆特·科尔于 1984 年首次访问同济大学

1984 年 10 月 13 日,德国总理赫尔穆特·科尔(Helmut Kohl)首次访问同济大学。1993 年 11 月 18 日,科尔总理再度访问同济大学,同济大学授予其名誉教授称号。1996 年 11 月 22 日,联邦德国总统罗曼·赫尔佐克访问同济大学。2002 年 12 月,中国人民的老朋友、德国总理格哈特·施罗德(Gerhard Fritz Kurt Schröder)来访,接受同济大学名誉博士称号。2007 年 5 月 26 日,德国总统霍斯特·克勒(Horst Köhler)来访,为同济创始人埃里希·宝隆铜像揭幕,参加校庆有关活动并为学校题词:"同济大学的百年,代表着杰出的科学研究、高素质毕业生的培养,也是中德合作传统的典范。"

与此同时,学校也加强了对德交流。自 1979 年李国豪校长访问德国之后,历任校长江景波、高廷耀、吴启迪、万钢、裴钢、钟志华等均多次访问德国,进一步加深了学校与德国的友好往来,双方的交流与合作取得丰硕成果。

作为教育文化科技领域对德合作交流的窗口,同济大学是改革开放后中国与德国大学建立校际关系的首批重点大学之一。通过加强交流互访,学校逐步健全和完

2002年12月30日,德国总理格哈特·施罗德来访,接受名誉博士学位

2007年5月26日,德国总统霍斯特·克勒来访,为学校奠基人宝隆塑像揭幕,并发表演讲祝贺同济建校百年

2010年,裴钢校长在访德期间拜会德国总统

善了与德国的合作机制：与德国众多高校和机构建立了校级交流和科研合作关系；邀请德国专家教授来校任教或访学，派遣教师赴德进修、攻读学位和参加科研；逐步扩大与德国高校的学生交流规模；通过校际合作推广中国语言文化，扩大中德教育文化的双向交流。多年来，同济大学先后设立了中德学院、中德工程学院、职业技术教育学院、知识产权学院，成立了德国问题研究所和德国哲学与文化研究所，并主办了全国唯一一家全方位研究德国及欧盟发展的综合性学术期刊《德国研究》。

1998年，中德学院正式成立

"德国科学与中国精神文化是两国交流中最高贵的'交换品'，而同济大学站在肩负这一交流使命的最前列。"如今，同济大学已成为促进中德两国教育、科技、文化和经济交流的重要平台，并将继续为促进两国及两国人民的世代友好和两国教育文化事业的繁荣发展做出更大的贡献。

21

2004年1月,"同济大学科技园"揭牌

第二十一周　　　　　　　　　10.20~10.26 [2019]

同济大学科技园
学界与业界同行

一流的国家大学科技园
是一流大学的重要标志之一
同济大学科技园的建立
是学校发展史上一个重要的里程碑
是大学知识溢出的重要载体
是科技成果转化的重要平台
是创新创业孵化的重要基地

2003年10月23日
学校收到科技部、教育部联合印发的通知
同济大学科技园被认定为国家大学科技园
标志着科技园进入新的发展阶段
迈入国内一流大学科技园建设的新征程

回眸"历史上的这一周"
让我们一起回顾
同济大学科技园的发展之路

2003年10月23日，学校收到科技部、教育部于10月16日联合印发的《关于认定第二批国家大学科技园的通知》，同济大学科技园被认定为国家大学科技园。建设和发展大学科技园是党中央、国务院的一项重要战略决策。国家大学科技园以大学为依托，既是我国科技体制改革创新的试验基地、科技人员创新创业的核心载体、校企资源融合共享的枢纽平台，也是支撑创新驱动发展的重要力量。一流的国家大学科技园也是一流大学的重要标志之一。被认定为"国家大学科技园"是同济大学科技、人才综合实力不断增强的重要体现，标志着学校在科技成果转化、创新创业孵化等方面取得了阶段性成果。

建设同济大学科技园是自强不息的同济人落实"科教兴国"战略的重大举措，也是依托学科齐全、人才荟萃、科技成果丰硕等综合优势实现大学功能拓展和建设一流研究型大学的标志性工程。学校以大学文化的历史积淀、科学研究的成果积累、科技企业的迅猛发展形成了建设大学科技园的坚实基础，有力促进了大学科技园的发展壮大。

为贯彻"科教兴国"战略，促进产、学、研结合，加快科技成果产业化步伐，学校早在1998年就开始着手规划、筹建大学科技园，通过与杨浦区政府合作、对学校周边地区进行统一规划等举措，逐步奠定了科技园建设与发展的基础。2000年7月，学校明确"一定要集中力量，办好同济科技园"；8月30日，校长办公会议决定，"将赤峰路65号原天和电容厂的8层大楼改建成同济大学科技园总部大楼"；12月30日，学校与杨浦区合作开发的同济大学科技园国康基地创业大楼正式奠基。

进入新世纪，学校加快了科技园的建设步伐。为从制度上保证科技园建设，学校将科技园列入整体发展规划。为鼓励师生开展科技创新、创业活动，学校于2001年出台了《关于加快发展同济科技园，促进科技成果转化的若干意见》，成立了同济科技园企业管理有限公司，明确了为入园企业提供全过程、全方位服务的责任主体。2001年5月18日，8800平方米的同济科技园总部大楼揭牌，上海科投同济信息技术有限公司、上海同济同捷科技股份有限公司、上海建设机器人工程中心等一批高科技企业首批入驻同济大学科技园。2004年1月13日，"同济大学国家大学科技园"正式挂牌。

在建设与发展过程中，科技园以企业为主体、以市场为导向，着眼于上海国际汽车城、上海深水港等重大工程，规划建设了赤峰路孵化基地、国康路创业基地、安亭

位于赤峰路上的同济大学科技园总部

科学技术部、教育部《关于认定第二批国家大学科技园的通知》

汽车研发基地、南汇产业基地等四个具有一定规模、功能差异化的科技园区，使之成为科技成果的转化基地、科技企业的孵化基地、创业人才的培养基地和创新工程的实验基地，加速促进科技成果转化和高新技术产业化，取得了巨大的社会效应和经济效应，为上海乃至全国的经济发展和社会进步做出了积极贡献。

学校突出国家大学科技园的大学属性、科技属性、区域属性，依托学校的学科优势，按照科技成果转化和产业化进程的特点和需要，经过多年的不断探索和实践，逐步建设形成了以杨浦分园、虹口分园、普陀分园、嘉定分园和赤峰路孵化器基地为载体的"一园多基地"园区布局；同时，科技园积极推行园区与学校校区、所在城区的有机互动，探索并形成了紧密的"三区联动"发展模式。在"三区联动"模式中，杨浦分园、虹口分园、赤峰路孵化器基地围绕四平路校区布局建设，形成了大设计产业、绿色技术产业集群；普陀分园围绕沪西校区布局建设，聚焦轨道交通与生物医药产业发展;嘉定分园围绕嘉定校区布局建设,正在形成智慧交通与新能源汽车产业集群。

2003年4月22日,《解放日报》刊载《大学如何接轨"科教兴市"战略——部分大学校长谈一流大学的发展取向》的专题报道,吴启迪校长在发表的题为《创造科技转化的软环境》的署名文章中提出:"科技部和教育部已经批准同济大学办国家大学科技园,为我校科技成果的产业化创造了很好的条件。目前,大学科技园正在建设4个园区,其中赤峰路园区沿线被杨浦区命名为'同济现代建筑设计一条街',是全国最大的建筑科技汇聚地之一。安亭园区依托同济大学新校区和上海国际汽车城,将形成一个以汽车制造业为龙头,以机电、材料、轨道交通为特色的科研基地。

同济大学国家大学科技园的一园多基地布局

2007年6月16日,校长万钢、上海市副市长杨定华为"同济杨浦新技术创新基地"揭牌

南汇园区将结合南汇的发展,特别是为深水港和铁路的建设提供科技支持。我们要充分发挥科技园的功能,大力开展'产学研'合作,主动介入企业的技术创新和技术改造,争取在提高企业核心竞争力方面有大作为。"

2007年百年校庆之际,万钢校长在作客新华网在线访谈直播室时谈道:"学校在校区周围形成了自己的科技园。这是两条很名不见经传的小街,现已形成年产值30亿元的科技园区,而科技园区中80%是建筑规划和建筑咨询类的,基本上都是知识型的产业,形成了一定的聚集,学校在这方面的资源也可以更好地利用了。这是我们对杨浦这样一个老工业区在转型过程中优化经济结构、改变增长方式所做的贡献。""大学对城市反馈,城市对大学支持。我想作为一个大学管理者更多的是要考虑我的学科如何和区域经济紧密结合在一起。"

科技园在发展过程中坚持"三围绕一依托"(即:空间载体拓展围绕学校校区布局、服务内涵建设围绕学校核心功能、产业形态集聚围绕学校优势学科、园区运营管理依托学校与区域联动合作)的发展模式,搭建"产、学、研、用、政、金"协作平台,培养创新创业精英人才,孵化培育高新技术企业,服务地方经济社会发展,承接大学知识外溢,为大学科技成果转化及知识型创业提供良好的发展环境和优质的综合服务。至2019年,园区内注册企业已达2126家,企业拥有知识产权2000余项;其中,新三板挂牌企业10家,高新技术企业99家,上海市专精特

科技园所获得的认定标志

科技园功能布局

新企业 50 家，院士专家工作站 15 家，上海市工程技术研究中心 2 家，上海市小巨人企业 6 家，上海市小巨人培育企业 10 家，高新技术成果转化企业 42 家，学校师生创办企业 568 家。同时，园区积极发挥学校"知识溢出"效应，契合杨浦区"三区融合、联动发展"发展理念，共同孕育了"市场驱动、学科支撑、企业主体、政府引导"的产业发展新模式，在同济大学四平路校区周边建设"环同济知识经济圈"，形成了知识、人才、产业与城市空间互动发展的全球最大的设计产业集聚区，成为杨浦区创新型试点城区建设的闪亮名片和由"传统工业杨浦"向"知识创新杨浦"成功转型的经典案例。

同济大学国家大学科技园建设18年来,在推进学校科技成果转化、服务师生创新创业方面取得显著实效,获评A类"国家大学科技园"和A类"国家级科技企业孵化器",2012年和2016年连续两次被团中央认定为"全国大学生创业示范园区",2015年被工业和信息化部认定为"国家小型微型企业创业创新示范基地",2018年被评为上海孵化器30周年"杰出成就奖"。

2019年1月18日,时任上海市委书记李强调研同济大学和复旦大学国家大学科技园建设,并在同济大学国家大学科技园主持召开座谈会,他指出:"大学科技园一头连着学界,一头连着业界,最有条件集成各种科学技术、各方优秀人才、各类创新资源,最有优势促进科技成果转化、科技企业孵化、科技人才培养。要坚持大学科技园的大学属性、科技特征,与地方经济社会发展紧密结合,充分挖掘释放创新活力和发展潜力,进一步把大学科技园做大做强。要聚焦知识溢出,加强制度供给,推动科技成果更加顺畅地转化为现实生产力。要调动方方面面积极性、主动性、创造性,全面提升大学科技园能级和核心竞争力,把大学科技园真正打造成为各类创新要素汇聚、融合、聚变的大平台,更好服务区域发展和科技创新。"

立足上海,面向全国,放眼世界,建设中国特色、世界一流的大学科技园是同济"与祖国同行 以科教济世"的初心与使命,更是同济人促成果转化、助企业腾飞、为人才铺路、兴巍巍中华的宏大志愿!

22

同濟醫工學校附屬機師學校之概況　阮介藩

機師學校創辦時之宗旨有三：

一、爲中國大工廠造就有工業知識之次級人材（機師）。

二、造就能通德語之裝配機師。

三、予經營小工業之中國人以學習實地上及理論上工業必要之知識之機會。

本校所造就之機師不過有工廠基礎知識蓋眞正機師只能從經驗上得來非學校所能養成也。

本校附屬於同濟工科專門學校故工場等均未特別設備。

本校所招學生年齡在十五歲以上二十歲以下體格强壯曾在高等小學畢業者其修業年定爲四年每週所授功課講堂課二十六小時工場課三十小時其科目大約與普魯士司馬城之國立職業學校相似學費及膳宿費每年一百五十圓本校於一千九百十五年（民國四年）十一月一日開課第一次所招學生共六十餘人其程度不齊有已肄業中學校者故分爲甲乙兩班功課之分配如下表

阮尚介发表的《同济医工学校附属机师学校之概况》

第二十二周　　　　　　　　　10.27~11.02 [2019]

开创工科职业教育

19 世纪末至 20 世纪初
我国实业救国潮流兴起
各地兴办了很多工业学校
但大多崇尚理学而缺乏实践

1915 年下半年
"同济德文医工学堂"增设机师科
旨在培养能讲德语、会造机械设备的
中等机械技术人员
在高等教育中首创工科职业教育
1916 年 11 月 1 日
机师科正式开始授课
经过多年的持续努力和不断探索
机师科逐步发展为附设高级工业职业学校
因注重理论教学，强调实践技能
其毕业生成为工程领域炙手可热的人才

回眸"历史上的这一周"
让我们一起回顾
同济"工科职业教育"的辉煌历程

一、从机师科到机师学校

伯恩哈特·贝伦子(Bernhard Berrens, 1880—1927),同济工科创办人,学校增设机师科的倡议者

1910年12月10日,在华的德国工商界人士召开会议,并发起成立"建设中国工业学校促成会"(Vereinigung zur Einrichtung deutscher technischer Schule in China),旨在在中国创办一批参照德国模式的工业学校。鉴于上海是当时中国最发达的地区,会议决定先在上海创办一所工科学校,以便为日后在其他地区开办同类学校提供借鉴。在此背景下,1912年,德文工学堂在上海成立,并与医学堂合称为同济德文医工学堂。在德国工商界的支持下,学校实习工厂的所有机械设备均为德国制造,因此,学校的实践教学条件在国内首屈一指。

1915年下半年,在工科教务长伯恩哈特·贝伦子的倡议下,学堂增设机师科(Werkmeisterschule),学制为4年制,旨在培养一批能讲德语、会制造机械设备的中等机械技术人才,梁鋆(禾青)受聘担任机师科主任。首任华人校长阮尚介在《中华教育界》杂志发表的《同济医工学校附属机师学校之概况》中对机师科的创办宗旨作了如下概括:"一、为中国大工厂造就有工业知识之次级人才(机师);二、造就能通德语之装配机师;三、予经营小工业之中国人以学习实地上及理论上工业必要之知识之机会。"

1916 年,机师科招收的部分学生

1916 年的机师科教师

1915 年 11 月 1 日,机师科将 70 名学生分为甲乙两个班级,并正式开始授课。在教学方面,机师科每天安排半天课堂教学和半天工厂实习,意图通过强化实习操作和实践锻炼使学生熟悉机械设备的性能,提升操作技能。此后,机师科的学制改为四年半,其中 2 年半为课堂理论学习,2 年为工厂实习。

办学之初,机师科有 6 名教师和 5 名职员。在教师中,4 名德籍教师均为大学部工科教师(兼任),其中,贝伦子讲授机器原理和工艺学,德贵林讲授力学,厚恩(Hohn)讲授机械学,米谢尔讲授机械制图及工场管理;中国教师向鹏(南溟)、胡宝书(玉森)分别讲授德文和中文。5 名职员中,3 名为德籍电气、电机、机器技师,另 2 名为中国职员,分别担任机师科主任和学业监督。

1917 年的《同济医工专门学校学则》规定,机师科学生的入学资格为"年龄在 14 岁以上 20 岁以下者;身体健全者;曾在高等小学以上之学校毕业或与之有同等之学力者"。机师科课程参照大学部工科中的机械科课程进行设置,设有中文(含公民须知、商业学等)、德文(含德国史、工艺学及欧洲商业)、数学、化学、物理(力学)、电气工程、机械学、制图等课程。

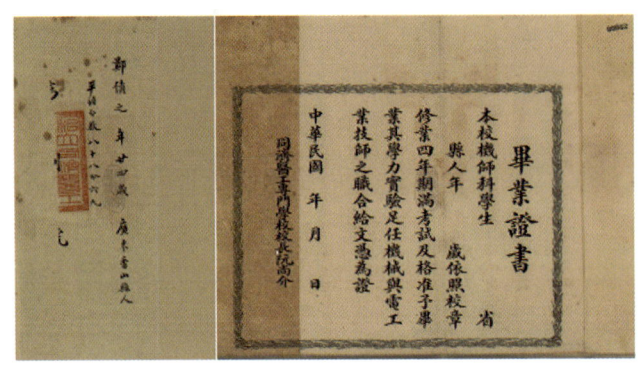

吴淞时期的机师科学生毕业证书存根

机师科尤其注重培养学生的实践能力,除工厂实习外,为增长工业学识,机师科经常带领学生参观上海的各大工厂,并利用春假或暑期安排学生到外地参观考察。据记载,1922年4月,机师科的11名三年级学生赴南通、南京、苏州、无锡等地参观工厂及其他工业学校;1923年,德籍教授吕霭带领学生赴青岛、济南等地参观各大工厂;1924年4月,德籍教授斯比禄率领毕业班学生赴青岛及胶济、津浦一带各大工厂考察。在毕业考核环节,机师科格外重视对学生实践能力的考察,要求学生必须在校内实习工厂两人一组或一人独立完成某个机器部件的制造。

1922年6月10日,机师科改名为附设中等机械科,正式成为同济医工专门学校的附设机构。1927年8月,同济大学成为国立大学后,中等机械科全体学生致函学校,提出了改善教学环境、建设专用宿舍等要求,并认为中等机械科这一名称相当于将办学等级降为中专类,不利于学生今后就业,希望学校将其恢复为机师科。9月28日,新任校长张仲苏签发布告称"顷据中等机械科全体学生函,陈各节尚有见地……对于中等机械科名称,请求恢复滋前机师科名称尚属可行,应即照准。"此后,考虑到此时同济已升格为大学,校内的工科、医科均为本科,而机师科并非本科属性,不宜以学校直属"科"形式称呼(与德文医学堂同期成立的德文科已于1922年夏改为附设中学校,1925年5月改为附属中学);另一方面,机师科成立时以德文命名,中文名被翻译成机师科,若按照字义翻译则应为机师学校,为此,12月14日,张仲苏校长再次签发函件称,"查机师科原名 Werkmeisterschule,实系机师学校之意,嗣后应即按照原称定名为国立同济大学附设机师学校"。自此,附设中等机械科正式更名为附设机师学校。

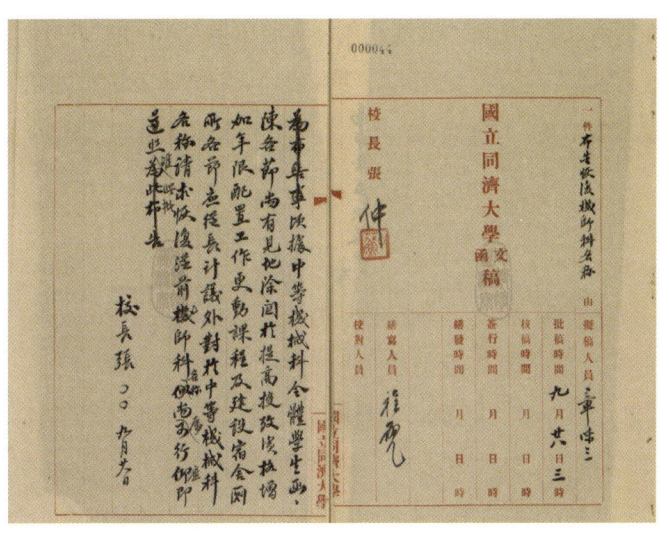

1927年9月28日,张仲苏校长签署"布告恢复机师科名称"

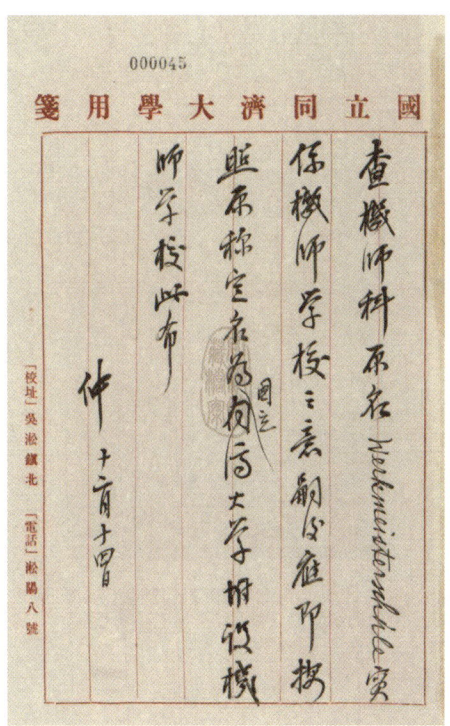

1927年12月14日,张仲苏校长签署更名为附设机师学校的文件

需要特别说明的是，因中文名翻译问题，学校早期档案中对机师科成立初期的名称描述存在一定混淆，虽然大多称其为机师科，但也有少数称为机师学校的，其中就包括具有留德背景的校长阮尚介，他在《中华教育界》杂志发表的《同济医工学校附属机师学校之概况》中也曾将机师科称为机师学校（应该是由德文直译而来）。机师科后来改称为机师学校，当属实至名归。

1917 年至 1927 年，附设机师学校（机师科、附设中等机械科）共有 121 名学生毕业。由于注重理论与实践相结合，所培养的学生动手能力较强，故其毕业生颇受社会各界欢迎，大多进入机械厂、电机厂、兵工厂等担任工程师，为我国的工业发展做出了重要贡献，其中不少人后来还成为各界的知名人士，如曾任卫生部部长、中国红十字会会长的钱信忠，曾任大昌铁厂总经理、兴亚钢业股份有限公司常务董事兼总经理的俞恩培，亚美广播电台创办人、上海最早的广播剧《恐怖与回忆》的编剧苏祖圭，中元造纸厂厂长钱子宁，留德机械工程师、南京河海工程学校教授钱旭暨，著名电气工程师季炳奎，上海航政局技术室专家宋金麟，兵工署汽车制造厂厂长屠开第等。

钱信忠，1926 年考入机师学校，后进入医科学习，1955 年被授予少将军衔，曾任卫生部部长、中国红十字会会长

这一时期，同济学生还积极参加爱国救亡运动，其中，尹景伊（1921 年考入机师科）、陈元达（1925 年考入中等机械科）等因参加爱国学生运动、从事革命工作而献出了年轻的生命。

二、成立附设高级工业职业学校

　　1927年8月，在蔡元培的大力支持下，同济被新成立的南京国民政府确立为首批国立大学，机师学校也随之更名为"国立同济大学附设机师学校"。此后，遵照国民政府指示，同济更加重视工业专门人才的培养，并与文顺泰营造社签订了建造机师学校专用宿舍的合同。1928年，机师学校学生宿舍落成，为后续的扩大招生创造了条件。1930年，为筹建附设高级职业学校，学校呈文国民政府教育部，请求暂停机师学校的招生。

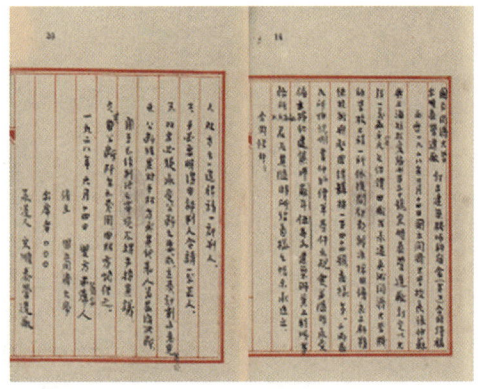

建造附设机师学校专用宿舍的合同

1928年建成的附设机师学校学生宿舍

济忆——历史上的这一周

1933年,位于江湾的附设高级职业学校校门

唐英,附设高级职业学校主任,原任国立劳动大学工学院院长

同济高职机械科学生的实习场景

1935年,同济高职机械科二年级学生与教师的合影

1937年,同济高职机械科教职员与首届毕业生的合影

1932年"一·二八"事变中，位于江湾的国立劳动大学遭日军轰炸。因校舍损毁严重，同年8月，教育部决定停办劳动大学。9月16日，教育部聘请同济大学翁之龙校长、周尚秘书长、唐英教授（原劳动大学工学院院长，已受聘为同济教授）等9人组成劳动大学校产保管委员会。

1933年5月，国民政府中央政治会议议决《处分劳大校产办法》，决定"将劳大工学院院舍及工场、机器、厂房等一并拨归国立同济大学接收"。此后，教育部将劳动大学在上海市区的房产及江湾附近的地产一并拨归同济大学使用，并发布训令，指示同济大学以附设机师学校和原劳动大学工学院旧址为基础创办附设高级职业学校。为此，学校成立高级职业学校筹备委员会，由唐英任筹委会主席，着手落实修缮房屋、添置设备、聘请教职员等相关筹备工作。6月19日和21日，筹备委员会两次召开会议，讨论附设高级职业学校的预算、规章、教学计划等，并确定了学校的德文译名。

1933年8月1日，筹备委员会基本完成前期筹备工作，翁之龙校长正式聘任唐英为附设高级职业学校主任。9月初，学校正式开学。至此，同济大学附设高级职业学校（简称"同济高职"）正式创立。

同期制定的《附设高级职业学校学则》指出，同济高职以"授予青年较高深之生产知识与技能，以养成实际生产及管理人才，并培养其向上研究之基础"为办学宗旨，招生对象为初中毕业生，年龄在15至22岁之间。同济高职成立后设有机械、土木两科，学制为三年，每周48学时（其中实习占50%），其办学资金由同济大学提供。

1935年5月，为更好地完成创办意图（使学校更加"名副其实"），提高办学质量，教育部发布训令，在同济高职的校名中冠以"工业"二字，将同济高职更名为"国立同济大学附设高级工业职业学校"，并将其学制由三年改为四年。学制延长后，同济高职的学生可按照本人意愿多选修一门课程，以加强实习操作、拓展知识面。

同济高职的教师主要由唐英、薛祉镐、项经芳等有留德背景的同济毕业生担任，所用教材既有德国工业技术学校的原版德文书籍和参考资料，也有唐英、薛祉镐、王寿宝等教师编写的讲义。因同济高职教师编写的讲义更加贴合中国实际、实用型强、教学效果好，这些教材后来成为国内职业学校教科书的范本。

由于同济高职秉持同济大学严谨求实的校风,加之学校注重实践教学,学生的动手能力普遍较强,故毕业生很受用人单位的欢迎。1936年下半年起,便陆续有机关、工厂等单位来校洽谈次年毕业生的聘用事宜。至1937年,同济高职的首届毕业生人数与录用单位意向数之比达到1:3,这一数据也充分印证了同济高职毕业生的受欢迎程度。1937年6月19日,同济高职举行首次毕业典礼。档案资料显示,同济高职的历届毕业生大多前往其实习单位供职。

1937年8月"淞沪抗战"爆发后,因江湾校园被日军夷为平地、机器设备未及抢运而损失殆尽,同济高职被迫随大学部一道踏上西迁征程。西迁途中,虽然办学条件异常艰苦,但同济高职充分利用有限的物资,尽量创造实习环境,保障沿途办学。到达昆明后,同济高职于1939年2月正式复课,两科的实习条件也得到逐渐改善,其中,一年级学生有锻工及热处理、木模工实习,二年级学生有铸工、钳工实习,三年级学生有机工、混凝土工、油漆工实习,四年级学生有焊工和校外实习,此外,土木科还另增了测量实习。

为满足抗战大后方对兵工、建设等中级技术人员的急切需求,根据教育部指令,同济高职还在昆明增设了两个短期职业训练班,分别设为机械科和土木科,每班40人,招生对象为年龄在17至22岁、具有初中毕业或相当学历者,其授课师资主要为同济高职的教师。职业训练班于1939年10月19日启动招生,11月6日正式

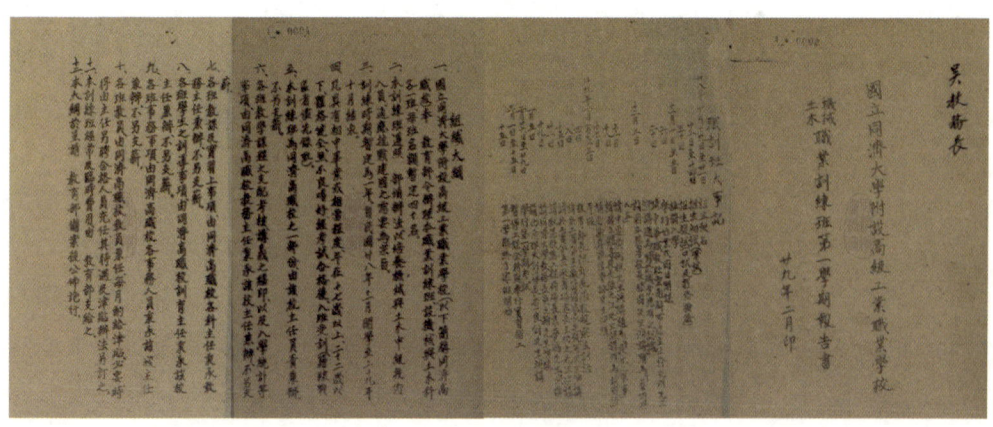

1940年2月,同济高职主任唐英向大学部报告职业训练班的办学情况

开课。1940年1月,教育部部长专程到同济高职视察职业训练班的情况,兵工署处长、铁路工程局局长等也先后到职业训练班考察并发表演讲。

1940年年底,同济大学各学院、附中及附属医院等陆续迁往四川省南溪县李庄镇和宜宾县,但考虑到学生的实习环境等学业因素,同济高职并未随同前往,仍留在昆明继续办学。1942年秋,唐英主任辞职,祝元青受聘担任同济高职主任;同期,同济高职迁往李庄。1945年年初,同济高职改为校长制,祝元青被聘为同济高职校长。抗战时期,同济高职为国家输送了大量土木、机械类高级技术人才,许多毕业生进入军工部门就职,为抗战取得胜利做出了重要贡献。

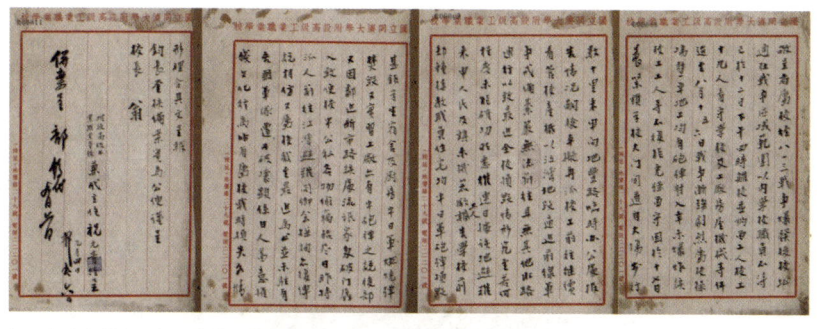

祝元青向大学部汇报江湾校园遭日军轰炸情况的报告

1946年,同济高职随同济大学一道迁回上海。1946年7月,祝元青辞职,胡兆瑛担任同济高职校长。返沪后,同济高职被安排在新市区江湾魏德迈路(现邯郸路)370号原同德医学院校址继续办学。同年10月,学生陆续抵沪;12月初,同济高职正式复课。

同济高职 1949 届毕业生曾贵祯捐赠的毕业证书

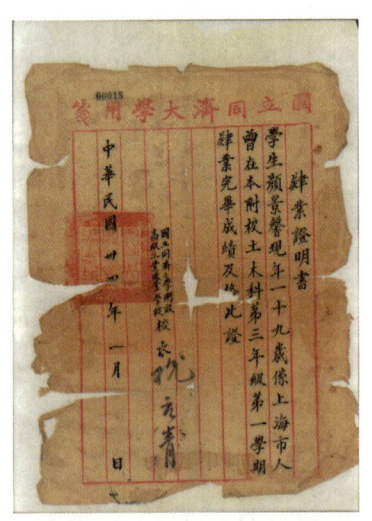

同济高职 1945 届学生盐景馨捐赠的肄业证明书

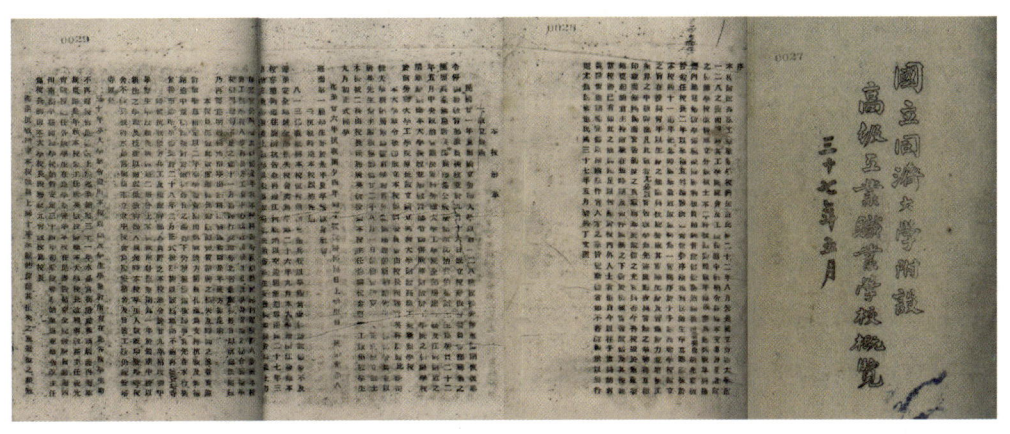

1948年,详细记载同济高职成立后发展沿革的《同济高职概览》

经过逐步发展,同济高职的在校学生规模逐步恢复到抗战前的水平,并再次成为学生踊跃报考的热门学校,报考与录取比曾一度达到10∶1。至1949年,同济高职已拥有包括钳工间、铸工间等在内的实习工厂,新建了学生宿舍和小运动场,学生规模已达近200人。在学生毕业季,各地纺织厂、兵工署、资源委员会所属工厂、空军司令部等单位争相前来录用,甚至出现数个单位争抢一人的情况。

三、脱离同济迁往南京

新中国成立后,为了加强对高等职业教育的统一管理,国家对同济高职的归属作了重大调整。

1950年11月4日,华东军政委员会教育部会同华东军政委员会工业部、同济大学召开第二次三方会议,商议同济大学附设高级工业职业学校转由华东军政委员会工业部领导的相关事宜,决定于"一九五〇年十二月一日正式办理交接,并自是日起学校一切经费转由华东军政委员会工业部负担"。11月29日,华东军政委员会教育部正式通知同济大学,定于12月1日在邯郸路370号办理交接手续(教高行字第8155号)。

12月1日上午9点,交接仪式在同济高职大礼堂举行。大学部工学院院长李国豪主持仪式并致辞,华东工业部吴兆洪副部长发表讲话,并宣布同济高职更名为"华东工业部同济高级工业职业学校"的决定。交接仪式上,华东工业部工业教育委员会主委杨铭功、华东建筑公司总经理夏行时、同济高职代表丁宁、同济大学学生会代表、工学院学生会代表、同济高职学生会代表先后发言。

当天下午1点,吴兆洪、杨铭功应邀参加了同济高职全体教职员工和学生代表座谈会。与会的同济高职师生就普遍关心的高职人才标准、外语语种、土木及机械系科的发展与分科办学、教师进修、减轻教师教学负担、教师住房与薪资等核心问题与华东工业部领导进行了坦诚的交流。

完成交接后,同济高职校门口的"同济大学附设高级工业职业学校"牌匾被更换为"同济高级工业职业学校"(简称"同济高工")。此后,华东工业部任命朱振德教授任同济高工校长,蒋式良任机械科主任,胡璘任土木科主任,吴忠道任实习工厂厂长。

1951年8月,根据政府对高等职业教育的布局安排,同济高工迁往南京市童家山。1952年10月9日,华东军政委员会教育部高等学校院系调整委员会下发通知,"将前同济高级工业职业学校校舍拨归复旦大学使用"。在院系调整中,同济高工于1953年被拆分为两所学校,其中,以机械科为基础组建南京机器制造学校(1983年更名为南京机械专科学校,1993年更名为南京机械高等专科学校,2000年与南京电力高等专科学校合并组建南京工程学院),以土木科为基础组建南京建

1956年的南京机械制造学校校门

南京建筑工程学校校门

筑工程学校（1980年更名为南京建筑工程学院，2001年与南京化工大学合并组建南京工业大学）。

自1916年机师科首届学生入学、1933年创办附设高级职业学校至1950年附设高级工业职业学校划出，同济大学为国家培育了大批优秀机械、土木类职业技术人才。此后，同济的职业教育一度中断。1994年10月，国家教委批准包括同济大学在内的六所大学设立职业技术教育学院。在随后的20多年中，同济大学充分发挥工程学科优势，借鉴德国经验，创新职教师资培养模式，聚焦职业教育人才培养、科学研究与社会服务，逐步构建了对内开展经验与模式辐射、对外开展交流与合作的平台，摸索出一套"双一流"大学的职业教育发展之路，并已取得显著成效。

23

1953年,建筑工程设计处的设计作品

第二十三周　　　　　　　　　　　11.03~11.09 [2019]

走向世界的同济设计

1958 年，学校附设土建设计院诞生
成为我国高校第一个设计院
2008 年 11 月 6 日
学校建筑设计院举行建院 50 周年庆典
同济大学建筑设计研究院（集团）有限公司
正式宣告成立

与祖国同行，以科教济世
从 1950 年代初期的边教学边设计
到改革开放后成为高校产业改革的试验田
再到 21 世纪以来城市化进程中的产学研协同推进
同济设计及其所代表的同济学派
走出了同济建筑人不懈奉献的奋进之路
并以中国特色的设计理念和工程实例享誉世界

回眸"历史上的这一周"
让我们一起回顾
同济设计的光辉历程

卡尔·贝德克尔　　　　　　　埃里希·欧白兰

同济的设计学科具有深厚的历史底蕴和学术根基。学校于1912年成立工科，1914年设立土木科，孕育了同济设计的萌芽。在早期的校园建筑中，有不少代表着中西文化交融的设计作品，如工科教授卡尔·贝德克尔（Carl Bädecker）设计的工科讲堂（1914年落成，现位于上海理工大学复兴路校区内）、埃里希·欧白兰（Oberlein）设计的吴淞校舍（1937年被日军炸毁）等。这些德国教师将当时西方的设计理念传入中国，为同济培养了刘铨法（青岛著名华人建筑设计师）、陆士基（哈尔滨文庙的设计者）、张象昺等一大批杰出设计人才。

一、建筑系成立与同济设计学派的奠基

1949年以前，同济虽然没有设立专门的建筑系，但在工学院土木系内一直设有建筑设计类相关课程。1946年学校从李庄回迁上海后，李国豪担任工学院院长兼土木工程系主任。1947年，工学院聘任毕业于德国达姆施塔特工业大学、奥地利维也纳工业大学的金经昌和冯纪忠为土木系教授，两人随后为土木系高年级学生开设了建筑、都市计划和都市市政工程等课程。

1952年至1956年，国家实行全国范围内的高等院校院系调整，同济除土木、建筑之外的其他学科陆续被调至其他高校，而圣约翰大学、交通大学、之江大学、大同大学、震旦大学、上海工业专科学校、中华工商学校、华东交通专科学校和中央美术学院华东分院等校的土木、建筑系科则相继并入同济（注：大夏大学、光华大学的

1950年，建筑系教师在拍摄合影

土木系、建筑系已于 1951 年先期并入）。同济大学由综合性大学调整为以土木、建筑为主的单科性大学，同时汇集了李国豪、冯纪忠、金经昌、陈植、黄作燊、谭垣、黄家骅、周方白、陈从周、哈雄文、杨钦、王达时、张问清、祝永年、王兴等一大批土木、建筑学科的知名学者。此后，同济设立了铁路公路、上下水道、结构、建筑和测量等 5 个系。建筑系下设了建筑设计、建筑构造、都市计划、美术、画法几何及工程画、建筑历史等 6 个教研室，黄作燊担任首位副系主任。

新成立的建筑系云集了当时华东地区的众多建筑规划设计大师和优秀青年才俊，学术流派相对多元，开放民主、兼容并蓄、百家争鸣的氛围日渐浓厚，为此后同济学派的形成奠定了基础。经过一段时期的探索和实践，以冯纪忠、金经昌、陈从周教授等一批著名专家学者为代表的同济人在建筑学、城市规划和风景园林三个领域逐步形成了独特的教学方法和设计风格，开启了同济大学设计学科发展的历史篇章。

新中国成立初期，国家百废待兴，建设任务异常繁重。为整合校内资源和建筑设计力量，服务新中国建设，1951 年 11 月底，学校以建筑系教师设计团队为主体成立了建筑工程处，1953 年年初又成立了建筑工程设计处。这两个机构的成立日期虽仅相隔 14 个月，名称也极为相似，但两者的背景、性质和作用却存在着很大差异。先期成立的建筑工程处为学校基建管理部门，以开展校园建设为主要任务。而建筑工程设计处则是根据华东军政委员会中的文化教育委员会（简称"华东文委"）的指示专

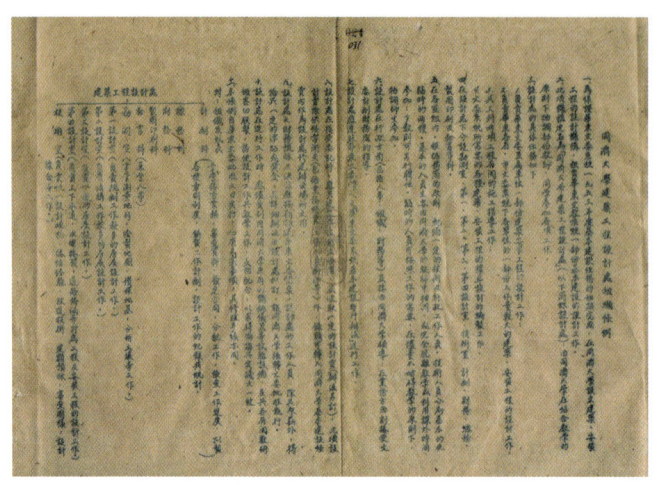

1953年，建筑工程设计处的组织条例

门设立的，由同济大学负责日常行政管理，业务工作则由华东文委指导，主要承接华东文委直属单位及华东各省市文委系统内相关单位的建筑设计任务，实为以服务华东地区为主的"建筑与安装工程设计机构"。

1954年，在建筑工程处和建筑工程设计处相关人员的基础上，学校成立"校舍建设委员会"，负责学校校舍的设计和施工管理工作。根据校舍建设委员会的要求，建筑系教师将校舍设计与教学工作紧密结合，带领学生利用课余时间或实习阶段开展设计实践，既保证了基建任务的顺利完成，又给学生创造了学以致用的锻炼机会，有效促进了教学工作。1954年至1958年，师生们先后设计了南北教学楼、文远楼、西南一楼、建筑物理实验室、机电馆、暖通试验室、给排水试验室、工程结构实验室、热工试验室、声电试验馆及水塔等一批校园建筑。在师生的共同努力下，至1956年7月，学校新建扩建建筑的总面积比1949年6月时增加了9倍。1958年，为响应中央关于教学与生产劳动相结合的号召，结合建筑系部分青年教师提出成立建筑设计院作为学生实习场所的建议，学校正式成立同济大学附设土建设计院。

附设土建设计院由建筑系系主任吴景祥兼任院长，冯纪忠、唐云祥任副院长，设计人员由建筑系教师兼职。之后，建筑工程系工业与民用建筑专业教师加入兼职设计队伍。附设土建设计院既是我国高等学校的第一个设计院，也是学校土木建筑专业的教学实践基地，成为学校理论与实践相结合人才培养模式的新型典范。

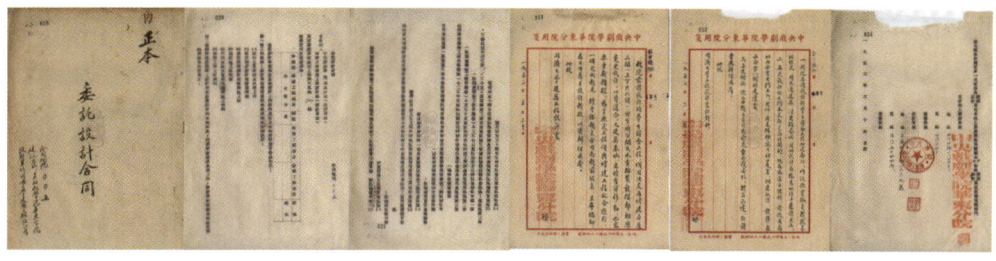
建筑工程设计处的设计合同

当年在设计院实习的学生们

建工系、建筑系师生深入施工工地,试点"设计、建设、施工三结合"

冯纪忠教授设计的东湖客舍

建筑系师生在文远楼门廊前的合影

黄毓麟教授和哈雄文教授设计的文远楼

在这一时期,同济师生创作出许多在全国具有重要影响力的优秀设计成果,如:冯纪忠教授于1951年年底设计的武昌东湖休养所,1962年设计的杭州西湖花港茶室;黄毓麟教授和哈雄文教授于1953年设计的文远楼(为我国唯一的典型包豪斯风格建筑,已被列为第四批"上海市优秀历史建筑",并载入《世界建筑史》和《中国建筑史》);黄家骅教授于1958年设计、号称"亚洲第一拱"的学校大礼堂兼食堂;戴复东教授于1958年设计的武汉东湖梅岭招待所1号工程(该招待所后成为毛主席生前在武汉生活、工作和会见外国元首的场所)等。

二、建筑设计研究院的成立与改革探索

1982年冬,设计院女教师在文远楼前留影

改革开放后,教育部决定在一些高等学校现有设计院(室)的基础上成立建筑设计研究院。1979年8月29日,教育部正式批准同济大学、天津大学等五所高校成立首批建筑设计研究院。建筑设计研究院的成立推进了"产学研一体化",通过师生的设计实践,促进了教学质量的提高和人才培养质量的提升。

1983年,设计院实行经济承包责任制和个人收入分配制度改革。通过全面走向市场,设计院的经济效益逐年提升。1991年,设计院年产值已达296万元,比1983年增长了6.79倍,完成的建筑设计面积增长了1.61倍,人均收入增长了近10倍,成为全国高校中规模最大、产值最高的设计院。同济设计院实现了由主要为高校基建服务向充分与市场接轨、独立经营的校办产业的华丽转身。

1989年,设计人员在讨论五角场规划设计

1990年代,国内建筑行业开始出现"学电脑 甩图板"的大趋势,图为1994年年底国外同行在展示交流最新的计算式辅助设计软件

邓小平发表南方谈话以后,全国掀起了全面建设的高潮。随着国家经济体制改革与城市建设的不断发展,除建筑设计项目外,桥梁、隧道、高架路、地铁等其他类型的工程设计项目也不断增加。结合上海城市建设重点工程研究和设计需要,1985年起,设计院陆续在多个学院或系所成立了专项设计室,如为设计南浦大桥而在桥梁系创建的桥梁设计室,为建设地铁1号线新闸路站而在地下建筑与工程系创建的地铁设计室等。1996年年底,上海同济规划建筑设计研究总院成立后,上述设计室经归并和整合,成为规划总院旗下的专业设计分院。

1993年2月,学校成立同济大学科技实业总公司,建筑设计研究院等11家校办企业被纳入其中。经股份制改造,科技实业总公司转制为上海同济科技实业股份有限公司,并于1993年9月24日在上海证交所上市。之后,考虑到建筑设计研究

1988年，建筑系教师设计的上海外滩人民英雄纪念塔模型

原轮船招商总局大楼由英国莫利逊（Morrison）洋行设计，设计院参与该建筑的保护设计工作，并于2007年获上海市优秀工程设计二等奖，2008年获全国优秀工程勘察设计三等奖

1981年，建筑系戴复东教授设计的四平大楼

院的优质设计资质和品牌价值，2001年3月，学校对同济大学建筑设计研究院和上海同济规划建筑设计研究总院实施了合并，并以注入资产进行置换的方式将设计院由股份公司的全资子公司转换成学校占股70%、股份公司占股30%的企业，使设计院得以重新成为学校控股的主要产业。

自1990年代起，中国进入城市化快速发展时期。设计院抓住全国各地新城建设的机遇，依托城市规划和城市设计学科的优势，在全国各地开展了大量设计和规划工作，先后设计了浙江大学新校区、同济大学嘉定校区、东莞国际会展中心、北京大学体育馆、上海东方体育中心跳水馆、上海中心大厦等重要项目，使同济设计风靡全国。同时，设计院积极参与历史建筑保护，先后负责和参与了多个城市重要区域和商业街区的保护设计与研究，如静安寺地区城市设计、南京路步行街设计、多伦路历史文化街区设计等。2007年起，同济设计院开始承接海外建筑设计项目，目前已覆盖东南亚、欧洲、非洲和拉丁美洲。2008年，学校全面深度参与上海世博会的规划设计工作，同济"世博八总"成为世博会建设的亮丽名片。

三、集团化发展之路与世界一流学科建设

2008年11月,时任同济大学党委常务副书记兼副校长周祖翼与院长丁洁民共同为同济大学建筑设计研究院(集团)有限公司揭牌

2008年11月6日,在50年前成立同济大学附设土建设计院的"一·二九"礼堂举行的仪式上,学校宣布成立同济大学建筑设计研究院(集团)有限公司。50年风雨历程,同济设计院伴随着学校的发展而发展,依托学校的综合优势和学科力量从无到有、从小到大。截至2018年6月,同济设计集团旗下已拥有5个管理部门、3个直属部门和24个直属机构,另有12个控股和参股公司。在1998年至2018年的20年时间里,同济设计院的资产规模增长了20倍,设计咨询收入增加了100倍,实现了从一个中小型的高校附属设计院到一个特大型综合设计集团的巨大转变。

同济设计在应用领域取得的卓越成就得益于土木工程学院、建筑与城市规划学院深厚的学科底蕴,得益于环境科学与工程学院、铁道与城市轨道交通研究院、交通运输工程学院、机械与能源工程学院等相关学科链的迅速崛起和快速发展,得益于同济大学多学科综合优势的坚实基础和强力支撑,得益于同济大学的人才优势、严谨求实的学风和同舟共济的团结精神。1986年,同济大学建筑与城市规划学院成立,同时,工业设计专业开始招收本科学生。2009年5月26日,借鉴世界设计与创新学科的最新理念,学校在建筑与城市规划学院艺术设计系的基础上成立了同济大学设计创意学院。

设计创意学院成立后,2010年,同济大学与芬兰阿尔托大学合作成立"同济—阿尔托设计工厂"和"同济大学中芬中心",通过"设计思维"整合设计创意、科学

学校在衷和楼举行的同济大学设计创意学院揭牌仪式

2017年7月5日,设计创意学院学生参加中美青年创客大赛并取得佳绩

设计创意学院的新材料实验室

设计创意学院与MIT联合在四平社区创立的Fablab(微观装配实验室),为社区居民和学生提供了公共的活力空间

由同济设计集团作为牵头单位之一的"上海中心大厦工程关键技术"荣获2018年度上海市科技进步特等奖

技术和经济管理学科,成为全球知名的国际化、跨学科、开放性创新平台。2013年,设计创意学院入选国际著名设计杂志FRAME"全球设计硕士教育30佳",成为国内唯一入选的设计学院。2015年4月23日,同济大学与阿尔托大学签约共建"上海国际设计创新学院"。2015年8月,设计创意学院被国家外国专家局正式纳入"高校国际化示范学院推进计划",成为13个被纳入"推进计划"的试点学院中唯一的设计类学院;10月21日,设计创意学院举行"高校国际化示范学院推进计划试点单位"揭牌仪式。2017年9月,教育部、财政部、国家发展改革委印发《关于公布世界一流大学和一流学科建设高校及建设学科名单的通知》,同济大学设计学科(Art & Design)入选世界一流学科建设。如今,同济大学设计创意学院已经成为国内最具

国际声誉的设计学院之一,并跻身世界著名设计学院行列。在世界范围内最具影响力之一的QS世界大学排行榜中,同济"艺术与设计"学科的全球排名逐年大幅上升,已连续两年领跑亚洲。

随着同济大学建筑设计研究院(集团)有限公司、建筑与城市规划学院、设计创意学院的不断发展,"同济学派"在设计领域的影响力不断扩大。同济设计人广泛参与全国各地的城市建设,在上海世博会建设、汶川地震灾后重建等重大事件中献策献力,为我国的国际化城市建设、社会主义新农村建设、历史建筑保护等做出了重要贡献。

24

2003 年 11 月 14 日，上海航空工业学校划归同济大学管理

第二十四周　　　　　　　　　　　　11.10~11.16 [2019]

追梦，启航：
仰望星空共济世

在浩渺的宇宙与无涯的学海里
一代又一代科学家
为探索世界、寻求真理不懈努力
作为我国民用测绘高等教育事业的发祥地
同济先在工学院机械系设立航空组
1932 年成立高等测量系
1936 年改为测量系并设立航空测量组
院系调整后虽然测量系整体内迁武汉
但同济汇聚了华东地区力学领域著名的专家学者
以力学教育和基础研究服务航空航天事业

2003 年 11 月 14 日
上海航空工业学校划归同济大学管理
学校随后成立航空航天与力学学院
2012 年 5 月 20 日
学校成立测绘与地理信息学院
同济逐步走向深空
以学科发展服务国家航空航天战略

回眸"历史上的这一周"
让我们一起回顾
同济人走向深空的探索之路

> "我仰望星空,它是那样寥廓而深邃;
> 那无穷的真理,让我苦苦地求索、追随。
> 我仰望星空,它是那样庄严而圣洁;
> 那凛然的正义,让我充满热爱、感到敬畏。
> 我仰望星空,它是那样自由而宁静;
> 那博大的胸怀,让我的心灵栖息、依偎。
> 我仰望星空,它是那样壮丽而光辉;
> 那永恒的炽热,让我心中燃起希望的烈焰、响起春雷。"

——时任国务院总理温家宝创作于同济百年校庆前夕

自人类诞生以来,我们的祖先便仰望星空,在浩瀚的宇宙中探索真理。从哥白尼的日心说,到伽利略的自由落体定律;从牛顿的三大运动定律,到爱因斯坦的相对论……在浩渺的宇宙与无涯的学海里,一代又一代科学家为探索世界、寻求真理而挥洒汗水、奉献青春。如今,我们站在巨人的肩膀上,秉承着前辈们的优良品质,在探索真理的道路上脚踏实地、勇往直前。

1912年,同济创立工科,开启了"厚国聚民莫关乎工"的探索之路。在一百多年的发展史上,同济人始终秉承着严谨求实、不断创新的教育理念和科研精神,努力站在世界科学发展的前沿。飞上蓝天、走向深空、探索宇宙的奥妙是一代又一代同济师生心中的梦想。

一、我国最早的航空测量教学与研究

100多年前,工学堂创办后不久,学校便开设了航空测量相关课程,由德籍教授Schonwald讲授测量学,土木工程科主任G.de Gradl讲授力学。1917年,机械系开设动力学课程。1922年,工学堂系统性地开设了静力学、动力学、韧性学、发动机和测量学等与飞机设计制造相关的课程。1924年5月,学校大规模新建的吴淞校园主体建筑落成,同期建成的工科实验室在规模、性能等方面均居国内高校领先水平。其中,机器试验馆占地800平方米,内有多台发动机和飞机引擎试验场所,并有90

马力的"V"形 Curtiss 机和 550 马力的星座式 BMWHornet 机等两座飞机机头，为学生掌握飞机制造及测量方面的知识提供了良好的教学实验环境。机器试验馆内的发动机除供教学使用外，还为学校的供水、供电等输送电力。

1932 年 11 月 2 日，工学院增设高等测量系。1933 年，高等测量系招收 22 名学生，正式开启办学之路。作为当时国内大学中唯一设立测量学科的高校，同济大学开启了中国高校开办高等测量专业的先河，成为我国民用测绘教育的发祥地。1936 年，高等测量系更名为测量系，并设立航空测量组，开始了我国最早的航空测量教学与研究。1937 年 2 月，叶雪安受母校邀请来校任教；4 月，德国捐赠的航空摄影及复照制版等新型航测绘图设备陆续运抵吴淞，为此，学校特拨款 5 万元建设测量馆；8 月初，钢筋混凝土结构的测量馆（含天文观测台）落成（因建筑结构坚固，淞沪抗战初期曾被用作我军炮兵阵地）。学术带头人的引进及各类教学、科研设备设施的不断完善，为测量学科的迅速发展奠定了基础。

其间，学校还曾一度筹建飞机机械系。考虑到机械系的设备已比较完善，1934 年 5 月，学校增设了造船及飞机机械课程，并积极筹建飞机机械系。为了让学生更直观地了解飞机构造和设计原理，学校经多方努力获得了由中国航空公司捐赠的一架

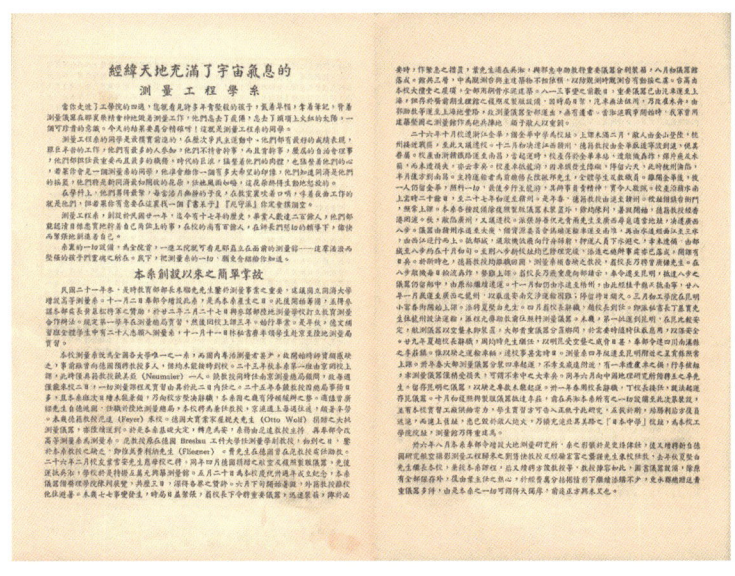

1949 年版《国立同济大学毕业纪念册》中关于新建测量馆被用作我军炮兵阵地的记载

创校初期讲授测量学的工科教授
郝士兰（Dr.Ing.Haasler）

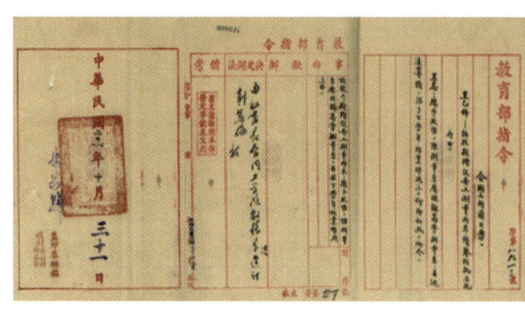

教育部1932年批准学校成立高等测量系的指令

1937年，《教育画报》介绍航空测量仪器陈列室中的多倍制图机

1934年，测量系学生实习期间的合影

飞机，一度引起各方关注。尽管筹建飞机机械系的计划最终未能实现，1936年，学校仍在机械系开设了飞机制造课程，继续致力于培养飞机制造方面的人才。

1937年7月7日，卢沟桥抗日的枪声改变了同济人前进的道路。"八一三"淞沪抗战爆发后，学校被迫踏上万里迁徙之路，途经多省后于1941年到达四川省南溪县李庄镇。虽然历经千辛万苦，但同济人翱翔天空、探索宇宙奥秘的理想始终没有改变。

1940年7月，从事力学和弹道学研究的周均时教授出任同济大学校长。同年秋天，学校建立数理系，旨在"培植学生攻读数学和物理之间的理论"。1945年，机械系开设了机械设计、机械动力学、航空工程等专业课程，测量系开设了大地测量、平面测量、天文测量等专业课程，学校实验室也已拥有水准仪、经纬仪、测速

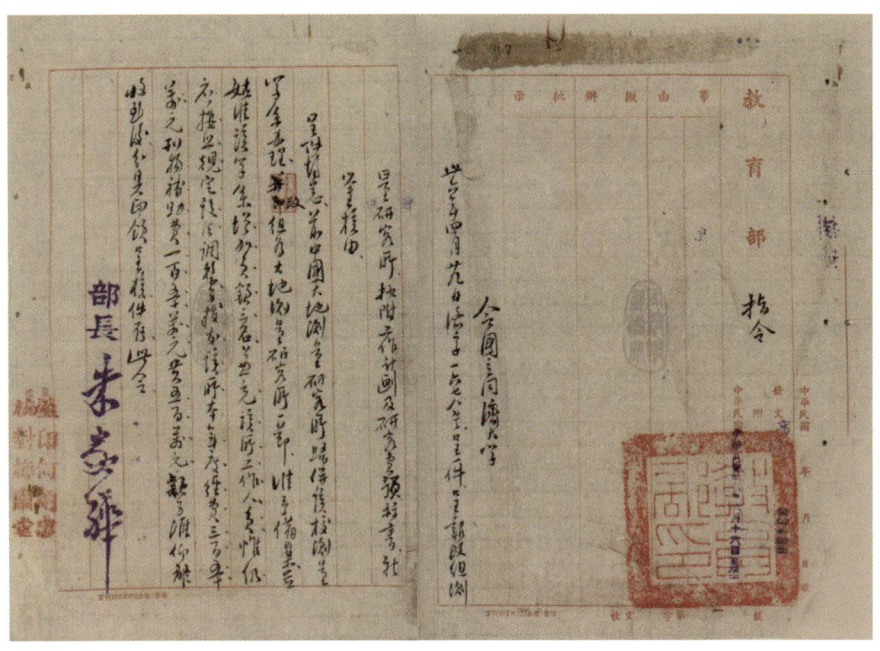

1947年8月16日,教育部下达第33430号指令,将中国大地测量研究所划归同济大学

叶雪安,我国大地测量学理论的开拓者,1929年毕业于学校土木工程科,1933年公费留德学习测量,1937年回国后任教于学校测量系

夏坚白,中国当代测绘事业的开拓者,大地测量学家,大地天文学奠基人,曾任同济大学校长(1948—1956)、教授,武汉测绘学院院长,中国测绘学会理事长,是中国科学院首批学部委员中唯一的测绘科学家

经纬仪、精密面积仪、万能经纬仪、天文钟、航空摄影机、摄影经纬仪等当时国内少有的大量高端精密测量仪器及抗战大后方唯一的一台纠正仪。在李庄时期，测量系还与中国地理研究所大地测量组（成立于1940年，当时也迁至李庄）密切合作，叶雪安、夏坚白、王之卓、陈永龄、方俊、曾广梁等一批测绘领域著名的专家学者共同从事测绘教学和研究工作，使李庄成为我国测绘领域的学术高地。

回迁上海后，学校于1946年8月向教育部提出申请，拟在工学院机械系内增设航空工程学组，后因教育部批复"缓设"而受阻。1946年10月，中国地理研究所大地测量组迁至上海，后以大地测量组为基础成立中国大地测量研究所，并继续与测量系开展合作。1947年8月16日，教育部批准将中国大地测量研究所并入测量系，改组为大地测量研究所，开始培养我国最早的测量专业研究生。

二、以力学等基础科研辅助航空航天研究

新中国成立后，为了满足日益高涨的社会主义建设需要，教育界、测绘界酝酿成立一所为经济建设服务的高等测绘学校。1955年1月，高等教育部委托同济大学举办全国高等工业学校土建、水利类共同课程统一教学大纲审定会议。会议期间，高等教育部召开了全国高等测绘教育经验交流座谈会，夏坚白、王之卓、叶雪安等同济教授参加座谈会；座谈会上，与会的测绘界专家学者提出了筹办一所民用测绘高等学校的建议。6月初，国务院在研究部署第二次高等院校专业调整时决定筹办专门的测绘学院。6月11日至14日，高等教育部在北京召开第一次筹备会议，工业教育司司长唐守愚主持会议并代表高等教育部宣布了"将同济大学、青岛工学院、天津大学、南京工学院、华南工学院等五所院校的测绘专业调整集中，成立武汉测量制图学院"的筹建方案。经过一年多的筹建，1956年，夏坚白、叶雪安、纪增觉、崔希璋、顾葆康等测量系师生携相关教学科研设备一同迁往武汉。测量系调出后，学校将未随迁教师组合并成立了测量教研室。

院系调整后，同济由综合性大学转变为以土木建筑类学科为主的单科性大学。同时，学校汇聚了华东地区力学领域的著名专家学者，相应的学科实力得到加强。1958年，学校开设力学专业，并招收90名新生；同年，经高等教育部批准，朱宝华

1956年年初,测量系叶雪安教授在学校第一次科学讨论会上演讲

1978年,学校举行结构理论研究所成立大会

教授招收了首名结构力学硕士研究生(张相庭)。1959年,在继续招收力学专业学生的同时,学校还从工民建专业的1956级学生中抽调了60人就读力学专业。

当年的力学专业隶属于数学物理及力学系(简称数理力学系),着重培养航空航天等与国防建设相关的人才。1978年以前,江之永、翁智远、王兴、徐次达等知名学者先后担任数理力学系系主任。

改革开放后,学校积极探索基础研究与实际应用的双向结合。1978年,学校成立结构理论研究室(后改为研究所)。1980年,数理力学系拆分为物理系和数学力学系。1985年,数学力学系拆分为数学系和力学系。1986年,力学系更名为工程力学系,研究方向包括固体力学、结构力学、实验力学、流体力学、生物力学等,并开始招收研究生。1991年,工程力学系更名为工程力学与技术系。

与此同时,同济人积极将基础研究应用于国家建设,不断拓宽研究视角。20世纪末期,方如华教授团队在光测力学领域取得了一系列技术成果,为此,江西南昌飞机制造公司慕名而来,与同济团队开展了前期合作。因合作取得良好效果,对方决定与同济团队联合开展强五歼击机的相关研究;其间,参加该项目的对方人员徐晓飞(现已调入中国商飞公司)还跟随方如华教授在职攻读了博士学位。"歼五"项目完成之后,学校又与南昌飞机制造公司先后开展了起落架应力分析、断裂分析等多个方面的合作研究,并取得良好成果。学校应用力学研究所则在航空航天、新材料/复合材料、重大工程等领域积极开展基础研究和应用研究,先后承担了新型飞行器的结构设计与力学行为、航空航天材料的力学性能、微型飞行器的飞行原理、工艺力学等相关课题,参与编写了上海市"十一五"通用航空发展规划及航天产业发展规划,与帝龙飞行俱乐部签订了在淀山湖畔建立飞行基地的合作协议,并与波音公司合作开展"绿色复合材料的飞机内饰"项目研究,为之后学校抓住发展机遇建立航空航天学院奠定了基础。而今的同济大学四平路校园里,一架退役的强八歼击机已成为一道亮丽的风景线,述说着同济力学前辈的付出与贡献。

三、成立航空航天与力学学院,服务国家航空航天战略

21世纪以来,我国的航空航天事业进入新一轮大发展时期,载人航天工程和探月工程相继启动,新型支线客机和大飞机的自主研制也陆续开始酝酿。而作为我国航空航天领域重要研究和制造基地之一的上海,在相关人才的培养方面则相对薄弱。在此背景下,学校开始筹划设立航空航天学院。

在上海市彰武路的另一端,有一所距同济大学四平路校区仅300多米的上海航空工业学校。该校创建于1951年,其前身为中央军委民航局第三民航学校,1959年

开始使用"上海航空工业学校"校名。1994年,该校与三〇三五厂合并组成新的"上海航空工业学校",原三〇三五厂成为其校办工厂。根据高等教育发展规划,为了优化教育资源配置,同济大学与上海航空工业学校进行了多次协商,就并校事宜达成了共识。2001年8月9日,两校联合向上海市教育委员会提交《关于上海航空工业学校并入同济大学并更名为同济大学附属航空学院的请示》。

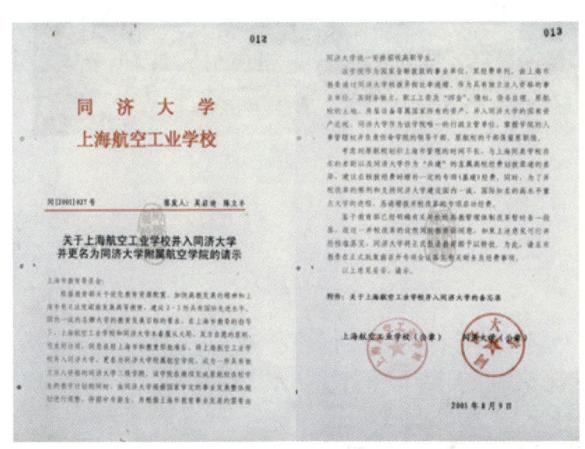

2001年,关于上海航空工业学校并入同济大学的请示

2003年11月14日,上海航空工业学校正式划归同济大学管理,并更名为同济大学附属航空学院,成为同济大学的二级学院。并校后,除按教学计划完成原航校在校学生的培养外,航空学院停止招收中专生。同年,学校成立航空航天学院筹备组。

2004年1月,学校在原工程力学与技术系及附属航空学院的基础上成立航空航天与力学学院,仲政被任命为航空航天与力学学院副院长,主持学院行政工作。学院设有工程力学和飞行器制造工程两个本科专业,并有多个研究生培养方向。2007年3月,仲政被任命为航空航天与力学学院首任院长。

在国家大力支持航空航天事业发展的背景下,借助于上海市夯实做大空天科技"上海板块"的良好契机,结合学校的多学科支撑优势,学院制定了"小规模、高起点、错位竞争、跨越式发展"的发展战略,先后建立了飞行器工程研究所、航空航天电子研究所、计算力学与数字仿真研究所、现代力学测试技术研究所、应用力学研究所、动力学与控制研究所、复合材料与结构研究所和基础力学教学研究部,组建了空天

2005年,航空航天与力学学院师生研制的水上轻型飞机"蜻蜓一号"

2012年,航空航天与力学学院与上海奥科赛飞机公司共同研制的中国第一架纯燃料电池无人机"飞跃一号"试飞成功

2015年5月,同济学生在试验无人机弹射与伞降回收技术

2018年,同济大学与中国商飞上海飞机设计研究院签署联合培养合作协议

技术研究中心和力学实验中心等两个校级研究中心。同时,学院分别从北京航空航天大学、南京航空航天大学、西北工业大学、哈尔滨工业大学等单位引进了学科带头人,并在先进材料与结构的力学行为、流体力学、动力学与控制、现代力学测试技术、先进复合材料与结构、飞行器设计与制造等领域开展了广泛的科学研究。随着大飞机项目落户上海,2012年,学校与中国商飞公司签署校企合作框架协议,建立了校企"产学研"紧密结合的合作机制,为双方联合开展人才培养和科学研究提供了广阔空间。

四、成立测绘与地理信息学院，助力航天测绘遥感事业发展

2012年5月，同济大学测绘与地理信息学院正式成立

改革开放后，在推进"两个转变"的同时，学校积极探索恢复与发展具有同济传统特色的测绘学科。1981年，学校恢复设立测量系。1983年，工程测量专业获硕士学位授予权，成为全国首批获此授予权的单位之一。1995年，测量系开始招收大地测量学与测量工程专业博士生。1998年，大地测量学与测量工程专业获博士学位授予权；同年，测量系并入土木工程学院，系名也变更为测量与国土信息工程系。2003年，测绘科学与技术专业获博士学位授予权，学校同时获得建立测绘科学与技术博士后流动站的资格。2004年，测量系设立地理信息系统本科专业，并与国家测绘局精密工程测量院联合成立现代工程测量国家测绘局重点实验室。2007年，大地测量学与测量工程学科成为国家重点学科，学校成立教育部中国大陆构造环境监测网络联合研究中心同济大学分中心。2009年，在教育部组织的学科评估中，测绘学科在国内排名第三……

秉持着求真务实、脚踏实地的科研精神，同济测绘人走过了一条重铸辉煌的跋涉之路。进入21世纪后，测绘学科对标国家发展战略，紧密结合国家经济建设和社会发展需求，发挥测绘学科及学校相关学科特长，在卫星大地测量、精密工程测量、摄影测量、遥感、地图制图学和地理信息工程等领域开展了深入研究，逐步形成了显著优势。2012年5月20日，在原土木工程学院测量与国土信息工程系的基础上，学校正式成立测绘与地理信息学院。同年，测绘学科入选上海高校一流学科建设计划

同济团队的液压同步顶升技术助力"500米大口径球面射电望远镜"钢结构圈梁安装

位于同济大学嘉定校区的航天激光器载荷检校与障碍探测验证地面综合实验场

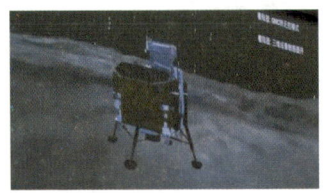

同济团队为"嫦娥"系列探测器成功在月球表面安全着陆提供重要技术支撑

（B类），并在教育部学科评估中排名第4；测绘工程专业通过了全国工程教育专业认证，成为全国首批获得测绘类工程教育专业认证的试点专业之一。2013年，测绘工程专业入选教育部卓越工程师培养计划。2015年，经工程教育认证专家现场考查与评审，测绘工程专业再次通过工程教育认证（有效期为六年）。

航天遥感、卫星导航、地理信息等代表着现代测绘遥感的核心技术，在卫星地球观测、深空科学探测和智慧城市建设等领域发挥着日益重要的作用。学校师生紧密围绕国家战略开展科学研究，为我国的航天测绘遥感事业做出了同济人的卓越贡献。在国家航天重大工程中，结合嫦娥探测器激光三维成像系统着陆避障探测任务，学校与中科院上海技术物理研究所历经十余年合作，在嘉定校区建设了航天激光器载荷检校与障碍探测验证地面综合实验场，为嫦娥三号、四号激光三维成像系统在极短成像时间条件下实现量测级探测精度提供了重要支撑；2016年，由同济团队牵头合作完成的"航天重大工程的遥感空间信息可信度理论与关键技术"项目获得国家科技进步一等奖。2017年，测绘科学与技术学科入选国家一流学科建设名单，测绘与地理信息学院迎来新的发展机遇。2018年6月，教育部科技司批复同意由同济大学牵头建设教育部深空探测联合研究中心暨"深空探测测绘遥感与导航定位分中心"；9月，学校以成员单位身份参与中意合作项目暨未来国际月球科研站选址联合研究；12月，学校加入探月工程嫦娥四号任务科学研究核心团队。

2019年1月3日，嫦娥四号探测器自主着陆于月球背面位于南极—艾特肯盆地的冯·卡门撞击坑内，成功实现了人类探测器首次在月球背面的软着陆。嫦娥四号的成功登月凝聚着全国众多科研人员的心血，其中也包括由童小华教授领衔的同济航天测绘遥感与深空探测研究团队的辛勤与智慧。在研究过程中，同济团队专注于测绘遥感空间信息质量的研究，提出了遥感空间信息可信度理论方法，突破了航天探测场景静态要素可信度量、航天器实时动态数据可信处理和海量遥感空间数据产品可信评估等诸多技术难题。

黑格尔说，一个民族有一群仰望星空的人，他们才有希望。今天，中国的航空航天事业方兴未艾。同济人正奋发努力，奋力拼搏。回顾历史，同济人遥望太空，在心中播种了探索宇宙的梦想；立足当下，同济人脚踏实地，在科研攻关的道路上大步向前；展望未来，同济人有信心继续在航空航天领域为民族复兴与人类文明添砖加瓦。

25

1951年1月,上海抗美援朝第一手术大队出发(前排中为黄家驷教授,右一为林竟成院长)

第二十五周　　11.17~11.23 [2019]

抗美援朝，保家卫国

一首激情昂扬的《我们是白衣战士》
将我们带回了"抗美援朝"的历史年轮中
为了保卫祖国的安全和美好家园
同济师生积极投身"抗美援朝"运动

1950年11月15日
学校成立"抗美援朝保家卫国工作委员会"
1951年1月25日
同济第一批志愿医疗手术队队员整装出征
在祖国最需要的时候
医学院及附属医院师生员工
以满腔热血和爱国热情
谱写了一曲曲救死扶伤的时代颂歌

回眸"历史上的这一周"
让我们一起重温
医学院师生参加"抗美援朝"的辉煌历程
敬仰他们救死扶伤的崇高医德
传承他们的爱国主义和国际主义精神

我们是白衣战士

我们来自黄浦江边

为了响应祖国伟大的号召

我们走上了抗美援朝的征途

我们带来了五百万市民火热的心情

我们带来了救死扶伤的技能

技能要献给英勇的战士

热情要温暖北国的寒冷

过长江，跨黄河

出了山海关

还要冲过鸭绿江

同志们!

祖国江山如（此）辽阔广大

美丽雄壮

帝国主义却在

血染朝鲜威胁我边疆

我们怎能忍受这无情的侵略

我们怎能掩没满腔愤怒的力量

同志们!

为祖国服务吧! 为祖国献身吧!

献身革命不让人

服务战士要争先

我们是白衣战士

我们来自黄浦江边

——张涤生《我们是白衣战士》
（摘自《同济大学1951年毕业纪念刊》）

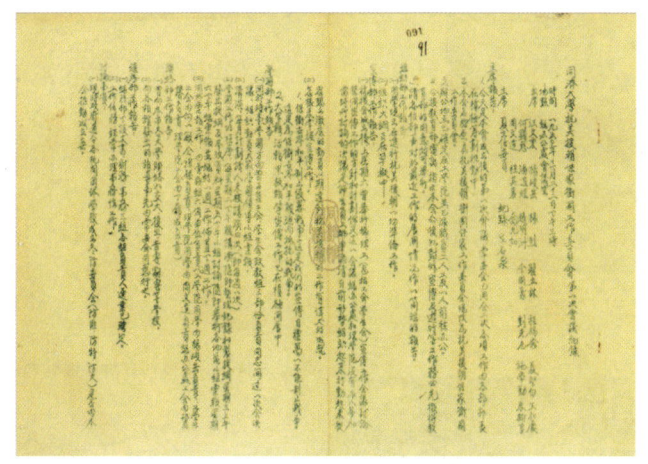

学校"抗美援朝保家卫国工作委员会"第一次会议纪要

　　1950年6月,朝鲜战争爆发。10月19日,中国人民志愿军赴朝作战。随即,全国开展了轰轰烈烈的"抗美援朝、保家卫国"运动。学校师生员工积极响应党中央号召,满怀热情地投入了这一运动。11月15日,学校成立"抗美援朝保家卫国工作委员会",校务委员会主任夏坚白任主席,杨烈、李国豪、翟立林、刘先志、程其襄、潘道皑、赵明洲等任委员,带领全校师生员工认真学习抗美援朝的形势及发展方向,做好各项组织动员工作。11月22日,学校召开"抗美援朝保家卫国工作委员会"第一次会议,对贯彻和推动"抗美援朝、保家卫国"运动的组织、学习、宣传、联络、总务等具体工作作了部署。

　　12月初,上海市学联决定,各校停课4天,组织学生开展抗美援朝宣传,参加抗美援朝示威活动。接到通知后,同济师生热情高涨,积极开展时事学习、校内宣传、示威游行等活动,并组织宣传队深入工厂、里弄宣传抗美援朝运动。12月8日,学校召开教职工会议,传达上海市有关部署,动员全体教师积极参加国防建设。12月14日,学校全体教授参加了上海市大专学校的"抗美援朝、保家卫国"大会和示威游行,在学生中起到了榜样作用。为了做好抗美援朝运动的宣传工作,支援前线抗敌,师生们还组建了参军参干学生家长招待站,并发起写慰问信、做慰问袋、献血等活动,共同为保家卫国贡献同济人的力量。

　　由于以美国为首的"联合国军"拥有现代化装备,并在战争中使用凝固汽油弹和化学武器,加之朝鲜冬季寒冷、夏季雨水多等客观因素,中国人民志愿军伤亡惨

学生积极报名"参军参干",支援国防建设

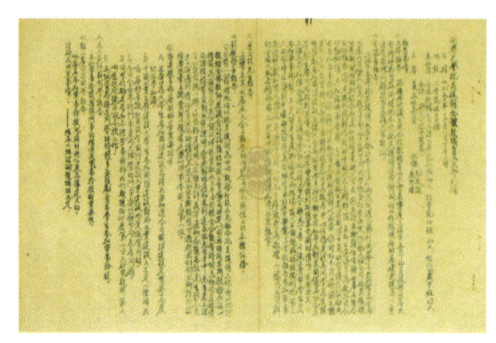

12月8日,学校召开抗美援朝教职工大会的会议纪要

师生参加上海市举办的医务工作者抗美援朝保家卫国政治报告会

重。12月15日,上海医务界成立上海市医务工作者抗美援朝委员会,同济医学院院长唐哲担任了副主任委员。随后,医务工作者抗美援朝委员会发表了《致全市医务工作者书》,提出由同济、上医、私立医院和市立医院等组成3个医疗手术大队,并号召医务工作者积极加入,以实际行动支援前线。同济师生立即做出响应,以林竞成、陶恒乐为首的医学院师生及附属中美医院的医务工作者积极报名参加手术大队,其中,裘法祖、张涤生、吉民生等教授努力消除家庭顾虑,张涤生教授还因此推迟了婚期。

此前,为支援中南地区的医疗卫士事业,同济医学院及附属医院已奉命内迁武汉,并计划与武汉大学医学院共同组建"中南同济医学院"。为了支援抗美援朝运动,"抗美援朝保家卫国工作委员会"与迁校相关机构作了协调,并最终批准医学院及附属医院的113名师生及医务人员组成上海市抗美援朝第一医疗手术大队。第一大队由76名医师、22名护士、5名医技人员、5名技工和5名其他人员组成,人数居3个医疗手术队之首,科室技术力量配备也最为齐全。第一大队由担任总队副总队长的附属中美医院院长林竞成兼任大队长,陶桓乐、张涤生、汪力任副大队长,裘法祖任外科顾问,陶桓乐任内科顾问,张涤生任面颌外科顾问,吉民生任眼科顾问,并

1951年，第一手术大队出发前的合影

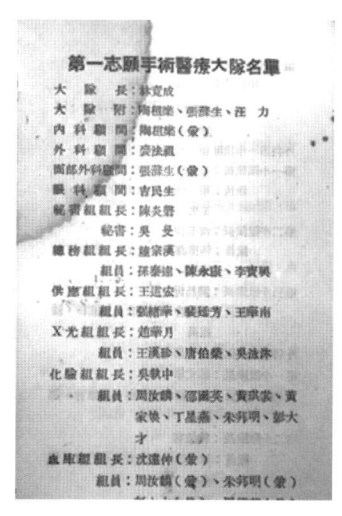

第一手术大队人员名单

上海抗美援朝手术总队出发时的场景

设有秘书组、总务组、供应组、X光组、化验组、血库组、营养组、护理组等8个直属小组和5个医疗中队（包括2个外科中队，骨科、内科、面颌外科各1个中队）。其中，医学院有65名五年级学生报名参加，后被分成两批加入第一大队医师队伍奔赴前线参与救治工作。

1951年1月23日，上海市医务界在上海市政府大礼堂举行欢送会，上海市抗美援朝志愿医疗手术大队全体队员及各界代表共2000余人出席大会。1月25日下午，上海志愿医疗手术队启程离沪，全市医务工作者及各界群众20000多人随队送行至火车站，场面隆重热烈。次日0点30分，身着戎装、胸戴大红花的113名同济师生及医务工作者与其他队员一道乘坐专列奔赴前线。首批医疗队的出发极大地推动了上海市各界抗美援朝运动的深入开展，上海的各大报纸也纷纷刊载新闻报道和巨幅照片，并发表了社论和评论。

1月29日，上海志愿医疗手术队抵达沈阳志愿军后勤部。同济所在的第一大队被卫生部安排至长春军医大学（现为白求恩医科大学），负责后方的伤员救治和医学人才培养工作。2月3日，第一大队到达长春军医大学。经过数日准备和熟悉情况后，

济忆——历史上的这一周

参加第一大队第三中队的同济女队员

1951年2月,赵华月教授(右二)与长春军医大学军医讨论规章制度

部分队员在长春军医大学第二学院的合影

第一大队第四中队的同济教师

同济医院欢送邵丙杨教授(左四)参加抗美援朝医疗手术队

医疗手术队队员在救治伤员

1951年,同济队员在通化二道江陆军医院病房前的合影

第一大队于2月10日正式开始工作。在长春军医大学期间，同济师生与当地军医协同开展了骨科、腹部外科、胸外科等各科手术及查房巡诊，并通过医教结合等方式帮助当地医院建立了外科常规制度、医生查房制度、住院医生制度等规范体系，使长春军医大学的外科诊疗与管理有了长足进步。

1951年8月1日，第一大队顺利完成任务并返回上海。在历时半年的志愿服务工作中，第一大队克服重重困难，救治了大批志愿军伤员，得到长春军医大学和志愿军总部的表彰，共有53人获58次立功奖励。

与此同时，留在上海的附属医院医务工作者也以高昂的爱国热情为上海人民提供医疗服务，以实际行动支援前方的医疗手术队。附属中美医院的一批生力军北上抗美后，医院的业务量也与日俱增，门诊人数由每天500人次增至750人次；同时，因医院仅有283张床位，住院病人不得不10个人挤在一间病房，医疗条件十分紧张。为解决医疗任务与医院病房短缺的尖锐矛盾，医院在附近租赁了一栋楼房作为病房，并将原用于收治解放军伤病员的同孚路82号（原德国医学院所在地）改为妇产科分院。1951年6月，在纪念抗美援朝一周年之际，上海市医务界发起了购买"医工号"和"白求恩号"飞机以支援前线作战的捐款活动，同济教职工踊跃认购，仅金问淇教授就带头认捐了6个月的工资。

1951年8月8日，学校又派出由附属同济医院（1951年5月，原医学院附属中美医院更名为同济医院）组成的第二批手术队，作为上海志愿医疗手术队第六大队开赴前线。第六大队由洪宝源教授担任大队长，屠开元教授、邵丙杨教授、金问淇教授等42名队员参加第六大队。

新中国成立后，为支援中南地区的发展，医学院及附属医院奉中央人民政府令迁往武汉，与武汉大学医学院合并组建"中南同济医学院"。医学院及其附属医院的迁校工作与抗美援朝运动几乎同时进行，在民族危难时刻，在国家需要之时，同济师生舍弃家庭温暖，不顾个人安危，发扬爱国主义和国际主义精神，积极参加"抗美援朝、保家卫国"运动，"与中华民族命运休戚与共，与祖国科教事业心手相牵"，为国家的医疗卫生事业和国防建设做出了重要贡献。

26

1903年同济医院外景

第二十六周　　　　　　　　　11.24~11.30 [2019]

"附属医院"述往

同济以医科肇始
附属医院作为医科的临床实习基地
在医学教育中发挥着重要作用
从创校初期的同济医院
到与上海市政府合建的市立医院
再到西迁途中在各地设立的医院
不同时期的附属医院
为医科教学提供了可靠保障

1946年11月28日
中美医院成为学校的附属医院
在实施一系列改革举措后
迅速发展成为享誉国内的著名医院
1951年，为支援中南地区卫生事业
中美医院更名为同济医院
后与医学院一道内迁武汉

2000年，同济大学与铁道大学合并
同济恢复了医学院
附属医院的发展也迎来了新的契机

回眸"历史上的这一周"
让我们一起回顾
同济"附属医院"的那些往事

一、创校初期：
与同济医院（宝隆医院）的持久合作

德文医学堂的创立与先期成立的同济医院（Tung Chee-Hospital）有着密不可分的渊源。1891 年，德国医学博士、外科医生埃里希·宝隆第一次来到上海，他目睹了中国城市的落后面貌和缺医少药、瘟疫流行的社会状况，随之萌发了在上海创办一所医院、为普通中国百姓治病的念头。1895 年，宝隆第二次来到上海，与德国医生奥斯卡·福沙伯等一批在上海行医的德国医生一道成立了上海德医公会（Deutsche Ärztevereinigung in Shanghai），开始筹备在上海开设医院的事宜。

医院的筹建工作得到中德双方的支持。德国驻沪总领事克纳佩倾力协助，领事馆参赞费舍尔（P. D Fischer）为此积极奔走；清政府拨给土地，上海道署则邀请虞洽卿、叶澄衷等上海绅商共同商议筹款之事，并致函上海丝业、茶业、汇业、钱业、米业等各行业绅商，要求其提供捐款资助。经过一番努力，中国绅商和德国公司等共捐资 17000 两白银，为医院的创建奠定了基础。

在中德双方的支持下，1900 年，宝隆和福沙伯以德医公会名义购置了张家滨新马路（后称白克路，现为凤阳路）以南一处地产的永久租赁权，正式建立了同济医院，并由宝隆出任院长。同时，德医公会建立了由德、中两国人士组成的董事会，负责对医院的全权管理。医院主要面向中国人提供诊疗服务，公共租界里的普通中国百姓因此获得了西方现代医学的治疗条件。医院的日常运行资金主要来源于诊疗费、社会各界的捐助及工部局的补助金等。

经过几年的发展，同济医院逐渐成为沪上收治中国人的著名医院。德国方面有意在此基础上建立一所德国医科学校，以培养中国的诊治医生。1907 年，在中德两国政府及工商界人士的支持和帮助下，埃里希·宝隆主持创办了德文医学堂。次年，学校的中文名改为同济德文医学堂，"同济"二字也因此伴随着学校走过了百年历程。

1907 年，学校在同济医院对面租赁了一幢西式三层楼房作为校舍，开启了同济的办学之路。虽然学校和医院的产权、管理相互分离，但双方始终保持着良好的合作关系。由于学校与医院位置临近，既便于医生来校给学生上课，也便于学生到医院开展临床实习，双方均十分便利、相得益彰。

为同济医院诞生做出贡献的德国驻上海总领事威廉姆·克纳佩(左)及华商叶澄衷(右)

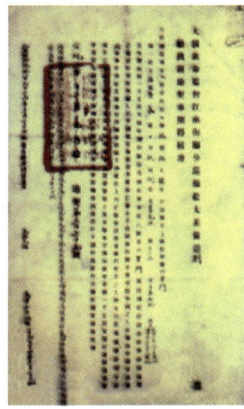

清政府颁发给同济医院的地契

改扩建后的宝隆医院及入院大门

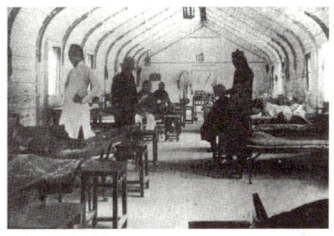
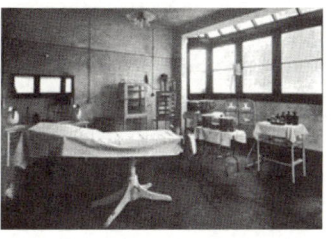

同济医院建立初期的病房　　1910年代,宝隆医院的诊察室是医后期临床教学的重要场所之一

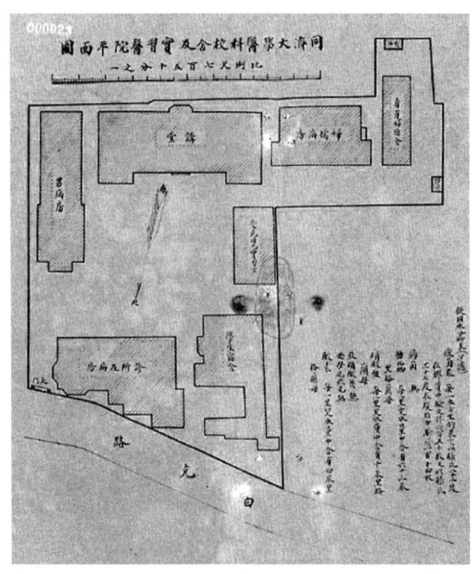

20 世纪 20 年代中后期的宝隆医院平面图及设在医院内的医后期学生宿舍

20 世纪 20 年代的宝隆医院背面

1934 年的宝隆医院内科教研室兼医疗观摩厅

1909 年 3 月，宝隆病逝。为纪念宝隆对创办同济医院及同济德文医学堂的重要贡献，同济医院更名为宝隆医院。同年，学校开始自建校舍，医前期随后搬离租赁的校舍。1908 年至 1914 年，宝隆医院陆续进行了改建和扩建，医院的规模不断扩大。其中，两幢住院楼中用于收治男病人的设有 60 张病床，收治妇女和儿童的设有 25 张病床；专门的教学楼内设有上课教室和病理学、细菌学及卫生学实验室；此外，医院还建立了专门的 X 光检查楼和护理人员宿舍。

德国在第一次世界大战中战败后，法租界当局制造了"三一七"事件，学校被迫搬迁到吴淞继续办学。其间，宝隆医院的归属也发生了变更。"一战"期间，因同济德文医工学堂的办学经费出现缺口，学堂总监督（相当于校长）福沙伯便向德华银行借款；1917 年中德绝交后，德华银行被没收，并向学堂索还借款。在迫不得已的情况下，福沙伯只得向谦信洋行买办周宗良借款并还债。此后，福沙伯被迫返回德国，宝隆医院则作为抵偿交由周宗良掌管。1921 年，此前被遣送回国、曾任宝隆医院外科主任的柏德再次来沪，并与德医博罗、江哥斯等人经筹款偿还了学校向周宗良所借的债款。从此，宝隆医院成为柏德等人的私产。

重新取得宝隆医院的控制权后，德国人于1923至1927年陆续拆除了宝隆医院原有的大部分建筑，并再次进行大规模改扩建。宝隆医院新主楼由匈牙利籍著名建筑师邬达克设计，楼高4层。新楼内更新了医疗设施，增加了检验设备，新增120张病床后使总床位数达200余张，年门诊量也增至6.5万人次。

为了加强合作，保障医科临床教学的顺利进行，1924年5月15日，校长阮尚介代表校董会与上海德医公会及宝隆医院签订了《同济大学与宝隆医院协定》。协定规定："宝隆医院的房屋设备，应供给同济医正科授课及实习之用，由同济校董会付给津贴费，3年内按学生人数每名每年150元计，3年后按每名每年100元计；德医公会应尽义务聘请内、外、妇产、五官、皮肤等科教授5人。""医科无论何时，应研究中德医学；教授方言，应只用中文及德文；除中国教授及助理外，其余只用德国人。"

这一时期，虽然学校已完全由中国人接办，宝隆医院也已转为德国医生的私产，但双方仍然维持着友好的合作关系。宝隆医院作为同济医科唯一的教学实习医院，为医科师生提供了临床教学和医学研究的极大便利和有效保障。其间，多名担任临床教学的医生还将"中外病人的内、外科治疗比较"等研究报告发表于学校的医学刊物《同济医学月刊》上，对学校的医科教学起到了积极的促进作用。

二、国立时期：与上海市政府共建上海市立医院

1927年学校被南京国民政府列为首批国立大学后，学校与医院之间的矛盾和不兼容性日益突出。宝隆医院虽然医疗条件好、设备齐全，但随着医学院办学规模的不断扩大，作为医科学生实习的唯一场所，宝隆医院已无法满足临床教学的需求。另一方面，宝隆医院由德国人掌管，其所聘医生的水平参差不齐，学校又难以对承担教学任务的医生进行监管，临床教学质量得不到有效保证。在此背景下，为满足医科教学需要，学校开始筹划自建一所医院，并以此作为第二临床教学医院。

济忆——历史上的这一周

1937年，上海市立医院揭幕典礼盛况

建成后的上海市立医院主楼

1939年，抗战期间在上海毕业的最后一届医学院学生

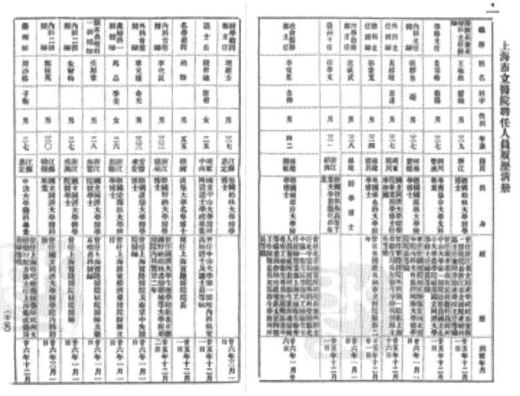

上海市立医院人员履历表（《国立同济大学旬刊》1937年第127期）

　　1932年，翁之龙受聘担任同济大学校长。适逢上海市政府决定建造一所上海市规模最大、设备最先进的市立医院，经过一番斡旋和努力，市政府决定将拟建的市立医院交由学校全权管理，并为此成立了由政府相关部门负责人和翁之龙校长等17人组成的筹备委员会。市立医院规划占地87亩，共有九幢建筑，南洋著名华侨企业家、报业家和慈善家胡文虎先生为此捐助60余万元，该笔捐助成为市立医院建设的主要资金来源。

　　经过几年的建设，1937年4月3日，市政府在江湾市中心（今长海医院所在地）举行市立医院主楼落成典礼，并宣布翁之龙校长兼任市立医院院长，医学院院长柏德为名誉顾问。市立医院的各科负责人则多为有留德背景的中国教授，其中，医务长兼妇科主任王味根为柏林大学医学博士，内科主任张静吾、外科主任黄榕增、眼科主任郭秉宽、社会服务部主任李宣果等人均为毕业于同济医学院且拥有德国医学博士学位的知名专家。

　　根据合办医院的协议规定，市立医院的所有权归属于上海市政府，同济大学负责对医院进行全面管理，并可将医院作为教学医院使用。市立医院落成后，为了便于开展临床教学，翁之龙曾计划在市立医院附近建设与医科教学和研究相配套的研究馆，使其逐步发展成为医学教育和研究中心，为培养医科人才创造更好的条件。此外，在周宗良的大力支持下，学校还曾计划在沪西地区开办第三临床教学医院暨周宗良医院。后因全面抗战爆发，上述计划均未实施。

三、西迁时期：
抗战烽火中的重伤医院和实习医院

1937年7月全面抗战爆发后，上海及吴淞地区局势的日益紧张，学校由吴淞紧急迁入市区。淞沪抗战期间，学校先后开办了4家医院，救死扶伤，以己之长支援前方抗战。

8月13日淞沪抗战打响后，由学校负责管理的上海市立医院被迫迁往戈登路（今江宁路），并在玉佛寺附近的一处民房内迅速建立起设有120张病床的中国红十字会临时重伤医院。医院由翁之龙校长兼任院长，郭秉宽任医务长，张静吾、黄榕增、章元瑾、李化民、唐哲等教授和医学院的一批学生踊跃参加医院的救治工作。经过几日紧张的筹备，重伤医院立即着手收治淞沪前线的受伤将士和日军轰炸市区时被炸伤的市民。截至10月15日，重伤医院共收治伤员251人，实施手术162台。与此同时，医学院应届毕业生陈延华、钱章材等也积极募集款项，在沪西大沪花园（现丁香花园）开办了由蒋益生老校医担任院长的中国红十字会第十三救护医院，并先后收治伤病将士和难民同胞300余人。

为了增加战时的医护力量，医学院教授张静吾还专程赶赴南京，建议军医署长张建发动抗战期间迁往内地的医学院开办军医院，以支持前线抗战。张建采纳了这一建议，并先后在各地组织开办了12个重伤医院。9月底，张静吾带领黄榕增、郭秉宽等70名医护人员前往苏州，在太湖边的胥口镇张家祠堂内建立了军政部第五重伤医院，并担任院长。在苏州绅商杨和庆的协助下，第五重伤医院仅经过两周的筹备便完成了400张床位的设立，先后收治伤员545人。与此同时，医学院教授李宣果带领章元瑾等81名师生员工从上海来到杭州笕桥，建立了中国红十字会第一重伤医院。

苏、杭局势吃紧后，张静吾教授带领第五重伤医院从苏州向宜兴、芜湖、九江、南昌等地一路撤退；到达南昌后，张静吾与翁之龙校长取得联系，根据商议结果，为了保障医后期教学，张静吾随后带领第五重伤医院人员转移至江西吉安。杭州沦陷后，李宣果教授领导的红十字会第一重伤医院化整为零组成了若干个医疗救护小组，从杭州沿浙赣线向西撤退，沿途为受伤战士开展救治服务，并最终到达吉安。同时，留在上海的医后期部分学生也按学校通知来到吉安。

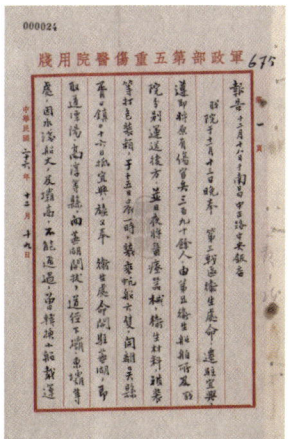

1937年12月19日,张静吾撰写的关于第五重伤医院的报告

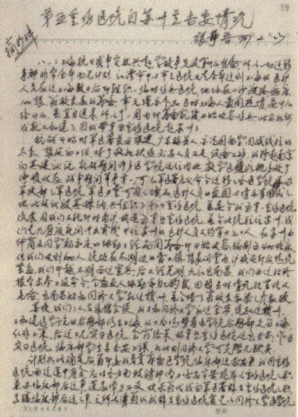

张静吾于1987年2月23日撰写的关于第五重伤医院情况的回忆

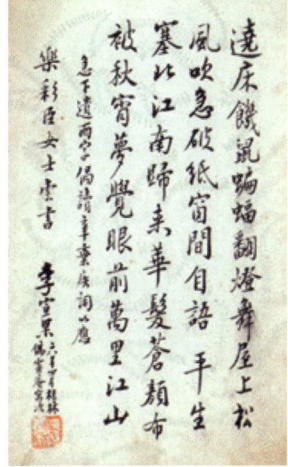

西迁途中,李宣果教授为学生书写的题诗

医后期学生在吉安的诊疗所内上课

吉安当地人士指认的第五重伤医院旧址

李庄镇祖师殿，当年医学院医前期所在地

地处宜宾市女学街的宜宾二中当年曾是医学院附属医院所在地

　　1938年春，医学院在吉安复课，军政部第五重伤医院和中国红十字会第一重伤医院也随之合并，并在吉安的文天祥祠开办了医学院附设诊疗所。4月8日，诊疗所正式开业。诊疗所既为当地民众提供了良好的医疗服务，又保障了医后期学生的临床教学，同时也开创了同济人自办实习医院的先河。

　　1938年7月，因九江危急，学校被迫继续西迁。虽然沿途条件异常艰苦，但师生和医护人员仍夜以继日地忘我工作，坚持沿途收治病人，为抗日救亡贡献着自己的力量。

　　到达昆明后，医学院在昆明市翠湖南路4号的赵公祠建立了附属医院。然而，因学校西迁时宝隆医院拒不交出教学用医疗仪器，加之所携带的市立医院大部分医疗仪器因主办多个重伤医院及屡次迁移而大多散失，此时的附属医院遇到了医疗设备严重匮乏等诸多困难。

　　1940年9月30日，学校的昆明校舍遭日军轰炸并有学生被炸身亡，学校遂决定迁往四川省南溪县李庄镇，医学院后期和附属医院则迁往宜宾县。到达宜宾

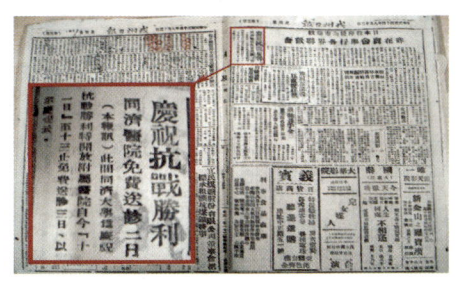
附属医院在戎州日报（宜宾古称戎州）刊登的送诊广告

后，附属医院与细菌学馆、病理学馆、公共卫生学馆、药物学馆、生物学馆统称为医后期，杜公振任学校驻宜宾办事处主任及医后期负责人，李化民教授任附属医院院长兼内科主任。1941年4月16日，附属医院正式开业，成为同济人在战时艰苦条件下自建的又一所实习医院。

因当地条件所限，新建的附属医院由多个医疗点组成。其中，第一、第二住院部分别设在宜宾西郊苗圃和西郊花园，共拥有百余张床位；第一门诊部设在黄州同乡会馆（今翠屏区保安街32号）；护士学校和医事检验科设在位于女学街2号的宜宾女中（现宜宾二中即赵一曼中学）内，第二门诊部则设在其马路对面。此外，每逢李庄的赶集日（三天一集），医学院医前期的教授们也会走上李庄街头为老百姓免费看病。

1945年8月，日本战败投降。为庆贺胜利并报答当地民众，附属医院在宜宾各报刊登广告，宣布8月11日至13日为民众提供免费义诊服务。1946年5月，学校正式启动返沪工作，并决定将位于宜宾西郊的住院部增建校舍、在宜宾女中内自建的医事检验科楼宇等房产及部分医疗器械分别捐赠给当地县政府、卫生院和宜宾女中。同年8月，相关捐赠移交工作顺利完成。

四、回迁上海：附属中美医院的蓬勃发展

1945年抗日战争胜利后，随着日军的陆续撤离，美国海军太平洋107舰队将其设在冲绳岛海军基地的600张病床及相关设备、器材等全部移交给了位于上海的中美合作所。中美合作所为此征借了原宝隆医院所属楼宇，准备筹办一所医院，以便为

1947年的中美医院外景

1947年，学生在中美医院医疗观摩厅进行教学观摩

美国在上海的驻军、中美合作所人员及其家属、上海市民等提供医疗服务。经过大半年的房屋修缮、设备安装、医生招募等工作，医院于1946年6月正式开诊，并取名为"中美医院"。

与此同时，学校也在积极筹备回迁工作。因学校西迁前的吴淞校园已被日军炸毁，返沪工作先遣组四处联络和寻找学校回沪后的校舍。因原教学医院暨宝隆医院已被中美合作所占用，学校便向法院提起诉讼，并以"宝隆医院40年来均系同济大学医后期教学基地和实习医院，1945年德国投降以后，宝隆医院无可争议地应属于同济大学校产的一部分，中美合作所占用宝隆医院院址开办医院是侵犯同济大学权益的……"为由上书南京政府教育部。经多方斡旋和努力，在同济校友、时任教育部部长朱家骅的协调下，中美医院终于被划归同济大学所有。

1946年11月28日，学校总务长沈衔书率领医学院各科主任和行政管理人员到达中美医院，与政府方面人员办理医院的正式交接手续。移交过程中，军统局提出了两个条件，一是保留"中美医院"院名，二是在院内建一座戴笠铜像。为了确保顺利交接，沈衔书被迫口头应允，但此后学校始终未设立戴笠铜像。移交手续完成后，学校接收人员当即在医院的五层大楼门口挂上了"国立同济大学医学院附设中美医院"牌匾。自此，医学院拥有了独立管理、设施齐全的现代化附属医院，学校创立之初的实习医院旧址再次成为医科的临床教学基地。

1948年,中美医院全体医师合影

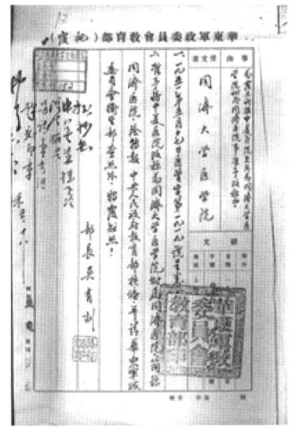

华东军政委员会教育部关于"中美医院更名为同济大学医学院附属同济医院"的批复

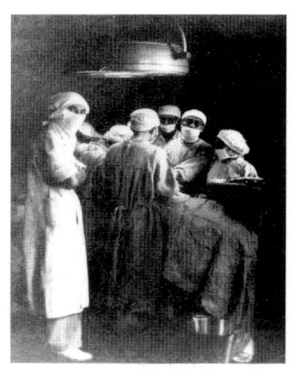

1948年,裘法祖教授在中美医院做手术

  1947年10月,具有现代医院管理与公共卫生教育背景的林竟成被学校任命为附属中美医院院长。此时的中美医院已拥有内科、肺科、外科、骨科、泌尿科、妇产科、小儿科、眼科、耳鼻喉科、皮肤科、牙科、放射科、神经精神科、检验科、保健科、护理部、营养部、药局、病史统计室、图书室等20个临床和医技科室,病床数量也增加到242张。在此基础上,林竟成适时提出了"要把附属中美医院办成一所以医疗为主、结合社会保健、实现现代化科学管理的综合性一流教学医院"的发展目标。在明确办院方针及各项具体任务后,医院进行了大刀阔斧的改革:调整医院组织机构,推行现代医院管理制度；适应教学和社会服务需求，临床科室逐步向专科发展；不拘一格延揽医学人才，建立一支国内顶尖的医疗队伍，等等。医院的改革不仅开创了国内医院开设专科诊疗系列的先河，也为学校医科的后续发展奠定了扎实的基础。

经过一年多的改革，中美医院在教学和医疗方面均取得丰硕成果，并成为上海屈指可数的著名医院，医院和林竟成院长也获得了广泛赞誉。刊载于《同济大学1948年毕业同学纪念册》的"向现代化迈进中的中美医院"一文评价道："得林竟成院长主持本院，以他的公共卫生及医院管理之专才，促成本院为现代化教学医院为努力鹄的……为时虽暂，已完成各项计划。"《1949年同济大学毕业册》中则有文章称："中美医院成一理想的教学医院，是吾同学之幸。"《1950年毕业纪念刊》中的"中美医院——我们的实习医院"一文也写道："中美医院非但没有德国式的骄傲和美国式的轻浮，相反地，却在笃实谦虚地追求进步。"

1949年6月25日，上海市军管会接管同济大学，上海市军管会卫生处接管中美医院。此后，中美医院的规模和业务不断扩大，先后组建了胸腔外科、脑外科、小儿外科、神经精神科、理疗科等科室，妇产科则迁至原德国医学院旧址，并由此组建了中美医院分院；医院的病床总数也增至283张，门诊量增至每天750人次。其间，作为医院内科的延伸，中美医院还与上海市卫生局合办了市立第一传染病医院。

1951年5月20日，在庆祝同济大学成立44周年的校庆晚会上，当医学院院长唐哲宣布"中美医院"更名为"同济医院"时，全场欢声雷动，附属医院终于恢复了它原有的名字，彻底洗刷了粘贴在其铭牌上的殖民主义色彩。

五、院系调整：附属同济医院内迁武汉

新中国成立后，为了健全和发展中南地区卫生事业，中南军政委员会文化教育委员会向中央人民政府政务院提出请求，希望将上海的一所医学院校及其附属医院内迁武汉。1950年2月，政务院作出同济大学医学院及附属医院迁往武汉的决定。4月19日，华东军政委员会教育部唐守愚副部长向同济大学校务委员会及中美医院领导传达了中央的指示，并于4月22日向同济大学全体师生员工传达了中央

政府的决定。6月,同济大学医学院迁院委员会成立,委员会由65人组成,中美医院院长林竟成任副主任委员。7月中旬,中央人民政府教育部马叙伦部长在北京约见了包括中美医院院长林竟成在内的同济大学领导和师生代表,下达了《中央人民政府教育部关于同济大学迁校问题的决定》。

随后,同济大学医学院及附属医院的内迁工作步入实施阶段。1950年10月28日,武汉方面成立建校委员会,启动新校舍和医院院舍建设。1951年9月20日,中

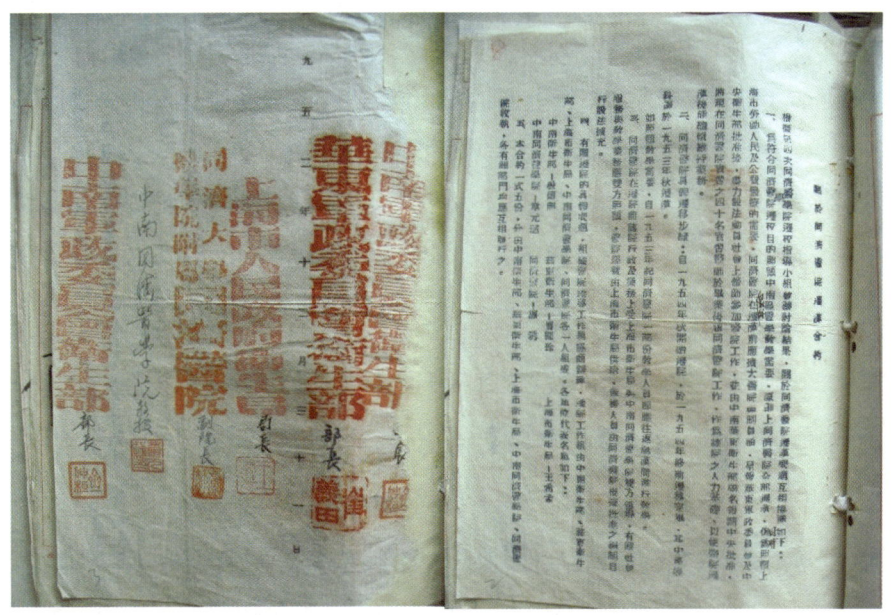

同济医院的迁汉合约

1955年3月,医院部分职工从上海乘船前往武汉

央人民政府教育部批复,同济大学医学院迁往汉口,与武汉大学医学院合并成立"中南同济医学院";同济大学医学院及附属同济医院即日起划归中南卫生部领导。

1955年春节后,同济医院开始搬迁,并于三月底全部搬迁完毕。1955年5月15日,坐落于武汉的新医院举行开幕仪式,并被正式命名为中南同济医学院附属同济医院。

六、恢复医科:附属医院的全新图景

2000年4月,同济大学与原上海铁道大学合并,学校恢复医科的努力终于迎来了新的契机。并校后,在原上海铁道大学医学院的基础上,学校恢复设立"同济大学医学院"。经过十几年的快速发展,同济大学医学学科的整体水平已跻身全国医学院校前10%。重建以来,同济大学附属医院的数量不断增加,依托大学及医学院的支持,其医疗能力、教学能力和科研能力等得到迅速提高。

2000年,上海铁道大学附属甘泉医院更名为同济大学附属同济医院。

2000年,上海铁道大学附属口腔医院更名为同济大学附属口腔医院。

2001年,上海市东方医院成为同济大学附属东方医院。

2004年,同济大学附属铁路中心医院更名为同济大学附属第十人民医院。

2005年,上海市肺科医院成为同济大学附属肺科医院。

2006年,上海市第一妇婴保健院成为同济大学附属第一妇婴保健院。

2013年,上海市杨浦区中心医院成为同济大学附属杨浦医院。

2018年,同济大学附属养志康复医院正式去"筹",成为上海首家大学附属康复医院。

……

至2019年年底,学校还在筹备附属天佑医院(筹)、附属浦东精神卫生中心(筹)、附属普陀人民医院(筹)、附属皮肤病医院(筹)、附属上海市第四人民医院(筹)、附属脑科医院(筹)等教学医院和实习基地。

路漫漫其修远兮,医学院及附属医院将继续坚持"淳德、抱朴、务实、尚学"之原则,向建设世界一流医学院和一流医院的目标迈出新步伐,为健康中国、健康上海做出新贡献。

27

1985年，同济大学校友会成立

第二十七周　　　　　　　　　　12.01~12.07 [2019]

同说"校友会"

"四面聚来一家人同舟行，
八方散去满天星共济世"
同济创校百余载，校友灿若星辰
遍及海内外的 30 余万名校友
在各自的领域辛勤耕耘，同济天下
报效祖国，造福人类，为母校添彩增光

学校的每一步发展，每一项成绩
离不开全体师生员工的共同努力
也离不开海内外校友的关注和支持
2015 年 11 月，经民政部批准注册
同济大学校友会成为全国性社团组织
2015 年 12 月 5 日
同济大学校友会召开第一届会员代表大会

回眸"历史上的这一周"
让我们同说"校友会"
聚焦校友与母校的交流合作历程

1916年,中华德医学会部分成员合影

1916年出版的《同济德文医工大学同学录》

1916年,"工科同志会"部分成员合影

一、校友会性质的社团组织："联络感情 切磋学问"

自学校创办之日起，校友与母校之间、校友与校友之间便自然而然地形成了情感纽带。1907年，在中德两国的支持下，德国医生埃里希·宝隆博士在上海创办了同济大学的前身"德文医学堂"，首届33名学生成为学校最早的校友。1916年，江逢治、张近枢、何理中等三名首届医科毕业生在上海发起成立中华德医学会，由江逢治任会长、张近枢任副会长，成为同济初创时期第一个具有校友会性质的社会团体。江逢治、张近枢、何理中等为代表的早期校友以母校为纽带，心系祖国，为国家的医学教育事业做出了杰出贡献。

1918年8月，中华德医学会创办"私立同德医学专门学校"，江逢治任校长，学校的18名教员中有12人是同济医科毕业的校友，"同德"的校名寓意"同心同德"，也充分表明了其与同济和德国的渊源关系。1930年，该校更名为"同德医学院"，成为由中国人自办的私立医学类高等院校。在新中国成立后的院系调整中，同德医学院与圣约翰大学医学院等合并成立上海第二医学院（1985年更名为上海第二医科大学，2005年并入上海交通大学成为"上海交通大学医学院"）。

此外，学生毕业时组织编写的"毕业同学录""毕业纪念刊"等成为学校最早的校友刊物。"同学录""纪念刊"多由学生自发组成编委会，除邀请校长、师长作序外，编委会还向校内师生征集照片、文稿，并统一编辑成册。在学校发展的不同阶段，虽然毕业纪念刊的内容与形式各异，或为联络感情，或为记录学业，或为交流学术，但其在校友与校友之间、校友与母校之间的"联系"和"纽带"作用始终是一脉相承的。1916年出版的《同济德文医工大学同学录》（SCHÜLERVERZEICHNIS DER DEUTSCHEN MEDIZIN UND INGENIEUR SCHULE FÜR CHINESEN IN SCHANGHAI）内容丰富，不仅刊载了毕业生的通讯方式及大量珍贵图片，还对校内较有影响的学术社团和体育赛事进行了重点介绍，生动地再现了毕业生在校就读期间的学习和生活情况，展现了学生的精神风貌与蓬勃朝气。

随着学校的不断发展，在校学生及毕业生人数不断增多，为加强校友之间及与母校的联系，各种具有校友会雏形的社团应运而生。1912年，德国特许工程师贝伦子创办"德文工学堂"，并与"德文医学堂"合称为"同济德文医工学堂"。1915年，首届工科学生在赴武汉旅行途中开始酝酿成立校友会的相关事宜。1916年10月,首届工科毕业生召开校友会筹备会,与会的28名校友当场起草并通过了校友会会章,确定了"联络感情、切磋学问"的宗旨,明确了工科毕业生及在校学生均可入会的原则,并将校友会定名为"上海同济医工学堂工科同志会"。同年,"工科同志会"邀请工科校友王传羲、王达仁等为在校学生举办多场学术报告会,并组织了参观兴发荣船厂、恒裕榨油厂、泰丰罐头食品厂等多项活动,成为学校早期校友会发挥纽带作用的经典案例。至1917年11月,"工科同志会"会员人数已发展至66名。此后,为了适应形势发展需要,该会更名为"同济工学会"并重新修订会章,将宗旨调整为"除联络感情外,而纯以切磋学问,提倡工业为范围",努力向学术性社团转变,同时,会员范围也不再限于本校工科学生,"凡国内外专门以上工业学校的学生均可通过介绍成为会员"。1930年3月,同济工学会发行季刊,校长胡庶华在季刊引言中指出,发行季刊旨在"鼓吹建设之思潮,阐明科学之原理,苟能焕发精神,锲而不舍,将有裨于工业,洵非浅鲜"。该季刊是以校友为目标读者的首份学术刊物,合计出版8期,刊载学术论文61篇,作者包括胡庶华、叶雪安、唐英、李国豪等同济师生。

由于学校早期的中德合作办学背景和德语教学特点,同济逐渐成为中国赴德留学生的重要来源和对德文化交流的重要窗口。1921年,同济的留德学生数量已达102名。其间,校友魏时珍、宗白华等人在德国哥廷根发起成立中德文化研究会,成为同济在国外首个具有校友联谊性质的校友组织。中德文化研究会积极向两国人民传播中华文化和德国文化,搭建起两国文化交流的桥梁。1923年,魏时珍担任德国哥廷根中国留学生会会长。

1923年10月,同济工科的魏时珍(前排左五)、医科的张静吾等中国留学生与朱德(前排右四)在哥廷根合影

学校西迁期间,因受客观条件限制,校友组织的发展及相关刊物的出版均受到一定影响。虽然此时的条件极其艰苦,但仍有部分校友坚持编印通讯册,促进相互

沟通与联系。在李庄期间，应届毕业生于 1943 年编印的《国立同济大学 1939 年度德补乙组同学录》和 1944 年编印的《国立同济大学工学院 33 级毕业同学通讯录》成为战乱期间少有的几本毕业纪念刊物。

二、成立"上海同学会"："增进情谊，协助母校"

1945 年日本战败投降后，学校于 1946 年组织师生分多路返沪。其间，部分校友也陆续来到上海。此时，不少校友已拥有重要的政治地位和社会地位，时常相约聚会，在回忆母校及同学时深感"方经离乱迁调频繁，彼此每以不知萍踪所寄致消息难通，引以为憾。加之吴淞原有校址惨遭兵燹，片瓦无存……同学于聚晤话旧之余，莫不以母校前途为念。佥以此时际会，应有组织以资联系，不特可以增进同学之情谊，抑且藉（借）以结合力量从旁协助母校迁建之大计。"

因学校的吴淞校园此前已毁于日军轰炸，为"增进同学之情谊，结合力量从旁协助母校迁建之大计"，1946 年 2 月 27 日，学校返沪先遣组在位于常熟路的临时总办事处召开座谈会，谭伯羽、俞松筠、丁文渊、苏祖圭、杜殿英、赵启华、傅壮民、俞恩培等 131 名在沪校友受邀参会，校长徐诵明介绍了学校近况及返沪计划，发动大家集思广益，帮助母校寻找新的校舍。

会议期间，蒋益生、庞京周、江鸿、丁文渊、龚积成、赵启华、王善承、颜耀秋等提出成立同学会的倡议，受到与会人员的一致赞同。会议推选陆振邦、庞京周、吴之翰、苏祖圭、俞恩培、陈鹤鸣、张秀彬、谢毓晋、胡叔常、颜鹏程、唐有祺等 11 人组成同学会筹备委员会，并指定陆振邦为召集人。此后，筹备委员会接连召开三次会议，决定今后在国民政府所在地南京成立校友总会；同时，经征得"同济工学会"负责人同意，拟将"同济工学会"更名为"上海同学会"，并修订章程，在校友总会成立前暂时代行总会职责。

准备就绪后，筹备委员会在有关报刊刊登了成立"国立同济大学上海同学会"的通告。1946 年 3 月 10 日，筹备委员会在学校临时总办事处组织召开上海同学会第一次会员大会，153 名校友出席大会。会议通过了校友会会章，决定成立"国立同济大学上海同学会"，并选举黄伯樵、庞京周等 15 人为理事，陆振邦、吴之翰、俞恩培、

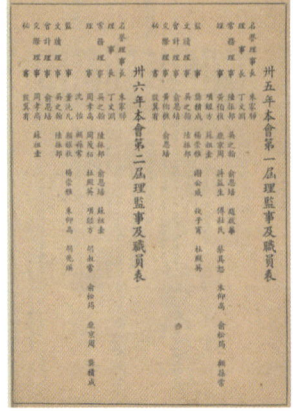
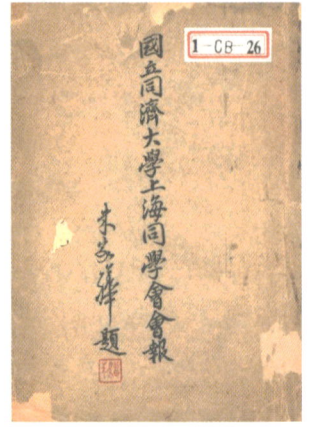

国立同济大学上海同学会第一届、第二届理监事及职员表

名誉会长朱家骅为《国立同济大学上海同学会会报》题写的刊名

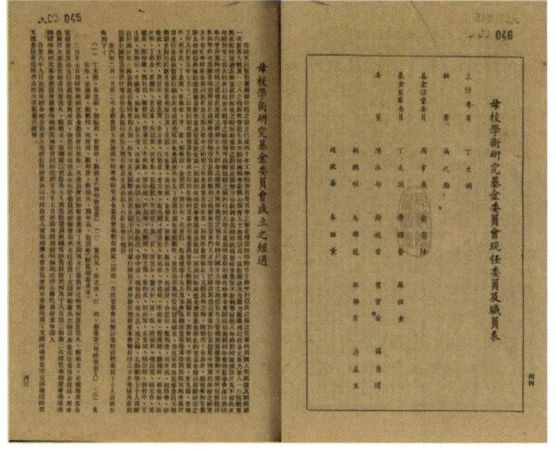

当年的"母校学术研究基金委员会"成立经过及委员名册

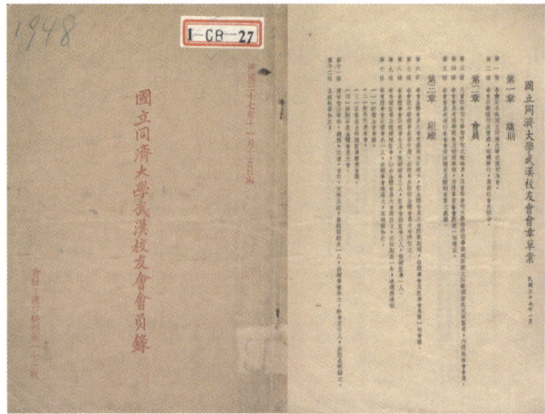

1948年的《国立同济大学武汉校友会会员录》

赵启华等为常务理事，朱家骅为名誉理事长，丁文渊为理事长，另有8人为候补理事；选举龚积成、杨崇雅、钱子宁、杜殿英等5人为监事，另有11人为候补监事。会议还确定了文牍理事、交际理事、秘书等人选，并设立了"母校学术研究基金委员会""同济医院管理委员会""母校复兴协助委员会"等二级组织，旨在进一步加强校友与母校之间的联系，推动学校回迁后各项事业的恢复与发展。

成立之初，上海同学会暂以理事苏祖圭创建的亚美公司作为临时通讯处，以便于校友之间相互联络。1948年6月，上海同学会编辑出版《国立同济大学上海同学会会报》，理事长丁文渊在序中写道："本会适在抗战之后，复原之初，又值母校流离八年播迁六省，设备损失，黌舍全毁，于片瓦无存中谋复兴之际筹组成立，其需要之殷切，意义之深长，非一般仅以联络感情、交换智识为宗旨之同学会可比拟。"

此后，在上海同学会的带动和影响下，全国各地校友纷纷建立校友会，同济旅台校友会及四川、广州、山西、广西柳州、湖北武汉等校友会相继宣告成立。其中，国立同济大学武汉校友会于1948年1月成立，由37人组成的第一届理事会还制定了《国立同济大学武汉校友会会章草案》，编印了《国立同济大学武汉校友会会员录》。为了推动校友工作的开展，1949年4月20日，学校在校长室设立校友通讯处，校长室秘书吴仕洁兼任校友通讯处干事，成为第一个从事校友工作的校内专职工作人员。

三、成立同济大学校友会："同舟共济 振兴中华"

新中国成立后，受国内政治大环境的影响和限制，学校的校友工作直至改革开放以后才得以逐步恢复。20世纪80年代初，随着学校各项事业的不断发展，海内外校友通过各种方式表达了对母校发展的关切和支持，校友与母校之间的交流合作日渐频繁，全国各地也相继成立校友会，学校的校友工作进入了逐步恢复和快速发展阶段。

1984年，为增进校友之间及与母校的联系，凝聚国内外校友力量，推动学校事业的不断发展，部分校友向学校提出了成立"同济大学校友会"的建议。此后，学校成立校友会筹备组，启动各项筹备工作。1985年3月1日，学校召开上海校友会成

济忆——历史上的这一周

1984年,校友会筹备组召开会议

1985年3月,学校召开上海校友会成立大会

1985年5月19日,同济大学校友会成立

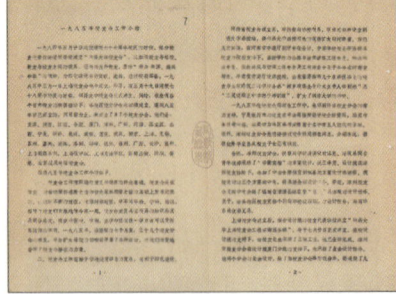

1985年的校友会工作小结

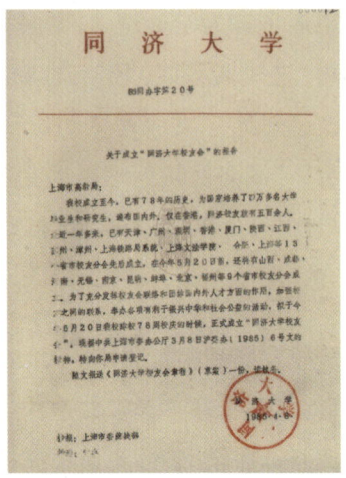

1985年4月,学校提交的《关于成立"同济大学校友会"的报告》

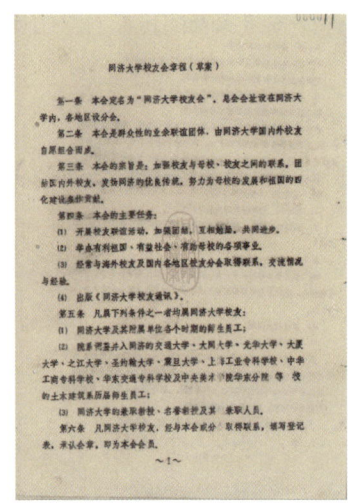

1985年的《同济大学校友会章程(草案)》

立大会,江景波校长当选校友会会长,王涛、李国豪受聘担任名誉会长。大会通过了《同济大学上海校友会章程》(草案)和《同济大学上海校友会理事名单》,确定了"发扬'同舟共济 振兴中华'的精神,在促进祖国四化建设和母校事业的发展,加强校友和校友、校友与母校以及本会同外埠校友会之间的联系与团结,为社会提供技术咨询服务,继承和发扬母校的优良传统等方面做出贡献"的宗旨。

1985年4月8日,学校向上海市高教局递交《关于成立"同济大学校友会"的报告》。报告指出:"为了充分发挥校友联络和团结国内外人才方面的作用,加强校友之间的联系,举办各项有利于振兴中华和社会公益的活动,拟于今年5月20日我校建校78周年校庆的时候,正式成立'同济大学校友会'。"学校的申请很快获得了上海市高教局的批准。需要特别指出的是,新批准设立的校友总会虽名为"同济大学校友会",但其上级主管部门仍为上海市有关机构,故此时的校友总会仍属于上海本地性质的社会组织,而非全国性组织。

1985年5月19日,学校隆重举行"同济大学校友会"成立大会,表决通过了《同济大学校友会章程》,选举胡厥文、乔石、钱信忠、李昌、汪海粟、贝时璋、王涛等为名誉会长,李国豪为会长,江景波、翁智远、贾刚、庄礼庭、裘法祖、杜受百等为副会长,赵振寰为秘书长。至此,学校的校友工作进入了一个新的发展阶段。

在学校成立校友总会的影响和全国各省市校友的积极推动下,各地区校友分会也相继成立。截至1985年年底,天津、陕西、江西、合肥、厦门、漳州、广州、河南、黑龙江、山西、宁夏、新疆、昆明、成都、重庆、武汉、南京、上海、无锡、苏州、嘉兴、芜湖、洛阳、蚌埠、杭州、福州、广西、长沙、温州、深圳、香港、北京、上海铁路系统、上海医学系统、济南函授、美国等地区或行业成立的各类校友分会已达36个。校友总会及各地校友分会的成立增进了校友之间及与母校的感情,建立了联系与沟通的桥梁,推动了学校教育事业的发展。至1987年建校80周年,全国各省市及海外共成立56个校友分会,拥有会员15000名,当年回母校参加学校80周年校庆活动的校友达3万余人。

校友总会成立后编辑出版了《同舟共济》会刊,向校友介绍校史及招生宣传等信息,不少校友也积极投稿,为学校的建设与发展献计献策。《同舟共济》每季度出版一期,至1987年5月16日共出版了8期。在校友总会和会刊的带动下,一些地

校友会会刊《同舟共济》第一期

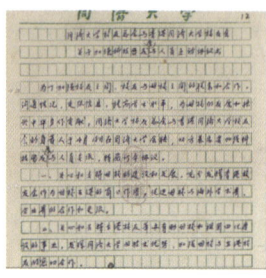

1986年4月18日,同济大学校友会与香港校友分会签署关于加强科技发展与人员互访的协议书

1985年4月,同济大学成都地区校友会成立

1988年,校友总会在学校工会召开年度工作会议

区的分会积极协助母校在本地区重点中学开展招生宣传,有的分会还为此设置了奖学金;校友总会也努力为分会及校友所在单位搭桥牵线,帮助联系和落实毕业生分配到相关单位工作。同时,各地校友分会积极发挥纽带作用,牵线促成学校向当地派出教师讲学及开展科技咨询、科研合作、学术交流等活动,促进了学校与校友分会所在地区的人才交流和科技合作。

1992年,校友总会召开第二次会员代表大会,选举产生了同济大学校友会第二届理事会,乔石、钱信忠、李昌、钱正英、汪海粟、贝时璋、王涛等当选名誉会长,李国豪连任会长,谭庆琏、张彩珍、江景波、翁智远、王建云、高廷耀、庄礼庭、裘法祖、杜受百等任副会长,副校长赵振寰任秘书长。

1996年7月26日,国家教委和上海市政府宣布将上海建材工业学院、上海城市建设学院并入同济大学。并校后,在校教职工增至6000人,在校学生数超过2万人,校友人数也大幅增加。此后,学校不断加强与各地校友的联系,并先后出版了《校友通讯》及校友会专刊《同济人》。时任学校党委书记王建云在 1997 年出版的《同济人》创刊号上指出："《同济人》的出版，就是为了宣传同济的英模人物，弘扬同济的精神传统，鼓舞同济的莘莘学子，造就国家的合格人才。同时，通过《同济人》沟通学校同校友之间的信息，增进彼此了解和友谊。继承学校联系校友、团结校友、扶助校友的好传统，倡导校友爱护母校、关心母校、支持母校的好风尚。"

1997 年，在学校举办 90 周年校庆活动之际，校友总会召开第三次会员代表大会，选举产生了同济大学校友会第三届理事会，李国豪再次连任会长，谭庆琏、张彩珍、江景波、高廷耀、翁智远、王建云、吴启迪、周箴、童从奇、周家伦、裘法祖、孙文杰等任副会长，黄鼎业任秘书长。

2002 年 5 月，在庆祝建校 95 周年之际，校友总会召开第四次会员代表大会，选举李国豪为同济大学校友会第四届理事会会长，增补张惠新、汪光焘、陈铁迪为名誉会长，增补陆吴宝、仇保兴、王兆成、黄跃金、石四箴、阳安江等为副会长；同时，理事会新增了 73 名理事，理事总人数增至 241 人。

四、校友会的百年征程："继往开来，追求卓越"

2005 年 5 月 28 日，学校在桂林召开校友会第九次工作会议。会议对校友总会理事会作了调整，并选举万钢校长为会长，增补吴启迪、裘法祖为名誉会长。在此次会议上，学校同时宣布同济大学百年校庆筹备工作正式启动。以百年校庆为契机，校友会的发展也进入了一个新的辉煌时期。

2006 年 6 月 2 日，学校在四川宜宾李庄镇召开校友会第十次工作会议，向各地校友分会及校友发出了为母校百年校庆捐赠的倡议，并举办了纪念抗战胜利回迁上海 60 周年特别活动暨李庄同济纪念广场落成典礼。近 200 名来自各地的校友共同见证了这一重要时刻。

2007 年，学校举行百年华诞庆典，近五万校友返回母校见证同济百年盛典。其间，全国校友大会暨校友会第十一次工作会议在学校召开，各地校友会和校友积极捐款、捐书、捐物、捐资料，与学校签订的协议捐款额达 1.5 亿元。许多校友将自

2005年5月,同济大学召开第九次校友会工作会议

2006年6月,李庄同济广场落成揭幕仪式

百年校庆大会及校友活动集锦

学校出版的百年校庆系列书籍

2008年5月31日,学校召开第十二届校友工作会议

己珍藏的纪念物品、资料和书籍等无偿地捐献给学校,支持母校梳理百年发展文脉、传承百年发展史,为新建的"同济大学校史馆"和"同济人著作馆"贡献一份力量。同时,校友会出版了《星汉璀璨同济人》《百年医学同济人》《同舟济世——百年同济校友大讲坛》《老同济的故事》等一批全面反映在各个不同时期为国家建设和发展做出杰出贡献的同济人光辉事迹的书籍。

成功举办百年校庆后,为进一步加强校友工作,学校于2007年6月18日成立"对外联络与发展办公室"。该机构成为学校加强对外交流与合作、服务和联络校友的专职行政机构,进一步推动了校友工作的深入开展。

此后,校友会的工作不断迈上新的台阶,逐步探索出了同济特色的校友工作发展之路。2008年5月31日,以"新百年,新起点"为主题的校友会第十二届工作会议在福建省武夷山市召开。裴钢校长在会议上指出,搭建"平台"是校友会的工作职责,"服务"校友是校友会的工作宗旨。

2010年5月22日,学校召开以"全球同济人看世博"为主题的全球校友大会,举办了"大学与城市发展"论坛,并邀请与会校友亲身体验世博的精彩。同时,学校还组建了一支由参与上海世博会建设并担任重要职务的同济专家组成的"同济与世博宣讲团",分批赴各地校友会宣讲。2011年6月18日,以"同舟共济,追求卓越"为主题的全球校友大会在天津召开。大会期间,学校与天津市人民政府签署了"市校全面合作协议",并与天津市中学结成卓越人才培养联盟。2013年9月14日,以"共创价值,同济天下"为主题的全球校友大会在沈阳召开。会议期间,学校还举办了校友工作论坛。

2010年5月22日,学校举办"大学与城市发展论坛"

2011年6月18日,全球校友大会在天津召开

五、成为全国性的社团组织:"同济天下,争创一流"

新时代带来新机遇,新发展引领新高度。学校不断推动各地校友组织的健康发展,带动了更多校友参与学校的人才培养和科学研究,促进了校地、校企的合作,校友会也得到了社会各界、海内外校友和广大师生的广泛赞誉。与此同时,为了将同济大学校友工作推上新的高度,广大校友对于母校在民政部注册同济大学校友会的事宜也寄予了殷切的期望。2013年11月,学校正式启动校友会注册工作。

2015年是校友会发展史上的标志之年。经过近两年的筹备,2015年11月,学校提交的"筹备成立同济大学校友会的申请"获民政部批复同意设立,并经国务院办公厅核准。12月5日,同济大学校友会召开第一届会员代表大会第一次会议,审

2015年,坐落于旭日楼的"校友之家"正式启用

2015年12月5日,校友会召开第一届会员代表大会第一次会议

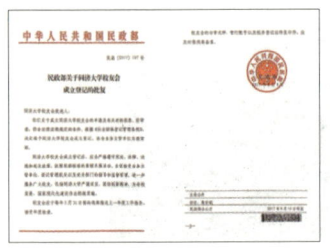

民政部关于同济大学校友会成立登记的批复

各地组织的"同济跑天下"活动

议并通过了《同济大学校友会章程》，选举产生了由131名理事组成的第一届理事会。随后举行的第一届理事会第一次会议选举裴钢为会长，王岳明、方建平、朱小友、吴刚鹏、沈高平、金健、郑康瑞、姜凯、徐宏声、奚国华、傅毅东、雷志彬等12人为副会长，郑晓蕾为秘书长。会员代表大会的召开和理事会的产生标志着同济大学校友会已正式成为全国性社团组织。

在启动校友会注册工作的同时，为支持校友会发展，更好地为校友服务，学校决定将旭日楼作为校友的活动场所，并委托校友总会和上海校友会共同运营。2014年1月，7位校友共同出资设立"旭日基金"（10年共1050万元），用于旭日楼的修缮改造工程及日后的运营维护；由总会和上海校友会共同组成的校友之家筹备组同时成立。2015年1月27日，位于旭日楼内的"校友之家"正式向广大校友和全体师生开放。截至2019年10月，秉承开放、公益、合作理念的"校友之家"共接待184880余人次，举办活动2596余场。

2017年适逢学校110周年校庆、党的十九大胜利召开、学校进入"双一流"建设高校名单等重要时刻，对于校友会而言，既是里程碑又是新起点。

这一年，校友会成功举办了百十周年校庆系列活动，其中，遍布全球52个城市（包括17个海外城市）、5343名校友参与、总里程数达21340千米、持续两个多月的"同跑济天下"活动达到了全球同庆的目标；

这一年，"校友服务大厅"微信服务号上线，"终于找到你"、返校预约平台、纪念品预订等校庆线上服务功能沉淀校友用户逾13万；

这一年，2万多名校友参加"同捐赠、济祝福"一日捐活动，3万多名校友返校参与"一日同济人"校友嘉年华庆典；

这一年，校友会编辑出版《星汉璀璨同济人》第二辑。5月21日，在学校召开的百十周年校庆全球校友大会暨第一届理事会第二次会议上，钟志华、雷星晖被增补为理事，钟志华当选为会长，雷星晖当选为副会长。同年8月4日，校友会获《民政部关于同济大学校友会成立登记的批复》，并获颁社会团体法人登记证书。

2018年5月19日，校友会第一届理事会第三次会议在学校召开。会议同意设立"评奖委员会"，并选举产生了校友会第一届常务理事会，王岳明等21名校友当选

校友会举办的双创论坛　　　　校友会举办的青年论坛

校友会已连续多年举办中德人文交流周

校友会主办的《同济人》杂志（季刊）

校友会组织开展的校友发展研究项目

2019年11月，首届同济大学校友产业博览会开幕

常务理事,雷星晖当选常务副会长。12月1日,同济大学校友产业创新联盟成立,成为学校首个以校友创办的企业为会员单位的新型校友组织。

12月8日,第一届会员代表大会第二次会议暨第一届理事会第四次会议在深圳召开。会议对理事会进行了调整,形成了由141名理事组成的理事会;增补伍江为理事,肖小凌、李辽祺为常务理事;选举张艳丽、吉剑青、侯福宁、唐春山、何万篷为第一届监事;选举伍江为校友会新任会长。

自1985年同济大学校友会成立至今,经过三十多年的发展,学校已建立地方、行业/兴趣、学院等三大类校友组织达115个,覆盖全球16个国家及国内32个省市和港澳台地区。作为全国性的社团组织,校友会确立了以章程为核心,理事会(常务理事会)、监事和秘书处为决策、监督和执行机构三位一体的治理结构,搭建了线上(微信、微博、企鹅号、校友信息服务系统)、线下(校友之家、《同济人》)两个交流平台,建立了值年返校、迎新送新、校友创新创业大会、青年论坛、中德人文交流周、校友产业博览会等一批特色校友文化品牌项目,推进了校友参与人才培养全过程的有效尝试,打造了以"家"为核心的校友文化,开展了校友发展研究项目,为学校的人才培养、学科建设、学生职业发展规划等提供决策参考;同时,聚焦学校中心工作,发挥校友力量,助力校地合作和创新创业教育。展望未来,校友会将"不忘初心、牢记使命",以"服务校友、服务母校、服务社会"为宗旨,团结凝聚全球校友与母校同心携手,共谋发展。

28

1988年12月8日，同济大学首届文化艺术节闭幕式

第二十八周　　　　　　　　　12.08~12.14 [2019]

同有济艺 学乐青春

同济师生素来多才多艺
为原本枯燥的校园生活带来了多彩气息
学校注重塑造文化氛围
学生活动精彩纷呈
校园文化独具特色
师生以活跃的艺术强音
为校园生活增添了特有的青春济艺

1988 年 12 月 8 日
学校首届文化艺术节开幕
此后每年举办的艺术节
百花齐放、精彩纷呈
成为校园文化的一道亮丽风景

回眸"历史上的这一周"
让我们共同感受
"同有济艺 学乐青春"的文艺之旅

一、同济的文艺传统

1915年,学生在校园内开展体育锻炼

1915年,学校足球一队的队员

同济师生素来多才多艺,为校园生活带来了多彩气息。同济创办之初正值西学东渐之际,学校仿照德国教育模式,奉行严谨务实的办学理念,塑造积极进取的文化氛围,推动了学生体育活动的蓬勃开展和各类文艺社团的精彩绽放,逐步形成了独具特色的校园文化传统。

现代足球运动从欧美引入中国后,很快在各学校盛行。1916年,同济足球队在与圣约翰大学、沪江大学和东南大学的比赛中连战连捷,从此声名远扬。同年,医预科学生成立"一九一九俱乐部",学校早期的文体社团从此诞生。俱乐部组织开展球类、棋类、文艺类活动,每年还定期举办联欢会,丰富了学生的课余文化生活,促进了学生的情感交流。此后,医预科新生又发起成立了"丙辰俱乐部",并积极组织各种文艺活动。

迁至吴淞后,学校于1919年开始自建校舍,并逐步建成了环境优美、建筑恢弘、设施完备的美丽校园。在首位华人校长阮尚介的倡导和推动下,同济学子不仅努力精研学问,还积极组织和参加各类文体活动,逐步形成了中西文化合璧、文体活动精彩纷呈的特色校园文化,成为学校历史上校园文化的第一个活跃期。除已有的足球队和每年组织全校性运动会外,学校还陆续成立了篮球队、网球队和乒乓球队,引导更多学生参加体育活动,促进学生强身健体。此后,学校的体育竞赛日益增多,学生参与体育运动的热情逐渐高涨,体育运动的水平也不断提高。

在1927年同济大学二十周年校庆之际,由易韦斋作词、国立音乐院(今上海音乐学院)创始人之一肖友梅作曲的同济校歌诞生。最初的校歌由"医、工"两段组成,

1916年,"一九一九俱乐部"成员召开会议

1916年,学校网球会队员

1916年,学校台球会成员

1937年理学院成立后,歌词中又增加了与"理"相关的第三段。校歌歌词以同舟共济的理念和同济人的拳拳爱国之心为主题,彰显了"振兴工艺、健康身体、格物穷理"的校园风尚。吴淞时期,学校的各类文艺社团蓬勃发展,其中的"戏剧音乐研究会"不仅拥有评剧组、话剧组、国乐组、西乐组多个社团小组,还定期举行公演,因而在学生中形成了很大的影响力。

"九一八"事变之后,中华民族面临空前危机,全国范围内的抗日反蒋浪潮不断高涨。国民党为了巩固其统治地位,加强了对学生活动的控制,并大力推行所谓"新生活"运动,要求学生社团组织活动前必须呈报"训育处"批准,未经许可不得举办活动。虽然文化活动的开展受到一定制约,但学校的各类体育活动依旧蒸蒸日上,并得到历任校长的高度重视和极力推崇。张仲苏校长曾表示:"健康之精神必寓于健康之身体,惟有健康之身体,方能阐发深邃之学理。"胡庶华校长要求学生发奋求学、锻炼身体,并身体力行,带头参加1930年秋季运动会的百米赛跑。翁之龙校长也竭力提倡体育锻炼,注重普及体育运动。1935年,学校将体育课列为必修课,后又设立了体育委员会。吴淞时期,学校建设了足球场、6个网球场、3个篮球场、2个排球场、手球场、国术场、游泳池、乒乓球场等,校园体育设施相当完备,为学生开展体育活动创造了有利条件。

济忆——历史上的这一周

《国立同济大学旬刊》第 111 期刊载的《戏剧音乐研究会近讯》

吴淞时期同济学子的文艺生活

1933 年,国立同济大学举办庆祝建校 26 周年纪念运动会

1933 年,国立同济大学排球队和乒乓球队

1939年8月13日，由师生组成的昆明儿童剧团首次公演《小间谍》

1937年11月，学生战时服务团在金华编印的抗日救亡刊物《合流》

1939年，土木系主任陈士骅赠送给冯至的《松窦书图》等三幅国画

在全面抗战爆发、学校被迫西迁的艰难征途中，同济师生依然孜孜不辍。西迁初期，由学生组成的战时服务团很快从几十人发展到二三百人，他们组织歌咏队、剧团、读书会和宣传队，传颂抗日歌曲，并编印《合流》等报刊，以诗歌、散文等形式宣传抗日救国思想，唤起民众的抗日热情。1938年，学生剧团在迁往广西的途中还先后在衡阳、长沙、桂林等地演出话剧《民族万岁》，发动群众参与抗日救亡运动。学校到达昆明后，学校师生发起成立了昆明儿童剧团，演唱抗日歌曲，表演抗日剧目，并将演出收入全部捐献给抗战后援会，以慰劳前线将士。

1940年年底，学校迁至李庄。因当地没有正规的运动场所，师生便以长江边的宽阔地带为操场开展体育活动。到了夏天，长江便成为师生锻炼身体的天然游泳场。1945年，为庆祝建校三十八周年，学校举办了运动会，230余名师生参加了各项竞赛。

李庄时期，学生自发成立的益友读书会不仅每月举行学术交流活动，还按月出版《心声》墙报，介绍德国文学和歌德、海涅的诗歌，发表抗战时事漫谈和读书心得、散文等；此外，读书会还翻译、编印了《还乡曲》《抒情插曲》等德国歌曲集，并成立了"济声"合唱团，组织学生开展歌咏活动。此后，医学院部分学生又成立了野火文艺社，以"野火烧不尽，春风吹又生"为主题编写《野火》壁报，积极开展抗日宣传。

丁文渊校长与校庆35周年运动会足球冠军队员的合影及签名

20世纪40年代，学生编印的歌曲集《鸿雁》《还乡曲》《小夜曲》《云雀》

1944年8月4日，李庄唯一的战时通讯社——同济大学青年广播新闻社成立。工学院电机系学生王守觉（后来成为中国科学院院士，我国半导体事业的奠基人之一）利用所学专长，自行购买零部件组装了一台收音机，通过收听国内外电台的新闻节目，将抗战胜利的消息等国内外重大事件及学校新闻传递给师生、百姓和与同济一样被迫转移至李庄的各大机构。

与此同时，师生们克服生活条件艰苦带来的种种困难，积极为李庄民众表演话剧、演奏乐器、演唱外国歌曲，工学院文艺社团还在禹王宫戏台为李庄百姓表演《雷雨》《原野》等现代话剧，丰富了当地的文化生活，启发了当地民智，也激发了师生文化救国的热情。至抗战胜利前夕，学校的南友社、蜀光社、民锋社、旷野人声、绿潮、

学生杨益言（小说家）发起成立的二胡剧社编印的曲谱《光明行》

1946年4月25日，即将回沪的青年剧社青青艺术剧团在李庄演出话剧《原野》

二胡研究社、夜航等学生社团似雨后春笋般萌生，极大地丰富了学生的业余生活，并成为团结广大学生、宣传抗日救国思想的重要途径。

　　1946年，学校回到上海。此后，学校每逢校庆之际均举办运动会，校内平时的各类体育活动也层出不穷，学生的体育运动水平得到不断提升。1947年，学校男子足球队、男子排球队分别获得上海市大专院校比赛冠军。在迎接新中国曙光的关键时期，乔石领导的地下党通过主办《同济人》《同济公报》、组织进步社团活动等方式向群众宣传革命形势和中国共产党的主张，广泛争取群众和培养积极分子；各学院也陆续建立了班联会，并组织"五四"营火晚会等活动，广大学生互相帮助、共克时艰。这一系列活动成为鼓舞大家度过最后一段黑暗日子的指路明灯。

二、新时代的繁音

20世纪50年代,文工团在大草棚为师生演唱

新中国成立后,经过全国范围的院系调整,同济大学由综合性大学转变为以土木建筑为主的单科性大学。然而,同济学子不"土"也不"木",他们以极富激情和创造力的才艺,创作出了许多富有时代气息的文艺作品,歌颂祖国美好的未来和人与人之间纯真的友情,形成了鲜明的同济文化特色。

1950年,学校成立文艺工作团,分为话剧、京剧、乐器、美术、舞蹈、歌咏、文艺等七个组,200多名师生参与其中。文工团经常在学校大草棚演出,活跃校园文化生活。院系调整后,学校云集了许多在建筑艺术、园林、摄影、绘画、美术等领域的著名专家学者,也增强了学校的艺术氛围。

1955年以后,在"百花齐放,百家争鸣"方针的鼓舞下,学生文艺社团有了很大发展,并逐步形成了校系两级社团蓬勃发展的格局。此时学校已拥有话剧团、合唱团、舞蹈队、民乐队、弦乐队、军乐队、民歌队、曲艺社、京剧社、评弹社、南艺社、文学社、诗社、摄影社、手风琴社、舞台美术组等各类学生社团,各社团也大多以既作食堂又作会场的大草棚及旁边的小草棚为活动场地。虽然设施简陋,但学生们的热情仍十分高涨,每天下午四点半以后两个草棚内的歌声音乐声此起彼伏,气氛相当活跃。

其间,文艺骨干、建筑系1955级学生朱逢博在外出表演时被上海歌剧院选中,后来成为著名歌唱表演艺术家,并享有"中国夜莺""中国新民歌之母"的美誉。1957年,学校四位女生表演的女声四重唱《田野静悄悄》《橄榄树》《纺织姑娘》获上海市学生文艺汇演一等奖,得到评委周小燕、司徒汉的一致好评,并受邀到上海电视台演出。

1959年,学校成立由话剧、舞蹈、合唱、民乐、弦乐、管乐等文艺社团组成的同济大学学生文工团。学生文工团成立后开展了形式多样的活动,如:扩大学校影响的招生演出,深入农村及工地的慰问演出,代表学校参加高校学生文艺汇演,参加外事交流联欢活动,节日联欢演出等。

学生时期的朱逢博

女声四重唱演出小组(左起:项海帆、孙宜宜、庄筱云、李淦、钱易)

20世纪60年代,管乐队引领学校游行队伍参加上海市国庆大游行

1968年,师生在大礼堂演出诗朗诵《红太阳照亮安源》

1967年,文艺小分队下乡表演

1966年8月,因受"文化大革命"冲击,文工团被迫解散。1967年秋,在学校革委会的安排下,学校和各系陆续成立了文艺小分队,会聚和培养了一批文艺骨干。在这一特定历史时期,虽然经历了政治运动的种种磨练,但同济学子始终保持朝气蓬勃、积极向上的精神状态,展示了一代同济人激扬的青春岁月。

改革开放后,学校恢复建立了由合唱团、铜管乐队、舞蹈队、民乐队和昆剧社等组成的大学生艺术团。学生艺术团不仅活跃在学校的舞台上,还经常参加国家和上海市的文化艺术活动,为弘扬中华优秀传统艺术、传播真善美、丰富校园文化生活做出了积极贡献。

1985年10月,学校研究生会举办首届枫林节。此后,枫林节成为学校每年举办的传统活动。枫林节以增强校园学术氛围、促进人文素质教育为主题,融入了学术报告、文艺活动、体育活动、社会实践等多种形式和载体,现已成为沪上知名、在全国具有较大影响力的校园文化活动之一。

1982年,学校举办校庆文艺晚会

1984年,学校举行国庆35周年教职工文艺汇演

1988年，学校举办首届同济大学文化艺术节

1990年，学校举办第二届文化艺术节

1998年，学校举办庆祝建校91周年文艺晚会

在校园文化百花盛开、精彩纷呈的基础上，1988年12月8日，学校首次举办文化艺术节。此后，学校每隔两三年举办一次文化艺术节，其间既有校外专业性文化团体来校展演，也有师生自创自演的各种文艺演出等活动，文化艺术节成为学校文化艺术活动的集中展示平台。同时，在我校古建筑园林学家、昆剧活动家陈从周教授的倡导下，学校还成立了"同济大学昆剧社"，成为我国高校中第一个旨在培养学生艺术情操的业余昆剧社团。1996年，学校又成立了同济梨园京剧社，校园内的戏曲氛围日渐浓厚。

校园文化折射着一个学校的办学风格和精神风貌。进入21世纪以来，在推进各项事业不断发展的同时，学校加强文化建设，繁荣校园文化，丰富学生生活，积极推动中华优秀传统文化在校园内的传播与传承。

2001年，同济大学艺术中心成立。此后，文化艺术节改为艺术节，固定于每年9月开幕，并持续至年底。2005年3月，学校挂牌设立"上海市大学生戏曲艺术实践基地"，成为传承弘扬京昆艺术的重要平台。2005年6月，台湾著名作家白先勇携青春版昆曲《牡丹亭》到我校演出，在校园内掀起了一股昆曲艺术欣赏的热潮。从此，国内外著名文化、艺术大师纷纷走进同济校园，给师生带来了高雅的艺术和文化享受。与此同时，学校每年举办的艺术节注重群众性和艺术多样性的统一，既有"研究生枫林节""大学生社团文化体育节"等多类综合性活动，也有交响音乐会、民族乐器音乐会、钢琴演奏音乐会、舞蹈、戏剧、戏曲、诗歌朗诵、流行歌曲演唱会、美术与摄影展、书画笔会艺术讲座、电影、话剧、校园十大歌手比赛、业余钢琴比赛、声乐专场比赛、合唱比赛、社团体育等各类专项活动，现已发展成为具有鲜明同济特色、深受师生喜爱的群众性文化艺术盛宴。

济忆——历史上的这一周

2006年,学校举行艺术节闭幕式文艺演出

2007年,学校承办"五月的鲜花"全国大学生文艺演出

2019年5月10日,同济大学第47届运动会在"一·二九"田径场开幕

2012年11月30日,第二届体育社团嘉年华活动拉开帷幕

2014年12月7日,同济师生参加在逸夫舞台举行的纪念梅兰芳周信芳诞辰120周年专场演出

2019年11月,第三十五届"枫林节"在嘉定校区济人楼拉开帷幕

才艺接力,青春延续。如今的同济校园内社团组织蓬勃发展,文体活动有声有色,艺术氛围浓郁,校园文化生活多姿多彩。大礼堂和"一·二九"礼堂内好戏连连,不同形式的晚会层出不穷;操场上,两支足球队激烈对抗,观战的学生不断呐喊助威;报告厅里,辩论赛的选手们唇枪舌剑,一比高下;"十大歌手"的比赛现场,台上的歌手激情绽放,台下的粉丝热情鼓励……回望来时路,愿年轻的同济学子继承老一辈同济人铸就的优秀文化传统,在建设中国特色世界一流大学的征程中谱写校园文化更加绚烂的青春乐章。

29

1938年，学校教师在广东送别即将回国的德籍教授

第二十九周　　　　　　　　　　12.15~12.21 [2019]

同聚英才共济世

"所谓大学者，非谓有大楼之谓也，有大师之谓也"
高校的办学成果和声誉
取决于教师的学术水平和综合素养
从创校初期以德籍师资为主
到中国教师成为中流砥柱
再到师资结构优化与质量提升
以及"双一流"进程中的人才强校战略
同济之师与学校同心同行
缔结了济人济世的优良传统

进入 21 世纪以来
学校加强高层次人才队伍建设
2005 年 12 月 20 日
学校举行"同济特聘教授"签约仪式
首批 13 名海内外人才加盟同济

回眸"历史上的这一周"
让我们一起回顾
学校师资队伍的发展历程

一、创校初期：以德籍教师为主的国际师资

1916年，医正科教师合影

创校初期，因办学背景因素，学校采用了德国医生和工程师的培养模式，德籍教师、德国学制、德文教材、德语教学成为学校的办学特色。在最初的十年里，学校的教务工作由德国人主持，教学师资也以德籍教师为主。

为了提升即将开办的德文医学堂的声誉，根据普鲁士文化部提议，德国方面授予埃里希·宝隆、奥斯卡·福沙伯、辛德勒、谛部、阿曼等5人教授头衔。1907年学校开办后，辛德勒、谛部和阿曼负责讲授德语，医科专业课则由上海德医公会的医生讲授。德籍教师教学态度严谨，待人友善。德医公会的费舍尔和道尔德教授不仅在病理学、细菌学方面有较深造诣，还十分关注对中国常见病的研究和治疗，并将研究成果充实教学环节，使课堂教学内容变得更加生动贴切。德籍教师严谨、生动的教学方式受到学生的普遍欢迎。

1912年6月，学校创办工科，首届招收了六名机电科学生。因初期师资不足，工科教务长贝伦子亲自授课，诺斯则负责管理实习工厂。1912年年底，安勒斯博士受聘讲授化学、矿物学和镕矿学课程。第一次世界大战爆发后，英日联军于1914年11月侵占青岛，中德合办的德华高等专门学堂被迫停办，该校德士烈、白德林等教师及部分学生转入同济，增添了学校工科、法科的师资力量。此后，随着学校办学规模的逐步扩大，学校的教师人数也不断扩充，至1916年，学校已拥有德籍教师26人、中

1916 年，工科教职员合影

国教师 9 人。其间，德籍教师主要负责医科和工科专业课及德语教学，中国教师则负责国文经史课及部分德语教学。

1917 年 3 月 17 日，学校校园所在的法租界当局以同济是德国人的产业为借口强行霸占校园，并勒令学校解散。此后不久，在政界工商界人士的帮助下，学校被迫迁至吴淞以租借校舍方式继续办学，并改为由华人自办。初至吴淞时，全校已有教师 52 人，其中本国教师 17 人，德籍教师 34 人，罗马尼亚籍教师 1 人。1919 年，因大部分德籍教师根据第一次世界大战协约国规定被遣送回国，全校教师仅剩 35 人（本国教师 25 人，德籍教师 9 人，罗马尼亚籍教师 1 人）。其间，为了临时弥补师资空缺，校长阮尚介、个别本校毕业生及高年级学生承担了部分课程的教学工作。

1920 年，校长阮尚介访问德国，学校恢复了与德国的合作，并陆续增聘德籍教师。1921 年至 1925 年间，学校教师人数基本保持在 40 名左右，其中本国教师占 30% 左右，其他均为德籍教师。这一时期，由华人主导的校董会对德籍教师实施了更严格的聘任标准，聘用的工科教师需毕业于德国理工科大学、取得特许工程师证书且有五年以上的工作经验，医科教师则需拥有德国大学医科讲师以上资格。因此，新聘任的德籍教师水平大幅提升，德国大学的部分教授也加盟同济，其中有五位教授回到德国后还先后担任了德国著名工科大学的校长。

原动机和动力学教授汉斯·李斯特（HansList）带领学生实习

1934年，全体教职员合影

瓦尔特·费舍尔（Walther Fischer），任病理学教授，1926—1927年任罗斯托克大学校长

埃里希·罗鲁（Erich Reuleaux），任工学院教务长、教授，1931—1932年、1945—1946年任达姆施塔特工业大学校长

恩斯特·格奥尔格·瑙克（Ernst Georg Nauck），任病理学教授，1958—1959年任汉堡大学校长

欧根·弗雷格勒（Eugen Flegler），任工学院教授，1954—1956年任亚琛工业大学校长

卡尔·哈恩（Karl Hahn），任工学院教授，曾任德累斯顿工业大学校长

创校初期,学校聘任的教授均为德籍教师。1926年,学校开始建立华人教授的聘用体系,并聘请夏元瑮、魏时珍等担任教授。1927年成为国立大学后,学校陆续聘请了李宣果、周尚、王葆仁、吴之翰、郭德歆、冯承植、叶雪安等教授及梁之彦、唐英、薛祉镐等副教授来校任教,华人教授人数逐年递增。同时,学校不少教师结合教学需要和中国实际积极开展科研工作,并组织学术团体、出版学术刊物,逐步形成了学校的学术氛围,促进了教学质量的不断提高。

二、西迁时期:
有留德经历的中国教师成为中流砥柱

德籍教授史图博与学生西迁至赣州时的合影

1938年,医学院医前期在吉安欢送冯海克教授回国

1937年8月,日军进攻上海,吴淞校园被炸成一片废墟,学校被迫西迁。西迁初期,德籍教授大多随校同行。同年11月,学校由浙江金华转移至江西赣州和吉安,当时

共有教师 73 人，其中本国教授 24 人，德籍教授 13 人。虽然离开了家人和优越的环境来到条件艰苦的地区，但在中国学生勤奋求学和师生同舟共济的精神感召下，德籍教师坚持认真授课，耐心帮助学生掌握科学知识。1938 年下半年，德国大使馆致函学校并告知，德国政府将停止发放德籍教师的补助及旅费补助金，并减少在华的德籍教师人数。在此背景下，大部分德籍教师相继回沪并陆续返回德国，仅史图博、柯勒等少数德籍教授留在学校继续教学。

随着德籍教师的逐步离校，中国教师开始挑起教学的重担。同时，在母校师资严重匮乏之际，陈延年、郑瑞波、张景贤、印均田、李国豪、朱振德、纪增觉、郭惠申等同济毕业生选择了留校任教，保证了学校在赣州时期各项教学任务的顺利完成。

在西迁后期，学校克服种种困难坚持办学，师生人数不减反增。同时，学校努力延续德国教学模式和德语特色，通过各种渠道聘任有留德经历的各科教师，不断扩充师资队伍，保障了课堂和实践教学工作的有序推进。

迁校昆明后，学校的师资力量日益增强。其中，医学院 27 名教师中已有皮肤科宁誉、内科张静吾、外科黄榕增、公共卫生学李宣果、生物化学梁之彦、眼科王承烈、生理学史图博、寄生虫学姚永政、病理学谷镜开等 9 名教授。土木系不仅有吴之翰、唐英、魏特（波兰籍）等教授，具有铁路桥梁设计经验的林同炎也受聘加盟兼职；测量系系主任叶雪安不仅亲自挑起教学重任，并再次聘请曾广梁教授来校任教，努力弥补因德籍教师回国带来的师资空缺；机械系造船组聘请张稼益教授顶替德籍教授魏禄伯博士主持教务工作。理学院的师资也有了保障，其中化学系有理学院院长王葆仁教授、顾敬心教授和龚洪钧副教授，生物系有系主任石声汉教授、杜增瑞副教授，数理系有系主任谢苍璃、郑太朴等教授和卓励之副教授。作为学校办学的中坚力量，教授们和广大教师在战争时期特殊的环境下坚守教职，认真开展课堂和实践教学，为学校发展和人才培养做出了重要贡献。

昆明遭到轰炸后，学校被迫迁往四川李庄和宜宾。在李庄时期，因学生人数增加，教师人数较昆明时期有所扩充，教授队伍也进一步扩大。至 1945 年，医学院的 45 名教师中已有 13 名教授和 1 名副教授，除德籍教授史图博外，其他均为中国教师，且大多为本校医学院培养。工学院的师资力量最强，教师已达 83 人，其中教授 27 人、副教授 10 人。除大学部外，德文补习班（后改为新生院）、附设高级职业学校、附设机械土木职业训练班、附设高级中学等办学机构也汇聚了郑寿麟、廖

理学院院长王葆仁,同济历史上首位中国籍院长

测量系系主任叶雪安教授

医学院梁之彦教授

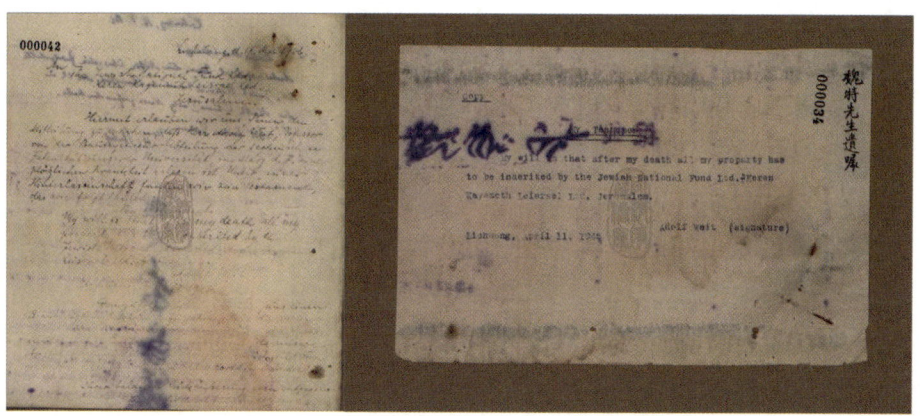
魏特教授的遗嘱(在李庄去世)

生物系主任童第周教授

工学院院长江鸿教授

法学院首任院长胡元义教授

馥君、赵公勔、唐英、祝元青、杨烈、叶毓芬等知名教授。

同时，一大批教授先后担任各学院院长及系主任，保证了学校教学工作的顺利开展。其中，工学院院长先后由倪超、薛祉镐、江鸿担任；机械系系主任由苏知检、刘百浩、张象贤担任；土木系系主任由余家洵、刘百铨担任；测量系系主任由叶雪安担任；造船系系主任由叶在馥担任。理学院院长仍由王葆仁担任，化学系系主任由王葆仁、顾敬心、吴兆梓、顾葆常、薛愚担任；生物系系主任由童第周、徐凤早、吴印禅、董爽秋担任，数理系系主任由郑太朴、谢苍璃担任。新设立的法学院由胡元义任首任院长。

在战争时期的艰苦条件下，教师们克服各种困难，始终坚持严谨求实的教学传统，医学院教师还奔走于宜宾和李庄之间开展教学。他们教学态度认真、教学方法多样，取得了良好的教学效果，学校的办学质量和声誉也有了进一步提升，为回迁上海后成为国内领先的综合性大学奠定了基础。

三、新中国成立：多元化师资队伍的社会主义改造

1945年抗战胜利后，学校开始部署复员上海的工作。1946年，学校新学年在上海开学。返沪后，学校成为拥有医、工、理、法、文等5个学院共16个系的综合性大学，各学院及系所汇聚了各自领域的知名学者，师资力量雄厚，学生生源优质，毕业生受到社会广泛欢迎，学校也因此成为国内领先的知名学府。

1949年5月27日，同济大学被上海市军管会接管，学校步入新的发展阶段。1949年8月，随着文学院、法学院并入复旦大学以及此后附属中学、附属高级职业学校、附属护师高级职业学校等附属机构的相继调出，学校进入师资频繁变动的时期。尤其是1952年开始的全国范围内的院系调整，对学校的院系结构和师资构成产生了重要影响。院系调整后，学校除土木建筑以外的其他学科相继调出，相关的144位教师调整到上海交通大学、复旦大学等校任职，另有大批教师随医学院、测量系一并迁往武汉。

同时，华东地区10余所高校的土木建筑学科及124位教师来到同济，学校汇集了一大批相关领域的著名学者。这些教师中有不少留学过欧美，也有部分为本土培

文学院院长郭绍虞教授　　　　理学院顾葆常教授

养的才俊，他们的组合为同济带来了兼容并蓄的学术风格，打破了以往多具留德背景、风格相对单一的师资格局。院系调整后的教师大多既有学术造诣，又具有丰富的教学、科研经验，为学校教学及学科的不断发展奠定了基础。

1956年，国家实行工资制度改革，取消了工资分和物价津贴，建立了全国统一的工资制度体系，并根据各地经济发展情况、物价水平、工作条件等将全国划分为11类区域，分别制定了不同的工资标准。此后，根据高等教育部《关于1956年全国高等学校教职工工资评定和调整的通知》要求，学校成立了工资评定委员会，统一领导学校的工资改革与评定工作。在此次改革中，教授、副教授分别被评定为1至6级，充分体现了教授的学术水平和社会地位。

1956年6月，高等教育部初步拟定了全国一级、二级教授名单，其中全国一级教授共186人，同济大学俞调梅、李国豪、杨钦、叶雪安等4人入选一级教授，陈本端、王达时、吴之翰、朱宝华、李寿康、吴景祥、康时清、谭垣、李庆海等9人入选二级教授。后经多方征求意见，高等教育部于9月调整了一级、二级教授名单，将原来的一级教授人数减至118人，并增加了相当数量的医学类和行政类一级教授。1956年年底，高等教育部公布全国高校教授评级名单，234名教学研究和行政类人员被评定为一级教授。

至最终结果公布时，因夏坚白、叶雪安等已随测量系内迁武汉，同济教师中一级教授仅剩李国豪1人，另有王龙甫、王达时、吴之翰、吴景祥、朱宝华、陈本端、俞调梅、康时清、杨钦、童大埙、樊映川、李秉成、冯纪忠、钱钟毅、谭垣等15人被评为二级教授，裴冠西、马地泰、王兴、朱振德、庄秉权、许德纪、薛卓斌、陈超、吴

院系调整后的学校党政领导班子（左起依次为夏振行、赵璧、李国豪、吴之翰、蒋梯云、朱晓初、蒋超）

1952年12月的同济大学教授、副教授留学情况一览表

留学国家	教师名单
英国	丁燮和、俞调梅、康时清、童大埙、黄作燊、张国隆
美国	王兴、王达时、王龙甫、朱宝华、沈君敏、祝永年、俞徵、孙绳曾、张问清、曹敬康、黄蕴元、杨培璋、钱钟毅、樊映川、李秉成、陈本端、潘承梁、李善道、杨钦、裴冠西、谢光华、哈雄文、陈植、黄家骅、谭垣、罗邦杰、刘宸伟
德国	李国豪、贾成和、吴之翰、金经昌、唐英、夏坚白、叶雪安、顾葆康、廖馥君
法国	周念先、吴景祥、周方白、张镇谦
日本	陈盛铎
奥地利	陈盛铎、冯纪忠、陈适
加拿大	高时浏

1949—1957年教职工情况一览表（单位：人）

年份	专任教师总数	教授	副教授	讲师	助教	教员	职工	工人	教职工总数
1949	363	114	34	26	149	40	109	158	630
1950	212	62	18	22	93	17	385	415	1012
1951	234	75	20	22	114	3	244	152	630
1952	394	73	22	94	105	10	179	201	774
1953	361	59	19	43	135	6	263	255	879
1954	418	65	24	94	225	10	76	38	532
1955	402	54	22	93	224	9	99	83	584
1956	588	53	57	171	307		485	376	1449
1957	577	46	24	143	364		371	239	1187

1956年5月,学校召开第一次教师科学研究讨论会,全国110多个单位的800多名代表参加会议

沈钇、周方白、郑大同、张问清、黄作燊、祝永年、黄足、黄家骅、黄蕴元、孙青羊、江之永、曹敬康、蒋汉文、许应期、柴志明、金经昌、丁燮和、杜庆宣、周念先、黄学渊、沈诚、谢光华、李寿康、翁朝庆、张国龙、俞征、潘承梁、张景丰、关富权、哈雄文、孙绳曾等40人被评为三级教授。

1956年的教授评级是由工资制度改革推动的对职称评定工作的一次制度性探索,旨在落实党的知识分子政策。教授评级后,高级知识分子的待遇得到大幅度提高,极大地鼓舞了高级知识分子投入社会主义建设事业的热情,评级工作取得良好效果。

1960年代初期,为了满足社会主义建设对人才的需求,学校在一批新专业补充了较多青年教师和教学辅助人员,在校教职工总数增长至2000人左右,其中教师约1000人,正副教授50～80人。随着教师规模的增长,学校制定了《师资培养规划》《在职研究生试行办法》,在促进教师普遍进修提高的同时,通过在职读研、担任教学科研助手等途径,学校对中青年骨干教师进行了有计划的重点培养。1962年,根据教育部《关于在全国重点高等学校中培养和提高骨干教师的通知》,学校选拔了首批30名骨干教师,其中三分之二通过完成科研任务方式在实践中促其成长,三分之一以攻读在职研究生方式进行培养。学校的这一举措夯实了教师队伍不断成长的基础。

"文化大革命"期间,国家的各项事业遭受到新中国成立以来最严重的挫折和损失,学校正常的教学科研秩序也遭到破坏。

一级教授李国豪

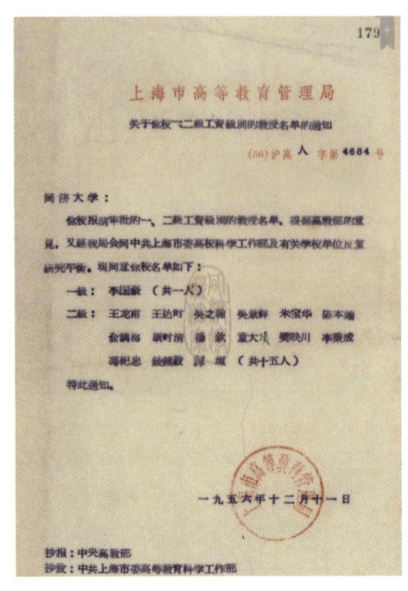

1956年12月最终确立的同济一、二级教授名单

1975年,中青年教师在参加师资训练班期间切磋交流

四、改革开放:
师资结构与人才质量的飞跃式发展

1977年,教育战线开始拨乱反正,学校为蒙冤的干部、教师平反,广大教师重新焕发了工作热情。然而,一方面受"文化大革命"影响,学校的教师队伍面临结构不合理、老龄化、中青年学科带头人偏少等困境;另一方面,那一时期入职的部分青年教师没有接受过完整、正规的大学课程训练,基本功不扎实,缺乏学术研究的实践经验,教师队伍的整体素质有所下降;同时,工资、住房待遇偏低等因素也影响了教师的积极性。针对这些情况,学校于1977年制定了《同济大学师资培养初步规划》,努力改善和调整学校的人才结构,加强对青年教师的培养。同年11月10日,学校开办第一期青年教师基础课(脱产)进修班和师资业余进修班,强化教师的专业知识和技能培养,提升师资队伍的整体质量。

1978年，国家实行改革开放政策，中国进入了迅猛发展时期。在此背景下，学校提出具有战略意义的"两个转变"，推动了各项工作的逐步提升。在人才队伍建设方面，学校制定了师资培养与调整规划，采取各种有效措施加强师资队伍建设。1978年，学校制定《1978—1985年同济大学教育事业发展规划》，在教师队伍、科研水平、外语水平、电算技术、高级人才队伍建设、制度保障、考核方法、培养方式、学术支持等方面提出了具体目标，并成立师资队伍建设领导小组，推动各项人才措施的制定与实施。1985年，学校制定《同济大学1985—1990年师资队伍建设"七五"规划》《同济大学教师培养工作暂行规定》等规划和制度，结合在改革实践中所取得的成功经验，不断探索和完善师资队伍体系建设。

同时，按照"两个转变"的总体理念，学校提出了"两条腿走路"的人才策略，奠定了学校师资队伍建设的总体方向。学校一方面派遣徐植信、项海帆、石洞等骨干教师分别赴德国、美国、荷兰等国进修考察，学习先进的理论知识并在校内进行传授；另一方面，建立科研团队制度，在教研室中选择部分高级、中级、初级职称的人员组成教学、科研小组，通过老教授的带动，促进大批中青年教师的快速成长。在青年教师培养过程中，学校采取"严字当头，严中求快"的方针，以"政治、业务并重，培养提高以校内、国内为主，在职为主"的培养原则，通过建立学术梯队、实行学术带头人负责制、提倡学科带头人跨系跨学科组建梯队等措施，带动和促进中初级教师的成长。在科学决策与创新发展的双重激励下，各学术梯队方向明确，学科建设不断深化，除土木建筑等传统优势学科处于领跑地位外，一些新兴学科取得快速发展，各学科老中青相结合的人才队伍迅速形成。

通过系列改革，学校的师资结构和人才质量有了质的飞跃，学术氛围日趋浓厚，承担的国家和地方项目越来越多，为学校建设成为"国内第一流的具有一定国际声誉的以理工科为主，兼有管理、人文的多科性大学"奠定了基础。1981年，冯纪忠、朱伯龙、孙钧、杨钦、黄蕴元、李国豪等被批准为首批博士生导师。1982年，学校教师人数为1384人，其中教授、副教授216人。1984年，教师总数增长至1828人，其中教授45名，副教授（含副研究员和高级工程师）190名，学部委员1名，博士生导师14名。1987年年底，学校教师达2155人，其中教授120名，副教授517名，学部委员1名，博士生导师也增加至32名。

随着改革的进一步推进，学校的师资结构和质量均有了很大改善。除继续引进

朱伯龙教授与博士生吕西林交流研讨

李国豪院士在与中年教师开展讨论

孙钧院士在指导博士生李永盛

黄蕴元教授在与研究生交流

杨钦教授在指导学生

冯纪忠教授在查阅资料

1981年4月底,贝聿铭(中)来校讲学

1988年,美国国家最高科学奖获得者、土木工程结构大师林同炎来校讲学

副教授以上学术带头人和选留博士、硕士研究生外,学校还积极开展对外合作,组织教师出国进修、攻读学位、短期考察和参加国际会议,引进外国专家、学者来校任教,并聘请贝聿铭、林同炎、谢承德、格伯尔、格鲁塞等担任名誉教授和顾问教授,既加强了学校的对外合作与交流,也提高了各学科的师资力量和学术水平。

进入20世纪90年代后,为建设一支又红又专、结构合理、优化精干、充满活力的师资队伍,学校加大了具有硕士或博士学位的毕业生选留和教师引进力度,使具有博士、硕士学位的教师占比逐步提高到45%～50%。1991年,学校制定了一系列人才战略新举措,对于需要扶持的学科,允许适当引进40～50岁的学术带头人,使每个学科有2～3名带头人,重点学科不少于3名带头人;以较深造诣的学术带头人为主,建立学术梯队;实行导师制,培养青年教师。同年,孙钧、马在田、汪品先等3位教授当选为中国科学院学部委员,同济大学17名教师被评为"上海市优秀青年教师"。

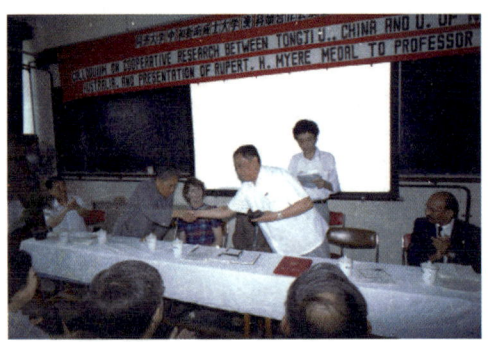

1985年，俞调梅教授获梅耶尔奖

1991年，学校为孙钧、马在田、汪品先等三位新当选的中国科学院学部委员（院士）举行庆祝会

至1995年，学校师资队伍的新老交替基本完成，并拥有了一批高水平、高素质的学术梯队，培养了一批跨世纪的学科带头人和教学、科研骨干；全校已拥有教学、科研人员2246人，其中中科院院士4人，工程院院士2人，国务院学科评议组成员6人，国家级有突出贡献的中青年专家8人，博士生导师101人；教师中拥有博士学位的160人，35岁以下的青年教师占教师总数的35%，45岁以下的中青年教师占53%，50岁以下的教授有41人；当年，3名教师被列入国家教委跨世纪人才基金计划，4名教师成为国家教委重点跟踪培养对象，2名教师获国家优秀青年教师基金。

1996年，上海城市建设学院和上海建筑材料工业学院并入同济大学。此后，学校抓住"211工程""985工程"建设的机遇，以学科建设为核心，加强教师队伍建设，启动学校师资队伍建设"612人才工程"，制定了"领衔教授""学科主将""世纪明星"评选制度，完善了学科梯队。1998年5月，时任校长吴启迪在《人民日报》发表署名文章《加大对高校的投入力度——高教腾飞如虎添翼》，指出"能否稳住师资队伍、留住人才、吸引人才，也是学校能否发展的一个重要方面。要解决对高等教育的投入，特别要解决对人才的投入。"通过加大投入，学校引进了李同保院士、郭重庆院士、姚熹院士等高层次人才。1998年8月，为落实科教兴国战略，延揽海内外中青年学界精英，培养造就高水平学科带头人，带动中国重点建设学科赶超或保持国际先进水平，教育部实施了"长江学者奖励计划"，孙立军、李杰、孙利民等3位教授入选教育部第一批长江学者特聘教授。

通过多年努力，在世纪之交，学校建成起一支以中科院、工程院院士和博士生导师为核心，以教授、副教授为骨干，中青年及高学位教师比例逐年提高、专职与兼职相结合、结构渐趋合理与优化的师资队伍。

五、世纪工程：迈向双一流进程中的人才强校战略

进入21世纪以来，随着国家经济发展和新形势下我国高等教育事业发展方向与人才培养目标的调整，学校越来越认识到高水平、高层次师资队伍对学校发展的重要意义。为落实《二十一世纪教育振兴行动计划》、实现学校"十五"发展目标，学校坚持培养与引进并重的师资队伍建设方向，积极推进人员聘用制度改革，形成人才"既要用得好、用得活、用得精，又要引得进、流得动、出得去"的用人机制，并大量引进高层次人才和各类专业人才，努力培养创新人才。2002年下半年，学校先后出台《同济大学引进人才工作暂行办法》《同济大学聘用境外专家暂行规定》《同济大学柔性引进人才工作暂行办法》等一些列政策性文件，成立了由分管校领导负责的"引进人才领导小组"和"引进人才工作小组"。2002年，学校投入资金800万元向海内外"借脑"，积极吸引国内外知名优秀学者和学术权威加盟，充实学科带头人、学术骨干队伍；引进国外名牌大学知名教授来校授课、开办讲座和进行学术交流。当年内，学校聘请的长期在校工作的外籍专家达47人。截至2003年9月，学校引进人才共计56人，其中院士1人，学校投入经费近2000万元。

2004年12月28日，学校召开人才工作会议，党委书记周家伦和校长万钢分别作了《坚持党管人才，开创人才工作的新局面》和《创造有利于优秀人才脱颖而出的

良好环境》的报告，提出了创新体制机制的人才强校战略。2005年，为落实学科建设发展规划和师资队伍建设规划，学校加大培养力度，制定了《关于"十一五"期间教师培训计划》《关于"同济特聘教授"计划的实施办法》《关于"教学名师培养计划"的实施办法》《关于优秀青年教师选拔培养工作的实施办法》等5个文件，致力于培养和汇聚一批帅才和将才、一批具有国际先进水平的学术大师和学科带头人，培养和造就一大批具有创新能力和发展潜力的中青年学术带头人和学术骨干，大力推进创新团队建设，培养和建设一批特别能战斗的创新团队和优秀群体。

2005年，为实现"综合性、研究型、国际化的一流现代大学"建设目标，根据师资队伍及学科建设发展需要，学校启动"同济特聘教授"计划。经过全球招聘、单位推荐和设岗学科专家委员会评议，12月20日，首批13位"同济特聘教授"受聘签约。同年，为了进一步加强青年教师队伍和学术梯队建设，选拔培养和造就新一代教学科研骨干，建设一支政治合格、业务优秀、结构优化、人员精干、相对稳定、富有活力和创新精神的高素质师资队伍，学校实施同济大学新世纪优秀青年教师选拔培养工程。

2008年，学校首次提出"人才年"战略，将人才队伍建设作为学校工作的第一要务，通过加强高层次人才的引进力度，建设好学术人才、研发人才、管理人才三支队伍，支撑和促进学校事业的发展。2008年3月31日，校长办公会议决定实施"2008—2010年同济特聘教授计划"和"2008—2010年同济讲座教授计划"。在同年4月份召开的高层次人才引进工作会议上，时任校党委书记周家伦、校长裴钢就百年校庆之后学校的人才工作做了部署。裴钢指出，要把同济大学建设成为综合性、研究型、国际化的知名高水平大学，使学校进入中国最具学科竞争力和社会影响力的一流大学行列，最重要的就是提升学校实力；要稳定现有教师队伍，加大力度引进高水平、高层次人才，改革专业技术职务聘任制度，加强教师的系统性培训工作。

此后，通过继续实施"同济特聘教授计划"，推进"同济讲座教授计划""同济大学青年英才系列计划""同济大学青年百人计划"等人才强校战略，学校的人才工作步入了一个新的发展阶段。2010年，为落实全国人才工作会议精神，学校在"优秀青年教师计划"的基础上拓展和全面实施了"同济大学青年英才系列计划"。2016年，为进一步加强人才队伍建设，集聚和培育一批具有冲击国家高层次人才

2008年,学校举办新教师培训班

2015年1月13日,学校召开年度人才工作会议

2017年,学校举行第33个教师节表彰大会

2018年3月20日,教师发展中心在衷和楼活动基地举办青年人才沙龙

2019年9月17日,学校举行2019年新进教师入职仪式暨岗前培训班开班仪式

2019年12月4日,学校举行新当选院士座谈会

计划潜力的青年后备人才,逐步构建长聘制师资队伍,学校决定实施"同济大学青年百人计划"。"青百计划"的实施有效地完善了青年人才的引进与培养机制,推动了教师队伍整体建设。

长期以来,学校党委坚持党管人才的原则,为人才工作把方向、定政策,努力做好服务和保障工作。2019年2月21日至22日,学校召开寒假务虚会,围绕人事人才改革工作,党委书记方守恩作了题为"稳中求进、狠抓落实,扎实推进新时代教师队伍改革"的讲话,校长陈杰作了题为"激发全员活力与激情,构建与一流大学建设相适应的人事政策体系"的讲话,指出"建设中国特色世界一流大学,人才是决定性因素,师资队伍建设是关键环节",明确了"引育结合,建设高水平师资队伍,以人事制度改革作为学校综合改革的突破口",开启了学校人事人才改革的新篇章。2019年,学校以习近平新时代中国特色社会主义思想为指导,深入贯彻落实党的十九大和十九届二中、三中、四中全会精神,扎实推进落实全国教育大会精神,坚持党委领导下的校长负责制,紧紧围绕立德树人根本任务,深入实施人才优先发展和人才强校战略,不断深化人才工作体制机制改革,持续实施"同济特聘(讲座)教授计划"和"青年百人计划",聚天下英才而用之,努力夯实师资队伍基础,着力提升人才队伍能级,全面推进"双一流"建设步伐。

截至2019年年底,学校拥有专任教师2803人,其中正高级专业技术职务1156人,中国科学院院士13人(含外籍院士和双聘院士),中国工程院院士15人(含外籍院士和双聘院士),第三世界科学院及美国、德国、瑞典等国科学院院士19人。学校高层次人才总量持续增长,其中国家级人才计划入选者287人次,国家级青年人才计划入选者144人次,高层次人才总量在专任教师中占比达10%。

30

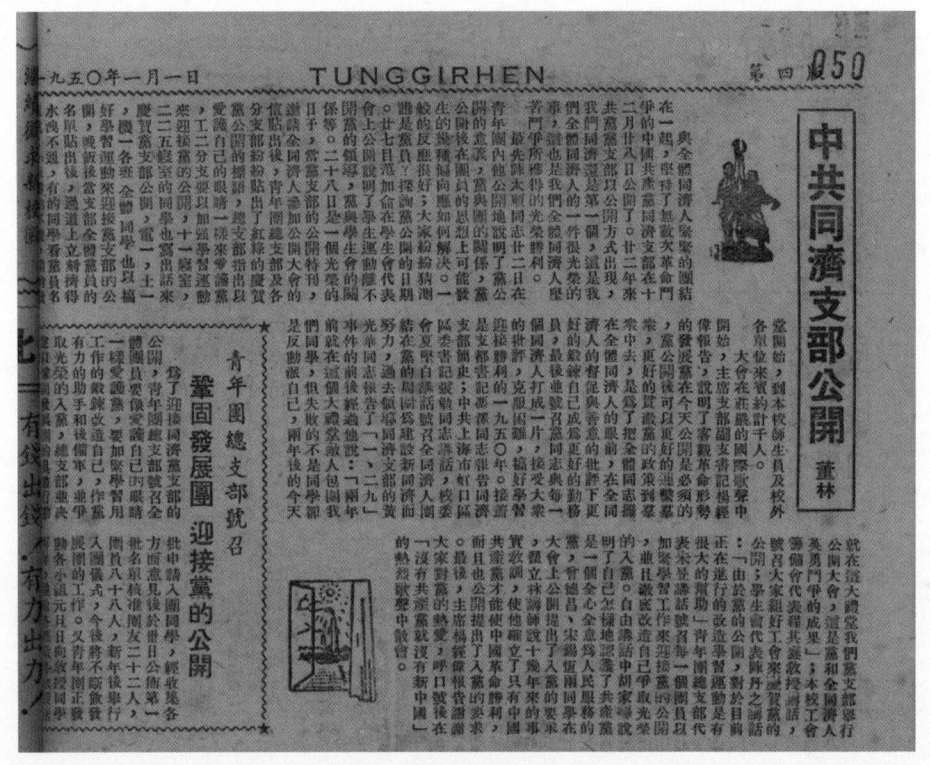

1950年1月1日,《同济人》刊载《中共同济支部公开》的报道

中共同济支部公开

1949 年 12 月 28 日
中共同济支部公开身份
作为上海学界第一个公开的党支部
她像一盏明灯
冲破了漫漫长夜的黑暗
她如同初生的朝阳
给新生的同济注入希望的力量
学校党组织从此开启了新的篇章

1952 年 2 月,中共同济大学党委成立
确立了党委领导下的校务委员会负责制
1957 年 2 月,学校召开第一次党代会
2018 年 7 月,学校召开第十一次党代会
党委的政治引领核心作用进一步夯实

回眸"历史上的这一周"
让我们一起回顾
学校党组织的建设与发展历程

创校之初，同济学子就心系国家发展、民族命运，积极参加反帝反封建爱国学生运动，为民族独立和人民解放奉献力量。中国共产党成立后不久，校内即开始有党员和党的组织积极开展活动。抗战西迁途中，党员和进步力量仍然坚持艰苦的工作。抗战胜利学校回迁上海后，在党的上海局、上海市委和学委、同济地下党的领导下，校内党员人数快速增长，外围积极分子队伍不断扩大，进步学生运动蓬勃发展，同济成为上海的"民主堡垒"之一。新中国成立后，中共同济支部在上海学界第一个公开身份。1952年，中共同济大学委员会成立。此后，在学校党委的领导下，学校的各项事业蓬勃发展，为国家发展、社会进步和人民生活富裕做出了重要贡献。

一、爱国学生运动与中共同济支部建立

自1907年建校以来，同济学子孜孜学习自然科学，同时热心关注社会民生，心系祖国，胸怀天下，积极探讨救国救民、富国强民的道路与途径。早在辛亥革命时期，同济学生朱家骅、黄伯樵等就组建了"中国敢死团"，参加辛亥革命，在同济播下了革命和进步的种子。

"五四运动"爆发前，新文化运动和马克思主义思想已悄然进入同济园。1919年年初，"少年中国学会"创办人王光祈在同济学生魏时珍、宗白华的帮助下来到位于吴淞的同济校园举行"少年中国学会"筹备会议，魏时珍和宗白华被推选为编辑部临时编译员，并成为《少年中国》月刊的主要撰稿人。受"五四运动"影响，为宣扬"读书救国""实业救国"的思想，同济学子于1920年2月1日创办了面向国内外发行的《自觉月刊》。月刊除刊载医工专业的学术论文外，还发表对时局和社会的最新看法，探索改造中国、振兴中华之路。

1921年7月，中国共产党在上海诞生，给接受过五四运动洗礼的同济学子带来了新的思想指南。以国共合作为基础的民主革命统一战线建立之后，受孙中山和国民党委派，毛泽东、恽代英等共产党人于1924年1月来到上海国民党执行部，毛泽东负责组织工作，协助国民党建立和改组基层组织，恽代英负责宣传工作。他们曾多次深入同济吴淞校园组织平民夜校，宣讲世界和国内形势，提高学生及民众对国民革命和孙中山"联俄、联共、扶助农工"三大政策的认识。同年冬天，同济学生何志

尹景伊（1905—1925），1921年考入同济机师科，在"五卅"运动中牺牲

袁文彬（1901—1941），1920年考入同济德文科，1924年升入医预科，1941年被日伪军杀害

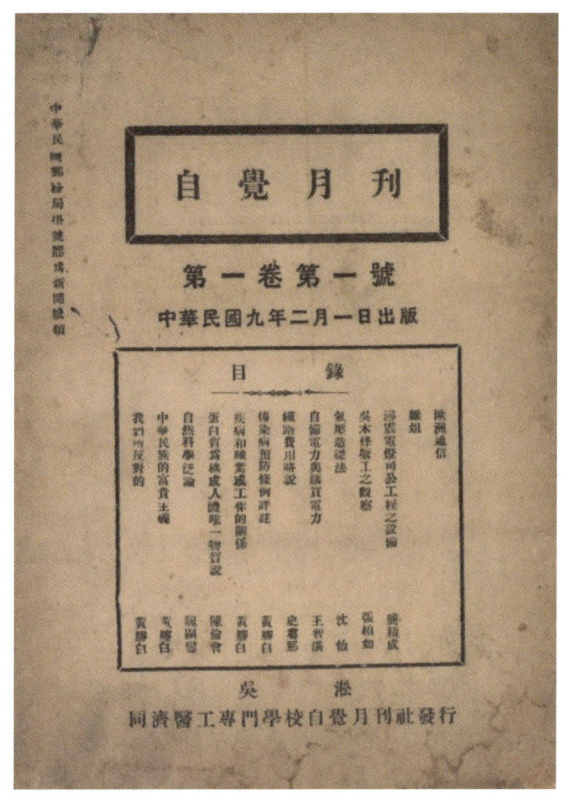

《自觉月刊》创刊号

明加入中国社会主义青年团。第二年，机械科学生尹景伊也加入更名后的中国共产主义青年团。这一时期，共产党人侯绍裘、杨贤江等常到吴淞与同济学生一起议论国事，使同济学子们懂得了革命的道理，提高了参加革命斗争的积极性和自觉性。

"五卅"运动期间，在陈宝骢、袁文彬、尹景伊、吴鼎的带领下，同济三百多名师生分批从吴淞来到上海市中心，参加全市性的示威大游行。在斗争中，尹景伊不幸中弹牺牲，献出了年轻的生命。"五卅"运动是中国共产党领导下的大规模反帝爱国运动。同济师生响应中国共产党的号召，与工农大众相结合，经受了血与火的锤炼。"五卅"运动后，同济进步学生进一步认识到中国共产党在"五卅"风云中的组织领导和核心作用，认识到只有以马克思主义为指导，进行无产阶级革命，才能彻底完成反帝

殷夫在同济就读期间翻译的裴多菲诗句《自由与爱情》手迹

陈元达（1911—1931），1931年在上海从事革命联络工作时牺牲

殷夫（1911—1931），中国现代文学史上的著名诗人，"左联"五烈士之一，1931年被国民党杀害

王顺芳（1911—1945），1945年在策划起义途中被日伪军杀害

反封建的任务。在革命形势和共产党人的影响下,1926年下半年,同济学生吕富华、杨传声、刘功成等人组织了共产主义小组,学习《共产党宣言》《论国家》等马克思列宁主义著作,在同济校园内逐渐形成了共产党外围组织的雏形,为中共同济支部的正式建立创造了条件。

1925年,陈元达、王顺芳考入同济大学机师科;1926年因"誓约书"事件转学广州,并先后加入中国共产党;1927年在党组织安排下回到上海,并一同考入同济大学德文补习科。1927年,殷夫也考入同济大学德文补习科,不久后加入中国共产党。就读期间,王顺芳、殷夫、陈元达与同学中的共产党员一起积极参加校内外革命活动,并成立了"潮声社",编辑出版刊物《潮声》,激励人们的革命意志,后又创办油印文艺刊物《漠花》,传播进步思想。同济校园中的这些青年党员关注国家命运、民族危机和人民苦难,向往共产主义理想和光明前途。在他们的宣传发动和革命运动的影响下,校内的党员和进步学生日益增多。

1928年7月,爱国学生朱觉考入同济大学附设机师学校。朱觉自幼深受投身革命的父亲影响,积极参加反帝爱国活动,1926年加入共青团,次年转为中共党员。在中共吴淞区委的领导下,1929年10月,由工科和机师学校党员组成的第一个中共同济支部成立,朱觉任书记,刘聪任组织委员,周继佶任宣传委员。受党组织委派,中共吴淞区委宣传部部长左洪涛负责联络中共同济支部,指导支部工作。同济支部成立后积极开展地下斗争,到工厂秘密散发革命传单,向工人群众宣传共产主义思想。但是,在反革命势力的残酷镇压下,同济地下党组织很快便遭到严重破坏。1930年6月,朱觉被捕;经党组织营救出狱后,朱觉于1931年春被调派至鄂豫皖根据地兵工厂任支部书记,继续开展革命斗争。

"九一八"事变后,在中国共产党呼吁团结抗日的感召下,爱国运动浪潮再次兴起,并促进了爱国学生组织的成立。同济进步学生响应中国共产党的号召,积极参加抗日救亡宣传、示威游行等爱国运动。1933年,在李滢来的介绍下,同济附中的李昌(新中国成立后曾任哈尔滨工业大学校长、中共中央顾问委员会委员、中共中央纪律检查委员会书记等职)和张斟滋(新中国成立后曾任山东省教育厅厅长)加入了共青团。据李昌回忆,由于当时均属秘密组织,他一直以为自己加入了共产党,青年时代参加的进步活动在他心里播下了革命的种子,为他以后走上革命道路奠定了基础。1935年,在上级党组织的帮助下,工学院学生顾德熙在同济学生中秘密建立了

朱觉（1911—1932），同济支部第一任支部书记

汪珊（1912—1993），又名汪海粟，1933—1937年在同济大学德文补习科和电工机械系学习，学校学生救国会负责人

顾德熙，又名张凡，学校学生救国会负责人

朱惟善（1917—？），随校迁至金华时参与组建学生战时服务团

李昌，1931年考入同济大学附中

吴淞时期,学校无线电研究会以修理无线电为掩护开展反帝救亡活动

党的外围组织——抗日救国青年团,主要成员包括顾德熙、李滢来、汪珊(新中国成立后曾任南京工学院首任院长兼党委书记、江苏省副省长)等。1936年上半年,李滢来加入中国共产党,随后发展顾德熙、汪珊、朱惟善等入党。此后,同济地下党组织由李滢来任负责人,共青团组织也在同济重新建立。

1937年,日本发动全面侵华战争,全国人民奋起反抗,同济也被迫踏上万里西迁征程。到达金华后,根据上级党组织要求,同济地下党成立了中共同济特别支部,并在浙江地区独立开展工作。1937年10月,李滢来根据党组织安排离开学校,同济特别支部改由汪珊负责。在汪珊的领导下,同济特别支部组织了以学生救国会会员为骨干成员达二三百人的学生战时服务团,积极宣传党的抗日主张扩大党的影响。同年11月,日本侵略者进犯杭州湾地区,学校被迫继续西迁。根据上级党组织指示,汪珊、林辉等十多名学生党员继续留在浙江,并建立了浙西南抗战基地。此后,以汪珊为代表的同济学生成为中共浙南特别工作委员会的骨干成员,他们积极开展群众工作,贯彻中央减租减息政策,举办夜校、供销合作社等,帮助群众提高文化水平、改善生活,发动群众参加抗日运动。后来,这批同济学生或加入皖南新四军,或转入浙西敌后开展党的地下工作。

此后,随着学校一路西迁,同济地下党组织的工作一度进入隐蔽状态。1939年学校到达昆明后,根据上级党组织的指示,从西南联大返回同济的中共地下党员况礼文在学校建立了隶属于西南联大党支部的党小组,并发展了三名党员;至1940年

在金华参加抗日救亡斗争的同济师生

同济师生在昆明参加抗日捐款活动

夏天,同济党小组发展成为3个小组共9名党员。此后,学校的进步力量组织了读书会和昆明儿童剧团,持续开展抗日救亡活动,并与复兴社、三青团等反动组织展开了坚决斗争。

1940年年底,学校迁至四川李庄和宜宾。除刘光琚毕业离校外,同济地下党的其余8名党员随校到达李庄,并根据中共中央"隐蔽精干,长期埋伏,积蓄力量,以待时机"的精神,结合各自条件以隐蔽、小型分散的形式开展活动。此外,皖南事变后与组织失去联系的中共党员肖荣铮、蔡明德等人考入同济后,也采取隐秘活动的方式团结进步学生,提高学生的思想觉悟,扩大党的影响。在中共同济地下党组织的秘密工作和影响下,1945年抗战胜利前夕,学校的学生进步社团如雨后春笋般成长,进步力量不断壮大。

1946年,学校回迁上海。此时,校内已有由上海党的学委领导的同济支部(支部书记为庞其方,上级组织联系人为浦作)、中共浙南特委领导下的同济支部等多个党组织。这些党的分支组织相互独立,尚未形成统一的组织领导。此外,校内还有抗战期间曾在四川等地入党、暂时与组织失去联系的肖嵘峥、朱光启及组织关系在南方局系统、暂未转入上海学委系统的万孝信等多名党员。

为了适应解放战争时期革命工作的发展需要,1947年8月,在中共上海学委和国立大学区委领导下,学校建立了统一的党总支,由庞其方任总支书记,万孝信、肖嵘峥、王忠恕任委员,王光华、浦作、吴学谦为上级组织联络人。同济党总支成立后,一方面发展在进步学生运动中成长起来的先进分子入党,另一方面对从外校转入的党员进行摸查统计,壮大队伍;至当年11月,同济党总支已有党员40余名。

1948年1月29日,同济爆发震惊全国的"一·二九"事件

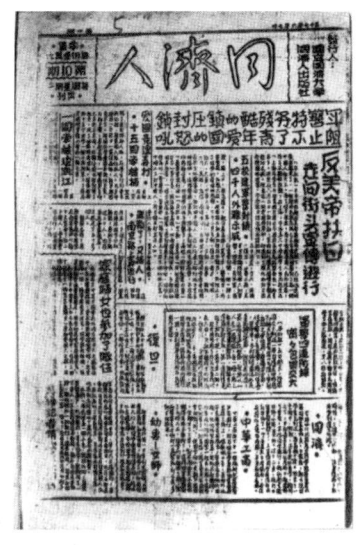

同济地下党主办的《同济人》在师生员工中秘密流传

此后,同济党总支在理学院、工学院、文学院、法学院、医学院、高职、附中等相继建立了党支部,并加强对新党员和积极分子的教育和培养。

1947年11月,上海学委指派乔石(原名蒋志彤,新中国成立后曾任中共中央政治局常委、全国人大常委会委员长)担任同济党总支书记,庞其方任副书记,以加强对日益高涨的爱国学生运动的领导。1947年年底至1948年年初,同济党总支组织进步学生开展了救饥救寒和抗议声讨九龙港英当局暴行的运动,进一步扩大了党组织的影响力。1948年1月29日,为争取改选后由进步学生组成的学生自治会的合法地位,同济学生与反动军警展开斗争,爆发了震惊全国的"一·二九"事件并席卷上海。"一·二九"事件给国民党造成了严重的政治挫败，粉碎了反动势力扼杀爱国学生运动的企图，使同济成为第二条战线上的一支重要力量和上海高校中两大"民主堡垒"之一。1948年六、七月间，乔石被调离同济地下党组织，转而负责上海学委的总体交通工作，使一批被迫害党员和积极分子顺利转移至解放区。

"一·二九"事件后，白色恐怖笼罩着整个校园，同济的进步力量遭到国民党当局的残酷镇压，大批党员、积极分子相继被捕，或被开除和被迫离校，全校党员仅剩十余人，给组织开展进步学生运动和发展积极分子带来了很大困难。面对极其艰难的局面，上级党组织于1948年9月决定将乔石调回同济党总支，领导和推动同济地下党的工作。

在乔石的领导下，学校党组织很快得到了恢复和发展。除加强组织建设外，同济党总支积极组织和引导群众，宣传国内外局势，联合党外各进步团体在各个校区先后以社团联合会名义建立党的秘密外围组织，扩大了党的影响力。

1949年2月，为迎接上海解放，按照党组织由所在地区区委统一领导的原则，同济党总支划归沪北区委领导，后改由胡昌璧任总支书记；医学院前后期两个支部划归沪西区委领导。此时，全校党员人数也已发展到120多名。这一时期，除上述党组织外，同济校内还有中共浙南特委上海支部和上海解放前夕由中共江南工委建立的同济支部。在黎明前最黑暗的时刻，学校党组织团结带领全校师生员工粉碎了敌人的破坏活动，出色地完成了上级党组织交给的各项任务，为把学校完整地保存下来并交回到人民手中立下了赫赫功劳。

二、中共同济支部公开与党委的统一领导

1949年5月上海解放后，同济获得了新生，学校党组织开始步入新的征途。1949年12月28日，中共同济支部（即同济党总支，当时对外称"同济支部"）贴出公告，公布党员名单、公开组织身份，并邀请全体同济人参加党支部公开大会。当天晚上，党支部公开大会在工学院大礼堂隆重召开，校务委员会主任夏坚白在讲话时指出："与全体同济人紧密团结在一起、坚持了无数次革命斗争的中国共产

党同济支部在十二月二十八日公开了。这是我们全体同济人第一件光荣的事，也是我们全体同济人艰苦斗争所获得的光荣胜利。"

同济支部公开后，党组织和党员、党员和人民群众之间的联系更加密切，党支部担负起领导同济大学建设和发展的历史使命。1950年10月，同济支部进行了改选，并经上级党委批准增设了1名统战委员。改选后的同济支部积极开展工作，不断加强师生的思想教育，强化对师生的思想改造，并积极培养入党积极分子，发展新党员。

1952年2月，中共中央华东局批准成立中共同济大学委员会，蒋梯云被任命为同济大学历史上首位党委书记。新成立的学校党委接受华东局和北四川路区委的双重领导；1954年1月，学校党委改由上海市委高校工作委员会领导；1957年，学校党委改由中共上海市教育卫生部党工委领导。

学校党委的成立改变了学校原有的管理体制。上海解放前，学校一直实行校长负责制；上海解放后，上海市军管会任命了校务委员会，学校开始实行校务委员会负责制。1952年学校党委成立后，学校开始实行党委领导下的校务委员会负责制。此后，除个别历史阶段实行校长负责制、党委起保证作用外，学校均实行党委领导下的校务委员会负责制或党委领导下的校长负责制。

1955年1月，学校召开第一次党员大会，党委书记薛尚实致开幕词。大会明确了党委的中心任务和核心作用，确立了统一领导群众组织、组织开展思想教育、保障教学任务顺利完成的工作目标。1956年4月，学校召开第二次党员大会。此后，鉴于学校的党员人数不断增多，根据上级党组织部署，1957年2月6日至10日，学校召开中国共产党同济大学第一次代表大会，提出了"继续观察'八大'精神，贯彻'全面发展，因材施教'方针；加强学生的政治思想教育，贯彻'百家争鸣'；开展科学研究，巩固提高教学质量与科学水平，提高全体工作人员的社会主义觉悟与政治、业务水平"的工作目标。此后，至2018年7月，学校共召开11次党员代表大会。

根据国家的发展目标和学校工作实际，学校历次党代会对学校的发展作出了规划和定位，成为学校在不同发展阶段的行动纲领和工作指南。其中，1962年的第三次党代会提出了"坚决贯彻党的教育方针和以调整为中心的调整、巩固、充实、提高的方针"；1985年的第五次党代会要求"认真总结历史经验，进一步加强和完善党的领导，为把我校办成国内第一流水平的，有一定国际影响和名望的大学而奋斗"；

学校历次党代会概况

- 1957年2月6日~10日，第一次党代会，作出了《中国共产党同济大学第一次代表大会决议》
- 1960年2月1日~4日，第二次党代会，号召全体党员"高举总路线红旗"，坚决贯彻党的教育方针
- 1962年5月4日~20日，第三次党代会，坚决贯彻党的教育方针和以调整为中心的调整、巩固、充实、提高的方针
- 1971年4月11日~16日，第四次党代会，为建成社会主义的同济大学而努力奋斗
- 1985年10月26日~29日，第五次党代会，认真总结历史经验，进一步加强和改善党的领导
- 1991年4月24日~27日，第六次党代会，《认真贯彻全国高校党建会议精神，在改革开放中进一步加强党的建设》
- 1995年6月27日~29日，第七次党代会，《加强党的建设，深化教育改革，把同济大学办成一流的社会主义大学》
- 2002年6月28日~29日，第八次党代会，《同舟共济，积极进取，把学校事业推向新的阶段》
- 2006年5月26日~27日，第九次党代会，《同舟共济，严谨求实，为加快建设国际知名高水平大学而奋斗》
- 2013年7月5日~6日，第十次党代会，提出学校未来发展的目标远景与发展战略，科学规划学校未来五年的主要任务
- 2018年7月8日~9日，第十一次党代会，《与祖国同行 以科教济世 开启中国特色世界一流大学建设新征程》

1960年，中共同济大学第二次党员代表大会召开

1957年，中共同济大学第一次党员代表大会召开

1985年，中共同济大学第五次党员代表大会召开

1991年,中共同济大学第六次党员代表大会召开

1995年,中共同济大学第七次党员代表大会召开

1995年的第七次党代会指出要"在新的改革形势下,为争取早日进入和建设'211工程'而努力奋斗";2002年的第八次党代会提出要"为落实'十五'期间学校发展的目标,把同济建成高水平的社会主义大学而奋斗";2006年的第九次党代会提出"以创建综合性、研究型、国际知名高水平大学为目标";2013年的第十次党代会提出了"把同济大学建设成为以可持续发展为导向的世界一流大学"的发展愿景。

2018年7月,学校召开第十一次党代会,党委书记方守恩代表中共同济大学第十届委员会作了题为《与祖国同行 以科教济世 开启中国特色世界一流大学建设新征程》的工作报告,科学规划了学校未来五年的主要任务:一是坚持立德树人,着力培养一流人才;二是持续实施人才强校战略,建设一流师资队伍;三是构建优良学科生态,推进一流学科建设;四是提升科学研究水平,努力抢占科技创新制高点;五是着力支撑现代化经济体系建设,提高服务社会水平;六是完善国际化办学格局,提升对外合作层次;七是弘扬"同济天下"文化传统,传承创新优秀文化;八是深化综合

2002年,中共同济大学第八次党员代表大会召开

2006年,中共同济大学第九次党员代表大会召开

2013年,中共同济大学第十次党员代表大会召开

2018年，中共同济大学第十一次党员代表大会召开　　党委书记方守恩在第十一次党代会上作工作报告

改革，推进治理体系与治理能力现代化。学校第十一次党代会吹响了全面开启中国特色世界一流大学建设新征程的冲锋号角，号召全体党员不忘初心，牢记使命，追求卓越，善作善成，努力向党和国家、向全校师生交出满意答卷。

回望党组织在同济的发展与壮大，同济大学始终响应党的号召，坚持党的领导，与祖国命运休戚与共、与科教事业心手相连。进入新时代，学校党委以习近平新时代中国特色社会主义思想和党的十九大精神为指导，牢固树立"四个意识"、坚定"四个自信"、做到"两个维护"，深入学习贯彻全国教育大会、全国高校思政工作会议和全国高校思政理论课教师座谈会精神，推动学校事业不断取得新发展。站在历史新的起点，同济人深感重任在肩，也更加深刻地认识到：只有中国共产党才能救中国，只有中国共产党才能发展中国，才能引领中华民族实现伟大复兴，走向更加灿烂辉煌的未来。

31

1974年1月4日，学校"关于出版《同济大学学报》的请示报告"

第三十一周　　　　　　　　　12.29~1.04 [2020]

"述绝学，输精思"：
同济学术期刊发展历程

"一流大学应有一流之学术，有一流之文化"
作为学术精神与思想传播的重要载体
学术期刊体现着大学的学科实力和影响力

同济的学术刊物历史源远流长
依托学科发展特色
结合科学研究需要
不同历史时期的学术刊物
独具同济特色，引领学术发展
成为学术精神和大学文化的重要见证
1974 年 1 月 4 日
为推动科研工作深入开展
学校申请《同济大学学报》复刊
探索促进学术交流与研究的发展之路

回眸"历史上的这一周"
让我们一起回顾
同济大学学术刊物的绝学与精思

同济以医、工始创,"厚国聚民,莫先乎工,而医者人命所系,又所以长养此工力者也"。早期的同济具有鲜明的德国特色,教师多为德国人;同时,作为中德文化交流的一扇窗口,众多同济毕业生留学德国,成为中德文化交流的传播者与见证人。受欧美大学大多通过学报开展学术思想交流的影响,为"发扬校誉,自述所学",同济师生于1918年创办了第一本学报并取名为《同济》,以"守所学以求用于时,述闻论学,以鼓舞国人"为宗旨,开启了学校学术刊物出版的辉煌历程。在此后的发展进程中,学校结合自身学科特色积极开展学术交流和期刊出版,铸就了学术刊物出版特有的文化传统和发展历史。

一、1907—1949 年:
传播德国学术思想和推动医工理论探究

1907年至1949年,学校出版的学术刊物着重致力于传播德国学术精神和推动德国科学技术的中国化进程,在德语学习、德国科学技术推广、具有中国特色的医工学术研究与实践方面做出了诸多开创性贡献。自1918年第一本学报《同济》创刊,到1921年发行旨在"研究应用科学及纯粹科学"的《同济杂志》,再到1923年创办当时国内唯一的德语学习刊物《德文月刊》,学校始终延续着精研学问、育人济世的学术传统。就专业领域而言,除思想启蒙方面的《自觉月刊》外,学校在医科方面先后发行了《同济医学会旬刊》《同济医学月刊》《同济医学季刊》《同济医声》等学术刊物,而面向大众发行的《大众医学》则成为当时最为畅销的期刊;在工科方面,学校发行了《国立同济大学工学会季刊》《国立同济大学电机工程学会年刊》等刊物;在理科方面则有《同济化讯》《同济生物通讯》等刊物。各类刊物的出版发行充分体现了学校在医学、工学、理学、高职和德语教育方面的优势与传统。

1. 1918 年的《同济》:学校第一本学报

1918年9月1日创刊的《同济》是学校的第一本学报,每两月出版一期,共发行三期。校长阮尚介在为首期学报所作的《序》中指出,编印学报的目的是"述绝学,输精思",以"供校外人诵习","非但发扬校誉",还可"其言善,天下共是之。其言不善,天下共非之",以免"独学孤陋之讥"。学报由1914年毕业于同济医科并留校任职的

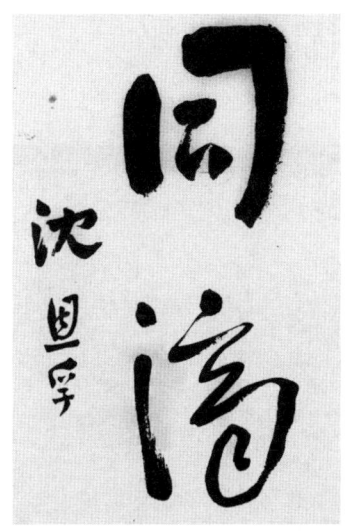 

常务校董沈恩孚为《同济》第一期的题名　　蔡元培为《同济》第二期的题名

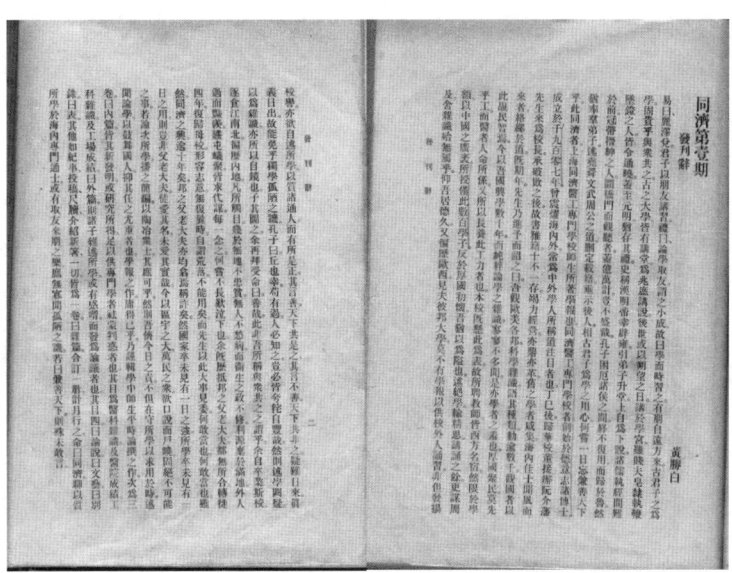

《同济》第一期的发刊词

职员黄胜白担任总编辑,沈恩孚(常务校董)、蔡元培还专门为《同济》第一期和第二期的封面题名。学报分为三个部分:第一部分为"内篇","皆极新学术,所以供专家攻研者,其选材说理不厌高深";第二部分为"外篇",包括论说、文艺、别录和表,"凡其所说,但求可行,不为高论",适合大众化阅读;第三部分为"杂篇",包括纪事、书信、新书介绍等。刊物出版后,国内有关学者誉其为"吾侪之理想杂志。"

2. 1920年的《自觉月刊》：思想启蒙的先驱

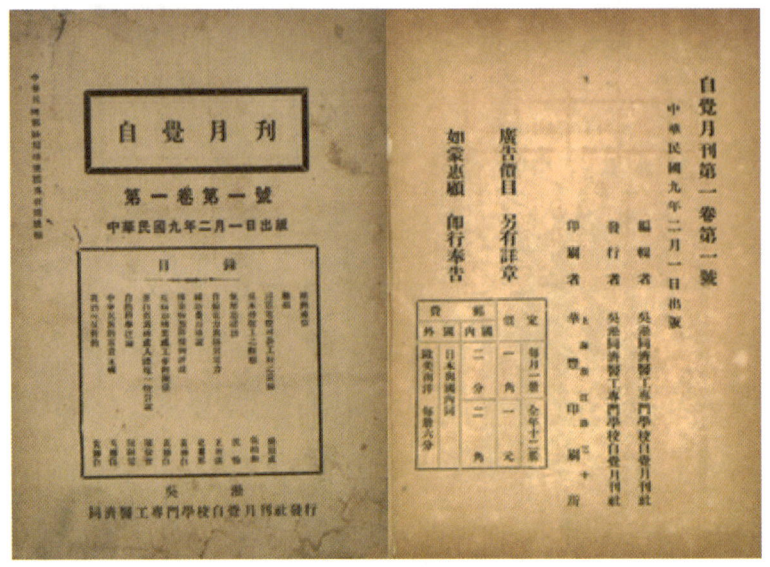

《自觉月刊》创刊号

《自觉月刊》第二、三、四、六期封面

受"五四运动"影响，继创办《自觉周报》后，同济学子于1920年2月1日又创办了向国内外公开发行的《自觉月刊》，广泛宣扬"读书救国""实业救国"的思想。《自觉月刊》得到阮尚介校长的大力支持，学校还承担了办刊经费。《自觉月刊》主要刊载医工专业领域的学术论文，致力于崇尚科学研究精神，但其中也有不少议论时局和社会、讨论如何学习、研究哲学的文章。《自觉月刊》共出版6期，至1920年7月1日停刊。

3. 1921年的《同济杂志》：发扬和传承科学精神

20世纪20年代初期，学校致力于由医工专门学校向大学过渡，师生在医学、工学、理学及德语教学等领域精研学问，博采众长。在此背景下，1921年7月1日，《同济杂志》创刊，校长阮尚介担任社长。《同济杂志》"以发扬科学精神与效用为主要目的"，每月发行一期，主要刊载"关于工业理论和实践的文章；关于医学理论和实践的文章；关于哲、经、文、社会等学科的研究心得；同济校务报告"等。《同济杂志》尊重科学精神，关注国际科学研究的前沿和最新进展，注重中西文化尤其是中德文化的交流。《同济杂志》曾在创刊号和第二期、第三期开辟"相对论的研究"专栏，向师生介绍和评述爱因斯坦的狭义相对论和广义相对论。1924年，《同济杂志》停刊。

《同济杂志》创刊号

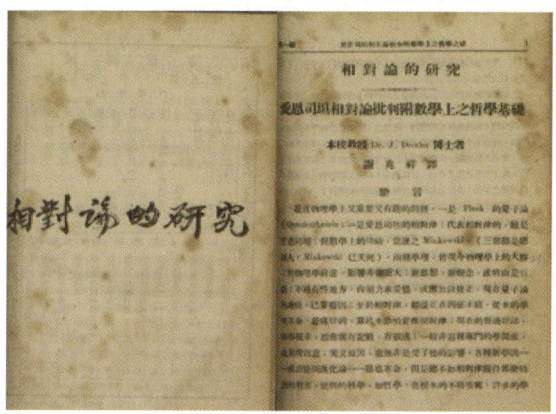

《同济杂志》介绍爱因斯坦相对论的文章

4. 1923年的《德文月刊》：国内唯一的德语学习刊物

《德文月刊》创刊号　　　　欧特曼教授与德文月刊社职员的合影　　　1937年，德文月刊社全体干事的合影

　　为配合德语教学，中学部教授欧特曼（Othmer）应学生要求于1923年冬创办并主编了《德文月刊》，旨在"使学生易于从事于德文的学习，并由谨密的适当的注释，为彼等开发读德文的德国文学和科学书籍的门径"，"使中国的青年，易于明隙德国学术之精奥，并因此间接的辅助，促进近世中国学术之发达"。作为当时国内唯一的德语学习刊物，《德文月刊》选题丰富，内容涵盖论文、传记、诗歌、小说，剧本，寓言、会话、德语文法、时事新闻等诸多方面，因而深受学校中学部及大学部学生的欢迎，并广受社会舆论的赞扬和社会读者的喜爱。学校于1937年秋开始西迁后，《德文月刊》被迫停刊。

5. 1925年的《同济医学月刊》：以中德双语研讨医学前沿

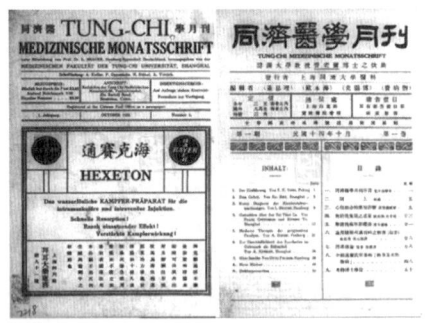

《同济医学月刊》创刊号

　　1925年10月1日，《同济医学月刊》创刊。医科教授盖思理、欧本海、史图博、费纳煦等承担了月刊的编辑工作。月刊以介绍德国最新医学技术为宗旨，采用中德两种文字对照编印，并得到德国一些大学医科教授和医学博士的撰稿支持，在国内

医学界具有一定影响力。至淞沪抗战前夕,月刊共编印出版 12 卷。学校西迁后,部分留在上海的德籍教师向德国政府申请经费后另行开办了一所德国医学院,并沿用《同济医学月刊》的名称和卷号继续出版月刊,至 1941 年出版第 16 卷后停刊。

6. 1931 年的《同济医学季刊》:中国医者的学术精思

　　1931 年 3 月 31 日,医学院同学会创办《同济医学季刊》。蔡元培为季刊题写刊名,严霭章、唐哲、朱鹤鸣、吕富华等曾担任主要编辑。校长胡庶华在创刊号的《发刊词》中指出:"医学教育,非仅培养医师,以福利一国一方之人民,尤须对于学术有深邃之研讨,以期有所发明。本校医学院同学会爱慕斯旨,创设季刊,编为评论、专著、论述、译述诸篇。虽肤浅不敢必为专门家祛蒙剖惑,或可抛砖引玉,就正于医学界诸先进也。" 1937 年,季刊因学校西迁而停刊。1940 年,季刊在昆明复刊,赵士卿出任社长。学校迁往四川南溪县李庄镇和宜宾县后,季刊于 1941 年以"公开研究之医学刊物"为定位出版第 8 卷第 1 期;1942 年 8 月 20 日,季刊在出版第 8 卷第 2、3 期合刊后停刊。1950 年,季刊再次复刊,并于 1952 年停刊。《同济医学季刊》累计出版 43 期。

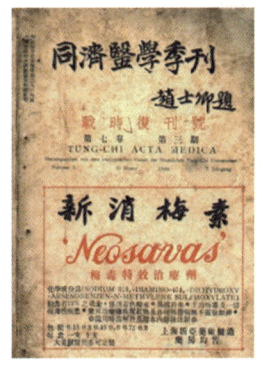

《同济医学季刊》第 7 卷第 3 期的"战时复刊号"

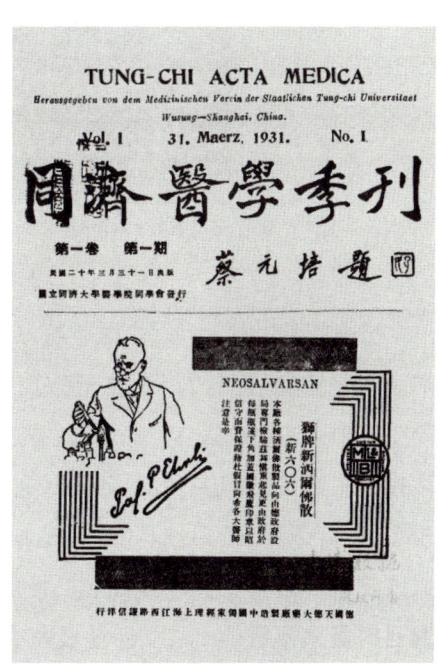

《同济医学季刊》创刊号

7. 1948年的《大众医学》：面向大众的通俗医学刊物

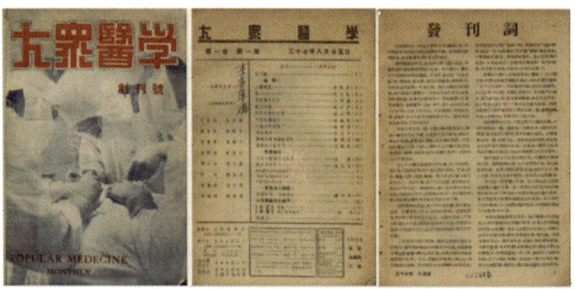

《大众医学》创刊号与发刊词

《大众医学》封面集

抗战胜利回迁上海后，医学院汇集了一大批国内知名的医学专家，学院也已在国内享有盛誉，并被誉为"医生的摇篮"。其间，学院的教授们研究学问，著书立说，并产生了创办《大众医学》的想法。为此，医学院组织了以谢毓晋、裘法祖、过晋源等教授为主组成的编委会，时任院长谢毓晋亲自担任主编。经过短期筹备，《大众医学》于1948年8月25日创刊，之后基本上每个月发行一期，每期约六万字。《大众医学》以图文并茂的形式深入浅出地介绍医学科学知识，深受社会读者的欢迎，并很快成为当时最为畅销的刊物，经常被争购一空。至1949年9月，《大众医学》累计出版了两卷共十期。

二、1949—1978：
助力社会主义工科大学建设

新中国成立后，根据国家调整高等教育布局的要求，同济由拥有医、工、理、法、文等五大学院的综合性大学转变为以土木建筑为主的单科性工科大学。1956年，党中央发出了"向科学进军"的号召，制定了"百花齐放、百家争鸣"繁荣和发展文化艺术、科学技术的方针，充分调动了知识分子的积极性，极大地促进了我国文化科学教育事业的发展，也为高校学报的发展提供了良好的社会环境和发展空间。在此背景下，《同济大学学报》《城市规划学刊》相继创刊。这两本刊物注重反映学科领域的研究成果，重视发挥学校的专业优势和特色，体现了那一时代学校特有的学术风貌。

1. 1956年的《同济大学学报（自然科学版）》

1956年，学校创办《同济大学学报》。学报为自然科学类16开本学术季刊，由李国豪任主任委员，吴景祥任副主任委员。学报在发刊词中写道："本学报属中央级以土木建筑工程为主的综合性学术刊物，主要刊登各学科领域中的最新研究成果。""本刊适合有关大专院校师生、研究人员及设计、施工管理等方面的技术人员阅读。"作为一所以土木建筑为主的工科大学，学报充分展现了学校的专业优势、学科特色与发展成就。除综合版外，学报还根据专业特点分别出版了城乡规划与建设版、城乡建设建筑工程版等。《同济大学学报》曾于1958年至1959年一度改为月刊，并强化了基础性研究文章的刊发。1966年，学报被迫停刊。

1974年1月4日，为推动科研工作深入开展，应广大师生要求，同济大学革委会向上海市教育局革委会提交了"关于出版《同济大学学报》的请示报告"。此前，学校已做了大量的前期准备工作，且已拟定好复刊后首期的目录。然而，由于当时特殊的历史原因，学报复刊事宜未能如愿。

1977年8月30日，学校向上海市教育局再次提交"关于出版《同济大学学报》的请示报告"，指出"《同济大学学报》将是一个以土木、建筑为主的综合性学术刊物，主要反映我校师生开展科学实验活动的成果和经验，同时介绍国内外有关科技领域发展的新动向、新水平和学术动态"。经过不懈努力，《同济大学学报》

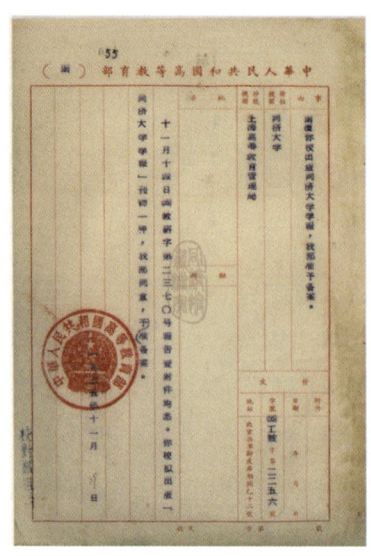 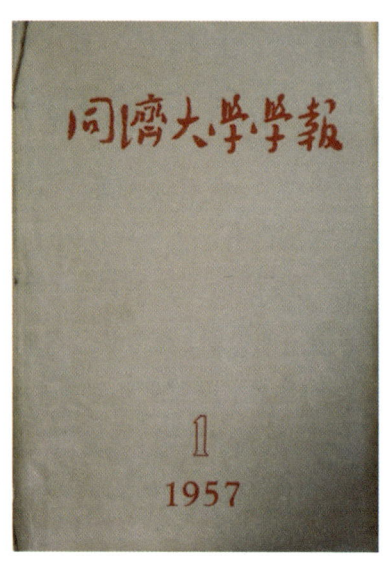

1955年11月29日,高等教育部批准创办学报的函件

1957年,《同济大学学报》第1期封面

于1978年5月正式恢复出版。复刊后,李国豪校长担任主编;此后,翁智远副校长、徐植信副校长相继出任主编。1979年5月31日,经国家科委批准,学报由邮局和中国国际图书贸易总公司向国内外公开发行。

复刊后的《同济大学学报》以"认真执行党的科技方针、政策,坚持四项基本原则,贯彻'百花齐放、百家争鸣'的方针,为促进科学研究和学术交流、提高学术水平和教学水平服务,为培养人才、发现人才提供园地"为办刊方针和宗旨。据复刊后四年的不完全统计,学报共发表各类学术论文219篇,作者达414人次。其间,李国豪校长带头撰文,先后发表了9篇论文,其他老教授、中年教师的论文也占了相当高的比例,且大多数论文具有较高的理论水平和一定的学术价值。在阅读了陈从周教授在《同济大学学报》上连续发表的五篇《说园》系列文章后,时任上海市市长汪道涵于1982年6月2日亲笔致信陈从周教授,满腔热情地赞许道:"读了《说园》五篇,总结古今,文清意蕴,获益良多,由衷感谢"(该亲笔信由《解放日报》《文汇报》全文刊载)。至1985年,学报与国内400多所大专院校、科研单位及联邦德国、美国、日本、南斯拉夫等国家和香港地区的200多所大学建立了交换关系。

1995年,学报改为双月刊。1997年,学报更名为《同济大学学报(自然科学版)》。2001年,学报改为月刊,并改由教育部主管、同济大学主办。近年来,通过改革发展与开拓创新,《同济大学学报(自然科学版)》已成为我国科学技术领域尤其是土木工程等城市建设相关学科内颇具学术影响力的期刊、中国自然科学核心期刊和中国科技论文统计源期刊之一,并被美国《工程索引》(EI Compendex)及中国核心期刊(遴选)数据库等40多种国内外重要检索系统收录。

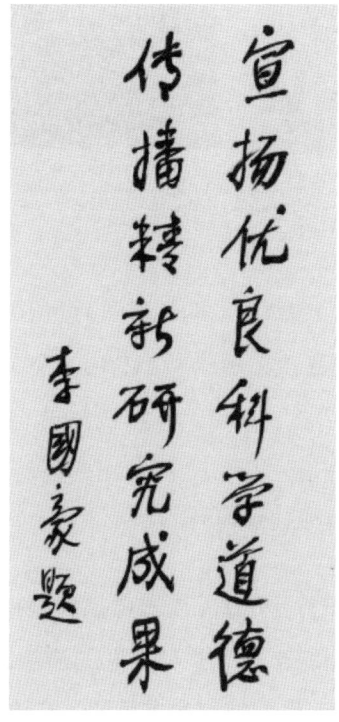

2005年,李国豪为《同济大学学报(自然科学版)》题词

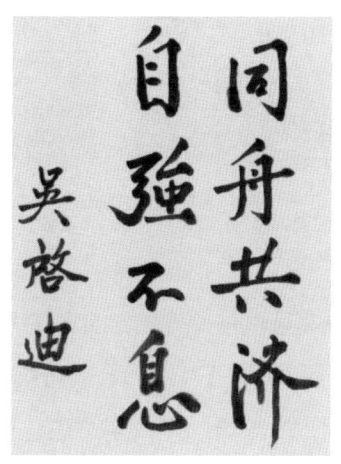

2005年,吴启迪为《同济大学学报(自然科学版)》题词

2. 1957年的《城市规划学刊》

《城市规划学刊》创刊于1957年,是中国最早的城市规划学术期刊之一。作为我国最早设立城市规划专业的高校,1957年,在青年教师董鉴泓的倡导下,建筑系资料室创办了我国第一本城市规划学科的不定期内部刊物。该刊物共发行20期,前10期为油印(1957—1958年),刊名为《城市建设资料汇编》,后10期为铅字排印(1959—1960年),刊名变更为《城乡建设资料汇编》。1960年代初,期刊停办。

1978年年底,期刊再次以内部刊物形式复刊。1981年,在齐康教授的建议下,期刊更名为《城市规划汇刊》。1983年,期刊由以总期号编排期数(至总26期止)

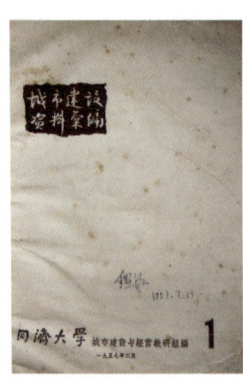 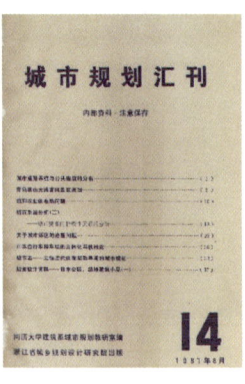 

1957年2月的《城市建设资料汇编》油印本　　1981年，在齐康教授建议下更名后的《城市规划汇刊》　　2005年，更名后的《城市规划学刊》第1期封面

改为以年份期号和总期号相结合的编排方式。1984年，期刊以双月刊形式向全国公开发行。此后，期刊于1987年获得国际标准连续出版物号，1990年入选科技论文统计源期刊，1993年入选《中文核心期刊要目总览》，1994年获美国CODEN中心分配的国际刊名代码CGHUET。1997年，期刊改为大16开本出版发行，并由金经昌先生题写刊名。2005年，期刊更名为《城市规划学刊》。

截至2018年年底，《城市规划学刊》已印行246期。《城市规划学刊》以"创新性、前瞻性、学术性"为办刊特色，以刊登我国城市规划学科发展的最新研究动态为主，兼顾与相邻学科的交叉研究成果，讨论交流当前规划界有见解的热点问题、有超前性的理论研究、有示范性的实践成果；提倡百家争鸣各抒所见的学术民主，尊重作者的原创性，唯才是举，扶掖新人，努力为开拓中国城市规划学科发展的新视野和推动学科健康发展服务。根据《中国学术期刊影响因子年报》自然科学与工程技术版和人文社会科学版公布的统计数据，在土木建筑工程学科领域及经济与管理学科领域的各类期刊中，《城市规划学刊》的影响因子多年来均位列前茅，已成为中国城乡规划学科最具影响力和权威性的学术期刊之一。

三、1978以来：
在服务一流大学建设中不断繁荣与发展

改革开放以来，我国社会主义经济建设和科学研究进入了新的发展时期。随着党和国家路线、方针和政策的根本性转变，"四化"建设和科学研究掀起了高潮，为高校学术刊物的不断发展壮大注入了勃勃生机，同济学术期刊的发展也迎来了空前兴旺和繁荣的局面，揭开了学术期刊发展的新篇章。

自1978年《同济大学学报》《城市规划学刊》相继复刊后，1990年创刊的《同济大学学报》（社会科学版）等学术期刊成为交流学术、传播思想的重要平台。随着各学科的发展壮大和科学研究、社会服务的不断推进，由学校主办的《力学季刊》《时代建筑》《结构工程师》《德国研究》等刊物相继创刊。2000年上海铁道大学与同济大学合并组建新的同济大学后，原上海铁道大学主办的《上海铁道大学学报（医学版）》改为《同济大学学报》（医学版），《口腔颌面外科杂志》《放射免疫学杂志》等改由同济大学主办，学校的学术刊物得到有效扩充。近年来，学校还创办了Engineering、She Ji、Underground Space、Built Heritage等英文学术期刊。这些刊物延续了学校的学术传统，体现了学校的办学特色和办学风格，彰显了同济人在"与祖国同行，以科教济世"的办学历程中对学术精神的不断求索，为学校建设中国特色世界一流大学凝练了文化养分和精神财富。

1. 1984年的《时代建筑》

《时代建筑》封面

《时代建筑》（双月刊）创刊于1984年，由同济大学建筑与城市规划学院主办，以中英文双语、彩色精印、超宽尺寸、新颖的版面设计为特色面向国内外公开发行。《时代建筑》以繁荣建筑创作、增进国内外学术交流为办刊宗旨，以"时代性、前瞻性、批判性"为办刊特征，以"中国命题、世界眼光"为编辑定位，强调本土特征中的国际化品质，并将"以中国建筑为特征、具有国际水平的学术刊物"作为发展目标。

2. 1986年的《德国研究》

《德国研究》2000年第四期、2018年第2期封面

《德国研究》(季刊)创刊于1986年,由同济大学德意志联邦共和国问题研究所主办,属社科学术理论类期刊。自创刊以来,《德国研究》始终坚持"研究德国,介绍德国,促进中德两国人民之间的交流与了解,提高我国对德研究学术水平,为我国的改革、开放、经济建设服务"的办刊宗旨,致力于德国问题研究领域的不断探索,积极报道该领域的最新研究成果,促进中外学者间的学术交流,并积极探索在防灾科技教育、教学及管理等方面的规律,活跃教学与科研的学术氛围,努力为教学与科研服务。

3. 1992年的《同济大学学报(社会科学版)》

学校于1989年成立文科发展委员会,拟订了文科发展规划,并筹划编辑出版《同济大学学报(社会科学版)》。《学报(社科版)》自1990年5月起以半年刊形式试刊,并累计出版3期内部交流版。1992年2月27日,《学报(社科版)》正式出版发行。

《学报(社科版)》以"学术性、开放性和特色化"为办刊宗旨,广泛邀请国内外知名学者、专家为刊物撰稿,文章质量有了可靠保证。在栏目划分上,《学报(社科版)》

摆脱了传统学报文史哲大而化之的局限,依托同济作为对德国(及欧洲)文化交流窗口的传统背景和同济建筑、城市研究的学科优势,形成了以"德国/欧洲文化研究"和"城市文化研究"两大学科群为核心的特色栏目。

《同济大学学报》(社会科学版)
2019年第4期封面

4. 2001年的《同济大学学报(医学版)》

《同济大学学报(医学版)》的前身为《上海铁道医学院学报》,创刊于1987年,初期为半年刊,1991年改为季刊。1996年1月,《上海铁道医学院学报》更名为《上海铁道大学学报(医学版)》;2001年1月,再次更名为《同济大学学报(医学版)》,并改由教育部主管、同济大学主办。学报为综合性医学类学术期刊,现为双月刊。

《学报(医学版)》立足于基础与临床医学前沿,把握基础与临床医学的发展脉搏,努力反映基础与临床医学的研究和应用现状,为促进基础与临床医学的发展提供学术交流平台。《学报(医学版)》向国内外公开发行,已被列为中国科技核心期刊(中国科技论文统计源期刊),并已被美国《化学文摘》(CA)收录。根据中国科技评价研究中心(RCCSE)发表的《中国学术期刊评价研究报告》(2011—2012年学术期刊分学科排行榜——医学综合)中公布的数据,《学报(医学版)》被评为"中国权威学术期刊"。《学报(医学版)》于2004、2009年分别荣获全国高校科技期刊优秀编校质量奖；2011 年荣获得上海市期刊优秀编校质量奖；2018 年荣获第三届上海市高校优秀科技期刊、中国高校优秀科技期刊奖。

1987 年，《上海铁道医学院学报》第一卷第 2 期封面

《同济大学学报（医学版）》2019 年第 4 期封面

5. 2006 年的 *Frontiers of Structural and Civil Engineering*（《结构与土木工程前沿》）

Frontiers of Structural and Civil Engineering

Frontiers of Structural and Civil Engineering 创刊于 2006 年，由高等教育出版社、中国工程院和同济大学联合主办，高等教育出版社和 Springer 公司联合出版，是中国第一本入选 SCI 系列的综合性土木类刊物，也是中国工程院

土木水利建筑工程学部的院刊（土木分刊）。Frontiers of Structural and Civil Engineering 致力于打造交流土木工程学科重大原创性学术成果和突破性技术的前沿阵地，重点关注前沿交叉研究和重大工程的科技创新，不断追踪在结构工程、桥梁工程、交通工程、水利与港口工程、岩土及地下工程、工程力学和材料科学等领域的最新学术成果和科技进展。

6. 2001年的《口腔颌面外科杂志》

1991年，《口腔颌面外科杂志》创刊号

《口腔颌面外科杂志》（Journal of Oral and Maxillofacial Surgery）创刊于1991年，是我国口腔颌面外科领域第一本专业性学术期刊，原由上海铁道医学院主办。上海铁道大学与同济大学合并后，该刊改由教育部主管、同济大学主办、同济大学口腔医学院承办，并向国内外公开发行。

《口腔颌面外科杂志》坚持理论与实践相结合，主要刊登口腔颌面外科及相关学科在基础与临床研究领域的新成果、新技术及临床经验等方面的论文，内容丰富，信息量大，深受口腔医学院师生、口腔颌面外科及相关学科的医务人员和科技工作者的欢迎，目前已被中国学术期刊综合评价数据库、中国核心期刊（遴选）数据库、中国期刊全文数据库、中文科技期刊数据库、美国《化学文摘》(CA)、美国《乌利希期刊指南》等收录。

7. 2015 年的 *She Ji: The Journal of Design, Economics, and Innovation*（《设计、经济与创新学报》）

She Ji: The Journal of Design, Economics, and Innovation

She Ji: The Journal of Design, Economics, and Innovation，简称 *She Ji*，创刊于 2015 年，是中国大陆地区第一本全英文、由国际同行评审的设计学学术期刊，所有文章全文刊载在 *Science Direct* 上。*She Ji* 为同济大学所有，由爱思唯尔出版社以季刊频率在线发行。期刊主编为 Ken Friedman，执行主编为娄永琪，在由七十余人组成的编委团中，国际编委的比例超过百分之九十。作为跨学科期刊，*She Ji* 聚焦"创新依赖设计、经济和科技的整合；创新会催生并整合生成于各种学科交叉边缘的新知识；在世界范围内，产品与服务的战略设计正在设计、经济和创新三个领域的交集处塑造一个新兴领域"的理念，努力探索在新经济背景下设计驱动产业、商业、非盈利服务、政府等创新的新模式。

8. 2016年的 *Built Heritage*（《建筑遗产》）

Built Heritage

Built Heritage（英文，季刊）创刊于2016年，由教育部主管、同济大学主办、同济大学出版社有限公司出版，是我国历史建成物及其环境（historic built artefacts and environment）研究、保护与再生领域的第一本综合性专业英文期刊。期刊旨在反映该领域理论与实践的发展状况，展示中国研究成果，报道国际前沿进展，以增强各界人士对物质遗产的保护意识，促进全球研究者的对话与交锋，探索建筑遗产的存续与活化之道。

期刊汇集国内外建筑历史和建筑遗产保护领域的知名专家学者组成学术委员会和编委会，以同济大学建筑与城市规划学院为依托，搭建了优秀的学术编辑队伍。期刊常设栏目包括"研究聚焦""理论与历史""遗产图说""案例解析"等，目标群体为建筑学、文物学、城乡规划、风景园林、土木工程、历史学、文学、艺术等相关领域的研究者、设计者与管理人员、高校师生、建设主管部门及相关企业界人士。期刊内容涵盖面广、综合性强，涉及建筑、城乡规划、风景园林学科中与"建筑遗产"相关的各个方面。

同济的学术刊物既有同济特色又蕴含着同济风格，其所代表的学术精神充分体现了学校在学科发展、人才培养、科学研究等方面的强大优势和悠久传统。通过这些学术期刊，我们可以看到同济人面向世界、"救中国于微弱"的抱负，"求学术新颖，复选精粹，而译笔选词择句悉依祖国"的自信，"正当文规不容少苟，其有须博征文献者兼收并采，尤不惮烦"的严谨，希望通过学术创新使国人"咸有新知，无忘古学"的追求，彰显了同济人"与祖国同行，以科教济世"的学术实践与贡献。

32

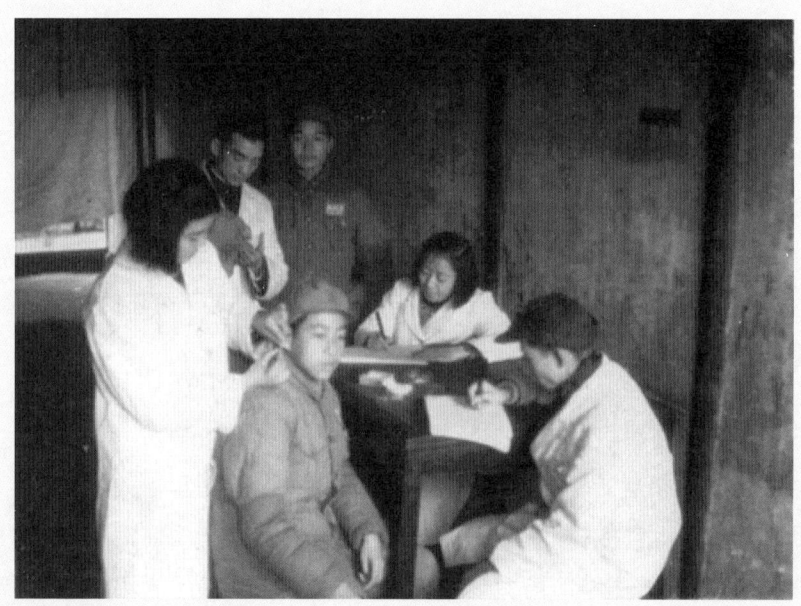

师生在为战士们做体检

第三十二周　　　　　　　　　　　1.05~1.11 [2020]

同济与新中国初期的"血吸虫病防治"

"绿水青山枉自多，华佗无奈小虫何！
千村薜荔人遗矢，万户萧疏鬼唱歌。"
毛泽东的《七律·送瘟神》
形象地描述了当年在中华大地上肆虐的恶魔
血吸虫是一种寄生虫
主要分布于我国长江流域及南部省份
对人类身体健康有极大危害

1949年5月上海解放后
解放军开始在上海周边训练泅渡
不久后部队中开始流行血吸虫病
1950年1月5日
上海市千余名医务人员响应政府号召
组成血吸虫防治大队
医学院邵丙扬教授临危受命担任大队长
同济200余名师生及医护人员奔赴太仓
深入调查发病情况
及时诊断当地病患
为国民健康做出了不可磨灭的贡献

回眸"历史上的这一周"
让我们一起回顾
同济与新中国初期的"血吸虫病防治"

一、师生积极备战

1949年4月,中国人民解放军百万雄师强渡长江,解放南京。1949年5月上海解放后,中国人民解放军第三野战军受命移驻上海近郊,开始实施渡海作战训练等战前准备工作。部队新驻地靠近长江口,湖泊众多,河网纵横,是训练泅渡作战的理想场所。然而,这里也是日本血吸虫病、疟疾、痢疾频发的疫区。由于部队卫生部门对血吸虫病的流行性和危害性认识不足,战士们参加游泳训练时未作特殊防护,不少士兵很快出现了发高烧、出风疹块和腿肿等症状,且一时难以治愈。

发现"怪病"流行后,部队卫生部门立即向军部作了汇报,军部随后向上海市政府寻求紧急支援。受市政府委派和部队邀请,同济大学附属中美医院的邵丙扬、冯新为等教授赴部队开展了诊疗和调研,通过从患者大便中孵化出的日本血吸虫病颤毛幼虫,确定了部队中流行的"怪病"为日本血吸虫病。在陈毅市长的关心和领导下,上海市于1949年12月成立了血吸虫病防治委员会,同济大学医学院多位专家受邀成为委员会成员。

1949年12月22日晚,医学院院长唐哲教授主持召开动员大会,向医学院高年级(四、五年级)学生通报了上海市郊区某团驻军严重感染日本血吸虫病的情况,介绍了上海市政府的防治要求和医学界开展防治工作的进展,并号召全体学生踊跃参加防治工作。唐哲的动员得到学生们的热烈响应。医学院学生会于会后立即召开了学生会执委代表和学习小组长会议,决定成立医学院学生会防治委员会,并拟订了"战瘟神"基本工作方案。

为快速提升学生的诊疗技术,有效开展防治与诊疗工作,医学院于12月25日启动了学生的集中强化培训。按照计划,医学院的217名高年级学生被分为三个大组,第一组学习血片推制、白血球区别计数和小便化验,第二组学习静脉注射及临床护理,第三组学习大便查验和寄生虫卵甄别;三个组的培训内容每两天轮换一次;晚间则由教师向学生们讲授日本血吸虫病的相关药理、病理、预防及鉴别诊断知识。培训工作开始后不久,因三年级学生积极要求参加防治工作,医学院结合学生的知识能力对培训方案作了调整,三年级学生着重学习查验大便中的血吸虫卵,高年级学生则侧重于学习注射和临床诊疗。

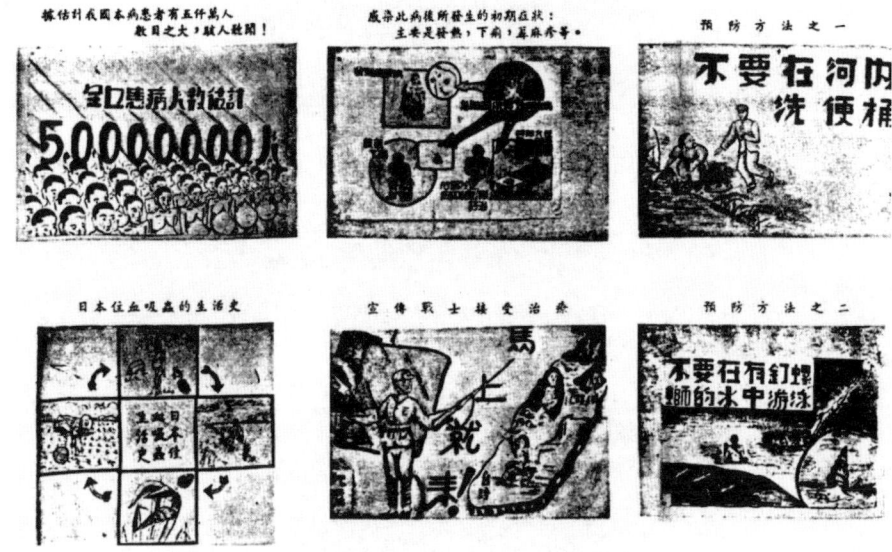

学校开展的血吸虫病预防教育宣传专栏

在学习和准备过程中，师生们充分体现了团结互助的合作精神。培训期间，被誉为"中国人体寄生虫学奠基人"的姚永政教授亲自向学生讲授血吸虫的致病原理及诊疗方法。在实验室练习注射时，冯新为教授让学生在自己的胳膊上练习注射。他的这一举动使在场的学生深受感动，大家也纷纷效仿，相互练习注射；有的学生虽然已被扎了七八针，还毫不在意地说："宁可我们在今天忍忍痛多扎几针，不要到现场后让解放军同志受苦。"此外，高年级学生还热心帮助和指导三年级学生查验大便检片，学生会骨干则彻夜忙着整理和编辑血吸虫病防治手册。经过一个星期的突击学习和训练，学生们的血吸虫病诊疗技术有了普遍提高，到部队开展防治工作并取得胜利的决心和信心也大大增强。

附属中美医院也积极响应防治工作号召。由于医院仅有 15 名内科医师，为了确保完成防治委员会要求医院派出 25 名医师的任务，又不影响医院日常业务，医院提出了"二人的工作一人做"的口号，并根据各科室人员情况进行了综合调配，分别抽调了内科 7 人、外科 4 人、妇产科 2 人、儿科 2 人、皮肤科 3 人、X 光科 1 人、化验科 2 人及诊疗水平较高的实习医生 13 人，组成了 34 人的医疗队参加血吸虫病防治工作。

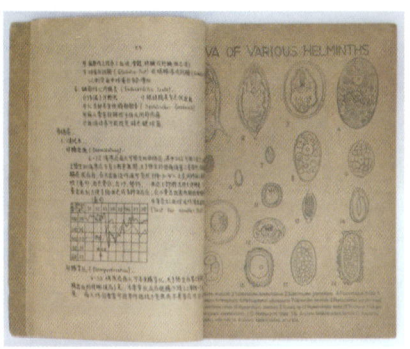

1950年，医学院学生会和血吸虫病防治委员会共同编写的《学习手册》

医学院林竟成院长（前中）、邵丙扬大队长（前左二）在位于嘉定的防治工作大队部

  1950 年 1 月 5 日，由同济大学医学院邵丙扬教授任大队长、全市 1000 余名医务人员组成的血吸虫病防治大队分成 4 个中队，分别赴嘉兴、嘉定、青浦、太仓等重点地区开展防治工作。其中，4 名中队长中有 3 人是同济教师或校友，16 名分队长中也有 8 人为同济校友，各分队和小组里也有不少为同济校友。由同济大学医学院师生及附属医院医护人员组成的第二中队被安排赴太仓协助第九兵团二十军五十八师开展防治工作。此前，陈毅市长亲自为《血吸虫病防治手册》题写书名，揭开了上海市大规模开展血吸虫病防治工作的序幕。

二、太仓"百日血防"

  太仓血防中队由洪宝源教授担任队长，262 名队员中包括教授、讲师、医师、检验师、营养师、护士及 216 名经短期突击培训的学生。抵达太仓后，防治中队立即开展了血吸虫病的诊治和防疫工作。第二天一早，中队长就带领分队长和小组长与部队

学生们在显微镜下做检验

学生们在整理病历

师生制作的防疫宣传栏

学生在开展防治宣传教育

领导召开会议,详细了解战士患病的情况,确定各小组的工作地点。

到达指定部队所在地后,师生们立即开展实地调查,查看部队的住房、生活用水、厨房、厕所、粪便处理及战士患病等情况,并作了初步的防治宣传。此后,在大家的共同努力下,师生们仅用5天时间便完成了9366名战士的健康体检。在随后的检验过程中,由于战士们来自祖国各地,各种方言有时很难听懂,学生们便耐心地与战士们交流,认真做好每一份病历;采样的瓶子不够,大家便开动脑筋,将雪花膏瓶、墨水瓶、空罐等全部用来采集样本;查验大便时,学生们用冻僵的双手,哼着歌在显微镜下观察;晚上熄灯后,学生们仍挑灯夜战,依靠煤油灯的微弱亮光仔细查验,有时还需工作到半夜甚至通宵。

持续22天的化验工作完成后,师生们又开始投入紧张的治疗工作。根据检验结果,共有4665名战士需要进行各种治疗,约占被检查总人数的50%,其中血吸虫卵阳性者1163名,约占需治疗人数的25%。

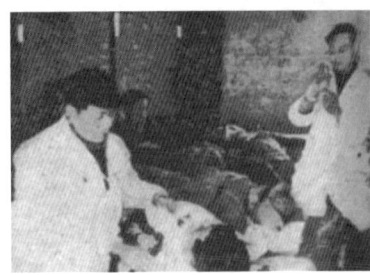
教师及医师在给战士们治疗

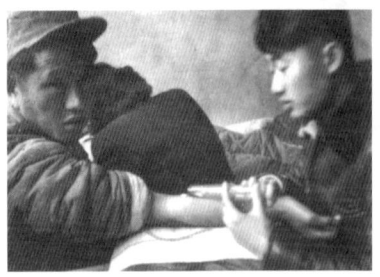
学生在给战士患者注射锑剂

同济血防中队第五诊疗组与解放军172团2营干部的合影

师生与战士们惜别

部队夹道欢送凯旋的同济师生

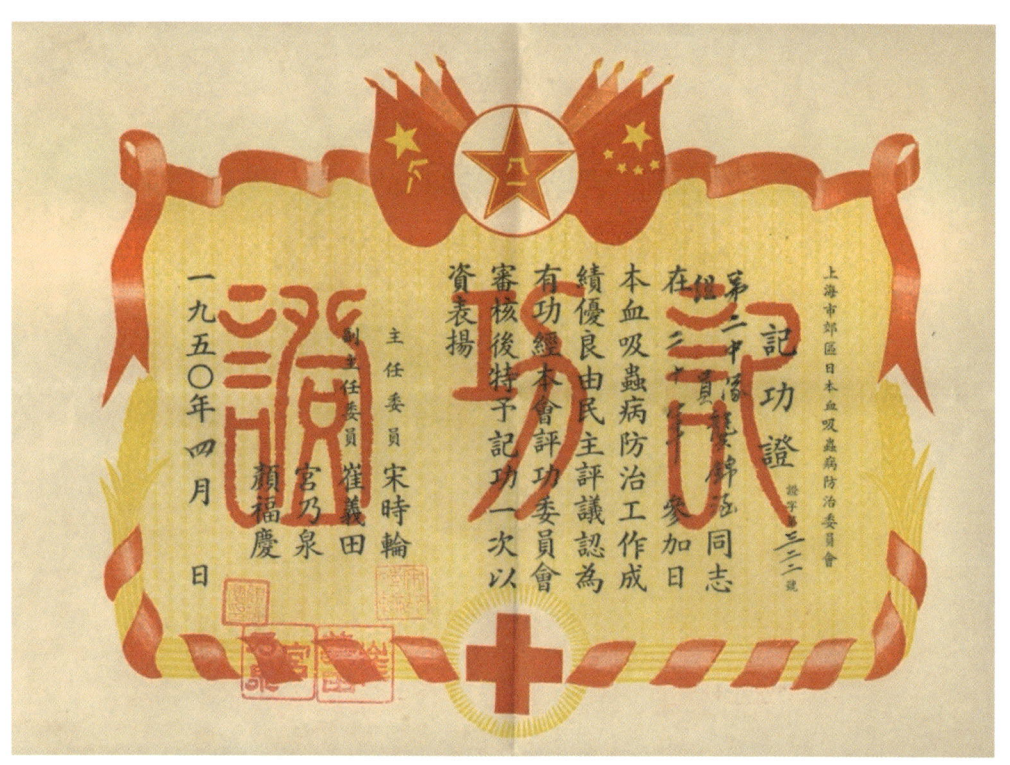

学生龚锦涵（中国潜水医学家，1951年毕业于同济大学医学院）的记功证

因化验设备有限，前期的化验工作是在团部开展的，而到了治疗阶段，师生们便开始深入连队。由于部队所在地是临时集训地，不仅居住环境较差，而且比较分散，给后续治疗工作带来了许多困难。

于是，师生们因陋就简，尽量选一些光线、通风条件较好的房间作为病房，并不辞辛苦地奔波于各病房之间，耐心地做好诊治工作。身体健康的战士也组成了护理班，帮助师生照顾患病的战士。虽然在学校时已经学习过静脉注射，但毕竟没有"真刀真枪"地经历过，同学们便努力克服心理上的障碍，处处小心谨慎，减少因注射给战士带来的痛苦，并很快掌握了注射技巧。由于注射用的针筒有限，而消毒用的井水里矿物质较多，煮沸消毒时杂质容易积留在针筒上，同学们便开动脑筋，改用沉淀过滤后的河水作为煮沸消毒用水，从而解决了器具消毒的问题。为了做好治疗工作，师生们经常查房，给注射后反应大的战士做热敷、倒开水、喂药、清除呕吐的污物，还搀扶他们如厕，满腔热情地照顾好患病战士。有的学生虽然自己也生病了，但仍坚守

血吸虫病防治特制纪念章

岗位、带病工作。在整个治疗期间,除大年初一休息一天外,其余时间师生们一直战斗在治疗岗位上。

3月1日起,患病的解放军战士开始陆续康复出院,至3月25日,治疗工作顺利完成。自1950年1月至4月初,在部队各级领导和华东局卫生部的领导下,同济师生共查验士兵近万名,治愈患病士兵近五千名。同时,同济血防中队还举办了卫生科普讲座,惠及战士及民众近8万人,有效地保障了部队的战斗力和当地百姓的身体健康。在近百个日日夜夜的"百日战斗"中,同济大学师生响应国家号召,为部队保障工作和人民健康事业做出了历史性贡献。4月2日,圆满完成血防任务的同济师生启程返校。

圆满完成"百日血防"任务后,人民解放军对医务人员进行了评优记功。血吸虫病防治大队大队长邵丙扬教授两次立功,孔祥云立三等功,冯新为、赵华月立四等功;同济所属第二中队92%的队员获得人民解放军的评优记功荣誉,其中4人荣立二等功,241人立三、四等功。由于治疗及时、措施得力,染病的解放军战士全部恢复了健康。这支部队后来在朝鲜战场上成为英雄之师,并涌现出了杨根思等一批战斗英雄。

三、同济"血防"功臣

邵丙扬教授在开展血吸虫病防治研究

在血防一线的邵丙扬教授

1950 年前后的上海千人防治工作开创了我国医学史上前所未有的大规模防治血吸虫病的先河,为即将开始的全国防治血吸虫病的群众运动积累了经验。太仓血防只是同济人在血吸虫病防治领域所做贡献的一个缩影。在同济的百年医学史上还曾涌现出一批大家,他们用智慧、勤奋和汗水,为祖国的血吸虫病防治工作谱写了辉煌篇章。

完成沪郊防治工作后,邵丙扬教授对当时普遍采用的酒石酸锑钾疗法进行了深入分析和研究。酒石酸锑钾(吐酒石)于 1918 年首次应用于治疗血吸虫病,该疗法的缺点是疗程长(达 20 天)、留存毒性大,且须采用静脉注射,治疗时很不方便。1951 年,邵丙扬教授开始研究缩短疗程的新疗法,确立了酒石酸锑钾三日疗法的可行性与安全性,并于 1953 年在《中华内科杂志》发表了《应用酒石酸锑钾三天疗法治疗日本血吸虫病的初步报告》。此后,这一新疗法迅速在全国的防治工作中得到推

国家一级教授李赋京

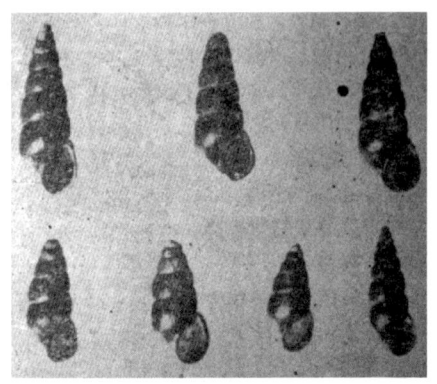

1936年,李赋京发现的钉螺新品种被正式命名为"李氏钉螺"

广。1956年,中央卫生部肯定了邵丙扬教授的"三日疗法",并聘请他担任中央卫生部血吸虫病防治委员会委员及血防顾问。1957年4月20日,周恩来总理签署的《国务院关于消灭血吸虫病的指示》中也高度肯定了"锑剂三日疗法"。

早在20世纪30年代,针对国内几乎无人开展血吸虫病研究的状况,毕业于同济医工专门学校、赴德国留学并获得医学博士学位的李赋京回国后开启了对这种疾病的专项研究。在同济担任病理学、解剖学教授期间,李赋京多次前往浙江、江苏、江西的湖泊、沟渠和沼泽地带寻找钉螺,观察和研究其习性,并先后发表了《钉螺的解剖》《日本血吸虫的中间宿主》等多篇文章。1936年,李赋京在安徽发现了一个钉螺新品种,并在《中国动物学》杂志予以发布,立刻在学术界引起轰动;该发现经鉴定后于同年被命名为"李氏安徽钉螺"。20世纪50年代初,已成为国家一级教授的李赋京向国家有关部门提出了结合兴修水利开展血吸虫病防治工作的建议并被采纳,从而为我国广泛开展灭螺工作提供了有效途径和方法,对根治血吸虫病起到了良好的促进作用。

姚永政教授则被誉为"中国人体寄生虫学奠基人"。1938年,姚永政赴广西调查寄生虫病。当得知在兵役体检中发现一名"大肚子病"患者后,他便对患者进行了粪便检查,并查验出其中含有日本血吸虫卵。根据这一线索,姚永政带领助手奔赴患者的家乡——广西宾阳县王灵乡开展实地调查,终于找到了一种不同于以往所见钉螺的日本血吸虫中间寄主,并首次证实了日本血吸虫病在广西宾阳地区已有流行的现状。后经国内外科学家鉴定,该钉螺被命名为"姚氏钉螺"。

发现"姚氏钉螺"姚永政教授

除此之外,在中国血吸虫病防治史册上还记载着许许多多同济人的名字和他们的功绩。1922年毕业于同济医科的谷镜汧教授于1936年系统地整理和阐述了日本血吸虫病的病理变化和形态特征;同期毕业的梁伯强院士和曾任职于同济医学院病理学馆的杨简教授于1944年首先揭示了日本血吸虫卵在人体肝脏的分布及侵蚀途径;著名病理学家杨述祖教授于1950年编著的《血吸虫病防治手册》对血吸虫病的治疗、防范和科研教学等起到了深远的指导意义。

同济人的太仓"百日血防"取得了卓著成效,但全国的血防事业却从未止步。在中国南方的个别地区,血吸虫病仍然是一种重要疾病。据2003年统计,与新中国初期相比,全国的血吸虫患者由1160万人下降至84万人,钉螺覆盖面积由143亿平方米下降至37.9亿平方米。如今,血吸虫病患者数量已下降至三万人,中国的血防工作取得了举世瞩目的成就。《"十三五"全国血吸虫病防治规划》提出,到2020年年底,全国96.5%的流行县将消除血吸虫病或阻断其传播。《"健康中国2030"规划纲要》提出,全国所有流行县将全面达到消除血吸虫病的标准。

33

同济学生参加抗议美军暴行的示威游行

第三十三周　　　　　　　　　1.12~1.18 [2020]

同济"一·二九"事件始末

"宣传，斗争，打倒帝国主义！"
"我们誓以我们的热血和力量
和你们来完成这救亡的工作！"
"为建立一个独立、自由、
民主、富强的新中国而努力！"
这是同济学子关心民族命运的心声和呐喊

1948年1月13日
在中共同济地下党的领导下
由进步学生组成的学生自治会完成改选
但在国民党反动势力的操控下
校方非但不予承认
还无理开除和处分进步学生

1948年1月29日
以同济大学为首的上海进步青年学生
高举"反迫害、争民主"的旗帜
为了国家的前途命运
展开了反抗国民党反动派腐败统治
争取民主权利的伟大斗争

回眸"历史上的这一周"
让我们一起翻开
同济进步青年学子书写的光荣一页

自建校以来，同济大学始终与祖国同呼吸、与民族共命运，形成了光荣的革命传统。在追求民族独立和人民解放的斗争中，同济师生不惜抛头颅、洒热血，书写了可歌可泣的壮烈史诗。从1919年"五四"火炬照亮同济校园，到1925年投身"五卅"运动洪流，从抗战爆发后积极开展抗日救亡，到解放战争时期在第二条战线上英勇奋斗，每当国家和民族处于危难之际，同济学生总是冲在前列，英勇斗争，表现出了浓烈的爱国主义情怀和强烈的历史责任担当。

一、第二条战线上的民主堡垒

南京血案发生后，同济学生在街头演出活报剧《你这个坏东西》

抗日战争胜利后，学校如愿回到上海，学生们也对新的学习生活充满憧憬。然而，国民党反动派在美帝国主义的支持下悍然发动内战，使渴望民主自由新生活的中国人民再次面临社会凋敝、民不聊生的局面。在中国共产党的领导下，同济师生继承"五四""五卅"运动的革命传统，在第二条战线上英勇斗争，掀起了反内战反独裁的"反蒋运动"浪潮，以实际行动迎接上海的解放。

1946年12月24日，美军水兵强奸北大女生。包括同济2000多名学生在内的上海1万多名大中学校学生于1947年元旦举行了抗议美军暴行的示威游行。1947

年 5 月 20 日,反动军警对南京爱国学生举行的反内战、反饥饿、反迫害示威游行实施了残酷镇压,制造了"五二〇"血案。当天恰逢同济建校四十周年纪念日,原本在工学院礼堂举行的校庆晚会变成了对国民党反动派制造南京血案的抗议大会。血案发生后,上海市学生联合会决定委派包括同济学生在内的 37 名学生代表赴南京请愿,同时由上海各大中学校组成宣传小队,分赴上海各地街头开展反镇压、反迫害的宣传活动。

"反饥饿、反内战、反迫害"运动形成了全国性"反蒋"学生运动的新高潮。5 月 30 日,毛泽东发表了《蒋介石政府已处于全民的包围中》的著名文章,指出:"中国境内已有了两条战线。蒋介石进犯军和人民解放军的战争,这是第一条战线。现在又出现了第二条战线,这就是伟大的正义的学生运动和蒋介石反动政府之间的尖锐斗争。"

在开展斗争的同时,学校党的建设也取得很大进展,并成为教育和引导学生、领导学生运动的中坚力量。至 1947 年 11 月,同济党支部的庞其方、万孝信等陆续发展了 40 多名党员,肖荣铮、何长城、王翼林、范郁芬、杜受百、王宗恕、温尚煜等一批具有威望的学生领袖和先进分子先后入党;同时,随着已在中学期间入党的葛启明、朱启泉、顾爱贞、鲍世宰、汪鼎耜、阮莲三等一批党员骨干进入同济学习,学校的党员队伍得到进一步扩大。为加强对同济党组织的领导,上海学委决定将同济党支部升格为党总支,并委派乔石同志担任同济党总支书记。此后,在乔石同志的领导下,工学院、法学院、理学院、医学院、新生院、附中、高职等相继建立了党支部或党小组,学校的进步力量得到迅速发展。

在"救饥救寒运动"中,同济学生在街头向市民发放御寒衣物

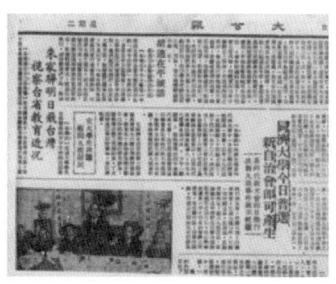

1948 年 1 月 11 日,学生在系科代表会上抗议九龙暴行(《大公报》报道)

在上海党组织的领导下，1947年11月至1948年1月中旬，同济学生及上海其他高校进步学生先后发起了三次冲破白色恐怖的进步运动。1947年11月上旬，同济学生举行罢课抗议，声讨国民党反动派残忍杀害浙江大学学生自治会主席于子三的暴行，声援学生中的民主力量。1947年12月，寒潮来袭导致近百人在上海街头被冻死，在同济学生的先导下，上海各界开展了一场声势浩大的"救饥救寒运动"；据不完全统计，全市共募得各类御寒衣物15万件、现金10亿元，救济各类人员达30万人。1948年1月5日，英帝国主义在九龙使用暴力拆毁民房并造成流血惨案，同济学子积极参加"上海学生抢救民族危机抗议九龙暴行联合会"，并举行罢课示威游行。同济学生在这三次斗争中冲锋在前的英勇行为引起国民党反动派的极端忌恨，一场空前的风暴正在同济校园内外悄然酝酿……

二、学生自治会改选与"一·二九"事件

在进步学生运动的影响下，学校的进步力量有了新的发展，学生的斗争性、组织性大大增强。为了适应新的斗争形势，党组织深感亟需改选学生自治会。学校的学生自治会成立于1946年上半年，其骨干成员由校方指定的亲国民党的三青团分子组成，其主张与大多数师生的民主解放思想相背离，成为进步学生运动的绊脚石。1947年2月，按照广大学生意愿，学生自治会进行了改选，杨前坤等11人当选为第二届理事会理事。从此，学生自治会成为在党的领导下、以进步力量为骨干的学生组织。

1947年12月16日，国民政府教育部公布了修正后的《学生自治会规则》，规定学生自治会成员应由各校当局指派、圈定或者批准；各校自治会限在校内组织课外活动，不得参加校外各种团体活动，不许成立各校间的联合组织；对违抗校规的学生自治会，各校当局可随时解散。国民政府试图借此打击和取缔学生自选的学生自治会，扼杀学生的爱国民主运动。此后，南京中央大学学生自治会首先被解散，同济第二届学生自治会理事长杨前坤（后转而参加浙东游击组织）等也先后被开除。

1948年1月，一场围绕学生自治会改选的斗争在校园内拉开了序幕。在第二届学生自治会组成的改选小组的宣传和发动下，党员和进步学生积极呼应、密切配合，绝大多数班级选出了由党员或进步学生组成的级长和系科代表。此举遭到以校长丁

1948年,参加学生自治会理事竞选的部分学生

同济学生决定于1月29日赴南京请愿的报道

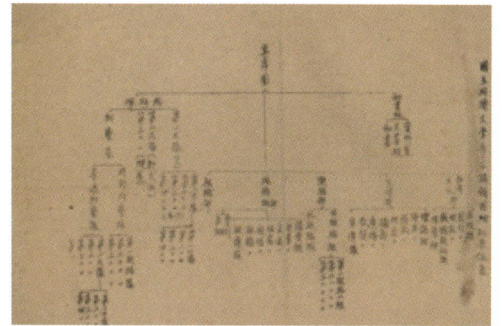

同济大学赴南京"请愿团"组织系统图

同济学生赴南京"请愿团"的标语横幅

文渊为代表的校内反动势力的反对。丁文渊要求根据《学生自治会规则》由校方指定的15名级长筹备成立各学院的学生自治会,不允许成立全校性的学生自治会。校方的做法遭到大多数学生的反对。

为了反抗专制统治、保卫学生自治会,在中共同济地下党总支的领导下,1948年1月11日,学生系科代表大会如期在工学院体育馆举行,120多名参会代表讨论通过了学生自订的《国立同济大学学生自治会章程》,并决定于13日举行全校普选。虽然遭到了校方的重重阻挠和威胁,但学生自治会改选会议于13日晚在工学院礼堂照常举行,1930名学生(占全校学生的85%)踊跃参会和投票。会议选出第三届学生自治会理事21人,候补理事5人。上海80多所大中学校的代表列席参会,并向同济大学第三届学生自治会理事会表示热烈祝贺和全力支持。

14日,第三届学生自治会举行理事会就职仪式后,校长丁文渊以"侮辱师长""毁坏公物"为由开除了杜受百、何长城等两名学生。此举在学生中引起公愤,学生们立

国民党反动军警的马队阻止学生队伍前进

交通大学、复旦大学的学生纷纷前来支援

国民党反动军警用机关枪、装甲车封锁校门,将枪口对准了手无寸铁的学生

来校与学生谈判的上海市长吴国桢　　被国民党反动军警冲散后退回工学院广场(现"一·二九"纪念园)的同济学生

即贴出海报表示抗议。在随后的一周内，校方又根据国民党反动派的授意先后无理开除了文德昭等5名学生、处分了4名学生，并扬言"必要时通知治安机关维持校内秩序"。面对反动派的疯狂迫害，国立大学区委和同济总支分析了形势，认为必须把斗争口号提高为"反迫害、争民主"，坚决反击敌人，扩大社会影响，争取教师同情，努力将校内的学生斗争与全市各校的声援形成呼应。

学生自治会理事会也随即发表了《告同学书》，表示理事会是学生的公仆，为了执行全体学生的公意，哪怕赴汤蹈火也在所不辞。19日，学生自治会组织召开系科代表大会，决定无限期罢课；如交涉无果，将组织全体学生赴南京请愿，并要求丁文渊引咎辞职。

21日，丁文渊又开除了肖荣铮等四名学生，并处分30人，学生与校方的矛盾进一步升级。25日晚，上海市学生联合会在同济大学工学院召开"支援同济大学争民主反迫害大会"，来自60多所大中学校的1500名代表喊出了"大家团结起来保卫同济民主堡垒"的口号，成立了"上海市学生争民主、反迫害、支援同济联合会"，并发表了《宣言》。同时，学生自治会积极筹备赴南京请愿的相关工作，决定若28日下午与校方的交涉再无结果，29日即赴南京请愿。

为了镇压学生的请愿运动，国民党当局连夜调兵遣将。29日天还没亮，武装军警已从四面八方调遣到工学院附近，几千名武装军警、特务等将工学院周围团团包围起来，并架起机关枪对准了学校大门，试图将学生们拦阻在其美路（今四平路）上。

1月29日，"请愿团"的学生集中到了工学院和理学院，准备于上午10时出发。当日一早，从各个校区赶来的同济学生与各校赶来欢送的四千多名学生陆续来到其美路汇合。中共上海学委负责人吴学谦、吴增亮和国立大学区委费瑛、王光华、浦作及同济地下党总支书记乔石等也亲临现场，组成了领导这场斗争的指挥力量。同济、交大、复旦等大中学校的几百名党员站在了斗争前列，表现出共产党人为革命事业身先士卒、赴汤蹈火的大无畏精神。

上午10点三刻左右，在学生队伍与军警对峙两小时后，上海市长吴国桢出场"调解"。吴国桢和上海警备司令宣铁吾、警察局局长俞叔平与杜受百、黄克鲁、冯立文、黄仁端、王宗恕、潘承邦等学生代表在其美路旁的康陇酒家举行了谈判。由于吴国

"一·二九"事件期间,同济园内的民主墙

1948年3月15日,上海地方法院对同济"一·二九"事件中的11名被捕学生进行"审判",上海各校学生3000多人在法院门前集会抗议

1948年4月10日,受迫害的同济学生举着"我们永远在一起"的锦旗合影留念

《申报》关于被迫害学生在法庭上与国民党反动派作斗争的报道

桢故意采取拖延政策,谈判无果而终。下午3点半,鉴于"调解"毫无进展,党组织经研究后决定:"请愿队伍再佯冲一次,逼迫吴国桢赶快谈判,争取较为有利的条件;立即在党内统一思想,作回校的准备,召开大会,总结经验,教育群众,暂时复课,以利再战。"

然而,正当请愿队伍刚开始向前挺进时,一场精心策划的血腥暴行开始了。国民党骑巡队猛然冲向学生队伍,并挥舞马刀、举起枪托劈打学生,造成69名学生受伤(其中3人重伤)。请愿队伍被迫退回工学院礼堂暂作休整。当晚,群情激昂的学生们在礼堂举行了"血债晚会",并派出5名各校代表向吴国桢提出抗议,要求惩办凶手、撤回军警、释放被捕学生、赔偿损失。然而,国民党当局一边与学生谈判,一边派军警特务冲进学校,冲击"血债晚会"现场,搜查学生宿舍,并大肆逮捕

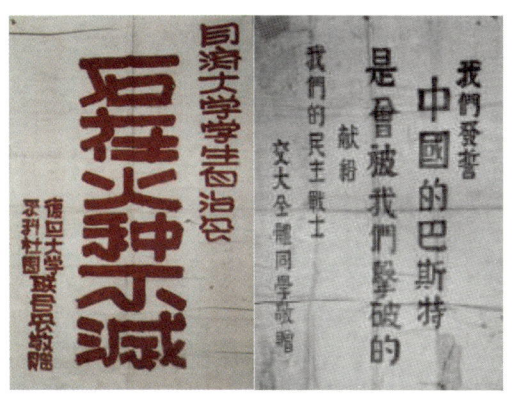
各学校敬赠给同济大学学生自治会的锦旗

"一·二九"事件发生后,世界学联代表来校访问并作"全世界青年学生英勇团结迎向斗争"演讲的报道

学生。在此次事件中,国民党当局共逮捕了97名学生,另有166名学生先后受到了各种迫害。

"一·二九"事件发生后,工学院学生杨益言撰写了《同济'一·二九'案前后》一文,投稿并登载在上海《国讯》上;此外,上海的《学生报》、香港的《华商报》《群众》等进步报刊也及时报道了事件真相。国民党反动派制造血案和同济等校学生英勇反抗的消息传出后,立即在国内外引起强烈反响。华北学联、北平50余所大中学校的学生会及天津、武汉等地的进步学生组织纷纷发表声明,誓作同济的坚强后盾,并积极组织后援会,开展募捐活动,慰问受伤学生。香港各民主党派领导人纷纷发表书面谈话,盛赞同济和上海学生的正义行动和团结精神,并向国民党政府提出强烈抗议。社会各界人士也伸出援手,积极营救被迫害学生。经过各方努力,被捕学生全部得以解救。

同济"一·二九"事件迫使国民政府推行的《学生自治会规则》以失败而告终。此后,交大、复旦、圣约翰大学、武大、北大、清华、浙大等校的学生自治会陆续完成民主改选。在中共地下党的领导下,各校学生自治会在团结广大学生参加应变护校、迎接解放的各项工作中发挥了重要作用。同济的"一·二九"事件震动了国民党反动派,配合了人民解放军主战场的斗争,促进了青年学生对革命的向往,成为第二条战线上的重要胜利成果。

三、"一·二九"精神的传承与发扬

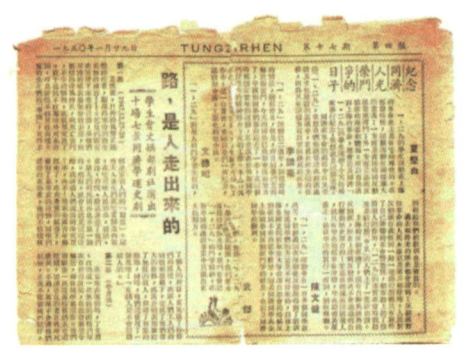

1950年1月29日,《同济人》第17期刊文纪念《同济人光荣斗争的日子》

同济"一·二九"学生运动激励着更多的青年学生和知识分子向中国共产党领导的民族解放事业靠拢,引导他们向往光明美好的明天。1949年5月27日,上海解放。6月25日,上海市军管会正式接管同济,同济大学获得了新生。在接管大会上,师生代表纷纷表示:"同济进步的、民主的洪流二十年来从未停止过,现在已成为上海学运的先锋,和交通大学同是上海的民主堡垒。在思想上同济有一股新生的力量,有着坚强的战斗精神"。此后,许多学生报名参加了"南下服务团""西南服务团",投入到解放大西南和革命建设的洪流之中。

新中国成立后,同济学生秉承与祖国同呼吸、与民族共命运的优良传统,心系国计民生,充分发挥学科优势,积极服务社会生产建设,在防治血吸虫病、治淮工程、抗美援朝等国家重大战略中发挥了重要作用,并在城市规划、建筑设计、地下工程、污水处理、抗震救灾、桥梁建设等关系国计民生的重大领域取得了大量开创性成果,为新中国成立后国民经济的恢复和社会主义建设做出了重要贡献。

"一·二九"学生运动彰显了同济优良的爱国传统,也是学校精神和文化传承的重要资源。为了纪念这一重要事件,学校将当年事件发生地的工学院礼堂命名为"一·二九礼堂",将与之相连的大楼命名为"一·二九大楼"(现同济大学博物馆),后又将附近的运动场命名为"一·二九运动场",将礼堂和运动场之间的道路命名为"一·二九路"。

1978年1月，学校召开纪念"一·二九"事件30周年报告会

1987年5月，同济大学学生运动纪念园举行落成仪式

1998年1月，学校举行纪念"一·二九"事件50周年文艺汇演

  1987年5月，学校在"一·二九大楼"中间建设了"同济大学学生运动纪念园"，每逢"一·二九"纪念日，学校都会在此举行隆重的纪念活动（现改为9月30日暨"中国烈士纪念日"举行纪念活动）。从此，"纪念园"成为同济大学优秀革命传统的教育基地，一代又一代同济学子在这里感悟理想信念，感悟责任担当，感悟同济精神，为自己的成长汲取精神力量。

学生党支部在学生运动纪念园举行党员发展大会

同濟大學一九四八年"一•二九"反抗國民黨暴政、爭取民主的鬥爭是毛澤東同志所說解放戰爭時期的第二條戰線中的一次重要鬥爭。今天我們紀念它的五十周年，就要發揚當時那種為人民利益英勇奮鬥的精神，努力做好各項工作，為建設有中國特色的社會主義事業作出新的貢獻。

一九九八年十一月 喬石

1998年，乔石在"一•二九"事件五十周年之际写下的题词

不忘初心，牢记使命。先辈们本着一颗纯粹的赤子之心，守着一份坚定的理想信念，一心为国为民，其浩然风骨，可歌可泣，精神永存！回望"一·二九"学生运动，不仅是回顾老一辈同济人的丰功伟绩、弘扬同济优良的革命传统，更是为新时代开启新征程、做出新成就吹响新的冲锋号。在"一·二九"事件中，同济人所表现出的家国情怀、担当精神和永远跟党走的决心将成为师生积极进取、争创一流的精神动力，并激励着我们紧密围绕立德树人根本任务，加快中国特色世界一流大学建设步伐，为实现中华民族伟大复兴的中国梦而努力奋斗！

34

1942年，学校在李庄举行的三十五周年校庆庆典活动

校庆日的由来

济园光阴驰，岁末归心时
年关将至，除夕在望
"校史回眸"迎来了春节前的最后一期
本周历史上的同济
曾经发生了什么
让我们一起回到 20 世纪 30 年代

1931 年的 1 月 19 日
校务委员会决定
校庆日由 5 月 18 日改为 5 月 20 日
大家可能要问
5 月 18 日的校庆日从何而来
为何又决定向后延迟 2 日
我们一起来搜寻答案吧

回眸"历史上的这一周"
让我们共同回望
五月草长莺飞时，同舟共庆华诞日

每年的五月，在同济人心中都有一份特殊的意义。5月20日，是同济大学的校庆日。在这一天，师生校友欢庆一堂，以学术交流、庆典活动等多种形式纪念学校的诞辰。同济于1907年始创，同年10月1日举行首届开学典礼，又为何将5月20日定为学校的校庆日？要解开这个谜，还得从头说起。

同济创办之初并未有校庆日的说法。1907年，中德合作创立了同济，并在白克路（今凤阳路）的同济医院（今长征医院所在地）对面租赁校舍开始办学。1908年，学校开始在宝昌路（今淮海中路）、金神父路（今瑞金二路）附近陆续自建校舍。经过几年的建设，一个具有德国普鲁士建筑风格且包含讲堂、实习工厂、宿舍、风雨操场、运动场等设施的新校园于1916年建设完成。1917年，受第一次世界大战影响，中德断交，学校校园所在的法租界当局以学校属德国人产业为借口强行霸占校园，并勒令学校解散。

危机之中，在教育界、工商界人士的大力支持和帮助下，学校被迫搬迁到吴淞租借校舍继续办学，并改由华人自办。迁至吴淞后，由于所租借的校舍位置分散且无法满足教学及生活需求，学校便向教育部申请拨款并自建校舍。经过1919年至1924年春的陆续建设，吴淞校园内不仅建成了工科和医科的教室及宿舍楼、宏伟壮丽的罗马式大礼堂、设备齐全的实习工厂、雅致实用的德籍教员住宅楼，还建造了喷水池、大草坪等基础设施，新校园环境优美，景色宜人。

1924年5月18日，学校隆重举行新校舍落成典礼，中外官、绅、商等各界人士纷纷前来祝贺。19、20两日，学校又接待了普通来宾和学生家长，并举办了全校运动会和各种文艺活动。此后，学校每年均于5月18日以庆典活动或运动会等形式表示纪念和庆贺。

1927年学校编印的《国立同济大学二十周年纪念册》中的《国立同济大学校史》对这段历史作了详细记载："民国十二年，三月十七日奉教育部令，经视察员参事秦汾，金士张文廉，部员徐树等视察报告核定工科准改为大学，又医科至十三年五月二十日始奉部令准改为大学……民国十三年，五月十八日举行新校舍落成典礼，是日宴请中外官绅商。由沪宁路局特开淞沪专车两次。十九二十日招待普通来宾及学生家属并开运动会暨各种游艺娱乐……民国十四年，五月十八日为大学校舍落成纪念日，日间全体学生开运动会，晚间开游艺会，以为校舍落成纪念。上年此日，行校舍落成

吴淞时期的教授宿舍

吴淞时期新建的工科讲堂

建设中的吴淞校舍

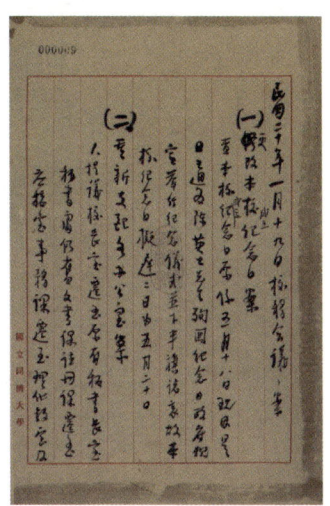
1931年1月19日的校务会议议案

典礼,因此每年此日,举行纪念式……民国十五年,五月十八日为校舍落成纪念日,是日举行纪念典礼,本校工科毕业学生沈怡博士有长篇演说。"

另有档案资料显示,1928年学校曾发布布告:"五月十八日本校成立纪念日放假一天此布。"由此可见,1924年举行新校舍落成典礼之后,自1925年起,学校将5月18日定为校舍落成纪念日,并每年举行纪念典礼。1928年,学校将5月18日改称为"本校成立纪念日"暨校庆日。

既然已将5月18日确定为校庆纪念日,为何又改为5月20日?其缘由与一段历史有关。据档案《国立同济大学校务会议议案》(自1930年10月14日起至1933年12月31日止)中的《1931年1月19日的校务会议记录》记载:"民国二十年一月十九日校务会议议案,(一)更改本校成立纪念日案:查本校成立纪念日原系

1933年5月20日,学校举办二十六周年校庆运动会

五月十八日,现因是日适为陈英士先生殉国纪念日,政府规定举行纪念仪式并下半旗志哀,故本校纪念日拟避二日为五月二十日。"

陈英士又名陈其美,辛亥革命元老,孙中山先生最得力的助手之一。1913年"二次革命"爆发后,陈英士出任上海讨袁军总司令。袁世凯复辟帝制后,陈英士在上海积极策动讨袁。1916年,陈英士被袁世凯派人刺杀,年仅38岁。孙中山高度赞扬陈英士的革命精神,并称赞他是"革命首功之臣"。

陈其美(1878—1916),字英士,中国近代民主革命家、中国同盟会元老

1927年南京国民政府成立后,同济大学被列为国民政府认定的首批国立大学,并得到国民政府的大力支持,学校也因此取得了飞跃式发展,成为我国仿照德国高等教育模式培养医工人才的典范。在此背景下,学校将校庆日避开陈英士烈士的纪念日,体现了学校对国民政府的尊重及对"革命首功之臣"陈英士的纪念。同时,学校校庆日往后延期两日后,正好与1924年5月20日医科被批准为大学的日子相对应,也更具纪念意义。因此,自1931年起,5月20日正式成为同济大学的校庆日,并延续至今。

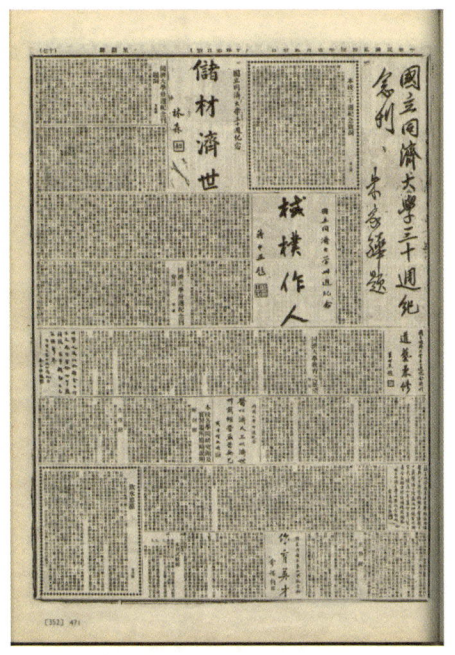

1937年5月20日,《申报》刊登的同济校庆纪念专刊

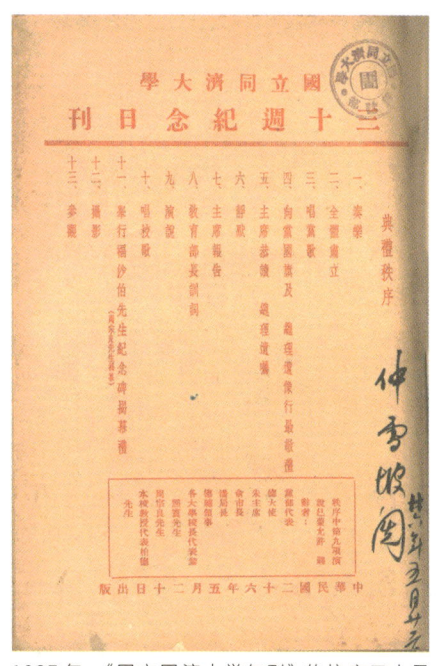

1937年,《国立同济大学旬刊》的校庆三十周年纪念日特刊

1937年5月20日,国立同济大学30周年校庆纪念会盛况空前,浙江省政府主席朱家骅、上海市市长俞鸿钧,教育部部长王世杰的代表黄建中司长、德国驻华大使陶德曼、上海市社会局长潘公展、各大学联合会代表、中外来宾及全校师生员工共计3000余人参加了庆祝典礼,蒋介石、林森、朱家骅、王世杰、俞鸿钧等还分别题词以示祝贺。上海市市长俞鸿钧在纪念会上讲话时指出:"同济毕业同学,在社会服务极众,贡献尤广,可见同济学生在校时能'学其所用',毕业后复能'用其所学'。"他的评价充分表达了其本人及社会各界对同济办学成就的高度肯定。

抗战西迁期间,在艰苦的办学条件下,学校仍坚持以校庆庆典激励师生,凝聚精神和力量。1942年5月,为庆祝建校三十五周年,学校在总办公处所在的李庄东岳庙门前悬挂了"庆祝卅五周年校庆"横幅和"同舟共济"装饰彩球,并举办了校庆运动会,以凝聚斗志,丰富战时的校园生活。

新中国成立后,在中国共产党的领导下,同济的发展步入了全新的时代。此后,结合国家的发展战略和学校的发展目标,学校每年均于校庆日举办独具特色的庆祝典礼,或是载歌载舞、多才多艺的文艺活动,或是挥洒汗水、奔跑竞技的体育

济忆——历史上的这一周

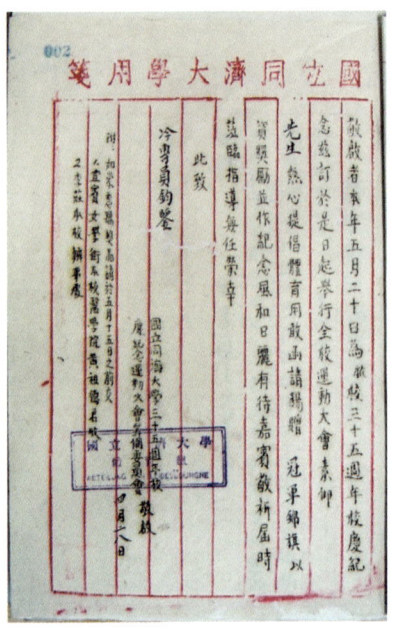

1942年,学校在李庄举行三十五周年校庆时的请柬

1942年5月,李庄东岳庙门口悬挂的校庆卅五周年横幅

1956年,同济大学四十九周年校庆暨第一次科学讨论会

1984年,德国教师与学生共庆七十七周年校庆

1986年,学校举行七十九周年校庆大会暨研究生院成立大会

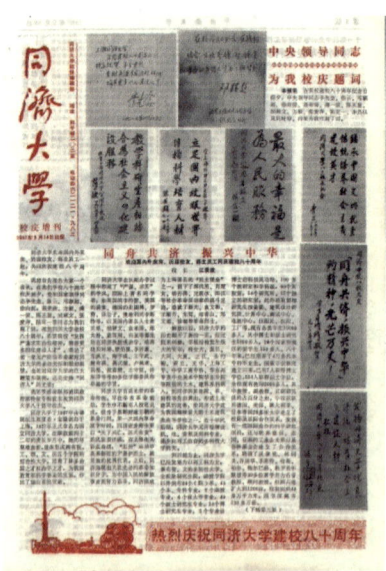

1987年,学校八十周年校庆特刊

1997年,学校举行九十周年校庆文艺晚会

2005年5月26日,刚落成一年的嘉定校区举行九十八周年校庆篝火晚会

盛会,或是学术自由、前沿开放的科研论坛,或是总结过去、展望未来的校庆大会,或是图文并茂、内蕴丰富的各种展览,或是中外专家、莘莘学子的欢乐聚餐……一次次校庆日活动见证了同济人"同心同德同舟楫,济人济事济天下"的初心与梦想。

光阴似箭,岁月如歌。每一年都印记着同济人"仰望星空,脚踏实地"的坚实步伐,每一年的五月,都是同济人光辉与荣耀的驿站和迈向新征程的起点。80周年校庆时,"同济大学已经发展为以理工科为主,兼有管、文的多科性大学";90周年校庆时,学校以"同舟共济迎挑战,乘风破浪跨世纪"为校庆主题,开启了以"理工结合、文理渗透,科技教育与人文教育协调发展的一流的社会主义大学"为发展目标的时代篇章;100周年校庆时,时任上海市委书记习近平在致辞时给予了同济高度评价:"同济的100年,是与中华民族命运休戚与共的100年;同济的100年,是与祖国科教事业心手相牵的100年;同济的100年,是与上海城市发展相濡以沫的100年。"站在新的起点上,同济人将继续履行大学对社会的承诺,坚持党的教育方针,牢牢把握社会主义办学方向,坚持立德树人,主动对接国家战略,积极服务经济社会发展,为建设中国特色世界一流大学不懈奋斗。

校庆不仅仅是一个节日,更是精神的传承。我们不能忘记同济在各种艰苦环境下坚持办学的奋斗历程;不能忘记在炮火纷飞的年代里,同济英烈们冲锋在前的无私无畏精神;不能忘记同济人报效祖国、勇当科技先锋的拼搏干劲和辉煌硕果;不能忘记作为同济人,肩上那"济人济事济天下"的责任与担当……

35

土木工程学院大楼

跻身世界一流的同济土木工程学科

自1914年设立土木科以来
同济土木人爱国敬业，求实创新
培养造就了遍布众多领域的专业精英
取得了享誉海内外的科研成果和辉煌业绩

2013年1月29日，教育部举行新闻发布会
公布2012年全国高校学科评估结果
同济土木工程学科再次排名第一
加上此前的2002年、2009年学科评估
同济土木工程学科已三次蝉联第一
在2016年第四次学科评估中
同济土木工程学科整体水平被评为A+
继续位列全国前茅
2017至2019年
在"软科世界一流学科排名"中
同济土木工程学科连续三年位列全球第一

回眸"历史上的这一周"
让我们一起回顾
同济土木学科的发展历程

同济是我国最早设立土木科的院校之一。1914年,青岛德华特别高等专门学堂("德华大学")停办,多名土木科学生随同部分教师转至同济德文医工学堂,同济为此设立土木科,开启了土木学科的育人历程。100余年来,同济土木人秉承德国"学以致用"的传统,始终坚持"与祖国同行,以科教济世",从国内首创到排名第一,从接轨国际到世界一流,走出了一条中国特色、世界一流的学科发展之路。

一、1914—1917年:起承德国的前沿理念

1916年同济首届土木科毕业生

1914年,第一次世界大战爆发。同年11月,英日联军攻占此前被德国侵占的我国山东胶澳地区,中德两国于1909年合作创办的第一所大学——青岛德华特别高等专门学堂被迫解散。为此,同济德文医工学堂为青岛转来的德华大学土木专业学生增设土木科,开启了同济土木学科的发展历程。

同济土木科创办之初由中德两国联合办学,办学模式具有鲜明的德国特征。土木科秉承立足国际前沿的办学理念,仿效德国土木工程师的培养模式,以"德籍教师、德国学制、德文教材、德语授课"为特色,注重实践与实习,旨在培养实用型的土木工程技术人才。土木科初创时只有一个班级,1915年招收新生后增设为甲、乙两个班级。土木科原为三年学制,经实践摸索后,学校决定将学制延长为四年。1916年,土木科的武培明、胡振声、钱廷樾、韩家棋、谭文庆等5名学生毕业,成为我国自己培养的第一批德式土木工程技术骨干。

1909 年中德合作创办的青岛"德华特别高等专门学堂"旧址

1910 年代土木科课堂教学场景

1916 年的工科教职员,其中贝伦子为工科监督,德贵林、白德林分别为土木科甲、乙班班主任

1910 年代土木模型陈列室

二、1917—1927 年:自主办学的探索之路

第一次世界大战结束后,中德两国政府于 1917 年年初断交。此后,因法租界当局强行驱赶师生、霸占校园,学校被迫迁至吴淞继续办学,并改由华人接办,学校名称也改为"同济医工专门学校"。在科技兴国、富国强民的强烈诉求下,国人接办后的土木科结合我国国情和实际发展需要进行了相应调整,进一步扩大了办学规模,逐步成为我国土木学科研究和人才培养的中心,并因培养实用性人才而广受社会各界欢迎,也因此得到中德两国政府和工商界人士的大力支持。

1919 年,学校在吴淞购置 150 亩土地。1920 年,土木科德籍建筑学教师埃里希·欧白兰(Erich Oberlein)开始为学校设计新校舍。同年,阮尚介校长访问德国后,德国工商业界加强了对学校的支持力度,加之国内社会各界给予的大力支持和帮助,土木科的教学设施、设备、器材等办学条件在国内已堪称首屈一指。至 1925 年,学校新建校舍中的实习工厂已发展到包括木工厂、打铁间、电工间、工作机间、材料试验室等 10 个部门,为土木科的实践教学创造了良好环境。同时,由

1923年的毕业纪念册"土木门"

吴淞校舍的设计师、土木科教师埃里希·欧白兰

1923年，工科毕业生手绘的工科结构图，树根为向同济工科输送生源的各中学，主干为同济预科，之后按照专业分为土木科、机械科两支分枝，树上所结果实为1923届工科毕业生的姓名

吴淞时期的土木科教室（工科教堂，1924）

华人组成的校董会提高了聘任德籍教师的标准，德国方面选派教师的质量因此有所提高。在继承德国教育体系和教学方法的基础上，土木科结合中国实际和学校"教授高深学术、养成专门人才"的办学宗旨开展教学活动，并通过校办工厂实习和校外参观等方式不断提升学生的实践能力，逐步形成了"夯实理论基础、强化实践教学"的办学特色。

1917年至1927年，土木科共培养86名毕业生。由于同济毕业生具有理论结合实际、动手能力较强的特点，因此颇受社会各界的欢迎。同时，随着同济毕业生赴德留学人数的快速增长，土木科毕业生中的留德人数也不断增加。1921年，在德国留学的同济土木科毕业生已达8人。

三、1927—1937 年：国立之后的快速发展

1927 年 7 月，同济大学成为南京国民政府成立后确立的第一批国立大学。在政府强有力的支持和国内外工商界人士的协助下，学校得以快速发展：教师仍以德籍教授为主，师资队伍阵容强大，由德国进口的教学设备及校内设施堪称国内一流，学校也因此被称为"德国科学的一个中心"；招生规模不断扩大，教育能力逐年提升；推行"大学学术化"，鼓励开展学术研究，在国际学术界的地位不断提高。在政策的推动下，土木学科也得到迅速发展，师资队伍更加健全，设施设备更趋完善，教学水平进一步提高，培养了一大批得到世界承认、广受社会好评的优秀学子，扩大了学校在国内外的影响力。

1930 年，学校成立工学院，土木科升格为土木工程系。1932 年，学校在工学院设立高等测量系。1932 年 9 月，学校调整教师聘用政策，加大了中国教授的聘用力度，周尚、唐英、薛祉镐、王葆仁、吴之翰、郭德歆、叶雪安等一批中国教授受聘到工学院任教，促进了全校教师水平和教学质量的提高。

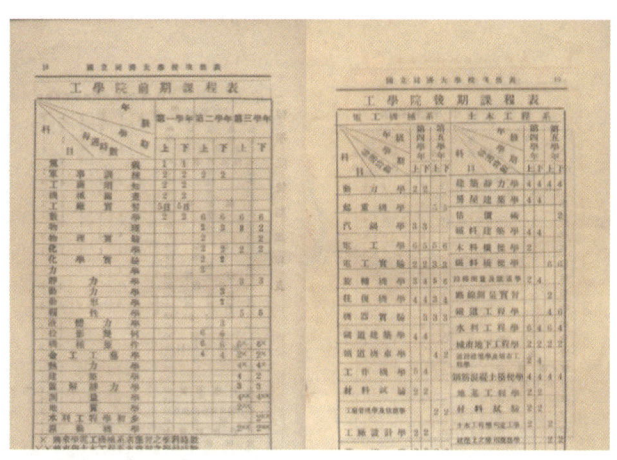

1929 年的土木科课程表

土木科水利试验馆在国内首创的活动水堰

1934 年，学生在进行建筑结构实习

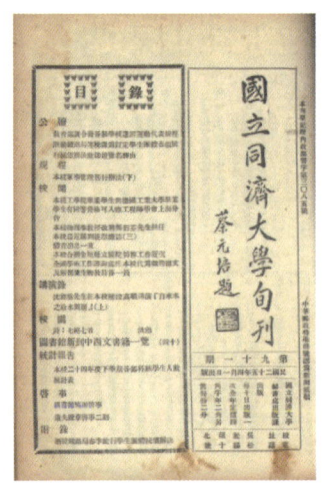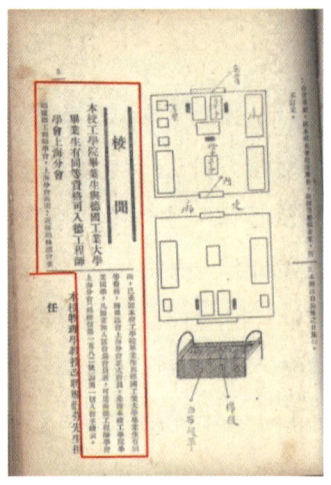

1936年4月1日,《国立同济大学旬刊》刊载的"本校工学院毕业生与德国工业大学毕业生有同等资格"的报道

叶雪安(1905—1966),我国大地测量学理论的开拓者。1929年毕业于同济大学土木科;1933年公费留学德国学习测量,获慕尼黑工业大学特许工程师文凭;1937年回国后任教于同济测量系

李国豪(1913—2005),中国科学院院士,中国工程院院士。1936年毕业于同济大学工学院土木工程系;1940年获德国达姆施塔特工业大学工学博士学位;先后任同济土木系主任(1946—1952)、工学院院长(1948年7月起)、教务长(1952年起)、副校长(1956年起)、校长(1977—1984)

  1936年4月1日,柏林德国工程师学会来函,承认同济大学工学院毕业生与德国工业大学毕业生具有同等资格,工学院毕业生可成为该会上海分会正式会员。这一认定体现了国际机构对工学院毕业生质量的充分肯定和高度评价。由于学校对学生要求严格,学生学风端正,加之学校的实验、实习设备较为完善,学生毕业后能够很快适应工作岗位,学校的教育质量受到社会的普遍称赞。

四、1937—1946 年：历尽艰难的优才教育

李庄时期，土木系毕业学生与教师在东岳庙前合影

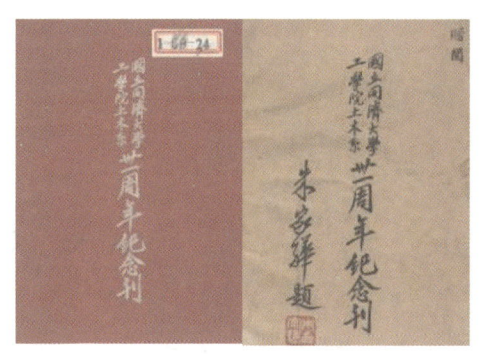

土木系编印的建系三十一周年纪念刊（朱家骅题写刊名）

1937 年，抗日战争全面爆发，土木系随学校西迁。西迁时期，土木系师生克服种种艰难险阻，积极开展沿途招生，持续推进土木学科的优才教育和科学研究，培养了大批专业人才，为西南地区的工程建设和学科发展做出了重要贡献。

1942 年，土木系将学制由五年改为四年。在此后的教学过程中，土木系坚持以培养和造就高级工程人才为办学宗旨，在向学生传授基本理论及工程知识的同时，采取理论教学和课外实习与试验并重的方式，保持了注重培养学生实践能力的教学传统。同时，土木系积极推进科学研究并取得积极成果。在土木系编印的建系三十一周年纪念刊中，不少教师发表了在土木学科领域的前沿研究论文，其中包括余家洵的《水利与近代水利工程》、倪超的《海洋交通与第二次世界大战》、罗云平的《新时代的道路是诞生滋长在中国》、朱振德的《定式折梁影响线之另一作图法》、房广猷的《矩形河槽中之水跃》等。

在李庄时期，土木系的办学规模不断扩大。其中，土木系 1941 年培养毕业生 8 人，1942 年 11 人，1943 年 14 人，1944 年 26 人，1945 年 51 人，毕业生人数连年持续增长。1945 年，全系各年级在校学生已达 154 人。

五、1946—1951年：办学模式的一脉相承

土木系所在的工学院大门（其美路，今四平路）

土木系的教学场景

土木系组织学生实习与考察

抗战胜利后，学校返回上海，工学院于1946年年底在其美路（今四平路）开始新的学年。此后，李国豪担任了土木系主任，江鸿、吴之翰、丁燮和、周源桢、刘先志、刘允年、胡兆瑛、金经昌、郭汝铭、唐英、蒋铁珊、冯纪忠、谢家泽、韩布格（Hamburger）等任专任教授，刘宅仁为兼任教授。

回迁上海后，土木系保持了德国特色的教育模式，教学严谨，注重实践，求真务实。1948年，土木系将土木科四年级学生分为道路、结构、水利三个组，教学内容开始区分和侧重不同的专业方向。其间，土木系还积极筹划建立测量馆、材料试验馆和土工试验室、力学模型实验室。

1949年5月上海解放后，学校于8月1日成立校务委员会，工学院的李国豪（已任工学院院长）、翟立林（讲师助教代表）、夏正行（学生代表）成为校务委员会常委。

8月3日，校务委员会第二次会议任命李国豪兼任土木系系主任，并聘请著名水利学家郑肇经等知名学者来校任教。

六、1951—1956年：院系调整的规模集成

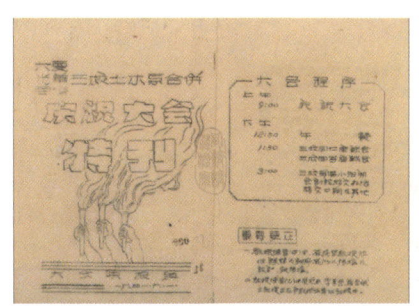

1951年，大夏大学、光华大学土木系并入后，学校召开庆祝大会的特刊

土木系欢迎校友参观的黑板报

新中国成立后，国家对全国高等院校进行了布局规划，实施了院系调整。其间，同济除土木类学科之外的学院、系、科、组陆续调整至其他高校。在土木学科方面，1951年8月，光华大学、大夏大学土木系共338人并入同济大学，复旦大学土木系并入交通大学。1952年，同济大学土木系的水利组调整到南京华东水利学院；8月间，交通大学、大同大学、圣约翰大学、震旦大学、之江大学、中央美术学院华东分院、中华工商专科学校、上海市工业专科学校、华东交通专科学校以及清华大学、浙江大学、南京工学院、厦门大学等高校的土木、建筑、桥隧、公路、铁路、测量等专业的系、科、组先后调整到同济大学。全国土木学科教师及教学资源的汇聚极大地提升了同济土木的师资力量、教学条件和学科实力，同济也因此成为新中国土木学科的集大成者和"学术航母"。从此，同济的土木学科开始了集约化、专业化、特色化的发展道路。

院系调整后，学校调整了系科布局，设立了结构系、测量系、建筑系、上下水道系和铁路公路系（1953年拆分为公路系和铁路系）等5个系、10个本科专业、8个专科专业，并停止了其他专业的招生。自此，同济大学转变成为以土木建筑为主的单科性大学。

1957年编印的学校宣传册中对土木系科的介绍

七、1956—1976 年：矢志不渝的学术坚守

1958年，道路桥梁与隧道专业学生在开展勘测生产劳动

同济师生在上海万体馆建设工地

李国豪教授受禁期间在住所进行模拟试验，研究桥梁抖振问题

1956年至1976年，受全国政治环境的影响，教育系统经历了开门办学和"五七公社"等历次运动，土木学科的发展也受到诸多制约。但作为我国土木学科人才培养的最大阵营，同济的土木学者们在有限的条件下仍坚守学术信念，坚定办学理念，延续了注重实践的教学传统，为国家建设培养了大批工程技术人才。

在学科布局方面，1958年，学校成立水工系，并将结构系更名为建筑工程系，将道路与桥梁工程系和铁路系合并，成立铁路、公路及桥梁工程系。1959年，学校将测量专业与水工系合并，成立测量地质地基系。1960年，学校成立工程结构研究所。1964年，测量地质地基系更名为地下工程系。1973年，铁路、公路及桥梁工程系更名为公路及桥梁工程系。

这一时期，土木学科发挥专业优势，在上海电视塔、万人体育馆等城市地标建筑及其他重大工程建设中做出了重要贡献，充分展示了土木学科雄厚的实力和功底。其中，由同济负责设计和结构研究、1974年建成的上海电视塔被评为"上海市七十年代优秀设计二等奖"。以李国豪为代表的第一代同济桥梁人心系我国桥梁事业，在南京长江大桥、武汉长江大桥等大型桥梁建设中攻坚克难，为中国桥梁事业的复兴发挥了重要作用。作为国内创办最早、历史最悠久的从事隧道及地下建筑工程的教学和科研单位，由孙钧领衔的学术团队在隧道和地下工程的规划、勘测、设计、施工和养护等方面做出了大量开创性贡献。

八、1976—1987 年：全面赶超的力量积蓄

1978 年，结构理论研究所成立大会

国家实行改革开放后，在学校推动"两个转变"的战略主导下，土木学科在专业设置、学科发展、师资力量、教学模式、人才培养、科学研究、对外交流等方面加快布局和调整，以积极的姿态和开放的视野明确目标，辛勤耕耘，奋力进取，为全面赶超世界先进水平积蓄了力量。

1977 年 11 月，土木学科渐次恢复原建制，后又经过多次调整归并，形成了全新的土木学科院系格局。1980 年，建筑工程系更名为土建结构系。1982 年，土建结构系更名为结构工程系，地下工程系更名为工程地质与水文地质系，公路与桥梁工程系更名为道路与交通工程系，其中的桥梁专业并入结构工程系。1985 年，工程地质与水文地质系拆分为岩土工程系和岩土工程研究所。1986 年，岩土工程系更名为地下建筑与工程系。1987 年，学校实行三级管理，并在结构工程系的基础上成立结构工程学院，下设土建结构工程系、建筑工程系、桥梁工程系和工程结构研究所等四个系所，朱伯龙教授任首任院长。

20 世纪 80 年代，学校成立了校外实习和社会实践指导委员会，并在教务处设立了实践教学科，将学校注重工程实践的传统教学模式进一步纳入制度化轨道。土木学科也通过多种渠道筹集资金，不断加强实验室建设，先后设立了土工、道路、桥梁、实验力学、工程结构、水利水文、工程地质、地下建筑、测量、金工等实验室。同时，土木学科加强科研团队建设，在明确科研方向、形成学科优势、促进专业建设、培养学术带头人等方面取得了积极成效。通过加强国际学术交流、拓展学术视野，土木学科的国际学术地位也得到不断提升和巩固。

在科研方面，同济土木学者充分发挥学科优势，紧密结合社会需求，聚焦抗震、抗风、防灾等领域，解决了大量关键性技术问题，为国家和地方的基础设施建设尤其是重大工程项目提供了试验研究、结构分析、结构设计、施工控制等全方位的技术支撑和保障，发挥了保驾护航的作用。地下建筑工程学科积极参与大型基础工程建设，先后主持或参与了大量国家重大科技攻关项目，在水利水电、能源核电、城市地铁、铁道公路、人防工程和煤炭矿山等大型工程项目中发挥技术优势，解决了众多关键技术难题，打造了工程建设领域的同济品牌。20世纪80年代中期，李国豪教授带领项海帆等桥梁系骨干多方奔走，力陈中国桥梁界有信心、有能力自主完成黄浦江大桥的设计和建设，最终实现了南浦大桥由中国人自己建设的夙愿，开创了中国大跨度桥梁自主设计的新局面，为我国桥梁自主建设的兴盛开辟了广阔前景。

孙钧教授（左）在辅导研究生

1987年，结构工程学院成立

1984年12月28日，结构工程专业首位博士毕业生吕西林在作毕业论文答辩

九、1987—2014 年：土木百年的卓越版图

1988年，国家计委批准我校建立土木工程防灾国家重点实验室，成为我国土木工程领域中唯一的国家重点实验室，图为其中的振动台试验室

1995年，李国豪院士、项海帆院士、范立础教授、林志兴等在风洞实验室讨论虎门大桥相关科研技术

1997年，土木工程学院举行揭牌仪式

学校承担了上海大剧院钢屋盖整体提升设施力学性能和抗震性能模型试验研究

  1987年至2014年，同济的土木学科开启了跨越式发展之路。1988年，学校获准成立土木工程防灾国家重点实验室。1996年，与同济大学有着亲缘关系的上海城市建设学院和上海建筑材料工业学院并入同济大学，相关的土木学科并入结构工程学院。1997年，学校在结构工程学院的基础上成立土木工程学院。2000年，上海铁道大学与同济大学合并，其相关学科亦随之并入土木工程学院。2000年7月，道路与交通工程系从土木工程学院划出并组建交通运输工程学院。2006年，土木工程学院成立水利工程系。

  此后，同济的土木学科结构更加合理、发展更加迅速，形成了涵盖土木工程学院和交通运输工程学院的结构工程、桥梁工程、地下结构、岩土工程、防灾减灾工程及防护工程、道路与铁道工程、交通运输规划与管理、交通信息工程及控制等学科的恢弘格局。同时，土木学科秉承"严谨、求实、团结、创新"的治学理念，在人才培养、

科学研究、社会服务、国内合作、国际交流、文化建设等方面取得了长足进步，学科优势进一步凸显，逐步成为领先全国、享誉世界的品牌学科，绘就了同济土木百年的卓越版图。

1998年，土木工程学院在国内率先提出宽口径、重基础的土木工程人才培养模式，明确了人才培养方案。2013年，学院又将该模式提升为以共性基础加个性发展为特征的面向未来的卓越人才培养体系，构建了面向未来的人才成长环境。

在科学研究方面，土木学科的专家学者以土木工程防灾国家重点实验室和四个省部级重点实验室为基地，积极开展前沿基础理论和应用技术研究。以孙钧、沈祖炎院士为代表的结构工程专家将教书育人与工程实践相结合，构建了我国众多现代建筑的"脊梁"，解决了上海市地下铁路、越江隧道、高层及超高层建筑和我国长江三峡工程、水电站与核电站工程的边坡和地下厂房建设等涉及的诸多难题，为国家和地方的重大基础设施建设工程提供了理论和技术支撑。以项海帆、范立础院士为代表的桥梁工程学科以桥梁工程的关键技术研究为目标，在桥梁抗风、抗震、检测与控制、设计理论等多个领域取得了一系列重大科研成果，解决了诸多关键技术难题，成为中国桥梁界跻身世界一流的中坚力量。

百年土木，既是学术的摇篮，更是人才培育的温室。百年来，土木系科共培养了4万多名专业人才。土木学子以扎实的学术基础、丰富的实践经验、踏实的工作作风将土木百年的学术底蕴和精神传统传播到祖国各地，为新中国的建设献策献力，并涌现出一大批优秀人才，成为国家建设领域的精英栋梁。

十、2014—2019年：世界一流的学科格局

在新的百年发展起点上，学校土木学科兼容并蓄、求实创新，保持着强劲的发展势头，在人才培养、科学研究、社会服务、文化传承和国际交流等各个领域不断取得新的进展和突破。2015年，土木工程学科首批入选上海市高校高峰高原学科建设计划I类高峰学科；2017年，土木工程学科入选国家"双一流"建设学科名单；在2017—2019年"软科世界一流学科排名"中，同济大学土木工程学科连续三年位列全球第一。

2010年代,同济团队在桥梁抗风、人工岛地基处理、沉管隧道抗震安全等"造桥、筑岛、通隧"的多个重要领域攻坚克难,为港珠澳大桥建设提供了强有力的科技支撑

2019年4月,同济学子参加ASCE(美国土木工程师学会)太平洋分区赛,在主赛项目"混凝土轻舟赛"上成功卫冕,取得三连冠,并再次晋级总决赛

2019年11月,学校举行土木系科成立105周年庆典晚会

如今，土木工程学院已发展成为国内同类高校中教学和研究实力最强的学院之一，学院设有建筑工程系、地下建筑与工程系、桥梁工程系、水利工程系和结构工程与防灾研究所，另设有土木工程防灾国家重点实验室和国家土建结构预制装配化工程技术研究中心。土木工程一级学科为国家级重点学科，地质工程二级学科为上海市重点学科。学院现有教职员工387人，其中中国科学院院士和中国工程院院士6人，中国科学院外籍院士1人，中国工程院外籍院士1人，正高级职称126人，副高级职称109人，研究生指导教师219人；现有9个博士学位授予点，12个硕士学位授予点，2个工程硕士学位授予点；设有土木工程博士后流动站、地质资源与地质工程博士后流动站。

伴随着国家建设和经济发展的步伐，土木学科不断探索现代大学的教育模式和办学机制，以科技创新促进教学创新，以教育实践展示科研成果；在工程实践中发现科学问题，用取得的科研成果指导工程实践；在传授知识的同时，培养学生的能力、提高学生的素质、拓展学生的视野，形成了充满青春活力、富含积极向上精神、蕴藉浓郁人文关怀、兼具趣味性和学术性、具有同济特色的土木文化。

同济土木的专家学者充分发挥学科优势，不断增强自主创新能力，提升科学技术含量，将学术研究的专业化、集成化、智能化与经济社会发展相结合，以多重灾害与韧性城市、结构性能演化与控制、深部地下空间开发、智能建造等方向为发展重点，成为我国在地震工程、风工程、智慧基础设施等领域的技术标杆，为将我国建设成为世界一流的"工程强国"不断贡献智慧和力量。

百年土木，继往开来。如今的同济土木学科已是全国乃至全世界的标杆。期待同济土木人进一步弘扬同济土木精神，传承同济土木文化，在继承中创新，在创新中发展，不断攀登新高峰，迎接更加美好与辉煌的未来。

36

1954年建成的电工馆(现大学生购物中心),已入选第四批"上海市优秀历史建筑"

第三十六周　　　　　　　　　　　　2.02~2.08 [2020]

同济校园经典建筑略览

一所大学的历史记忆在哪里
在史料的记载里，在建筑的实物上
在人们的脑海深处

2005年2月4日
学校举行教学科研综合楼施工合同签约仪式
同济百年校庆的标志性建筑开始建设
21层的地面建筑，100米的楼高
象征着21世纪，同济大学建校100周年
2017年，学校实施道路楼宇景观命名
大楼被命名为"衷和楼"
寓意"和衷共济"
从大楼的建筑外观到空间造型
从楼内的景观形态到通风采光
充分展示了当代建筑设计的先进理念
集中体现了同济相关学科的综合优势
构成了同济校园建筑又一凝固的诗篇

回眸"历史上的这一周"
让我们一起漫步
同济校园的经典建筑
细细品味这些承载着历史记忆的"史书"

在历史的洪流中，时间的流逝带来了大学空间的变迁，许多学校早已搬离了创办时期的原址，甚至已不在同一个城市。但在时间和空间的交集处，大学校园里那些或消失或仍然保存完好的建筑，却以独特的存在，留存着历史的记忆。学校名誉教授、1983年普利兹克奖得主、"现代建筑的最后大师"贝聿铭说过："建筑是有生命的，它虽然是凝固的，可在它上面蕴含着人文思想。"

校园建筑不仅仅作为物质空间而存在，更是一种文化精神的传承和延续。作为一所有着百余年历史的高等学府，同济曾数易校址，并在不同时期的校园里留下了无数"有生命"的建筑。这些建筑和建筑背后的故事，承载着无数同济人的青春与记忆，成为校园文化中永恒的经典。

一、建校初期的经典建筑

创校伊始，学校依靠在同济医院对面租借房屋办学，之后才开始陆续自建校舍。由于学校采用德国教育模式，校舍也由德籍人员设计，故该时期建设的楼宇多以德式或欧式建筑为主，充分体现了同济与德国的深厚渊源。

1. 普鲁士风格的工科讲堂

同济德文医工学堂工科讲堂（1912年落成）

同济德文医工学堂工科讲堂现址（上海理工大学复兴路校区）

早期的工科讲堂是一座拥有百年历史、具有普鲁士风格的经典建筑，位于上海复兴中路1195号（复兴中路和陕西南路口的西南角），是同济大学的前身"同济德文医工学堂"最早的校舍之一。

1908 年,学校在宝昌路(今淮海中路)以南、金神父路(今瑞金二路)以西购置了 12 亩土地,并开始着手自建校舍。1916 年年底,学校第一次大规模校舍建设基本完成。同期落成的工科讲堂由来自德国洋行的德国建筑工程师卡尔·培台克绘制图纸,模型由学校工厂监督诺斯制作。工科讲堂的结构与外形完全仿自普鲁士皇家机械学校,既有造型独特的拱形门廊,也有形状各异的玻璃门窗,还有图案别致的马赛克地坪,处处充满着普鲁士建筑风格。

1995 年 12 月出版的《德国杂志》(德国莎西埃德出版社与波恩联邦政府新闻与信息局合作出版)第 6 期上发表的《建筑,德国在中国的明显影响》一文中,这幢大楼被称为中国普鲁士风格建筑的标志。

2. 欧式风格的工科教学楼

吴淞时期的工科教学楼(1937 年被日军炸毁)

工科教学楼内墙镶嵌的有色玻璃

1917 年 3 月 17 日,学校因"三一七"事件而被迫迁离苦心营建的校园,并租借位于吴淞的中国公学旧址作为临时校舍继续办学。1919 年,由于中国公学计划复学并收回校舍,在教育部及社会各界的支持下,学校启动吴淞新校舍建设。历经多年持续努力,吴淞新校舍于 1924 年春全部落成。

与之前的"同济德文医工学堂"旧址相比,新校园中的校舍保持了欧式建筑的总体风格,在统一规划下更具整体性和一致性,且内部装饰也颇为精细和别致。其中,工科教学楼为罗马式建筑,门前有十根廊柱,内有宽敞的大厅,两边墙壁上镶嵌着有色玻璃组成的图案,楼前还有两根高达二三十米的旗杆和一个椭圆形水池,整体建筑大气、壮观,环境优美。

二、20世纪中期的经典建筑

1952年下半年起,学校开展了劳动建校运动。1953年,学校成立校舍设计处,师生们自己动手进行规划、设计,兴建了一大批极具特色的优秀校园建筑,形成了今天四平路校区的雏形。其中,由冯纪忠设计的将江南民居建筑及现代建筑设计方法完美结合的"和平楼"、由黄毓麟和哈雄文等设计的具有典型包豪斯建筑风格的文远楼、1959年建成的同济学院派建筑的代表作"南、北教学楼"、1961年由俞载道为主设计的曾被誉为"远东第一跨"的大礼堂等风格各异的校园建筑,既体现了建筑师们对建筑风格与艺术的创新和追求,也彰显了学校兼容并蓄的学术氛围。这些建筑现已成为同济校园中的标志性建筑。

1. "一·二九"大楼

早年的"一·二九"大楼曾是机电系的教学办公楼,现已改建为学校博物馆

如今的"一·二九"礼堂

"一·二九"大楼的连体建筑由日本建筑师石本喜久治(Ishimoto Kikuji)设计,1942年建成,原为日本中学的教学楼和礼堂,也是同济校园内现存最早的单体建筑。该建筑由砖木混合结构的三层大楼和礼堂共同组成,建筑风格简洁明朗,建筑外观为白墙黑瓦,具有浓郁的日本特色。

2001年,根据设计师吴杰、王建强的设计方案,学校对"一·二九"礼堂进行了改建,在其东边及北边加建了由钢结构和玻璃幕墙组成的入口大堂和长廊,其入口的柱廊式结构意在与对面羽毛球馆门廊的混凝土柱形成对话,并通过两者之间的纪念园入口空地形成对景,既实现了次功能整合,又表现出自身的建筑美感和历史价值。2014年,一·二九教学楼被改建为学校博物馆。

"一·二九"大楼的命名是为了纪念1948年1月29日同济学生反对国民党军警镇压学生的爱国民主运动。时光流逝，斗转星移，"一·二九"礼堂在同济人的心中留下了永不磨灭的记忆。1949年6月25日，学校在这里举行庆祝接管大会，上海市人民政府副市长韦悫宣布接管命令，"同济大学回到了人民的怀抱"。不少老校友返校时，"一·二九"礼堂仍是他们必去的圣地；在这里，有着他们许多难忘的青春记忆。

2. 文远楼

在四平路校区北大道的绿树浓荫中，掩映着一座简洁典雅的淡灰色建筑，其风格与周围建筑有明显的区别，这就是著名的文远楼。文远楼是典型的三层不对称错层、钢筋混凝土框架结构的建筑，建筑面积5052平方米。它打破了一字形或工字形的布局常规，采用了组合布局，立面简洁，更注重内部功能。1954年大楼建成后，为弘扬同济人热爱祖国、崇尚科学的精神，学校以我国古代伟大的天文学家和数学家祖冲之（字文远）的字命名，文远楼成为校园中具有浓重人文积淀的建筑之一。

由黄毓麟、哈雄文担任建筑设计、俞载道负责结构设计的文远楼在建筑界内被奉为经典之作，是一座充满"包豪斯建筑"思想和风格的"现代主义建筑"，已入选《世界建筑史》和《中国建筑史》。1993年，文远楼被中国建筑学会评为"优秀建筑创作奖"，后被列为上海市近代历史建筑保护名单。

进入21世纪，改造后的文远楼集10项新技术于一身，每年可节能约70%，成为历史建筑节能改造的典范。大楼的自动化管理系统可根据室内人员的活动情况自动调节新风量及开关空调系统，既可实现节能效果，又能达到最佳的环境舒适度。

建成初期的文远楼

如今的文远楼

3. 南北教学楼

建成初期的教学北楼

如今的教学南楼夜景

  南北教学楼是学校的主要教学楼,分别始建于 1953 年和 1954 年。两栋楼皆为砌体结构,每栋高 4 层,呈平面一字形,对称分布于图书馆大楼两侧,与图书馆大楼一同围合出一片庄重而祥和的空间。南北楼建筑立面考究,细节精美,有较高的审美价值。南北楼见证了同济半个多世纪的历史,是一组凝结了同济许多记忆的经典建筑,一代又一代的同济人在这里留下了难忘的回忆。

  南北楼的设计精美细致,体现了同济人对现代精神的探索。20 世纪 50 年代,国内大学校园的建筑设计盛行国粹主义,大屋顶盖在新古典主义的建筑立面上到处翻版,现代建筑的理性探索面临严峻的考验。为了捍卫理性精神,阻止保守主义思潮在同济校园的再现,28 位教授和青年教师联名上书并直达周总理的案上,终于使南北楼的大屋顶设计在建造前夜被移除。2005 年,南北楼被列入上海市第四批优秀历史建筑保护名单。

  南北楼周围绿树葱茏,绿树红楼交相辉映,构成了校园里一道亮丽的景观。十年树木,百年树人,这些郁郁葱葱的大树不仅给人营造了一片宁静而清凉的空间,也见证了同济学子发奋学习的足迹。北楼北侧的香樟园和南楼西首的问源园都是晨读的好去处。清晨，树林里书声琅琅，让人生动地感受到了这所百年名校的文脉传承和希望。

4. 西南一楼

西南一楼外景

1954 年，学校在校园内建设了西南一楼、学一楼至学五楼等六幢学生宿舍，建筑面积达 17411 平方米（学一楼、学二楼已拆除，现学三楼和学四楼为原地重建）。此后，因学校在校园的西南角和西北角陆续建造了一批学生宿舍，为统一命名，学校将这些宿舍楼按地域分别冠以"西南"和"西北"的前缀，西南一楼因此而得名。至 20 世纪 80 年代初期，学校还仅有"西南一楼""西南二楼""西北一楼""西北二楼"和"学"字头的几栋宿舍楼。改革开放后，随着办学规模的不断扩大，学校又在这些楼宇的附近陆续建设了一批新的学生宿舍，并仍以"西南""西北"冠之，使这一命名传统得以不断传承和发扬光大。

西南一楼是一座具有中国传统建筑风格的楼宇，已被列入上海市优秀历史保护建筑名单。西南一楼由吴景祥、朱亚新设计，总建筑面积 11215 平方米，其主体为三层砖混结构，顶部为四坡攒尖顶，平面呈山字形，比例和谐，色彩灰白，对比明快，底层有腰线，细部装饰简单中透着精致。整体来看，西南一楼屋顶平缓，突出的屋檐呈舒缓效果，颇具唐风遗韵。

5. 学生第二食堂

原学生第二食堂南门

原学生第二食堂北门，其右后方为仍在使用的学生浴室

在四平路校区信息馆和大学生活动中心之间有一处清幽静谧的休闲广场，在树木的掩映簇拥下，其南北两侧入口处均伫立着一道古色古香的门，这里就是当年的"学生第二食堂"旧址。"学生第二食堂"标牌泰然苍茫，仿佛诉说着曾经发生在这里的美好温馨而动人的故事，宛如还飘散着老食堂的芳香。它承载着那一抹老同济人记忆中的峥嵘岁月和青春之歌。

新中国成立后，随着学生人数的逐年增多，原先兼作食堂和大礼堂的大草棚已经无法满足师生的用餐需要。1953年，学校使用国家划拨的近30万元专项经费在校园的中心区域建造了新的学生食堂（后被命名为"学生第二食堂"）。学生第二食堂为砖混结构，使用面积3215平方米，用餐区域与后厨呈"T"字形排列，日常运行极为方便。当年，学生第二食堂与其紧邻（西北边）的锅炉房、开水房和浴室均为学生日常生活的重要设施。此后，学校又建造了两个学生食堂，一食堂（已拆除）位于现学苑饮食广场北面的喷泉广场处，三食堂（已拆除，现部分为大礼堂改造后的化妆及休息区，部分为新能源汽车充电及停车场）紧邻大礼堂西边。按照由东向西的排序，一食堂处于校前区，三食堂处于靠近学生宿舍的偏西部，二食堂则因其位于校园中部而得名。

20世纪80年代末，随着西北三楼至西北五楼的陆续兴建，为方便生活在校园西北区域的学生用餐，学校在西北二楼的西侧建造了学生第四食堂（现北苑饮食广场）。此后，为改变因学校招生规模扩大而导致的食堂拥挤现象，1999年后勤体制改革后，学校和后勤集团共同出资在西南一楼的西南边建造了西苑饮食广场，其负一层及一、二层为学生食堂，三层至六层为后勤集团及所属部门的办公区。同时，学校通过在东边扩建的方式将包括原教工食堂（现一楼快餐部）和"二餐厅"（现二楼小炒部）在内的原两层楼的食堂改造为新的食堂综合体，并将其命名为学苑饮食广场。至此，学校对学生食堂的布局调整基本结束，学生第二食堂也因此被拆除。

6. 图书馆

20 世纪 80 年代初的图书馆　　　　　　　　　1989 年完成加建后的图书馆现貌

四平路校区图书馆由新老楼组合而成。老楼由同济大学吴景祥等设计，呈"口"字形，建筑面积 6402 平方米，1965 年建成使用；其 2 层建筑的东、北两侧为图书和期刊阅览室，南侧主要为采编部门办公室，西侧为封闭式书库，"口"字形中央则为庭院景观，建筑设计及使用布局科学合理。

1985 年，为适应多学科发展需要，扩大藏书量和阅览面积，学校在老楼的内庭院中开工新建 12 层图书馆新楼。施工期间，为方便施工车辆运输，老楼建筑的西部南侧还被临时开了一个口子。图书馆新楼建筑面积 11802 平方米，历时 4 年半于 1989 年 12 月竣工。交付使用后，图书馆新增了大量阅览室、讨论室等多功能区域，其行政办公及德国问题研究所等机构陆续迁入新楼，老楼的书库也改成了开放性书库。百年校庆前，为增加阅览面积，学校又在老楼西侧外部的道路及绿化地带扩建了钢结构的四层阅览室。

图书馆老楼外墙采用清水红砖，间以白色线条，处理简洁、明快；新楼为钢筋混凝土结构。整个建筑富含中国传统建筑的神韵，新、老楼的造型形似一顶博士帽立在厚重的书本上，浑然一体。图书馆与南北教学楼宛如一道屏障，与前面的毛主席像共同营造了屏风的效果，使其后的校园景观更有层次感。

7. 大礼堂

大礼堂外景

改造前的大礼堂可容纳 4300 人（现为 3500 人），为当时上海市最大的专用室内会议场所

  大礼堂由黄家骅、胡纫茉担任建筑设计，俞载道、冯之椿负责结构设计，1962 年完成建设。大礼堂于 1999 年 10 月获"新中国 50 年上海经典建筑"提名奖，2005 年被列入上海市第四批优秀历史建筑保护名单，被誉为"建筑样式、施工工艺和工程技术具有建筑艺术特色和科学研究价值"的优秀历史建筑。

  大礼堂采用拱形结构，总跨度达 50 米，内部有效跨度 40 米，建筑面积 3600 平方米。该建筑采用钢筋混凝土预应力联方网架、双曲薄壳屋面结构，其设计施工之新颖、跨度之大，对当时我国的建筑界产生了很大的影响。该设计不仅在结构形式和建筑造型上表现出它的创造性、先进性和科学性，也在建筑功能与建筑形式的统一上取得了巨大成功。尽管它的体量和容量十分庞大，但内部却没有一根柱子，其拱形结构赋予了建筑真实而独具特色的形式，给人以简洁、轻盈的视觉感受。建成之时，大礼堂便成为亚洲地区最大的无柱中空大礼堂，被称为"远东第一跨"。

为迎接同济百年华诞，学校启动了大礼堂保护性改造工程，在保持原有建筑风格的基础上对其内部进行了全新的功能完善，并将建筑节能理念充分融入到改造工程之中，使改建后的大礼堂节能效果总体提升 60%。

三、近期特色建筑

改革开放后，学校的发展驶入了快车道，并逐步向世界一流大学迈进。这一时期，学校除对原有历史建筑实施了大面积修缮改造外，还陆续拆除老旧楼宇并在原址建设了逸夫楼、瑞安楼（原名研究生院大楼）、中法中心、衷和楼（原名教学科研综合楼）等一批新楼宇，成为校园建筑的新地标、新景观。2004年，汽车学院率先入驻嘉定校区，标志着嘉定校区首期建设大功告成，一个崭新的新校园开始呈现出勃勃生机。

1. 衷和楼

百年校庆的标志性建筑

衷和楼大厅及楼内造型独特的"楼中楼"

教学科研综合楼简称"综合楼"，建筑面积 46240 平方米，2007 年 5 月落成，其原址为学校苗圃。综合楼的概念方案出自我校顾问教授、法国著名建筑师 JEAN PAUL VIGUIER，由同济大学建筑设计研究院完成方案深化和施工图设计。综合楼曾荣获上海市建筑工程金属结构"金钢奖"（市优质工程）和"金钢特别奖"。

综合楼主体平面呈正方形，从四周看呈长方体，楼层功能平面呈L形，每三层对应形成竖向基本功能单元，21层共七个单元实体（"楼中楼"），在相邻处呈90度旋转叠加，构成组合中庭。该建筑的内部庭院采用混合式通风系统，既有利于景观、形态，又可有效地促进节能环保，为大进深空间提供了充分的自然通风和采光条件。该楼外立面采用玻璃幕墙，建筑外形很像叠加起来的"巨型魔方"，极具时代感。

作为同济大学百年校庆的标志性建筑和全国高校钢结构建筑第一高楼，综合楼的建成既缓解了四平路校区教学空间日渐紧张的难题，在最少用地的基础上实现了扩大办公、教学、科研使用空间的目标，又通过对复杂空间、结构、功能的运用，彰显了同济土木、设计等学科解决当代城市用地困境的聪慧与才智。

在2012年嘉定校区道路楼宇景观命名（第二期）工作告一段落后，学校于2013年启动四平路校区道路楼宇景观的命名工作。经公开征集和评审，2017年110周年校庆期间，学校将教学科研综合楼命名为"衷和楼"，并在四平路校区同步推出校园标识系统指示牌。"衷和楼"楼名取自《尚书·皋陶谟》："同寅协恭和衷哉"，寓意和衷共济，契合同济精神。

2. "同"楼与"济"楼

嘉定校区"同"楼与"济"楼于2004年建成并启用。该楼群由同心楼、同德楼、济人楼、济事楼等四栋建筑组成，其主要功能为行政办公、会议展览、教学培训等。"同"楼与"济"楼位于校前区的东西两侧，在树木、草坪及水系的环绕中，四栋楼宇呈弧形一字排开，宛如母亲张开的臂膀，迎接着进入同济的学子和来自四面八方的客人，体现了同济人博大的人文情怀。

该楼群最初分别按实际使用功能命名为行政楼、汽车会展中心、国际会议中心和培训中心，后经面向全校师生和校友开展"嘉定校区道路楼宇景观命名方案征集活动"，取"同心同德同舟楫，济人济事济天下"中前后两句的头四字而得现名（2011

校前区广场及"同"楼、"济"楼建筑群

"同"楼、"济"楼建筑群及周边水系

年10月10日,学校举行"嘉定校区道路楼宇景观命名仪式")。该楼群的名称既是对"同济"内涵的深度诠释,寄托了同济人博大的人文情怀,也彰显了同济百余年办学的奋斗历程和对未来发展的不懈追求。

学贯中西的学者林语堂曾经说过,"最好的建筑是这样的,我们深处在其中,却不知道自然在那里终了,艺术在那里开始。"对于校园而言,最好的建筑应该是,我们身处其中,通过这些建筑,既可以领略到建筑本身的风格与魅力,更能感受到建筑所代表的时代气息和学术氛围。一幢幢校园建筑,就像一首首无声的诗篇,经过一代代学人的反复吟诵,成为文化,成为精神,成为永恒的灵魂。

37

新中国成立初期,张木棠在聚会中与越南留学生一起吃年夜饭

"年夜饭"里的同济关怀

1999年2月14日晚，春寒料峭
同济校园内却洋溢着一派欢乐祥和的气氛
老师与学生们欢聚一堂，品尝年夜饭
共迎世纪末最后一个农历新年

满面春风的脸庞映照
载歌载舞的身影摇曳
老师们的关心鼓励，如冬日暖阳
学生们的欢声笑颜，似春光明媚
天寒学子暖，岁新济园情
每年春节前，学校以特殊的"年夜饭"
慰问未能回家与亲人团聚的学子
用济忆的味道，共度跨年的喜庆与热闹

回眸"历史上的这一周"
让我们一起走近
同济的"年夜饭"之宴
在2020的新年里重温学校的关怀与温暖

同济的年夜饭传统由来已久。为了关心未回家过年的学生,使他们感受到年的味道、学校的温暖,每年春节期间,学校都会以不同方式组织留校学生的各类活动,其中的高潮就是一年一度的"年夜饭"。"年夜饭"不仅是一顿丰盛的宴席,更是师生互相交流、增进感情的团圆时刻,给学生留下的是其乐融融的珍贵记忆。"年夜饭"里的同济新春,有黑白影像里的简朴温馨,有来自舌尖上同济的美味盛宴,有师生共贺新春的欢欣喜悦,也有中外学子欢庆一堂的浓浓年味……

一、留校学生的年夜饭传统

1950年代至1960年代,师生欢度春节,吴之翰给学生夹菜

1979年大年三十,李国豪校长与留校学生们共迎新春

1988年大年三十,陈从周邀请日本籍研究生久保田雅代到家里做客

1986年,学校在工会俱乐部举行春节团拜会。该活动一直延续到本世纪初期,后因教师购房后逐步搬离同济新村而取消

新中国成立初期,虽然物资匮乏,但学校没有忘记远离家乡、未能与亲人团聚的学子,总是想尽各种办法采购食材,请食堂的大厨们加工成一道道简朴而充满温馨的美味,与留校同学一起吃一顿热热闹闹的年夜饭。久而久之,年夜饭就逐渐成为学校的一项传统活动。除学校组织的年夜饭外,学院领导和老师也在春节期间到宿舍看望和慰问留校学生,不少教师还会邀请学生到家里小聚,同叙师生情谊,共迎新春佳节。

改革开放后,随着物质生活水平的不断提高,年夜饭不仅成为学校寒假期间的一项重要活动,更是师生欢聚一堂共话情谊、喜迎新年必备的新春聚会。学生处及各学院早早地就开始统计留校学生人数,后勤部门也提前准备了丰盛的食材、制定了菜谱、布置好了环境,年夜饭的规模也从早期的十几张小方桌发展成如今有校领导、教师代表、中外留校学生等700余人参加的载歌载舞的庞大盛宴。

年夜饭当天下午,学校都会举行留校学生代表座谈会,校领导与学生们一道拉家常、嘘寒问暖,了解学生的学习生活情况,慰问困难学生,鼓励学生勤奋学习、报效祖国。年夜饭开席前,在食堂门外的鞭炮、"高升"(近几年因上海市禁止燃放而取消)组合而成的"交响乐"中,学校领导发表热情洋溢的祝酒词,向师生拜年;随后,师生们共同举杯,互赠新年祝福,一同品尝美食。同时,学生们还可以边品尝美味边猜灯谜,在热热闹闹中收获一份温馨美好的新年祝福。整个校园也一改寒假期间的冷清,处处可见青春活泼的影子和欢乐祥和的喜庆。

二、"舌尖上的新年美食"

20世纪80年代初期,"吃在同济"在上海高校中广为流传,成为同济的一张别样"名片"。当年,只要持有粮票和现金即可购买"饭菜票",随后到食堂窗口使用,因此有不少复旦学生常骑车到同济用餐,由此可见"吃在同济"的影响力。在那个条件相对艰苦的特殊年代,"四喜肉""大排"等特色菜肴深深地印刻在同济学子的脑海之中。如今,许多校友返校时还念念不忘地要去食堂吃一块"大排",回味一下当年的记忆。

既然有"吃在同济"的美誉,在同济的新年里,丰盛的美味佳肴自然必不可少!新年里让人向往的不仅仅是团聚的欢乐,还有美食的诱惑。如今的食堂厨师不仅擅长炒"大锅菜",不少还拥有不同等级的厨师证书,川菜、徽菜、本帮菜样样都是拿手绝活,经过他们的精心搭配和烹炸蒸炒,同济的年夜饭可谓色香味俱全。从"五谷丰登"的创意到"八宝如意"的祝福,每年的同济"年夜饭"大餐既有美味,也有心意,热乎乎、香喷喷的美食不仅满足了聚会师生的口腹之欲,也为师生带来了满满的喜庆和快乐。

让我们一起来回顾一下,2020年的同济年夜饭里都有哪些佳肴:当季时令鲜

食堂师傅们在紧锣密鼓地准备2019年年夜饭

年夜饭中的"八宝如意"闹新春

厨师们烹饪的2019年夜饭美食

2019年夜饭里的"笑口猪"与"一桌佳肴"

果盘、五谷丰登、堂灼鲜虾、鳝筒烧肉、美极菌菇、极品毛血旺、黑椒牛仔骨、松子桂花鱼、同济走油金蹄、家烧墨鱼咸肉年糕、清炒时令蔬、老鸭扁尖砂锅、西点蛋糕、美味八宝饭、吉祥蒸饺、酒酿圆子、年味水饺、水果。光看菜名,是不是幸福指数就已经爆棚了?

多数人不知道的是,为了让留校学生感受到"舌尖上的新年美食"和浓浓的年味,食堂的厨师们可是"吃了不少苦头"。以往,学校的年夜饭均在"小年夜"举办(近四年才改在"小年"),而厨师们又大多来自外地,因此,被抽调出来的"精兵强将"不仅需要提前几天就开始准备食材,在烹饪好了年夜饭、师生们的聚会结束后,他们中的不少人匆匆吃几口饭就要去赶回家乡的夜班火车(当时很多地方还没有高铁),而到家时往往已是大年三十上午了。多亏了这些制造美味的幕后功臣,是他们的辛勤付出和奉献,给留校学生带来了浓浓的年味和温暖。

三、师生同乐共贺新春

1986年,校领导们到宿舍看望春节留校学生

寒假留校的西藏学生与家人通话,互致新春问候

学校为学生准备的用餐券(2018、2019年)

2008年,学校举行新春团拜暨电影招待会

新年也是增进师生情感、体现人文关怀的一次大团圆。学校十分关心留校学生的新年生活,除年夜饭之外,还为学生准备了大年三十和之后几日的餐券,留校学生连续几天都能感受到来自于学校的关怀,品味大厨们精心烹饪的一道道特色美食。学校还会向留校学生发放"电话卡"和包括书籍、电影兑换券、公共交通卡、吉祥物等在内的"新春大礼包",为学子们送上冬日里的人文关怀。同时,学校还安排了各种丰富留校学生假期生活的活动。

20世纪80年代至21世纪初,当时宿舍里没有网络,大学生活动中心每年春节期间均照常开放,为学生转播春节联欢晚会、免费放映录像,并提供棋牌等娱乐

宿舍楼里学生的新春祝福布满墙壁

学生在宿舍楼举行迎新春庆祝活动

宿舍楼里的新春庆祝活动

春节期间,学生在宿舍楼学习包饺子

国际学生在宿舍楼猜灯谜

留学生在宿舍楼学习写春联

设施,努力营造节日氛围。节日期间虽然没能在亲人身边,但留校学生真切地体会到了来自同济大家庭的温暖。

除了丰富多样的校园活动外,一场场温暖人心、独具特色的春节聚会也在学生宿舍悄然进行。为了让留校学生过好新年,宿舍里的楼长、阿姨们放弃了与家人团圆的机会,与宿舍的学生们一起包饺子、拉家常、唱歌跳舞做游戏,好一番热闹景象!在留学生楼,留学生们与宿舍楼的阿姨们一道学习包饺子、写春联、对对子、猜灯谜,感受中国的年味,体验中国新年的传统美食和传统文化,增进相互的了解和友谊。

2020年1月17日（农历"小年"），师生欢聚一堂共迎新年

  2020年的新篇章已经拉开。1月17日农历小年这一天，同济人又迎来了新一年的幸福大party！四平路校区学苑饮食广场、中法中心张灯结彩、热闹非凡。当天下午，学校特别为留校学生安排了"传统文化游园会"活动，同学们体验了写春联、剪窗花、编织中国结等传统民俗，一同感受了传统节庆的文化氛围和艺术魅力。随后，学校召开新春座谈会，并向留校学生代表赠送了新春福袋。座谈会后，师生们同系"同济红"围巾，共赴"同济年夜饭"，举杯共饮，校领导还向留校学生送上了精美的新年大礼包。年夜饭的现场活动也是精彩纷呈，学生艺术团与留校学生代表带来了丰富多彩的文艺节目；现场巧妙设计了以"德智体美劳"为主题的抽奖环节，并首次邀请学生家长代表为在年夜饭现场的孩子及留校学生送上新春祝福。节目最后，全体师生手举五星红旗，同唱"歌唱祖国"，共同祝愿伟大祖国繁荣昌盛。当晚，来自全球各地的同济人及学生家长也纷纷连线或发来新春祝福，让春节远离家乡的留校学生真切地感受到了家的温暖。

  同济新年"不打烊"，寒假留校"也有家"。新的学期即将开始，随着寒假的结束，回家过年的学生不久也将陆续返校，校园里又将恢复惯常的充实与忙碌，让我们怀着对新年的憧憬与期待，踏入新的一年，走进新的学期，拼搏更美好的人生！

38

学校举办的"国企走进校园"系列活动

第三十八周　　　　　　　　　　2.16~2.22 [2020]

同济学生就业记略

"出而问世

为国家社会努力与各项事业"

"精诚团结

以谋我国民族之复兴，国家之昌盛"

时代的车轮滚滚

每一年开学季，我们迎来新生

每一年毕业季，我们送别毕业生

就业工作是学校人才培养的重要环节

开展就业指导，搭建沟通桥梁

为学生谋发展，为社会做贡献

1993 年 2 月 22 日

同济大学首次举办大型供需见面会

搭建毕业生与用人单位"双向选择"的桥梁

开启了学生自主择业的新篇章

回眸"历史上的这一周"

让我们一起回顾

同济学生就业模式的发展与变迁

"同济以实用为国人许"。同济创校以医、工肇始,对学生的培养侧重于"人莫知其所学,学莫得其所用,将安所报效于社会。"1934年,校长翁之龙在《国立同济大学二十七周年纪念刊》的弁言中指出,"我们都是想多方面学理上的知识用在实际应用方面,得此有用的经验和技能,以适合国家社会的需要"。在这一教育理念引领下,同济毕业生善于理论结合实际,动手能力强,深受社会各界欢迎。

回顾同济的百余年育人历程,历届毕业生从创校初期的自主择业到新中国成立后的统一分配,再从"统筹安排、适当调剂"到全面走向市场化就业,学校的就业工作逐步确立了以市场为导向、结合学校推荐由学生与用人单位双向选择的全新格局。

一、自主择业,济人救国

同济1907年创办医科,1912年创办工科,医工两科均借鉴德国医生、工程师的培养模式,注重理论联系实际,且考核非常严格。因此,虽然学校早期毕业生人数较少,但均为业界翘楚,多成为国内医学、工程领域的开创者和奠基人。

1912年,创校之初入学的张近枢、何理中、江逢治等3名学生成为医科首届毕业生;此后,除1913年无毕业生外,1914年有6名学生毕业,1915年有12名学生毕业……这些早期的毕业生经过严格的理论学习和临床实践,毕业后大多成为施诊医生,或进入公(私)立医院,或自主创办私人诊所,抑或出国留学继续深造,为国民健康和我国现代医学事业做出了重要贡献。

首届医科毕业生江逢治毕业后赴德留学,1915年获得柏林大学医学博士学位,成为第一个在德国获得医学博士学位的中国留学生。江逢治回国后在上海行医,并创办了一所药厂,其本人也因发明了治疗当时上海常见性肠胃疾病的"江逢治痧药水"而名噪一时。1916年,江逢治与张近枢等德文医学堂校友筹建中华德医学会,江逢治被推举为首任会长。1918年,中华德医学会创办私立同德医学专门学校(后改名为同德医学院,1952年与圣约翰大学医学院、震旦大学医学院合并组成上海第二医学院,2005年并入上海交大后改称上海交通大学附属医学院),江逢治任校长,张近枢任教务长,16名教师中有12人为同济医科的早期毕业生。1919年,同德医学专门学校设立附属同德医院,张近枢任院长。

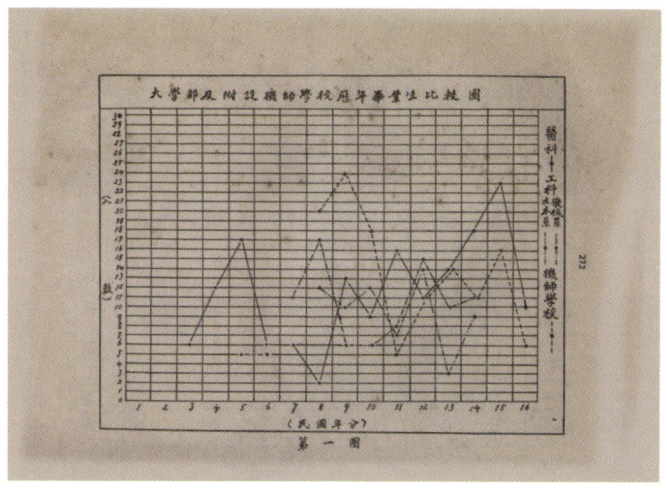

1927年的大学部及附属机师学校历年毕业生比较图

江逢治，同济医科首届毕业生，1915年获柏林大学医学博士学位

张近枢，同济医科首届毕业生，曾任上海同德医学专门学校附属同德医院院长

何理中，同济医科首届毕业生，毕业后在上海行医

李梅龄，同济医科第三届毕业生，1916年在同济获德国认可的医学博士学位

部分首届工科毕业生

第三届医科毕业生李梅龄毕业后按学校规定先在宝隆医院实习一年，期间在德国专业杂志上发表了一篇论文，之后又通过了德国博士考试和学校组织的答辩，并被授予德国方面认可的博士学位，成为同济培养的第一位博士。李梅龄毕业后曾回广州行医，后辗转回到上海开办诊所。作为医学领域的翘楚，李梅龄还兼任上海赛鸽协会会长，成为一代"鸽神"，其育成的"李鸟"曾是20世纪30年代赛鸽界叱咤风云的"一代天骄"。

1912年工科创办时，学校招收的首届学生仅有曹省之、舒昌瑜（又名舒震东）、朱家骅、黄异（字伯樵）、刘荫楷、王道周等6人。因1914年青岛德华大学停办后，部分学生转至同济继续学业，1916年，13名学生成为首届工科毕业生（含机械科8人，土木科5人）。1917年和1918年，学校分别有5名、11名工科学生毕业，此后每年各有毕业生20至30人。早年的工科毕业生大多进入工厂、大型制造公司及政府水利、兵工等部门，还有些自己创办了工厂，为国家的实业发展做出了重要贡献。

在首届工科学生中，朱家骅于1914年肄业离校并赴德国留学，回国后曾任国立中山大学校长、国民党中央组织部部长、国民政府教育部部长、交通部长、浙江省政府主席、中央研究院代理院长等职，并在1920至1940年代的中德合作中发挥了重要推动作用；曹省之毕业后曾任上海特别市政府公用局技正（技术官职，相当于工程师）；舒昌瑜毕业后进入商务印书馆任职，曾发明第一台具有实用价值的中文打字机，后任首都电话局（前身为 1912 年成立的南京电话局，国民政府定都南京后更名为首都电话局）局长等职；黄伯樵毕业后赴德国留学，获柏林工科大学特许工程师证书，回国后曾任上海特别市政府秘书长、铁路局局长等职。

1917 年，同济华人董事、中国钢铁冶金界的先驱、中国近代钢铁专家李维格致信国民政府教育总长，在评价同济的教学和人才培养水平时写道"自开创以来，卓著成效，外附有病院，校内置有工厂，设备之精良，远非他校所能企及，业已造就医士技士甚众，以是各省闻风负笈者日多一日，嘉惠吾国学子，实非浅鲜……"

1917 年至 1927 年，学校共培养医科毕业生 139 名、工科毕业生 174 名，另有附设中等机械科（机师科）毕业生 121 名、中学部（德文科）毕业生几百名。这些毕业生具有扎实的理论基础和实践经验，动手能力较强，备受社会各界欢迎，学校的声誉也日益上升。

另一方面，同济毕业生赴德留学的比例也大幅提升。第一次世界大战结束后，为了尽快恢复国力，德国更加重视科技、教育的发展，并努力吸引更多外国学生到德国留学。同时，华人接办之后，学校提出了"以教授高等学术，培养专门人才为宗旨"的办学方针，促进了学术水平的进一步提高，加之采用德国教育模式和德语教学，同济便自然而然地成为向德国输送人才的重要基地。在此背景下，20 世纪 20 年代至 30 年代，同济毕业生中留学德国的人数激增，其中 1921 年的在德留学人数已达 102 人。当年，毕业后出国深造成为同济毕业生的又一重要选择，他们将德国乃至欧洲先进的医工技术和先进文化带回中国，为国家的医疗事业、实业发展和技术进步做出了众多开拓性贡献。

1912 年，工科创办人贝伦子带领首届工科学生安装从德国运来的机器

1929 年，李斯特教授带领工科毕业班学生参观青岛四方铁路工厂

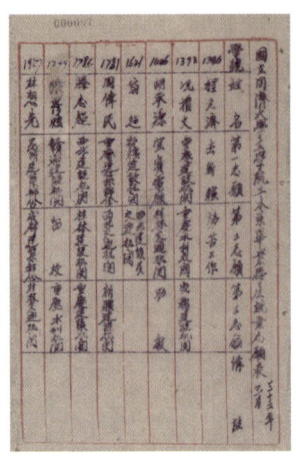
早期毕业生的就业志愿表

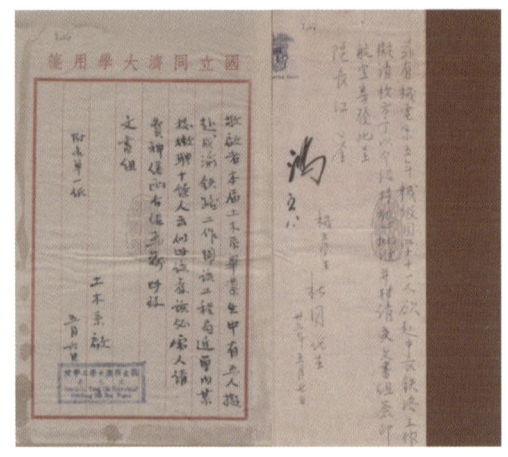
1943年,学校与就业单位协商学生就业的往来信函

1945年,医学院毕业生与教师的合影

翁之龙校长在1934年发表的《一年来的回顾》中指出:"现在各处来同济大学征求医工人才的很多,但毕业生没有一个闲居的,往往无以应付,大有求过于供之势。在这个全国大学毕业生谋求工作困难的时期,同济大学能有此现象,这是很难得的。"翁之龙校长的这一描述勾勒出了早年乃至1949年以前同济毕业生受欢迎程度的基本概貌。

在学校西迁期间,同济学子沿途就业,为抗战时期当地的医疗保障、实业发展尤其是军工部门的技术支持做出了卓越贡献,许多毕业生后来成为新中国成立后西南地区医疗卫生事业和工业发展的中流砥柱。1946年回迁上海后,与许多学校学生面临的"毕业即失业"困境相比,同济学子仍然供不应求,一名学生往往收到多个用人单位的邀约,由此可见同济毕业生的社会赞誉度和认可度。

二、统一分配，服从需要

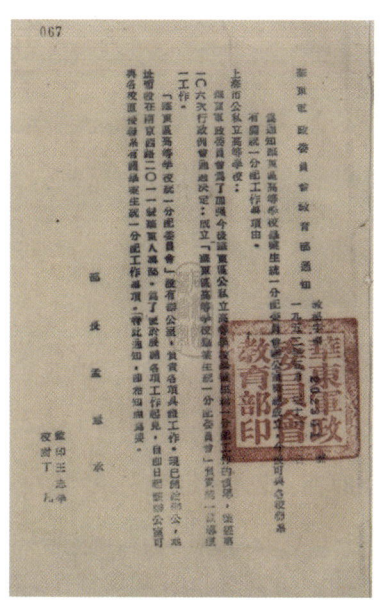

1952年，华东教育部颁布统一分配令

新中国成立后，国家百废待兴，各项建设任务繁重，对人才的需求也大量增加。根据估计，第一个五年计划期间，工业、运输业和地质勘探等行业约需技术人员30万人，而已有技术人员仅14.8万人，缺口达15万人之多。为了保障社会主义建设，国家开始对大学毕业生实行统一分配制度。

1950年7月，中央人民政府通知各大专院校，毕业生不得自行分配，必须在保证重点建设和各地区、各部门需要的基础上由国家有计划地进行分配。此后，学校相应地安排专人负责毕业生分配工作。1952年，华东教育部根据中央精神颁布了高校毕业生的统一分配令。根据上级部署，学校成立"同济大学统一分配委员会"，统筹管理毕业生分配工作。1954年，校务委员会决定成立人事处，下设人事科、学生科、档案科，其中学生科负责学生的入学注册、政审、毕业分配等管理工作。

1957年，同济在校学生人数已由新中国成立初期的900余人增至4000人，并已累计培养6800多名毕业生；其中，新中国成立以来的毕业生达4300余人。这些学生毕业后响应国家号召、服从国家需要，不少毕业生还主动要求到边疆和条件艰苦的岗位参加社会主义建设，为新中国的基础建设、国民经济的逐步恢复做出了巨

1956年，学校召开工民建专业毕业生动员大会

1958年的工民建、结构专业学生毕业分配典礼和学生挂出的服从分配的条幅

大贡献。1955年，公路专业陈德坤等十二名四年级学生曾联名致信团中央、高教部、交通部等部门，表达了坚决要求到边疆参加建设的决心。

在实行毕业生统一分配时期，同济毕业生心系祖国发展，投身社会主义建设，许多学子还积极响应国家号召，赴东北三省、云贵川等相对艰苦的地区参加工作，用青春和热血谱写了中华大地上的同济之歌。

1966年"文化大革命"开始后，全国高校全面停止招生。1968年7月，中共中央、国务院、中央军委和文革领导小组印发《关于大专院校毕业生分配问题的通知》，要求高校毕业生分配工作必须坚持面向农村、面向边疆、面向工矿、面向基层、与工农群众相结合的方针。根据这一精神，此后的大批毕业生被分配到了军垦农场和厂矿企业等一线岗位参加工作。1970年至1976年，学校按照要求定向招收工农兵学员，并实行"从哪里来到哪里去"的定向培养、定向分配政策。

三、职能转型，适应市场

1977年10月，国家恢复高考制度。1981年2月，国务院批复国家计委、教育部、国家人事局《关于改进1981年普通高等学校毕业生分配的报告》，规定高校毕业生分配在国家统一计划下试行"抽成调剂、分级安排"的办法，其中教育部直属院校的毕业生仍由国家统一分配。1981年6月2日，学校发布《成立学校毕业生分配委员会的通知》，并要求各系分别成立毕业生分配领导小组，认真落实毕业生分配工作(此后多年，学校每年均成立毕业生分配领导小组)。1982年，根据国家政策，恢复高考

 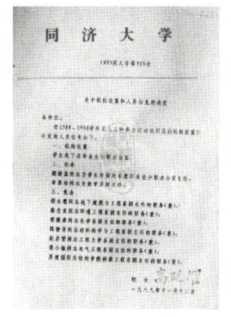

1989年，用人单位来校招聘毕业生　　1989年11月，学校成立毕业生分配办公室

后的我校首届1037名本科毕业生被统一分配到祖国各地，绝大部分毕业生离开上海赴外地工作。

此后，国家提出了"统筹安排、合理使用、加强重点、兼顾一般"的方针，在满足国家需要的前提下，要求高校按照学以致用、人尽其才的原则实施毕业生分配。1984年10月，党的十二届三中全会通过了《关于经济体制改革的决定》，国家开始施行"公有制基础上的有计划的商品经济"。为适应国家经济体制变化，国家计委和教育部决定修改高等学校毕业生分配办法，提出了"25%采取自上而下和自下而上相结合的办法调配计划草案，通过学校与用人单位的'供需见面'后再行调整和落实；75%在国家方针、原则指导下，由学校与用人单位直接联系，提出分配建议计划，在征求有关方面的意见后，报国家计委、教育部综合平衡后正式下达"的毕业生分配实施方案。

为了适应毕业生分配体制变化，加强在校学生的日常管理和毕业生分配工作，学校于1986年成立学生工作处，并将学生科整建制划转至学生处。随着毕业生分配工作压力的日益增大及"供需见面会"的不断增多，原有机构及人员配备已无法满足形势发展的需要，1989年11月12日，学校在学生处增设毕业生分配办公室，专门负责毕业生分配工作，颜新盐（原为人事处学生科副科长，负责毕业生分配工作，后因学生科划转而调入学生处工作）被任命为首任毕业生分配办公室主任。

1992年10月，党的十四大提出发展社会主义市场经济，确立了市场经济在我国资源配置中的决定性作用。为贯彻十四大精神，促进高等教育主动适应社会主义

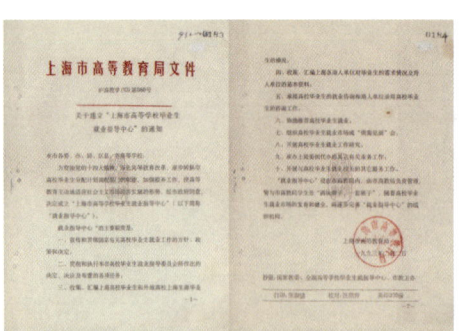

1993年2月，上海市高等教育局关于建立上海市高校就业指导中心的通知

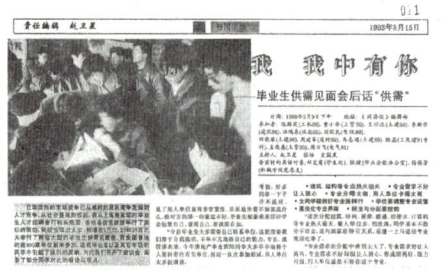

1993年3月15日，《同济报》对我校举办供需见面会的报道

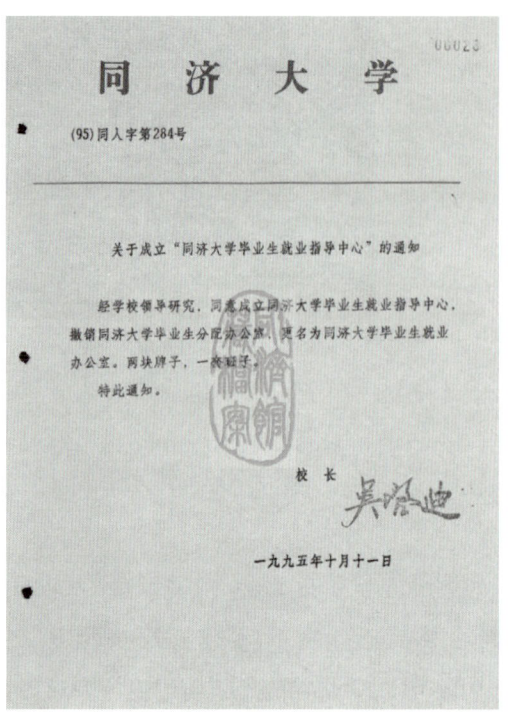

1995年10月，学校成立"同济大学毕业生就业指导中心"

市场经济的发展趋势，上海市高等教育局于1993年2月下发《关于建立"上海市高等学校毕业生就业指导中心"的通知》，明确高校就业指导中心负责"宣传和贯彻国家有关高校毕业生就业工作的方针、政策和决定，协助推荐高校毕业生就业，组织高校毕业生就业市场或供需见面会。"

与此同时，学校于1993年2月22日举办了有史以来的首场大型供需见面会，并于23日和28日又接连举办了两场大型供需见面会，在广大学生中引起强烈反响。参加见面会的有来自全国各地的近400家单位，前来洽谈意向的学生在场馆外排起了长队，场面空前壮观。本次活动开启了高校独立举办大型供需见面会的先河，成为我校从"毕业分配"真正走向"毕业生按市场需求就业"的重要标志。

经过两年多的筹备工作，1995年10月11日，学校发文成立毕业生就业指导中心（归学生处管理），同时将"毕业生分配办公室"更名为"毕业生就业办公室"，并与毕业生就业指导中心实行"两块牌子、一套班子"的运行模式，实现了就业体制的实质性转型。

自学生科划转至学生处后,研究生的毕业分配工作转由研究生院管理处承担,并安排专人负责。此后,根据形势发展需要,研究生的毕业分配体制也同步实现了向市场化就业的转变,但就业管理与服务的职能仍继续保留在研究生院管理处。

在职能转型、走向市场的过程中,同济的培养模式、专业特色得到广大用人单位的普遍认同,同济毕业生也受到广泛追捧,毕业生就业率始终处于全国排行榜的"第一阵营"。在各个不同的工作岗位,同济学子们努力施展才干、发挥专长,为祖国建设做出了积极贡献。

四、多措并举,促进就业

1995年,国家教委在《关于做好1995年全国普通高校毕业生和毕业研究生就业工作的通知》中明确指出,"要积极稳妥地深化毕业生就业改革,充分利用市场机制在高校毕业生资源配置中的作用,逐步建立起多层次、多类型和以学校为主体的毕业生就业市场。"为落实好毕业生就业工作,学校加强就业指导,引进市场竞争机制,做好供需桥梁,通过征集用人单位招聘信息、邀请用人单位来校举行信息发布会、举办择业讲座和形式多样的供需见面会等途径积极为毕业生就业创造有利条件。据1995年8月统计,当年我校毕业生的就业率达99.3%。

1999年年底,由学生处主持开发的学生就业信息系统上线运行,成为上海高校中首个正式运行的就业信息系统。通过系统的运用,不仅实现了招聘信息的及时发布,有效发挥了毕业生与用人单位之间的桥梁作用,还通过在系统中首次引入就业协议签订时"个人录入、现场鉴证"的模式(该模式后被各高校普遍采纳并沿用至今),保障了就业数据的准确性和可靠性,彻底解决了以往因信息录入不准确而导致"派遣证""户口迁移证"被大量退回重签的问题。此后,该系统经过多次改版,功能和效果得到不断改善,为学生和用人单位更好地搭建了开放的就业交流平台,促进了学生就业工作标准化、信息化、系统化体系的逐步完善。

进入21世纪,高校全面实行"市场导向、政府调控、学校推荐、学生与用人单位双向选择"的就业政策。根据教育部和上海市要求,学校制订和完善了一系列工作

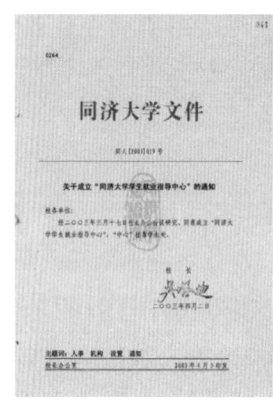
2003年4月,学校成立"同济大学学生就业指导中心"

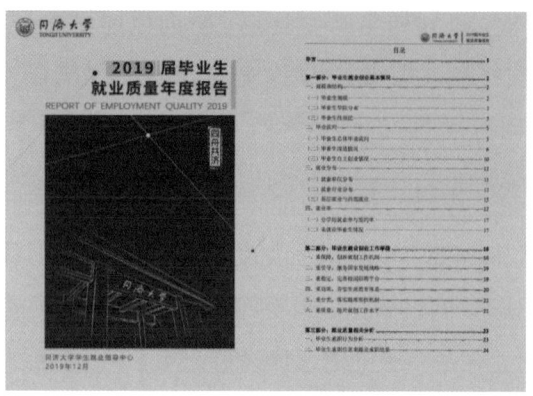
同济大学2019届毕业生就业质量年度报告

职责和激励机制,明确就业工作是"一把手"工程,学校党政"一把手"和各学院党政"一把手"为第一责任人,并将各专业的招生计划与学生就业率挂钩。同时,根据教育部教学〔2002〕16号和〔2002〕18号文件要求,为应对高校扩招导致的就业压力,本着"资源共享、优势互补、提高效率、增强服务"的原则,学校着手对毕业生就业机构实施适度调整。2003年4月2日,学校发文成立"同济大学学生就业指导中心"(挂靠学生处),同时撤销毕业生就业指导中心,并将研究生就业工作的职能从研究生院管理处划转至学生就业指导中心。至此,学生就业指导中心成为全校统一的就业工作管理与服务机构,学校的学生就业工作迈上了一个新台阶。

为了促进学生就业,学校每年都把组织好各种招聘会作为就业工作的重要抓手。2004年,就业指导中心组织近千家企业进校召开了200多场招聘会,为毕业生提供了2000余个就业岗位。学校还发动各方力量共同开拓就业市场,鼓励各学院发动教师参与就业工作,各学院也纷纷组织针对性更强的小型招聘会。同时,学校加强对毕业生就业的指导和服务,定期为学生开设"职业指导""面试技巧与职业规划"等讲座,对毕业生群体进行个性化指导,开展职业援助活动;加强与地方政府的合作,先后与长三角地区十余个地级市政府建立了人才合作培养、人才服务工作站和实习基地,进一步拓展毕业生的择业空间。在为学生开辟择业渠道的同时,学校鼓励学生响应国家号召赴重点工程、重点地区就业,支持国家建设和扶贫工作。在学校"就业引导工程"的积极推动下,赴基层、中西部及重点领域就业的

在四平路校区新体育馆举行校园招聘会时的排队等候场景　　在嘉定校区举行的春季校园招聘会

毕业生人数持续上升。自2002年起，就业指导中心还每年编制《毕业生就业质量年度报告》，总结和指导就业工作。

据统计，学校2018届毕业生总体就业率达99.20%，赴重点领域就业占比达60.82%；2019届毕业生总体就业率达99.02%，赴重点领域就业占比接近70%。在信息技术、汽车制造、房地产、工程建设、工业设计、环境保护、金融服务、咨询服务、教育卫生、党政机关等行业领域，同济毕业生积极发挥专业优势，勤奋工作、施展才华，为国家建设尤其是重点工程建设做出了重要贡献，获得了社会各界的广泛认同。历年的用人单位调研反馈结果显示，用人单位对同济毕业生的综合素养和学校的就业服务工作均给予了高度评价。

创校至今，学校先后培养了36万余名毕业生，造就了一大批杰出的政治家、科学家、教育家、社会活动家、企业家、医学专家和工程技术专家。学校将认真贯彻党和国家的方针政策，落实立德树人根本任务，举全校之力做好大学生就业创业服务与职业发展辅导工作，促进毕业生更充分、更高质量就业，着眼未来，不断践行追求卓越的同济精神，实现毕业生就业创业工作的新突破，为中华民族伟大复兴做出同济人的贡献。

39

海洋与地球科学学院大楼外景

同舟共济 钩深致远——
走向深海的同济大学

海洋强则国家强，海业兴则民族兴
同济积极响应国家号召，肩担重任
1972年设立海洋地质学专业
1975年成立海洋地质系
1982年成为首批海洋地质学硕士学位授予高校
1984年获批国内高校唯一的海洋地质学博士点
2002年成立海洋与地球科学学院
同济海洋人的风雨历程
宛如一首时代奋进的赞歌

2004年2月28日
"综合大洋钻探计划"中国专家委员会
在学校举行首次会议
IODP中国办公室同时在学校揭牌
开启了同济海洋学科迈向国际一流的新征程

回眸"历史上的这一周"
让我们一起回顾
走向深海的一代又一代同济海洋人
同舟共济，钩深致远
谱写自主创新、海洋强国的壮丽篇章

海洋强则国家强，海业兴则民族兴，实现我国由海洋大国向海洋强国的历史性转变，是中华民族伟大复兴的必由之路。加强对海洋的认识、研究、利用和保护对于海洋强国建设具有重要意义。同济海洋地质学科起步于20世纪70年代，经过几十年的发展探索，已成为我国高校海洋地质学科的引领者。同济海洋人挑起了深海战略"国家队"的重担，深入西太平洋国际竞技场，为国家的海洋强国之路做出了重要贡献。回顾同济海洋学科从国内领先到走向国际一流的发展之路，同济海洋人的每一个脚印，都印刻着同济大学走向深海孜孜求索的远见卓识和实干历程。

一、一叶"海洋地质之舟"驶入同济

1970年，上海启动"627"工程时的海洋钻探船

同济海洋学科的创办如一叶小舟，诞生于"文化大革命"高潮的旋流之中。与具有深厚历史根基的土木建筑等传统优势学科不同的是，同济早年并无海洋学科的基础。1970年4月，国务院业务组召开会议，研究并批复了地质部关于建造海洋钻探船的请示。此后，地质部在上海启动"627工程"，正式开启旨在勘探东海石油的海洋地质调查工作。

开展海洋地质调查迫切需要海洋地质方面的人才。20世纪60年代，在"大跃进"时期全民找矿的热潮中，受上海市委托，华东师范大学地理系筹建了"海洋地质系"，并于1970年开始招生。1972年年初，为加快石油勘探工作，国家计委地质局向上海提出在高校设立海洋地质专业的要求。为了更好地发展海洋地质专业，配合国家

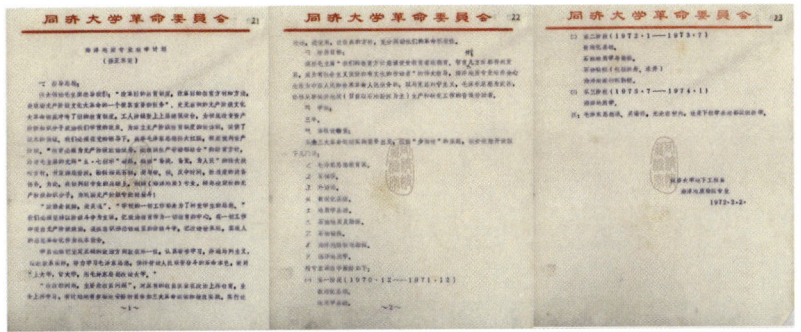

1972年2月的海洋地质勘探专业教学计划

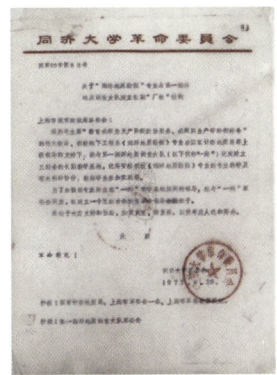

1972年8月,学校向上海市城市建设局提交建立教学基地的商请函

地质局及东海石油勘探的需要,1972年2月,上海市革命委员会发布《关于华东师范大学地理系海洋地质专业迁入同济大学地下工程系之决定》,华东师范大学地理系海洋地质专业被整体划转至同济大学地下工程系,并设立海洋地质勘探专业。1972年春,以严钦尚、汪品先等为代表的一支"海洋地质连队"开进了同济大学,如一叶小舟,在翻滚的巨浪中闯入了海洋地质学科建设的大海。

海洋地质勘探专业设立之初有36名教师。该专业旨在培养从事海洋地质勘探和研究(最初以石油勘探为主)的人才,学制为三年,设有地质学基础、石油地质及勘探、石油钻探、海洋地球物理勘探、海洋地质学等课程,并与"627工程筹备处"及第一海洋地质调查大队合作建立了教学实习基地。

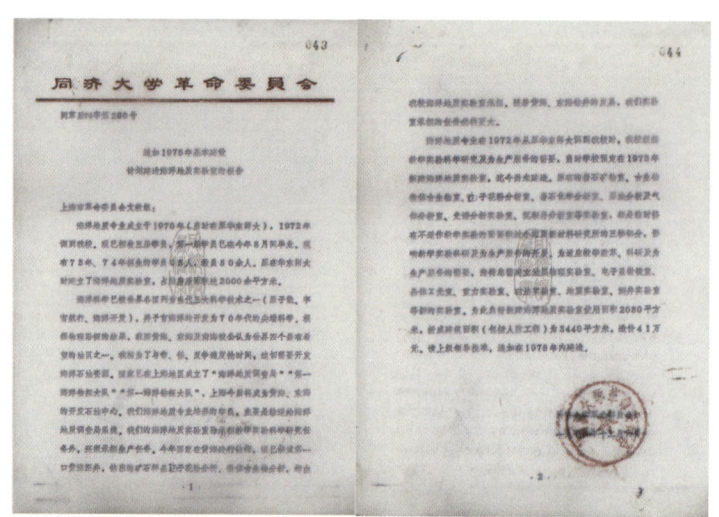

1975年12月,学校申请建设海洋地质实验室的报告

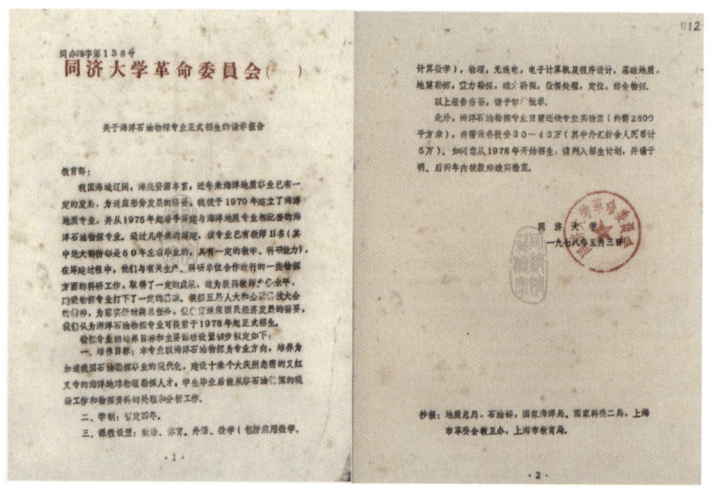

1978年5月,学校申请海洋石油物探专业启动招生和建设专业实验室的报告

中国科学院院士、大地构造学和石油地质学家朱夏教授

中国科学院院士、沉积学、海洋地质学家业治铮教授

中国科学院院士、海洋地质地球物理学家刘光鼎教授

根据国家发展需要,在上海海洋地质调查局的支持下,1973年7月13日,学校决定增设海洋地球物理勘探专业。1975年,学校成立海洋地质系,内设海洋地质学和海洋地球物理勘探等两个专业,为后续深入研究我国广阔海域丰富的海底资源奠定了基础。两专业均为四年学制,实行隔年招生,每年招收30人,学生主要来源于沿海各省市,毕业生主要去向为地质矿产部、石油工业部和国家海洋局等单位。

改革开放后,同济海洋地质学科开始在国际舞台上崭露头角。1978年,国家石油部组织石油地质代表团访问美国、法国,并临时通知学校委派一名海洋地质工作者随团访问,汪品先获准随行。"没想到美国所有的大石油公司和名牌大学都在研究海洋、勘探海洋!发现海洋微体古生物研究还有如此广阔的前景。"汪品先的这次访问拓宽了同济海洋学科的国际视野。同期,学校实施"两个转变",恢复了对德交流的传统,强化了与德国高校的合作,并推出了加强海洋学科师资培养、促进海洋学科发展等举措,为海洋学科的腾飞孕育了良好的土壤和机遇。

随后,在李国豪校长的支持下,海洋学科确定了"瞄准国家需求、追求高标准、少而精"的学科建设策略,加强了与相关高校和科研单位的交流合作。1979年,学校聘请在地质矿产部工作的朱夏、业治铮和刘光鼎等3名海洋地质界著名专家担任兼职教授(1980年,3名专家同时当选为中科院学部委员)。三位兼职教授任教期间身体力行、亲自授课,并制订科研计划,积极培养研究生,为同济海洋学科的发展和壮大奠定了坚实的基础。

改革开放初期,学生外语水平普遍较低的状况成为人才培养中的一大屏障。为此,海洋地质专业在全校较早地提出了加强本科新生英语教学的设想,并积极邀请国际专家来校讲学。1983年,海洋地质学、海洋地球物理勘探专业改为五年制,并将隔年、面向沿海地区招生改为面向全国各省市每年各招收30名新生;除政治和体育课外,两专业安排学生第一年主攻英语,为学生后续的学习和毕业后的工作打下了良好的基础。1988年,因师资力量和学生就业等因素,两专业又改回四年制,但其重视外语教学的传统仍保留至今。

在海洋学科师生的共同努力下,1982年,学校成为首批获得海洋地质学硕士学位授予权的高校之一;1984年,学校获批博士点,成为当时全国唯一拥有海洋地质学博士学位授予权的高校。

1982年,海洋地质系师生在海南岛开展科学考察

1979年,汪品先等教师在做实验

1980年,海洋地质学专业师生在原南汇县的海堤断面取样

1985年,海洋地质系举行建系十周年庆祝大会

  与此同时,同济海洋人开始在海洋研究的国际舞台上学步。以汪品先为代表的海洋地质学者从国际化视角出发,通过重新梳理多年积累的资料,勾勒出我国大陆架浅海微体化石分布的图景,并于1985年发表了《中国海洋微体古生物学》(英文版)研究报告。这一重要成果立即引起众多国际同行的关注和赞叹,10多种国外学报先后发表书评加以赞扬,一家法国刊物还以"中国觉醒了"作为书评的"开场白"。相应地,海洋学科也因此获得了更多参与国际合作的机会,从德国的易北河口到澳大利亚的太平洋海岸,同济海洋人开始探求和比较各大洲河口海岸的微体化石。经过不懈努力,同济海洋人以国家需求为导向而确立的"高标准、少而精"学科建设方案取得了阶段性成效。

二、不落窠臼，默默耕耘的十年求索

中国科学院院士、海洋地质学家
汪品先教授

中国科学院院士、地球物理学家
马在田教授

1985年之后的10年，是海洋学科立足国内、耕耘探索的十年。从国家需求和学科发展出发，同济海洋人艰苦奋斗、埋头苦干，瞄准国际发展前沿，不落窠臼地坚持走自己的研究之路，无论是地球物理领域的地震数据处理，还是海洋地质范畴的古海洋学研究，学科水平和科研能力逐渐走到了国内前列，为迈向国际前沿奠定了坚实基础。

1980年代，汪品先教授团队瞄准国际前沿，率先开展微体化石定量古生态学、微体化石埋藏学的研究，开创了国内古海洋学研究的先河。团队采用微体古生物研究手段，深入研究采集到的国内外深海沉积样品，首次取得了南海古海洋学定量研究成果。同时，海洋学科坚持以海为主、海陆结合的原则，将海与陆的相互影响有机地结合起来，充分利用国内特有的地质地理特点，在青藏高原、黄土高原、大河口三角洲等地区开展了"新生代中国宏观环境格局的演化"等项目研究，引领我国海洋地质研究在新的高度上逐步与国际水平接轨。

同样在1980年代，马在田教授团队在反射地震学方面取得的技术成就在国内外产生了巨大影响，其成果被国外学者称为"马氏方法"，至今仍在石油勘探领域被广泛应用；团队的地震成像技术也在行业内获得较高评价和普遍认可。与此同时，刘光鼎教授倡导并建立了国内首个综合地球物理研究方向；王家林教授开展了独具特色的海洋教学与科研工作……

海洋地质实验室的激光剥蚀——多接收电感耦合等离子体质谱仪

1991年，学校获批设立海洋科学博士后流动站。同年，汪品先、马在田两位教授被增选为中国科学院学部委员（院士）。1992年，根据国家教委对专业调整的要求，海洋地质学专业更名为地质学专业，地球物理勘探专业更名为应用地球物理专业，海洋地质系更名为海洋地质与地球物理系。1992年和1993年，学校先后获批设立应用地球物理硕士学位授予点和固体地球物理学博士学位授予点。1995年，海洋系在地质学专业设立海洋地质学、宝石学、环境地质与工程等3个专业方向，在应用地球物理专业设立环境与资源评价、信息处理与管理等2个专业方向。

在教学和人才培养方面，海洋系坚持稳扎稳打、步步为营的理念，持续强化基础理论教学，积极探索和推进产学研相结合的教学模式，建立和完善聘请科研和生产单位技术人员兼任顾问或学生导师的联合培养机制，在促进教学与科研水平不断提升的基础上，为国家培养了一大批高质量海洋人才。

实验室建设是人才培养和学科建设的重中之重。1992年，经国家教委批准，海洋系建立海洋地质开放实验室。1996年，科技部委托国家自然科学基金委对国家、部委的重点实验室进行了全面评估，成立不到4年的同济海洋地质开放实验室获得好评。

在不断巩固自身发展优势的同时，海洋地质学科还善于向国际一流水平学习和挑战，积极参与国际科研合作项目与活动，培养高起点、知识全面、国际化的人才，并先后聘请多名享誉国际的外籍教授、学者担任名誉教授、特聘教授。这些著名学者、教授为推动海洋地质学科更多地参与国际学术交流和科研合作提供了很大支持和帮助。

三、走向国际，驶入深海的同济之舟

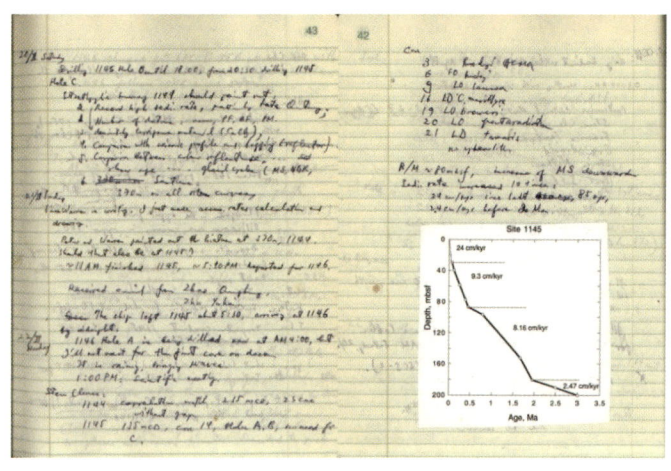

1999 年，汪品先参加"大洋钻探计划"（ODP）第 184 航次的记录

在经历了多年的默默耕耘和积累之后，1995 年，同济的海洋研究正式加入国际竞争。通过参加国际"大洋钻探计划"，同济之舟开始驶入深海，走向海洋科考的国际前沿。

"深海钻探计划"1968 年始于美国，由几个发达国家共同参与，旨在通过一艘特殊装备的钻探船对水深几千米的洋底进行钻探，以探索地球的奥秘。这也是迄今为止在海底深部取样的唯一手段。1985 年，"深海钻探计划"（DSDP, 1968—1983）结束后，"大洋钻探计划"（ODP, 1985—2003）启动。"大洋钻探计划"为开放型国际合作计划，国际专家组每年从世界各国提交的建议书中投票选定 6 份优秀建议书，之后按"计划"实施钻探航次（每个航次耗资 700 多万美元），开展专项研究。为了争取加入"大洋钻探计划"、实现在我国海域进行科学钻探的目标，1995 年年底，汪品先等向国际大洋钻探学术委员会提交了"东亚季风在南海的记录及其

海洋学院举办"IODP"视频连线活动

全球气候意义"的建议书。1996年年底，经修改后的建议书在1997年度"大洋钻探计划"的全球评审中获得第一名，并被正式列为国际大洋钻探航次。1998年春，我国正式加入国际"大洋钻探计划"，成为参与成员国。

1999年2月12日，由汪品先担任首席科学家的ODP 184航次正式起航，"决心号"钻探船从澳大利亚西部驶向南海。这次钻探共钻井17口、取芯5000米，实现了中国南海深海科学钻探"零的突破"，首次取得了2300万年来南海海域气候旋回的深海连续记录。以汪品先为代表的中国海洋地质学者终于走在了世界海洋探索的最前沿，同济海洋人迈向了争创国际一流的新征程。

2004年2月28日，"综合大洋钻探计划"（IODP，2003—2013）中国专家委员会在同济大学举行第一次会议，设立在同济大学的IODP中国办公室（具体负责我国参加IODP后的内外联络等各项工作）同时揭牌。自此，同济大学成为我国科学家参与这项地球科学领域迄今规模最大、影响最深、历时最久的大型国际合作研究计划的牵头人和组织者。

与此同时，海洋地质学科的自身发展也有了新的突破。1998年，应用地球物理专业获得博士学位授予权。海洋地质学科分别于1996年和2002年获得"211工程"和"985工程"重点支持，2000年入选上海市"重中之重"学科，2001年被评为国家重点学科，成为我国重要的海洋地质教学、科研基地之一，并已在国际海洋地质界享有较高的声誉。2002年，同济大学海洋与地球科学学院挂牌成立。2005年，学校获批设立地球物理学博士后流动站。在汪品先、马在田院士等学术带头人的带领下，借助国际先进的技术手段和研究力量，同济海洋团队参与主持了包括国际大洋钻探在内的一系列科学研究，翦知湣、刘志飞等年轻学者快速成长，海洋地质学科的学术梯队逐渐成形。

四、海洋强国,争创一流的开拓之路

海洋地质国家重点实验室专家在海上开展科学考察

2010年7月,"南海深海过程演变"重大研究计划正式立项

秉承着开拓创新的理念,同济海洋人以国际一流学科为标准,紧密围绕国家海洋和油气资源发展战略等重大需求,以"国际大洋发现计划"(IODP, 2013—2023)、"国家海底科学观测网"大科学工程、"南海深海过程演变"重大研究计划等国内外重大任务为载体,积极推动我国深潜科学考察、大洋钻探、海底观测等事业不断发展,为实现"海洋强国"不懈奋斗,引领海洋学科迈入国内领先、国际一流的行列。

十多年来,海洋学院以海洋地质国家重点实验室建设为契机,大力推进海洋科学研究平台建设和临港科研基地建设,为建设"国家深海科学研究中心"和"国际联合实验室"奠定了良好基础。2006年,以海洋及相邻陆区的地质与环境演变及海底资源研究为总目标的海洋地质国家重点实验室通过国家验收。2006年和2010年,学院相继获批海洋科学一级学科博士点、地球物理学一级学科博士点。2010年,以海洋地质学科为主,集土木、测绘、机械、电气、自动控制等学科于一体的同济大学海洋科学技术研究中心正式成立。2015年,海洋科学学科入选上海市"高峰学科"计划。2017年,海洋科学学科入选教育部世界一流学科建设计划。同年,经国家发改委批准,海洋学科领衔建设"国家海底科学观测网"大科学工程。

在学术方向上,海洋学院围绕"气候演变热带驱动"和"西太平洋地质演变"两大长期学术研究目标,形成了"古海洋学与古环境""深海沉积学""深海生物地球化学""大洋岩石圈演化"和"油气资源与勘探"等五个紧密结合的研究方向,积极

2010年，同济大学海洋科学技术研究中心揭牌

2013年6月18日，周怀阳教授在中国南海执行"蛟龙号"首个试验性应用航次，成为搭载"蛟龙号"进行科学考察的第一位科学家

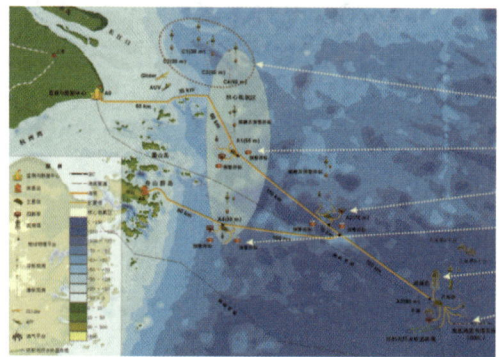

海洋团队承担的海底科学观测网国家重大科技基础设施项目——东海海底观测子网示意图

2018年5月，82岁的汪品先院士搭载"深海勇士号"深潜器，9天内完成3次下潜，成为"深海勇士号"迄今年龄最大的深潜"乘客"

在2017年的第三次南海大洋钻探中，翦知湣教授担任"国际大洋发现计划"（IODP）第368航次首席科学家，并喜获重要突破

新年伊始，同济海洋人再出发。2020年1月3日，海洋学院教师袁伟参加IODP第378航次。图为航行期间各国科学家用14种语言书写的中国农历新年祝福

海洋学院的部分在读留学生

开展国际前沿的海洋科学研究,努力将学院建设成为面向深海并以海陆结合和科学与技术相结合为特色的世界一流海洋科技研究中心和人才培养基地。

经过近50年的发展,海洋学院已拥有一支由中科院院士、长江学者特聘教授和国家杰出青年基金获得者等高层次人才领衔的优秀教师队伍。学院现有地质学、地球物理学、海洋技术等3个本科专业,海洋科学和地球物理学等2个一级学科博士点,海洋科学和地球物理学等2个博士后流动站。截至2017年年底,学院共有本科生239人、硕士生153人、博士生135人,并招收了来自亚洲、非洲、欧洲和拉丁美洲等32个国家和地区的留学生,本科生和与研究生培养质量不断提高。

同济大学海洋学科的成长史,既与中国倡导科学、重视海洋的发展战略相同步,也是中国改革开放、积极实施"走向深海"国家战略的见证。600年前,郑和在紧靠上海的太仓刘家港起航下西洋,今天的同济海洋人将继续抓住机遇、迎接挑战,瞄准世界海洋资源利用与发展的前沿领域,服务国家海洋发展的重大战略需求,为海洋文明的发展贡献自己的力量!

40

1934年，吴淞校园图书馆外景

图书馆溯源

大学的图书馆,是知识的海洋
是学问的研习之所,是智慧的起源之地
托起了大学的思想之舟
扬起了学子的理想之帆
1934 年 3 月 1 日
吴淞校园的图书馆正式开放阅览

走过抗战期间的烽火硝烟
走过西迁路途的坎坷曲折
走过休戚与共的成长历程
经过几代人的共同努力
图书馆伴随学校的发展征程
同舟共济,守护智识的初心不改
读者至上,服务教育的宗旨不忘
逐步建立起现代化图书管理制度
呈现出三校区五馆舍的生机盎然之景
为学校发展和人才培育提供强有力支撑

回眸"历史上的这一周"
让我们一起走进
同济图书馆的昨天与今天

> "我心里一直都在暗暗设想,天堂应该是图书馆的模样"
>
> ——阿根廷诗人博尔赫斯

一、首馆落成,助力教学

在建校初期的 20 多年里,学校既没有独立的图书馆馆舍,也没有统一的图书管理机构,更没有固定的图书经费。1908 年,学校开始着手自建校舍。新校舍设有藏书楼,由德籍教师募捐的一批德文书刊分别存放于藏书楼和作为实习医院的宝隆医院。1917 年被迫迁至吴淞后,学校在建设首批新校舍时未考虑设置专门的图书馆,仅在相关楼宇中设立了工科图书室和中学部图书室,分别由许怀仁和王铭坎进行专职管理。两间图书室各具特色,其中的工科图书室有 4000 多册图书,面向全体师生开放;中学部图书室有 8000 多册图书,主要对中学部和德文科师生开放,大学部师生也可借阅。医科图书则依然分散存放于宝隆医院、解剖学馆和生理学馆等教学实践场所,且主要供教师使用。

这一时期,因缺少统一的管理机构和稳定的采购经费,学校的图书数量增长缓慢。至 1934 年 2 月底,全校各图书室的藏书合计仅有 16866 册,期刊 398 种、3692 册。

1927 年,同济被列为南京国民政府成立后的首批国立大学,学校的发展迎来了新的契机。1932 年,学校接收了吴淞镇上的原中央大学医学院校舍,并计划将附中的一部分迁入该校舍。考虑到学校当时的各类教学设备已较完善,而相对匮乏的图书资源已无法满足教学和科研需要,同年 9 月新上任的翁之龙校长便决定将原学生第六宿舍改建为图书馆。

1933 年暑期,学校邀请图书馆学专家、交通大学图书馆馆长杜定友先生来校协助规划图书馆内部布局,并聘请建筑专家进行改建设计。同年 11 月,图书馆改建工程完工。改建后的图书馆共有两层,建筑面积 1000 多平方米,拥有 100 多个阅览座位;楼上设有馆长室、采购室、编目室、典藏室、会议室、教授研究室,左侧大间为中文书库,右侧大间为学生自修室(后改为学生参考室);楼下为图书阅览室、期刊阅览室、阅报室,左侧大间为西文书库,右侧大间为期刊库。

1934年，图书馆鸟瞰

1934年，图书馆西文书库

1934年，图书馆中文书库

1934年，图书馆期刊阅览室

1934年，图书馆报纸阅览室

1934年，图书馆自习阅览室

同月，王味根受聘担任首任图书馆馆长。到任后，王味根积极策划和落实新馆管理机制及人事安排，制定各项规章制度，编制图书经费预算，并建立了图书委员会。在管理体制与机构设置方面，图书馆设馆长一人，直属校长领导；下设购订、编目、典藏、阅览和杂志等五个部，各部设主任，其中，魏以新主持购订部并兼管杂志部，王铭坎主持编目部，许怀仁主持典藏部并兼管阅览部；各部另有馆员、助理员、练习生和工人若干。经过全体馆员近两个月的通力协作，原有的工学院图书室和中学部图书室相继迁入新馆，相应的图书整理及编目调整工作也顺利完成。1934年3月1日，学校图书馆正式向师生开放阅览。

图书馆成立后,第一年即采购中文图书4647册、德文图书974册,并订购期刊100多种,图书采购经费占1934年学校全年经费的3.7%,在当时学校经费较为困难的情况下已属相当不易。1935年,图书馆将下设的5个部改为三个股,第一股负责各类书籍、期刊的订购,第二股主管编目,第三股承担书库和阅览室的管理,并开始采用杜氏分类法对图书进行分类和管理。同时,图书馆分别在医学院后期、附中和附设高职设立了图书阅览室。至1937年7月,图书馆已拥有藏书45000册、期刊460种,工作人员已达10人,内部管理机制也日趋完备。

二、随校西迁,坚持保障

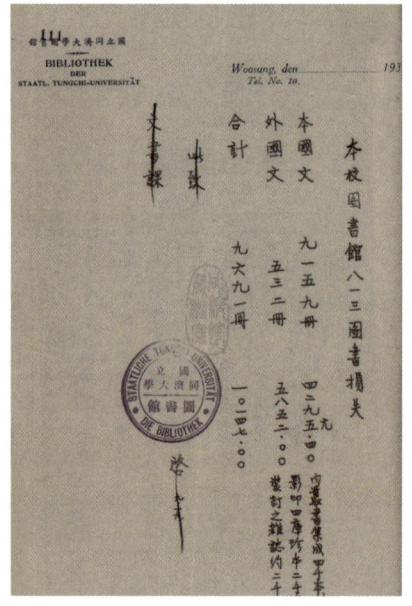

1937年,"八一三"事件后图书馆汇总的图书损失情况

抗战西迁期间,图书馆馆员冒着日本飞机的轰炸扫射,忍受着颠沛流离的艰苦生活,努力保护好图书资源,保证了抢运出来图书的一路安全完好。学校每迁到一处后,图书馆立即组织开箱上架,有效弥补了西迁途中图书资料匮乏的状况,发挥了良好的教学辅助作用。

1937年淞沪抗战爆发前夕,根据对当时紧张形势的判断,为了保障师生安全,学校决定租用位于法租界地丰路121号的建筑作为临时校舍。8月上旬,学校启动将图书、仪器等物资搬往临时校舍的紧急抢运工作。其间，图书馆将西文图书、中文图书等先后装箱、编号和造册，并组织分批运输，保证了搬运工作规范有序地进行。

踏入西迁后，虽然各种条件异常艰苦，但图书馆坚持因地制宜、因陋就简开馆借阅，先后在浙江金华、江西赣州等地建立了临时借阅点，并根据教学需求组织开箱上架，保证了教学工作的顺利开展。到达昆明后，学校租借了位于富春街太阳巷一号（靠近工学院）的云南省官员裴存藩的别墅作为图书馆。在这座二层楼三开间的四合院型别墅里，图书馆添置了书架，建立了书库，但因条件所限无法设立阅览室，师生仅可在此办理图书借还手续。不久后，西南联大的教师也获准前来借阅图书。其间，根据馆员们的建议，为方便德文图书编目，图书馆决定将德文图书的编目方式由杜氏分类法调整为国际十进分类法。

昆明遭日军轰炸后，为保障师生安全和教学秩序，学校于1940年决定迁往四川李庄和宜宾。搬迁期间，为躲避空袭、确保图书安全，图书馆先将图书装箱后运往距离昆明市区六公里的郊外金殿存放，后又分批将图书沿川滇公路运往泸州。1941年5月，陆续运抵泸州的图书又通过水路被运往李庄。

李庄的紫云宫亦名王爷庙，是一个四合院结构的大庙，大门正对着长江。为了欢迎学校迁入李庄，当地居民将紫云宫腾给学校使用。此后，紫云宫成为学校图书馆，其高大的正殿被改为书库和办公室，两厢房的楼上作为阅览室，楼下为阅报室、储藏室、期刊库、期刊阅览室等。其中，阅览室拥有80个座位，因其空间高大宽敞、光线明亮，吸引了不少学生来此阅读和自习。

昆明时期另行设立的工学院阅览室

李庄紫云宫（王爷庙），同济在李庄时期的图书馆所在地

设立在工学院内的图书馆

1949年的工学院图书阅览室

西迁期间，图书馆的管理体制也发生了很大变化。1936年12月王味根辞去馆长职务后，陆振邦、郭德歆、吴之翰等先后担任馆长。1939年，因馆长吴之翰调任教务长，唐坚被聘为图书馆馆长。1939年5月16日，教育部第11451号训令发布关于大学组织法的补充规定，要求大学设立教务处、总务处和训导处，图书馆也由校长直接领导改为由教务处领导，馆长则相应改称主任。1939年8月唐坚辞职后，彭明江任图书馆主任。同济回迁前，魏以新接任图书馆主任。

在馆藏方面，虽然经历了西迁的长途跋涉，但在全体馆员的努力下，图书在运输途中的损失很小，除大部分中文期刊未及抢运、随同吴淞校园被损毁外，学校的绝大部分图书被随校运至李庄。至1945年5月，大学部（附中、附属高职除外）共有图书23590册，其中中文图书16344册、西文图书7246册（90%为德文图书），另有中文期刊309种、西文期刊291种。

1946年，学校正式启动回迁工作，学校出版的各类概况、纪念册、校刊、杂志等全部被顺利运回，成为学校极其珍贵的校史资料。其间，因在设备、图书等物资的运输过程中发生了一起沉船事故，导致学校近千册图书丢失。

返沪后，因原吴淞校舍已毁于日军轰炸，经多方努力，学校在上海市区接收了部分日伪房产及其他建筑，各院系及管理机构则被分散安置于各处。图书馆被设置在位于其美路的工学院内，馆舍面积400多平方米，拥有阅览座位30多个。同时，为支持分散在市内各处的其他4个学院办学，图书馆分别在医、理、文、法等四学院的所在地设立了图书阅览室。其间，学校还购买了百柜楼的28000册藏书供新成立的文学院使用,并接收了德国医学院、中美医院、壁恒公司和德侨、日侨遗留下来的 50000 册图书。返回上海后至上海解放前,由于物价飞涨,加之学校经费紧缺,导致学校新购图书期刊的数量大幅下降。至 1949 年 5 月,全馆共拥有藏书 123182 册。

三、建设新馆,快速发展

1949 年 6 月 25 日,上海市军管会接管同济大学,同济获得了新生,图书馆事业也得以快速发展。1951 年,图书馆从"一·二九"大楼南翼底层的 5 间教室中迁出,搬至"一·二九"礼堂对面的健身房。完成调整后,图书馆的使用面积增至 670 平方米,其后部为书库,前部为拥有 100 多个座位的阅览室。

在院系调整过程中,同济的医、理、文、法等四个学院和工学院的机械、电机、造船、测量等系相继被划转至其他省份或高校,同时,交通大学、大同大学、之江大学等 11 所大专院校的土木建筑系科则陆续被调入同济。其间,相关书刊也一并被同步调整。其中,学校调出图书 63301 册、期刊 3574 册,调入图书 21044 册、期刊 7655 册。经过大规模调整,学校图书馆的藏书结构随之发生了重大变化,馆藏图书类型由综合性转变为单一性的土木建筑类专业图书。

为扩大阅览面积,1953 年,学校曾一度将室内面积达 465 平方米的"一·二九"礼堂改建为图书馆学生阅览室,增设了 352 个座位供学生自习和阅览。

20 世纪 50~60 年代,学生在图书馆自习

1974年，学生在图书馆交流讨论

1973年，学生在图书馆自习

建成后的图书馆远景

其后不久，学校又将"一·二九"礼堂收回，调整为在"一·二九"大楼北翼拨出教室供学生阅览使用。1958年，学校又在新建不久的教学南楼拨出三间教室，开设了南楼图书室。新中国成立初期，由于校舍面积有限，图书馆的书库、阅览室等分散在健身房、"一·二九"大楼和南楼教室等各处，给师生的借阅带来了诸多不便。

1956年9月，学校调整图书馆管理体制，图书馆由教务处领导改为直属校长领导，并在图书馆内部设立采录、编目、阅览、期刊等四个科和保密资料室。1958年5月，学校再次对图书馆科室设置作出调整，采录科与编目科合并后改称采编科，期刊科则并入阅览科。

1963年10月，建工部批准学校新建图书馆。新建的图书馆由同济建筑设计院设计，建筑面积7200平方米，建设投资104万元，于1964年开工建设、1965年建成使用。落成后的新馆建筑面积6402平方米（部分藏书空间未建），地理位置优越，设计布局合理，光线充足，其中的教师阅览室拥有200个座位，学生阅览室拥有1000个座位。

新中国成立后，学校的图书采购经费逐年增长。1949 年至 1965 年的 17 年间，图书馆的公用图书经费合计达 1290056 元，共采购图书及期刊 496507 册。至 1965 年年底，图书馆馆藏图书已达 477171 册（含期刊合订本），比 1949 年 5 月增加了 2.87 倍，基本满足了教学科研需求。

1966 年 6 月起，受"文化大革命"影响，图书馆的工作遭受严重挫折。至 1970 年 3 月，馆内仅留有二人看守馆舍，日常业务工作已全面中断。1970 年暑假学校恢复招生后，为恢复业务，图书馆开始从各单位抽调人员充实队伍，但因原有人员调回的较少，业务的恢复工作一度受到较大影响。

四、继往开来，助创一流

1976 年"粉碎四人帮"后，图书馆的工作重新走上正常轨道。党的十一届三中全会以后，图书馆迎来新的发展机遇。

为适应教学和科研需要，1978 年起，图书馆陆续购置了多台复印机和胶印机，并在门厅楼上设立了专门的复印室，为师生提供印制服务。1979 年起，图书馆又开始着手计算机应用的筹备工作，并利用微机进行了多项试验与前期准备。1989 年，

1978 年，学生在图书馆自修

1983年，忙碌中的图书馆采编科工作人员

1989年，建设中的图书馆新馆主楼

1990年，学校举行图书馆新馆落成典礼

图书馆建立了与德国 STN 的国际联机。1999 年，图书馆购置了小型计算机系统，为后续开展的图书情报工作奠定了基础。

改革开放后，图书馆的图书采购经费大幅度增长。据统计，1977 年至 1990 年的 14 年间，图书馆的公用图书经费合计达 10922036 元，比建国初期的 17 年增长了 7.5 倍。同时，由于学校开始从土建类的专科性大学向以理工为主、兼有文科和管理的多科性大学转变，并成为国内吸收德国先进科学技术和研究德国问题的中心之一，图书馆的藏书结构也随之发生重大变化，新采购的图书类型已转向多科性和综合性。

随着学校事业的不断发展，原有图书馆馆舍已不能满足藏书及借阅需求。1979 年，学校在图书馆馆库的未建部分以钢结构方式加建第三层书库，将图书馆总面积扩充至 7200 平方米（原设计方案）。1984 年 12 月，学校启动图书馆新馆扩建工程。造型别致的新馆位于图书馆"日"字形的中心地带，由同济建筑设计院设计，楼高 50 米，建筑面积达 11802 平方米。新建的主楼采用地下连续墙加箱基的方案，悬挑后张予应力空腹结构为其主要承重结构，其地下基础部分于 1987 年暑期完成

由本科生开放式书库改建的学生阅览室

施工；主楼的地面建筑以两个独立的钢筋混凝土筒体为支撑，并在高出原图书馆二层楼之上的部分分别向外挑出，呈 8.35 米 ×8.35 米方形井格，向上形成层高 3.9 米、各 7 层的双塔式建筑；两座塔楼分别建有楼梯和电梯，两者之间又通过边界楼形成了互连互通。1989 年 12 月，图书馆新馆主体建筑竣工。1990 年 11 月 10 日，学校举行图书馆新馆落成典礼，同时还举办了外国及港台原版图书展览和计算机软件展示会。

新馆投入使用后，主楼主要布局为样本书刊辅助书库和阅览室功能，包括教师图书阅览室、社会科学样本图书阅览室、外文期刊阅览室和专利资料阅览室等，阅览座位达 1800 多个。此外，图书馆各相关部门及联邦德国问题研究所、日本学研究所也相继迁入主楼。

伴随着主楼的落成使用，解决本科生不能进书库、只能通过卡片查找书籍及编号后方可借阅的问题被提上了议事日程。1990 年 12 月，学校启动本科生开放式书库建设。新建的三层本科生开放式书库建筑面积 2100 平方米，位于老馆的西部外侧（原为道路和绿化带），与老馆西部的书库之间以全采光通道相连接。1992 年 6

月，本科生开放式书库竣工，图书馆全馆建筑面积增至20700平方米。

为有效实现书库全面向学生开放的目标，2003年夏，学校再次投资3300万元对图书馆实施综合改建。2004年2月，原本科生开放式书库被改建为学生阅览室。与此同时，图书馆实行全馆一门式管理，师生在入口处刷卡后即可进入书库、阅览室等馆内各个场所。

根据嘉定校区建设规划，嘉定校区图书馆于2006年建成使用。嘉定校区图书馆高65米，总建筑面积约35000平方米，其建筑平面轮廓方整，以砖式建筑形象立于三条校园主轴线的交汇处。嘉定校区图书馆的内部空间设施极具现代特色，馆内布局突出实用性效果，现已成为师生阅览和校区文化活动的重要场所。

2018年，图书馆举办"风雅大唐"立体阅读系列活动

嘉定校区图书馆外景

"闻学堂"举办的甲骨文十二生肖雕版及古诗词活字印刷、甲骨拓印等互动体验活动

外国留学生参加"做客中国,爱在我嘉——描粉墨春秋,济彩纹脸谱"活动

博物馆全年不间歇举办各类展览。图为博物馆举办的"欧洲瓷器三百年展"

德文图书馆与外国语学院联合举办德语电影配音大赛

为了追求卓越、服务学校一流大学建设,近10多年来,图书馆以激发学生爱国爱校热情、助力学校人才培养根本任务为目标,致力于软环境建设,不断拓展文化传承创新的深度和广度,依托"闻学堂"、德文图书馆、博物馆及"文化嘉图"等文化平台,拓展并深耕"立体阅读"文化品牌,繁荣大学文化内涵,着力打造集中华优秀传统文化传承、东西方文化交流和优秀学科文化传播于一体的校园文化中心。

"立体阅读"融文献阅读、展览、讲座、演出、影视纪录片播映、读者互动等多种形式为一体,通过选取具有教育意义的艺术、人文主题,将单一、平面的纸质或电子阅读形式转变为由声、光、形等多元形态构成的立体化"阅读"模式,全方位、多层次地弘扬和传播优秀文化。

"闻学堂"以中华优秀传统文化为推广核心和重点,秉承"闻见学行"的传承理念,以闻学讲堂、展堂、课堂、知行堂、雅集堂等五大系列品牌为载体,组织开

如今的四平路校区图书馆外景

展讲座、展览、课程、互动等多种形式的活动,深受校内师生欢迎,并吸引了不少喜爱中国传统文化的校外读者踊跃参与。

德文图书馆以国际文化交流平台、学生实践平台为载体,加强与对德交流院系、机构的合作,以德国文化为特色,利用图书、访谈、音像、影视、展览等媒介开展各类主题活动,为广大师生提供互动、交流、展示的国际文化交流机会,拓展学生的国际视野,促进学生文化素养的提升。博物馆作为展示同济人文化自觉与文化自信的重要窗口,通过"以展建藏""展课互动""虚实结合""馆网辐射"等形式展现历史文脉,推进文化传承创新,推广校园文化。嘉定校区图书馆以展现中华优秀文化、传承同济精神、充分展示嘉定校区学科文化特色为目标,形成了"做客中国,爱在我嘉"中国传统文化体验活动、"吴侬软语 谦谦济柔"海派文化活动、"绘声绘色 海尚阅读"朗读大赛等多个品牌系列,努力为师生搭建文化交流的桥梁。

近年来,图书馆不断加强电子图书的采购与推广,电子资源采购额已达文献资源采购总支出的79%。同时,图书馆借助于RFID技术建设智慧图书馆,实现了校区之间的异地借还书;立足校园、面向全国开放科技查新及查收查引服务,并获教育部批准建立了首批"科技查新工作站";重视知识产权保护,成为首批国家高校知识产权信息服务中心之一;构建同济大学机构知识库,全面收集我校科研学术成果,拓展情报分析服务,努力为学科建设提供多元化情报支撑。

目前，图书馆拥有丰富的馆藏资源，纸本图书和期刊合订本超过440万册，电子图书及学位论文约1055万种（册），纸质中外文现刊800多种，全文电子期刊6万余种；购置数据库223个，涵盖电子期刊、电子图书、标准文献、专利文献、行业报告、统计资料、视频、文献工具等多种类型，为我校建设中国特色世界一流大学提供了扎实的文献资源保障。

同心砥砺新时代，继往开来新征程！本着助力一流大学建设和以读者为中心的宗旨，图书馆将在学术资源保障、智慧学习空间建设、信息咨询和学科服务、文化传承创新等方面不断深化开拓，为学校建设中国特色世界一流大学贡献力量！

41

1979年3月14日，李国豪校长率团访问联邦德国，上海市和学校领导到机场送行

国际合作办学平台的建立

扩大全方位国际合作
加强科技与文化交流
是一流大学的必由之路
创办初期,学校效仿德国教育模式
既是中德教育、科技、文化交流的窗口
也是"沟通中欧文化的桥梁"
国际化与学校的发展壮大紧密相伴
抗战西迁后期
学校与德国的联系基本中断

1979年3月14日
李国豪校长率团访问联邦德国
开启了恢复中德教育合作的破冰之旅
学校加强对德全方位交往
不断推进国际合作向纵深发展
成立中德学院等多个国际合作办学平台
形成了独具特色的联合培养和交流体系

回眸"历史上的这一周"
让我们一起回顾
同济的国际合作办学之路

作为一所以"德意志国之文明，灌输以饷我中国"为背景创办的高校，同济与德国的关系源远流长，国际化办学一直与同济的发展壮大紧密相伴。1949 年之前，同济不仅是中德两国教育、科技、文化交流的窗口，也是"沟通中欧文化的桥梁"。抗战西迁后期，学校与德国的联系基本中断。

1979 年 3 月 14 日，经国务院批准，李国豪校长等 3 人赴联邦德国访问，备受中外各界关注。此访不仅成为改革开放后我国高等教育对德交流合作的破冰之旅，也赓续了同济的对德合作传统，开启了同济对德交流的新局面。此后，学校不断加强与美、日、法、意等国学界、政界和企业界的交流与合作，逐步建立了中德学院（1998年）、中法工程和管理学院（1999 年）、联合国环境署—同济大学环境与可持续发展学院（2002 年）、中德工程学院（2004 年）、中意学院（2006 年）、联合国教科文组织亚太地区世界遗产研究与培训中心（2007 年）、中芬中心（2010 年）、中西学院（2012 年）、上海国际知识产权学院（2016 年）、上海国际设计创新学院（2016 年）、国际足球学院（2017 年）等国际交流合作平台，走出了一条具有同济特色的国际化办学之路。

一、春风又绿江南岸：赓续对德交流合作

（一）改革春风，恢复交流

同济由中德两国合作创办，师资主要为德籍教师和留德归国的中国学者，教风严谨、务实、勤勉；教学中不仅采用德语授课，还大量运用德文原版教材、德国教学设备，并注重实践教学。由于教育质量上乘，且得到社会各界普遍认可，学校因此成为具有浓厚德国文化背景的著名国立大学。新中国成立后，随着国家实施高等教育布局的"院系调整"和学习苏联教育模式，学校原有的学科特色和语言特点大多随之消失。

1978 年，国家实行改革开放政策，中国的发展进入快车道，学校的发展也迎来了新的契机。1978 年 10 月，主管科技和教育工作的国务院副总理方毅访问联邦德国，在与西德各州教育部部长会议主席瓦尔特·布劳恩会晤时专门提到了恢复同济大学德语教学传统、加强与联邦德国科学界交流与合作等相关事宜。

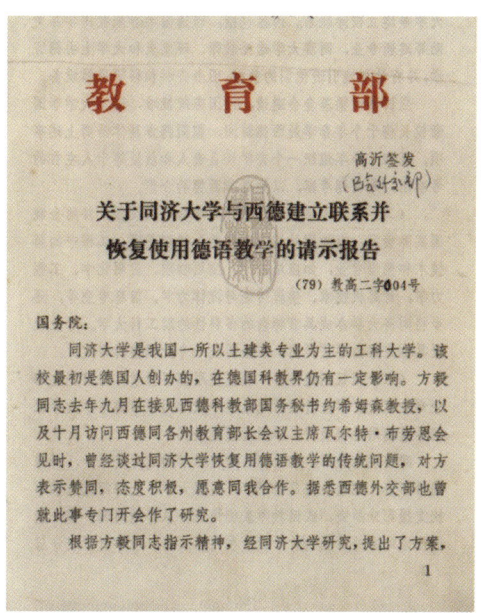

教育部向国务院提交的《关于同济大学与西德建立联系并恢复使用德语教学的请示报告》

1979年，李国豪出访联邦德国时当地报纸的报道

这一振奋人心的消息经媒体报道后，犹如一颗启明星，照亮了从黑夜中走来的同济师生。李国豪校长立即启动了德语教学师资的内部挖掘、校外借调及师生德语课程班筹备等相关工作，同时落实校史整理，为恢复对德交流做前期准备。1978年10月31日，学校向教育部提交《关于我校恢复用德语教学的传统的请示报告》（同时抄报方毅副总理办公室、上海市文教办和上海市教育局），正式提出了"恢复德语教学传统"的发展构想。11月16日，方毅副总理在教育部呈报国务院的《关于同济大学与西德建立联系并恢复使用德语教学的请示报告》上签批："请刘西尧同志（时任教育部部长）研办，此事我已面告过，应抓紧进行。德方也愿意同我合作，大力支持。"受国务院领导批示的鼓舞及相关政策激励，12月21日，学校又向上海市革命委员会和教育部呈送了《关于与西德建立联系，将我校建成以理工为主的新型大学的报告》，并获得了邓小平等8位副总理的批复。报告获批后，学校积极谋划和推动，恢复了德语教学传统，加大了理科、工科中新专业的建设力度，努力推进"两个转变"，学校也因此再度成为中德教育、文化交流的窗口。

1979年，李国豪重访达姆斯塔特工业大学，并在导师克雷泊尔教授陪同下参观曾工作过多年、战后重建的钢结构试验室

1979年，李国豪访德时与波鸿-鲁尔大学签署校际合作意向协议

1979年春天，在落英缤纷、莺飞草长之际，同济恢复对德联系的萌芽破土而出。1978年8月，洪堡基金会秘书长普法伊弗尔率洪堡基金会代表团访问上海，在与李国豪会晤时郑重邀请其访问联邦德国，并表示愿意资助旅费。经过一系列紧锣密鼓的请示与筹划，1979年3月14日，李国豪、叶景恩、赵其昌等一行三人启程赴联邦德国进行为期6周的访问。此访是改革开放后我国教育界对联邦德国的首次访问，成为中德两国教育合作新的里程碑。

在联邦德国访问期间，李国豪一行走访了波恩、达姆施塔特等17个城市，访问了众多政府机构、高等院校及科研单位，与波鸿-鲁尔大学草签了合作协议，并与达姆施塔特工业大学商讨了建立校际合作关系的相关事宜。

（二）对德合作，赓续传统

对德访问取得圆满成功后，学校以"两个转变"为指引，加强与联邦德国乃至整个欧洲的交往，赓续国际化办学传统。以德语为第一外语的转变，不仅使学校回归了德语教学传统，契合了国家改革开放过程中加强对德交往的需求，也使学校成为我国对整个欧洲交流的桥梁和纽带。1979年6月，联邦德国研究技术部部长豪夫访问同济大学，并代表大众汽车基金会捐赠100万马克，用于资助同济大学建立以著名物理学家波耳命名的固体物理研究室。1980年6月，联邦德国波鸿-鲁尔大学和达姆施塔特工业大学联合派出校长代表团回访同济大学，并与学校正式签署校际合作协议。

1979年3月，学校受教育部委托开办留德预备班，为我国赴德意志联邦共和国留学的预备生开展德语强化培训；4月6日，首届留德预备班正式开班。自1980年

1979年6月,联邦德国科技部部长豪夫(Hauff)来校访问

1979年,联邦德国专家为学生上课

1983年9月,联邦德国亚琛大学U.路德维希教授来校讲学

起,学校派出大批教师赴联邦德国进修,同时聘请联邦德国专家来校授课,并建立起不同类型、不同层次的德语教学组织,快速成为全国德语教学和研究的重要基地。在教育部和联邦德国有关方面的支持下,1980年2月,同济大学留德预备部(对外称"中国赴德意志联邦共和国留学生预备学校")正式成立,成为对我国公派留德学生进行德语强化培训的重要基地之一。

1982年3月26日,学校致信方毅副总理,汇报了自1979年以来对德交流工作的情况:"三年多来,西德文化教育、科学技术、经济等方面的领导机构和基金会的许多领导人士以及许多大学的校长、有名的专家、学者145批,838人访问了我校。""达姆施塔特工业大学和波鸿-鲁尔大学以及西德其他大学到我校来做短期讲学的专家教授有52人,歌德学院和德意志学术交流中心为三期留德预备班派来了55名教师任课。在这期间,我校派出62名教师到西德进修……留德预备班已有两期学生208人在西德各大学学习……"1986年,学校与德意志学术交流中心(DAAD)合作设立了科技德语培训中心,共同培养科技德语师资、研究人员和翻译人才。1987年5月,联邦德国总理科尔在祝贺学校建校80周年的贺信中称道:"在过去的九年里,通过频繁地交换教授、教师及大学生,同济大学又成为德中科学关系的一个中心。"

在恢复对德全面合作的同时,学校加强了与欧洲其他国家及美、日等国的交流和合作,仅1982年就有23个国家139批514人次来校访问、讲学或作演讲。1989年,为借鉴西德高校汽车专业的培养体系,培养本土汽车专业人才,推动国内汽车产业发展,学校与不伦瑞克大学合作建设汽车专业。1990年,学校成立中法国际燃气技术培训中心,中法两国开始合作培训燃气行业管理人员和技术人员。1995年,学校与法国汉斯商学院启动合作培养中、法两国留学生的前期探讨。

二、千树万树梨花开:构筑国际办学平台

春风转舵,长风破浪。进入20世纪90年代后,学校的国际化战略步入快车道。随着国际交流与合作不断向纵深拓展,学校逐步探索出中外合作办学的成功模式。自1998年起,学校先后成立了中德学院、中法工程和管理学院、联合国环境规划署-同济环境与可持续发展学院、中德工程学院、联合国教科文组织亚太地区世界遗产研究与培训中心、中意学院、中芬中心、中西学院、上海国际知识产权学院、上海国际设计创新学院、国际足球学院等国际合作办学基地,开展以双学位为主、多种交流形式并存的联合培养,致力于培养富有国际竞争力的杰出人才,走出了开放式、国际化的现代办学之路。依托这些国际合作平台,学校已与200多所国际高水平知名大学开展了中外学分与学位互认、联合课程设计、对等交换学生等合作项目,对进一步提升同济大学的国际影响力、培养国际化卓越人才起到了重要的推动作用。目前,学校的校际合作交流已经从以德国和德语区国家为重点拓展到

欧洲及美洲、亚洲、非洲、大洋洲等诸多国家和地区，并逐步形成了具有同济特色的联合培养模式和交流合作体系。

（一）中德学院

1993年11月，德国总理科尔第二次访问同济大学，并承诺将从德国政府层面对拟建的中德学院给予持续资助。1994年9月，德国派出专家代表团访问学校，就中德学院的成立和德方的资助问题进行了深入交流和探讨。1998年2月18日，中德学院正式成立。

中德学院设有电子与信息工程、机械工程、车辆工程、经济与管理等四个系，着力培养以硕士研究生为主的双语实践型人才。学院分别与慕尼黑工业大学、波鸿-鲁尔大学、柏林工业大学和布伦瑞克工业大学等德国著名高等学府开展紧密合作，联合培养工作取得稳步发展。除学校和德意志学术交流中心（DAAD）向学院提供财政支持外，许多知名企业还设立了教席资助和奖学金，并通过配备实验室和提供实习机会等方式为学生创造了良好的学习和科研条件。

中德学院是由中德两国政府共同倡导成立的国际合作办学机构，现已成为我国与德国乃至欧洲交流的重要窗口。2014年10月，国务院总理李克强访问德国，中德双方在联合发布的《中德合作行动纲要：共塑创新》中写道："双方应尤其重视建立高校间的可持续合作关系。上海同济大学中德学部（下辖中德学院、中德工程学院和职业技术教育学院三个机构）是共同落实高校紧密合作的成功典范。鼓励并支持中德两国高校开展双方共同出资的创新型长久示范合作。"

1998年2月，中德学院举行成立大会

德国前财政部长为中德学院学生上课

（二）中法工程和管理学院

1999年11月，学校与法国国立桥路学校暨巴黎高科集团（由最具名望的9所精英工程师学校组成）联合创办的中法工程和管理学院（简称"中法学院"）正式成立。中法学院负责与法国以及全世界法语国家和地区的高校、政府、机构和企业等开展协调与教育合作，并经常举办中法教育、科技和文化交流的各类活动。

自2000年起，中法学院与巴黎高科集团开展了长期有效的合作。为帮助包括同济在内的中国高校优秀学子赴法国精英学校学习，学院先后启动了1个中外合作办学项目和20余个与法国知名高校的教育合作项目，累计培养学生2000余人。同时，依托中法双学位项目，学院协助我校各专业学院接收来自法国合作高校的国际学生。自2015年起，学院协同17个专业学院每年组织"同济大学卓越工程师法国行"项目。2016年，学院协助轨道交通研究院设计和启动了交通工程（轨道交通方向）国际硕士项目，并面向全球招收国际学生。

2004年，法国总统希拉克和万钢校长共同为中法中心奠基

中法工程和管理学院与法国达飞轮集团合办的团队训练班

裴钢校长与法国巴黎高科-国立桥路大学校长古蒂埃签署双学位合作协议

（三）职业技术教育学院（中德合作职教师资培养项目）

2007年，德国总统克勒来访时与职教学院中外学生合影

为创新职教师资培养模式，提升职教师资培养质量，1994年10月，国家教委同意在同济大学等六所综合性大学内设立职业技术教育学院，开展职教师资培养、培训和职业教育研究。

在职业技术教育学院的创建和发展过程中，作为"总理倡议"并纳入中德两国政府合作框架的"中德合作职教师资培养项目"发挥了重大作用。1996年11月，中德两国政府签署项目协议书；1997年9月，项目正式启动。该项目旨在支持同济大学建立完整的职教师资培养体系，改善和提升上海及周边地区职教师资的质量和数量，探索形成中国特色的职教师资培养模式。中德双方的项目主管部门分别为中国外经贸部和德国联邦经合部，德国技术合作公司（现为"德国国际合作机构"）受德国政府委托负责项目的管理与实施，同济大学职业技术教育学院为项目的中方承担主体。

长达11年的"中德合作职教师资培养项目"是迄今为止历时最长的中德合作项目之一。在项目取得成功的基础上，中德双方还依托职业技术教育学院这一平台积极拓展工作领域，探索并实施了面向东南亚国家进行成果和经验辐射的"三国合作职教师资培养项目"。

(四)联合国环境规划署 - 同济大学环境与可持续发展学院

2002年5月,学校与联合国环境规划署签署合作协议

2007年5月18日,学校与联合国环境规划署续签合作协议

2000年,原国家环保局局长曲格平提议,希望联合国环境规划署(UNEP)在同济大学建立一个面向发展中国家培养可持续发展人才的学院,以提升发展中国家的管理水平和人才队伍。2002年5月9日,联合国副秘书长、联合国环境规划署执行主任托普弗博士与吴启迪校长签署共同建立联合国环境规划署同济大学环境与可持续发展学院(IESD)合作协议,IESD在同济大学正式成立。2007年5月18日,联合国副秘书长、联合国环境规划署执行主任施泰纳先生与万钢校长续签合作协议。目前,IESD已成为UNEP在亚太地区开展教育、咨询、研究与信息交流的中心之一,并发挥着UNEP亚太地区"智库"的重要功能。

在联合国环境规划署的指导下,IESD迅速开展了针对亚太地区的官员培训、小岛屿国家领导人培训、中德非博士生可持续发展夏季学校等项目。2006年,依托同济环境科学与工程一级学科,在联合国环境规划署的支持下,IESD启动了环境管理与可持续发展、环境工程等2个国际硕士学位项目和环境管理与可持续发展博士学位项目,并成为学校的国际教育精品项目。自2010年起,IESD每年与联合国环境规划署共同组织"国际学生环境与可持续发展大会",并成立了绿色未来基金会,鼓励学生投身环境和可持续发展事业。

作为一种新的办学模式和合作机制,IESD始终以全球环境与可持续发展科学研究及管理型、决策型人才培养为宗旨,注重在环境保护、设计、管理等前沿领域的教学与科研合作,努力为世界环境保护领域特别是发展中国家提供新型教育载体。自成立以来,IESD已培训和培养了2000多名学员和学生,遍布世界60多个国家的校友已逐步成为各国相关领域的管理者和决策者。

（五）中德工程学院

2004年7月，教育部国际合作与交流司曹国兴司长与德国教研部国务秘书Dudenhausen博士共同为中德工程学院揭牌。在中德两国政府的支持下，中德工程学院与28所德国应用科技类大学组成的高校联合会合作，借鉴德国工程教育经验，积极探索建立适合国内发展需要、可推广、可持续发展的卓越工程师培养模式。

学院设有汽车服务工程、机械电子工程、建筑电气与智能化、物流管理等四个专业，核心师资由中方（相关学院）专职教师、德方（德国高校联合会成员高校）定期来华授课教师及合作企业兼职教师三部分组成。中德双方共同制定的培养计划采用了合二为一的专业教学方式、三位一体的施教主体、"3+1"的中外合作工程师培养模式以及仿工厂、前瞻性的工程教育理念，开设了国内首家"工业4.0——智能工厂实验室"，为学生提供一流的实验平台，充分体现了德国工程教育的特长与优势。学院30%的国内专业课程由德国合作高校的教授来华讲授，学生均有一年的德国留学机会，充分展示了学院的国际化办学特色。

学院的培养方案既满足中国高校本科生培养要求和德国高校AQAS认证标准，同时符合双学位培养要求，迄今已有中、德毕业生近千人，其中有803名中国学生和184名德国学生获得中、德双学位。中德工程学院在中德两国均拥有良好声誉，现已被列入上海市中外合作办学典型案例，并被评为"上海市中外合作办学示范性机构"。

2006年1月20日，中德工程学院与德国高校联盟的十二所高校在德国HS Esslingen举行签约仪式

2004年7月30日，中德工程学院正式揭牌

德国教授在为2004级汽车服务工程专业学生上实验课

（六）联合国教科文组织亚太地区世界遗产培训与研究中心

2007年5月，亚太地区世界遗产培训与研究中心在同济大学揭牌

在2004年7月召开的第28届联合国教科文组织（UNESCO）世界遗产大会上，中国政府向UNESCO世界遗产委员会正式提出在中国建立"亚太地区世界遗产培训与研究中心"的建议。同年7月，UNESCO总干事松浦晃一郎先生访问同济大学，并对学校关于设立亚太地区世界遗产培训与研究中心的建议及前期准备工作给予了充分肯定。2005年4月，学校正式向中国UNESCO全国委员会提出承办"亚太地区世界遗产培训与研究中心"的申请。2007年5月，UNESCO世界遗产中心主任F. Bandarin来校访问，并为联合国教科文组织亚太地区世界遗产培训与研究中心（WHITRAP）揭牌。

该中心是专门从事世界遗产研究和培训教育的非营利性组织，也是在发展中国家建立的第一个遗产保护领域的联合国教科文组织二类机构。该中心旨在通过培训、研究、信息推广及网络建设，服务于亚太地区《世界遗产公约》缔约国及其他联合国教科文组织成员国，提高亚太地区参与世界遗产申报、保护、保存及管理工作的人员及相关机构的能力，促进亚太地区落实世界遗产公约。

（七）中意学院

2006年9月，中意学院举行揭牌仪式，意大利总理普罗迪（前排左四）到场见证

2010年7月，中意学院PoliTong项目首届本科双学位学生顺利毕业

中意学院是中国与意大利政府的首个教育合作项目。2006年9月，教育部副部长吴启迪和意大利教育大学研究部部长共同为中意学院揭牌，意大利总理普罗迪亲临学校并参加揭牌仪式，见证了中意学院的诞生。当年，中意学院招收首批中意本科双学位国际班学生。

中意学院以虚实结合为特色，以国际合作办学、卓越人才培养为基础，以设计创新与可持续发展两大战略为发展主线，注重人文素质培养。中意学院从最初的中意工程类本科双学位合作项目起步，现已扩大至设计、建筑等双方特色学科专业的多层次教育合作，形成了与意大利多所高校合作的网格化战略合作格局。随着中意设计创新中心、同济大学佛罗伦萨海外校区、佛罗伦萨大学孔子学院、中意可持续发展中心等机构的设立，中意学院不断拓展与意大利高校、政府、机构和企业的合作，逐渐形成了学校与意大利政府、产业、教育、科研合作的特色窗口，并努力将其打造成协同创新的多功能"中意国际合作教育平台"。

（八）中芬中心

2010年4月，中芬中心筹备会议在学校召开

2010年，中芬中心承办的"国际快车移动课堂"活动

2010年5月25日，"阿尔托-同济设计工厂"正式开幕，裴钢校长与阿尔托大学校长Tuula Teeri出席开幕仪式，并签署共建中芬中心合作协议。在会谈中，双方校长表达了在两校间建立长期战略合作伙伴关系的强烈意愿，并希望将合作逐步扩展至设计与创意、建筑与城市规划、信息通信技术、经济与商业管理、交通运输、机械工程等各个领域。同年10月20日，同济大学中芬中心正式成立。

中芬中心致力于在创新教育、研究和实践领域打造成为战略性成功范例，不断为学生提供产品设计、创意、可持续与城市规划、商业管理等课程及工作坊。在此基础上，同济大学、芬兰阿尔托大学和埃斯波市等合作伙伴将共同筹建面向跨文化、跨学科、产学研结合的全新科技和文化创新平台，直面人类命运共同体所面临的机遇和挑战，通过设计驱动实现文化、科技和产业的融合，推动以新模式、新生活、新产业、新经济为内涵的可持续发展新范式。

（九）中西学院

2012年5月，在学校成立105周年之际，由同济大学、马德里理工大学和加泰罗尼亚理工大学共同发起并签署《合作谅解备忘录》的中西学院在同济大学正式挂牌成立。

中西学院作为同济大学对西班牙交流与合作的窗口和平台，旨在不断拓展和深化与西班牙高校及科研机构的交流和科研合作；通过与西班牙高校的工程、管理等

2011年11月24日,"中西学院(筹)"首次研讨会在加泰罗尼亚理工大学举行

优势学科的合作,突出智慧城市、创意产业、绿色建筑等领域的前沿研究;借助于西班牙对南美洲的辐射作用,逐步建立面向拉丁美洲的国际合作平台;同时,带动中西间文化交流,促进校园文化建设。

除以上平台外,2017年3月,同济大学中德人文交流研究中心成立;该中心被列为教育部中德人文交流研究基地之一,致力于为中德高级别人文交流对话机制提供智力支持和人才保障。2019年10月,学校又接连成立了中德经济与管理研究院、中德智能科学与技术研究中心、中德汽车联合研发中心、中德机械工程中心等一批对标高水平学科融合和产教融合的中德合作新平台,进一步拓展了同济大学与德国合作的广度与深度,开创了同济大学对德合作交流的新局面。此外,同济大学中德学部与同济科技园共同建设的"同济科技园中德众创空间"充分依托学校的中德合作资源,为大学科技园区内的企业和创新创业人才建立对德交流的渠道,搭建产学研协同创新平台,服务学校科技成果转化,成为大学科技园区推进科技创业国际化服务功能建设有益尝试的新典范。

"同心同德同舟楫,济人济事济天下",学校将积极致力于"双一流"建设和国际化发展战略,与国际合作伙伴共同探索新的合作模式、形成新的合作成果,为在人才培养、科学研究、校企合作、创新创业、校园文化等方面更大规模、更高质量的国际化进程与发展谱写新的篇章。

42

1917年3月17日,法租界军警包围同济校园,并强令学校解散

"三一七"事件始末

"同济师生，素具镇静精神"
同济由中德合作创办
两次世界大战均对学校产生重大影响
虽然一次次面临重重磨难
但同济人始终同舟共济、自强不息
谱写了科教报国的壮丽篇章

1917年3月17日
法租界当局以同济是德国人的产业为由
强行驱逐师生，霸占校园
蓄意制造了"三一七"事件
在学校面临解散的危难时刻
"朝野人士莫不竭诚营救"
在各界人士的关怀和协助下
学校迁至吴淞并租借校舍继续办学
同济文脉得以延续和不断发展

回眸"历史上的这一周"
让我们一起回顾
在那面临困境的时刻
同济人齐心协力、共渡难关的慷慨激昂

一、校园由公共租界划入法租界

1912年，位于法华路（今复兴中路）的同济德文医工学堂校门

1907年，为便于教学和临床实践，创校初期的德文医学堂在同济医院对面租借了三幢楼房作为临时校舍。临时校舍位于白克路（今凤阳路）23至25号，为西式三层建筑，因门窗狭窄，房间内的通风及采光效果均不理想。1908年，为扩大办学规模，学校在属于公共租界的宝昌路（今淮海中路）、金神父路（今瑞金二路）西南方位购置了土地，并启动自建校舍工程。1912年创办工科后，学校再次在周边扩建校舍，并于1916年完成第一次大规模校舍建设。新建的校园包括门房、工科讲堂、医科讲堂、实习工厂、钟楼、学生宿舍、教授宿舍、运动场等基础设施，整体建筑规模宏大，并具有浓厚的德国普鲁士建筑风格。

租界是近代西方资本主义列强采用武力方式胁迫清政府签订不平等条约后所获得的通商口岸、居留地和管辖地。上海租界是英、美、法等国在上海的殖民地，由公共租界（由英、美两国租界合并而成）和法租界两个部分组成。法租界自1849年辟建，此后经历了多次扩张。1914年4月8日，法国驻沪总领事甘世东（Khan Gaston）与沪海道尹（注：官职名称）兼外交部特派交涉员杨晟签订《上海法租界推广条约》，并实施了法租界（向西）的第三次扩张，将北至长浜路（今延安中路），西起徐家汇路（今华山路），南到斜桥、徐家汇路沿河至徐家汇桥，东至麋鹿路（今方浜西路）、肇周路到斜桥的地界全部纳入法租界范围，使扩张后的法租界面积剧增为原来的数倍。同济德文医工学堂校园因此被纳入法租界管辖范围。

在法租界当局图谋拓界初期，学校董事会已有所警觉。1914年2月7日，校董会在致函法国驻沪领事署时提出："此次租界之推广,其影响能否不及于本校之现状。

本校之利益，法领署将来能否加以注意。"法领署在回复中明确表示："此次交涉无论如何决不使其影响及于贵校，贵校利益当俟交涉终了后由敝处加以保护。""吾人当与贵校保持良好之友谊，俟与贵校董会议决后，兴筑通至贵校之路。"然而，事实证明，在巨大利益的驱使下，法国当局并未遵守此承诺。

当年上海租界的分布图

法租界界石

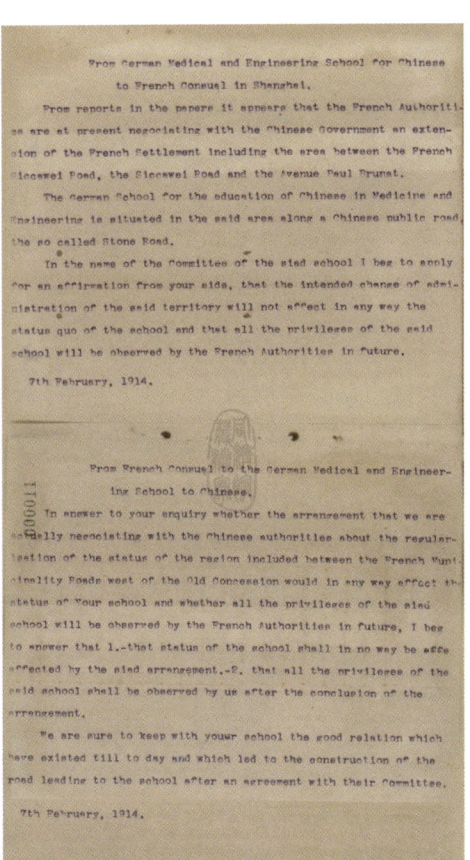

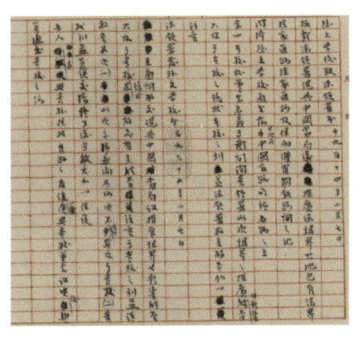

1914年2月7日，学校与法领署的往来信函

二、第一次世界大战带来的危机

沈恩孚（1864—1944），历任江苏都督府民政司次长、江苏省教育会秘书长、上海市议会议长等职，曾任同济常务校董

袁希涛（1866—1930），1915年任教育次长，1917年至1919年三度代理教育部部务，曾任同济常务校董

李维格（约1855—1918），我国钢铁冶金界的先驱、近代钢铁专家，汉阳铁厂的主要开拓者，曾任同济校董

  1914年第一次世界大战爆发后，中德双边、中德法及中德日三边关系的变化在很大程度上决定了同济的发展走向。一方面，作为中德合办、德国人主持校务及教务的学校，同济在一战前已初具规模，学校的办学条件日臻完善；同时，作为中德文化教育交流的代表，同济因其医工特色和优良的教学质量受到国人推崇，社会影响力不断扩大，因此引起英法等国的注意。另一方面，因一战爆发后德国停发了对同济德文医工学堂的津贴，大批德籍教师离校，学校陷入师资短缺、经费紧张的困境。在危难之时，1915年，中国工商界人士和江苏省教育会向学校自发捐助了6000银元，帮助学校维持正常的教学秩序。然而，随着国际关系和国内政治形势的发展，学校最终还是陷入了生存危机。

  1917年2月1日，美国宣布与德国断绝外交关系。同时，在美国驻华公使的活动下，中德关系濒临绝境。为此，华人校董沈恩孚、李维格与北京政府教育次长袁希涛着手商讨学校应对变局的方案。2月中旬，李维格在致教育总长范源廉的信中称，"上海同济德文医工学堂系德国工商界筹办，开创以来，卓著成效，校外附有病院，校内置有工厂，设备之精良，远非他校所能企及，业已造就医士技士甚众，以是各省闻风负笈者日多一日,嘉惠吾国学子,实非浅鲜",现因"深恐国交决裂,该校或竟中止",希望政府"力予斡旋,保全此校"。

袁希涛对事态的发展非常关切,自2月中旬至3月上旬多次与沈恩孚就同济德文医工学堂的前途问题进行密切磋商。袁希涛在2月20日给沈恩孚的信中说明了中国政府的立场:"查此校设在法租界,为中国警权所不及。就教育部本意而言,凡德人所设学校及充任中国学校之德教员除受战时国际法应有之制裁外,仍当保护维持,必无禁阻之事。""以德国科学之冠全球,我国对德问题,在教育学术上必应预留好感情。"由此可见,袁希涛明确主张保全学校,但同时也担心,"但不知中德苟断绝国交,则法人之对于德校有无分外之干涉"。出于上述考虑,袁希涛请沈恩孚密切关注法国方面的动向,同时留意中国学界"对于同济有无斡旋护持之法。"

2月28日,袁希涛再次致函沈恩孚,讨论若中德断交后同济德文医工学堂应采取的应变方案。袁希涛谈道:"法人对于该校已久注意,恐不免于中德断交以后藉端封闭。上海学界对于同济感情及企望甚厚,不识有特别护持之法否?""某埠德租界之德侨愿由华人管理租界事务,不欲其他敌邦管理,或反剥夺其权利。"言下之意,袁希涛请沈恩孚考虑由中国人接管学校的应变准备。

3月1日,教育部在与外交部商议接收同济德文医工学堂的方式时认为,考虑到政府出面接收会引发协约国疑义,故由学校华人董事接管为好。3月3日,北京政府国务会议作出维持学校办学的决定:"如果邦交竟致中断,可由华校董设法接收。其每年所缺经费九万五千由财政部月拨四千,并咨商苏省,月拨四千,以资维持。"至此,学校在极端情况下由中国人接管并由政府提供资金支持的应变方案业已形成。

有鉴于此,为强化华人董事的作用,校董会决定成立中国事务工作委员会(Arbeitsausschuss für chinesische Angelegenheiten)。新成立的中国事务工作委员会由12人组成,由校董会主席福沙伯担任委员会主席,德方成员包括医科、工科、机师科的德籍教务长及德国驻沪总领事馆秘书、校董会秘书,中方成员为朱葆三、沈恩孚、虞洽卿、唐元湛、贝润生和李维格等6名华人董事。与学校已有的工作委员会主要解决行政和人事问题不同,中国事务工作委员会的主要职责是解决教学方法、学校纪律等与办学相关的问题,但其决议案仍须经校董会讨论通过后方可实施。1917年3月11日,中国事务工作委员会召开第一次会议,主要讨论了在中德断交的情况下学校能否继续生存等问题。

1917年2月20日，袁希涛致沈恩孚的信函

1917年2月28日，袁希涛致沈恩孚的信函

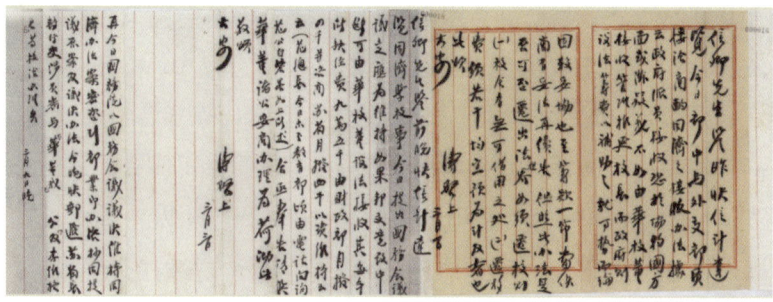

1917年3月，袁希涛致沈恩孚的信函

1924年的《上海-吴淞同济大学落成典礼纪念册》中关于1917年校董会决定成立中国事务工作委员会的记载

1917年3月12日，校董会召开会议。在讨论因处于法租界可能给学校带来的不利影响时，德方校董对学校的处境表示乐观，认为租界调整时法领署有过不干涉学校的承诺，"万一中德断交，德侨财产均归荷领保护……且法校在德人管辖范围者有数千，法人防德报复，不敢破坏。此校惟经济势难维持。目前所短之数，每月至少上海通用银八千元。"由此可见，德方校董仍将经济困难视为维持学校所面临的最大问题。但中方校董对此持不同意见。中方校董提出，既然根据协议德侨财产均归荷兰领事馆保护，届时若由中国人接管学校可能会另生枝节，易给居心叵测者有可乘之机。

出于此种考虑，中方校董于会后在致函江苏省交涉员朱兆莘时提出了变通建议，即在中德断交的情况下中方仅提供维持学校的经费，不直接接管学校，这样"将来感情较厚，责任较轻"；如果中方接管学校，等于中方没收财产，"殊非预留他日国交之本意"；同时，建议朱兆莘致电江苏省省长，由教育部会同财政部将维持经费通过上海中国银行拨款至中方校董，实行间接补助，直至中德双方恢复邦交。由此可见，校方在应对即将到来的危机时并未持乐观态度，也未打算由中方直接接管学校，只需政府提供必要的资金维持学校，表明了校方留有余地、不愿交恶的善意。

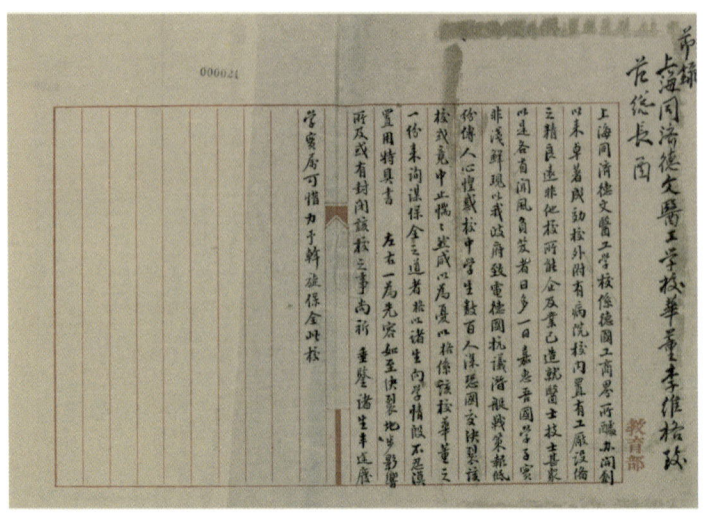

校董李维格致函教育总长,请求保全学校(节略)

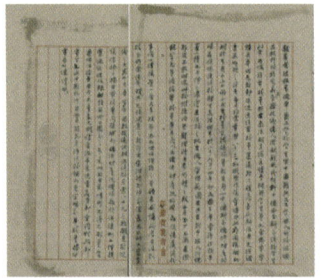

校董致江苏省教育厅交涉员朱兆莘的函(节略)

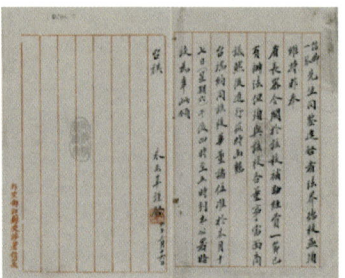

1917年3月16日,朱兆莘的复函

三、"三一七"事件及其应对

1917年3月14日,北京政府宣布中国与德国断绝外交关系,同济德文医工学堂面临危急。3月16日,江苏省特派上海交涉员朱兆莘通知校董沈恩孚、李维格:"法界德校亟须维持,昨奉省长密令,关于该校补助经费一节已有办法,但须与该校各董事当面商议,然后进行。"朱兆莘还约定第二天下午与学校诸位华董商谈。

3月17日下午,依据法国领事的命令,法租界当局以同济德文医工学堂为德国产业、防止德国人利用学校机械制造武器为借口,派遣法捕房总巡捕率捕头及安南兵大队包围同济校园,并当众宣布学校解散。法捕房总巡捕宣布,除几十名外地学生

简照南

简玉阶

向同济伸出援手的南洋兄弟股份有限公司及创办人简照南（1870—1923）、简玉阶（1875—1957）兄弟

向同济伸出援手的中华书局，1912年由中国近代著名教育家、出版家陆费逵（1886—1941）创立

可暂住校内外，限令其他师生一律于当天下午7时前离校，暂住到法租界内指定的三家旅馆，希望回乡且经济上有困难的学生可向法国领事馆领取车旅费。针对这一霸道恶行，学生均以沉默表示抗议。在抗议无果的情况下，德文科监督费提克博士被迫向全校师生宣布了法国当局限令当晚7时撤离学校的决定。

虽然学校此前已有所防备，但突如其来的事件使学校立刻陷入生存绝境。事件发生后，校董会立即采取应急措施。此前成立的中国事务工作委员会马上联系江苏省教育会代表，并积极协调解决学生的食宿困难，在事件的应对处置中发挥了重要作用。同时，上海工商界和学生家长等也纷纷伸出援手，上海金星人寿保险公司、南洋兄弟烟草公司、中华书局等为学生提供了资金和膳宿；上海县教育会积极联系上

唐绍仪（1862—1938），清末民国初期著名政治活动家、外交家，中华民国首任内阁总理，曾任同济校董

吴淞商船学校校长、海军总长萨镇冰

海各医院的宿舍，安置学生居住；谦信洋行在洋行内设立学生通讯处，方便学生沟通联络；在致远街（今天津路）的福利公司也将其所属的福泰、振泰、开泰、致远等旅馆用于安置师生，暂时解决了师生的生活困难。

与此同时，德国驻上海总领事馆和同济校董会通过中德断交后负责照管德国利益的荷兰总领事向法国领事提出了强烈抗议；江苏督军兼副总统冯国璋等军政要员纷纷致电北京外交部，要求提请法方收回成命；学校的中国师生也向北京教育部发出紧急呼吁；江苏省教育会则要求江苏交涉署上海交涉员通过外交途径进行交涉，以设法收回学校。

3月20日，同济学生在青年会会场召开会议，商议学校的未来命运，400余各界人士参会。与会的金星人寿保险公司创办者之一唐绍仪提出了学校整体搬迁至业已停办的吴淞中国公学并向该校校长梁启超商借空置校舍的建议方案。会后，经华人校董张君劢联系，借用中国公学校舍一事很快得到落实。原吴淞商船学校校长、海军总长萨镇冰也为学校迁至吴淞提供了便利，除同意工科和机师科学生借用机器设备开展实习之外，还在吴淞炮台湾海军学校为工科学生解决了部分宿舍用房。其间，因宝隆医院及邻近地块不在法租界内，故医院及临床教学未受直接影响，进入后期临床教学阶段的少数学生被直接安置在宝隆医院附近。

为争取重回校园，3月21日，由学生和1名校董组成的同济德文医工学堂赴京代表团赴京请愿，请求教育部提交国务院评议会，提请对法提出抗议。3月下旬，教育部、江苏省长公署先后委派沈彭年、卢绍刘等专程来上海处理复校事宜。在此期间，经外交部交涉，法国公使已有意归还校舍，但不准学校聘请德籍教师；中方则坚持继续聘用德籍教师，保持同济的德式教育传统。在此情况下，学校收回校园并在原址继续办学已无可能。法租界当局最终仅允许学校取回校园内的部分教学仪器、学习用品和书籍，而属于工学堂的各类仪器尤其是测量仪器早在学校被占领后不久即被法国人迫不及待地"借给"自己办的震旦大学使用。1921年3月，法方根据1919年6月签订的《协约国和参战各国对德和约》（即《凡尔赛和约》）在同济原校址创办"中法国立通惠工商学校"（上海理工大学的前身）。

"三一七"事件后，教育部曾考虑将学校医科归入宝隆医院，德文科拆分至济南、天津和汉口，工科则附设在上海工业专门学校，此方案因遭到师生反对而未能实施。

经过各方协商和实地考察，学校最终决定迁入吴淞，暂借校舍以维持继续办学。经沈彭年、沈恩孚等人与各方面积极磋商，并经教育部核准，除医预科的70余名学生被安排至宝隆医院附近的租借民房外，3月31日，学校其余学生中的408人迁往吴淞中国公学、70余人迁往吴淞炮台湾海军学校。4月16日，学校在吴淞正式复课。迁至吴淞初期，学校的仪器设备和教学用具匮乏，办学条件较迁校前相形见绌，但全体师生不但未因突然的变故而受打击，反而更加齐心协力，为共渡难关而更为奋勉。在此后的办学过程中，因敬仰学校精神慕名而来的学子日益增多，学校的规模也持续扩大，学校的声誉及社会影响日益提升。

迁至吴淞后，学校很快成立了由周宗良、朱葆三、陈辉德、李铭、管趾卿、卢殿虎、许沅、钱永铭、严家炽、袁希涛、虞洽卿等组成的同济委员会（Tung Chi Komitee），其成员均为中国人。4月23日，教育部下达第182号训令："所有该校名称应即改为同济医工专门学校。"4月26日，同济委员会与校董会达成协议，"该委员会承担学校自4月1日起所需经费，包括德国及中国教职员的薪酬和学校的全部日常费用，学校的全部学费收入归委员会所有；学校成立新的校董会"。至此，同济正式由中国人接管办学。新成立的校董会于12月将学校情况（含学校名称）呈送江苏省长公署转报教育部，经教育部审查批准立案，学校正式定名为"私立同济医工专门学校"。

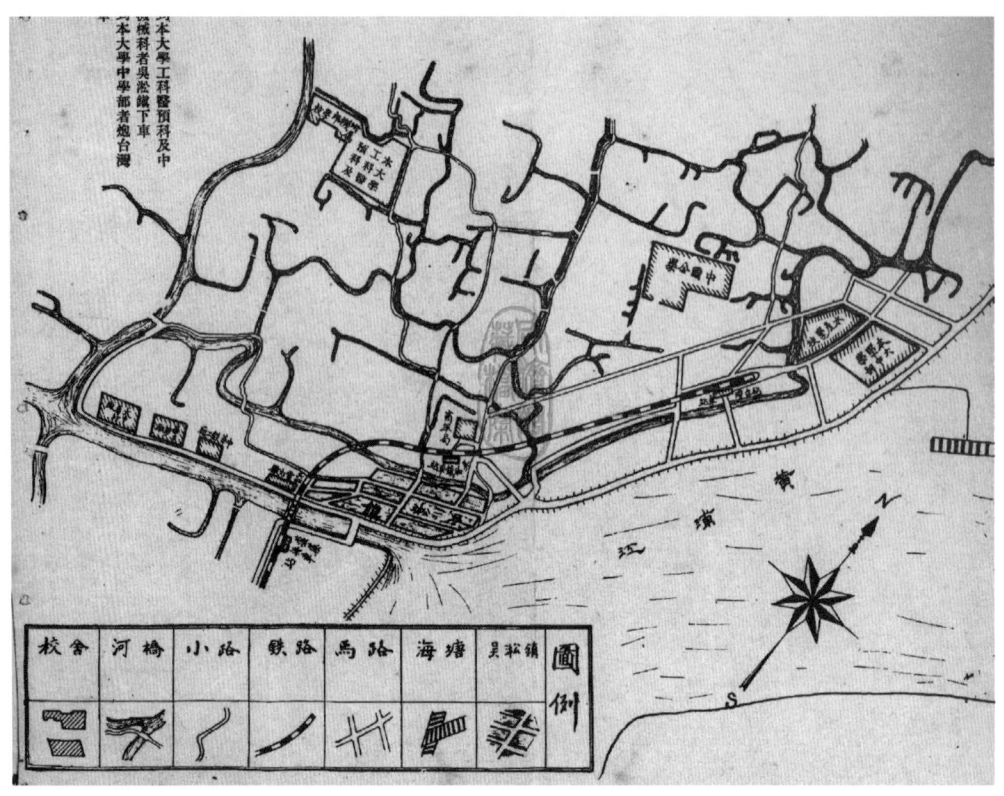

学校在吴淞租借校舍的分布图

  同济能够渡过"三一七"危机而得以保全,并在一个月之内完成搬迁、恢复教学,其原因可以归结为以下几方面:第一,中德两国虽然已断绝外交关系,但除租界、胶州湾等处之外,双方并无其他直接利害冲突,故北京政府在对德交涉时仍留有余地,在涉及德国学校及其他财产等问题上均持比较谨慎的立场,为学校以政府出资、民间接管方式渡过危机创造了条件。第二,中国教育界和知识界对德国医学和科学技术非常认可,因此对学校给予了经济和物质帮助、舆论声援等支持;教育部及袁希涛、沈恩孚、黄炎培等江苏教育界人士积极筹划维持方案、选定新校址和处理善后事宜,为学校渡过危机奠定了基础。第三,历经10年办学,同济已成为当年最知名的高等学府之一,学校自1912年7月起已有医科学生毕业,1916年6月又开始有工科学生毕业,已在上海拥有良好声誉和较高知名度;同时,江苏教育界和上海工商界已对学校投入大量资金,不希望学校毁于一旦,因此迅速采取应对措施,使学校在短期内转危为安。第四,学生及家长均认为,受德国教育制度培养的医科和工科毕业生有良好的职业前景,他们也不愿意学业半途而废,故积极支持学校继续办学。第五,上海德国商界、经济界人士和德国社团也在提供德国师资等方面给予了支持,为维持学校办学和保持德国教学特色发挥了重要作用。

"三一七"事件后,学校发生了两个重要转变。一是办学性质发生转变,学校由德国人管理转为由华人接管;二是校址的变迁,学校从上海市区的法租界转迁至宝山,开始了在吴淞的逐步恢复,并迎来了同济历史上历时二十年的蓬勃发展时期。

"三一七"事件虽然使同济师生远离了苦心经营的校园,但师生在"同舟共济"精神的引领下,依托坚毅的意志顽强奋斗,继续坚持学习和研究工作,既未因意外的打击而荒废学业,更不曾忘记科教强国的历史使命。1923年出版的《国立同济大学工科毕业纪念册》对历经浩劫而愈发坚定的同济人及其精神作了如下总结:"校舍无有,足以闭校。教员无有,足以闭校。而我同济仍能于疾风骤雨中,含苞怒放,蔚成今日之同济者,谓非根深蒂固,孰有不被摧残者乎!同济以实用为国人许,征之与悄,同济之兴衰,国人与有休戚焉。方其数濒于绝也,朝野人士莫不竭诚营救,由险以夷。九年来吾侪备尝艰苦,今日学成,谓非国人之赐欤!此后愿吾侪善用所学,庶不负国家之培养,国人之期望。同学其勉诸!"

43

吴淞校园全景（1933年）

第四十三周　　　　　　　　　3.22~3.28 [2020]

同济廿年吴淞之兴

"三一七"事件后
学校由法租界迁至吴淞
并由德人主导改为国人自办
校名也改称"同济医工专门学校"

1917 年 3 月 26 日
校董会召开会议并公推校长
曾留学柏林工业大学的阮尚介
被推举为首位华人校长
阮尚介掌校十年
为学校在吴淞的繁荣发展奠定了基础
1917 至 1937 年在吴淞时期
同济人辛勤耕耘，廿年学府芳华
淞舟河影挟书行，同心经营复盛景

回眸"历史上的这一周"
让我们一起回顾
同济在吴淞的兴盛与繁荣

阮尚介（1890—1960），同济首位华人校长（任期：1917—1927）

1917年3月26日，校董会召开会议并公推阮尚介为同济校长。4月23日，教育部下达第182号训令，同意校董会推举意见。随后，校董会正式聘任阮尚介担任同济校长。阮尚介，字介藩，江苏奉贤人，1890年生，早年曾在北京高等实业学堂和日本东京物理学校读书，1914年9月毕业于德国柏林工业学院机械制造系，获工学博士学位，回国后曾任北京政府陆军部技正、北京大学教授。阮尚介满怀"工业救国"的抱负，年满27岁不久即受聘担任校长，成为同济历史上最年轻且任期最长的校长。根据当年的体制，校长应对校董会负责，须贯彻执行校董会的决议，并代表校董会行使管理职责。

迁至吴淞后不久，学校由"同济德文医工学堂"更名为"私立同济医工专门学校"。1919年，学校在吴淞（今宝山同济路）购地，开始兴建校舍。随着教学基础设施的不断完善，1923年3月17日，教育部批准同济工科"改为大学"。4月24日，批准学校更名为"同济大学"（学校已于1922年先行启用"同济大学"称呼，并于当年8月发布《同济大学暂行简章》）。1924年5月18日，学校举行吴淞新校舍（首期）落成仪式，场面盛况空前。5月20日，教育部批准同济医科"改为大学"。此后，随着现代化管理制度的实施、办学环境的稳定、办学经费的保障、办学设施的完善及生源的不断扩大，学校的办学声誉和社会影响力逐步提升。

1927年8月，同济被列为南京国民政府成立后的首批国立大学。1930年，医、工两科改为医学院、工学院。1933年，学校成立高等测量系。1937年，理学院成立。

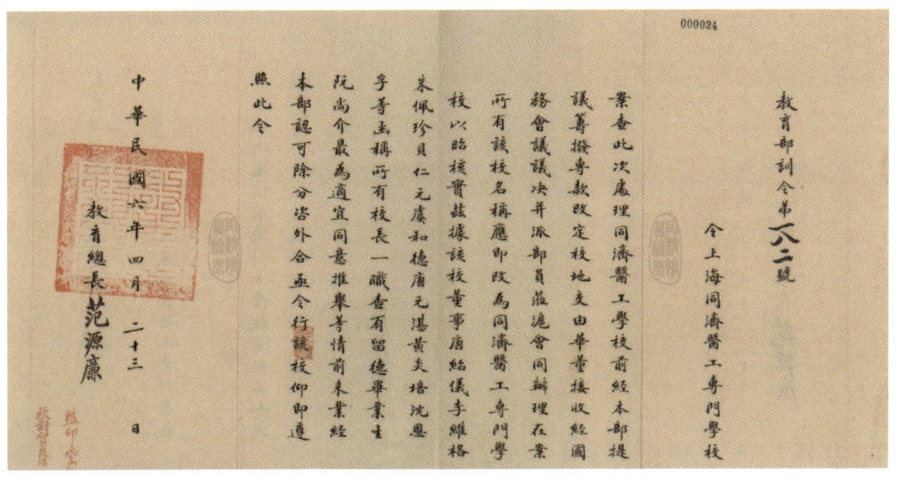

教育部第 182 号训令

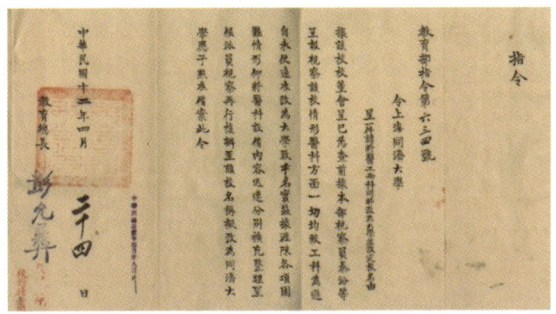

1923 年 4 月 24 日，教育部下达指令，将学校名称改为同济大学

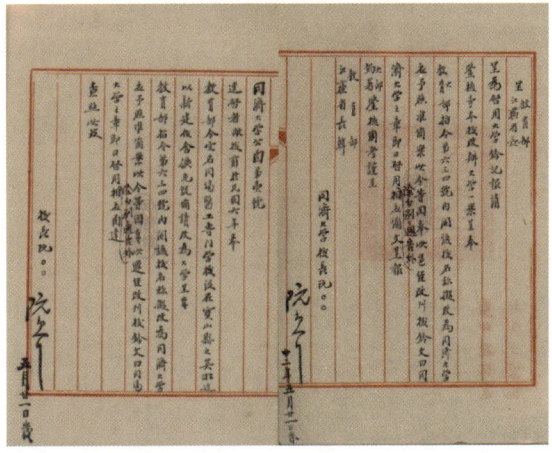

1923 年 5 月 21 日，阮尚介校长签发"同济大学公函第壹号"（左），并同时呈报教育部和江苏省长公署（右），即日起启用"同济大学"印章

至此，学校已初具综合性大学的雏形。学校在吴淞的二十年间发展迅速，至全面抗战爆发前，同济已成为国内首屈一指的现代化大学。1917年至1937年间，学校以满足人才培养需要、服务国家发展为宗旨，建立和健全各项管理制度，保持德语教学传统，加强基础理论教学，重视实践教学，并通过举办学术讲座、组织参观调研、丰富校园文化等举措，传承和发展了中西交融独具特色的办学传统和严谨求实的学风，创造了办学历史上的"吴淞之兴"。

一、德国模式下的本土化改革

吴淞时期的国立同济大学校门

华人校董接管学校后，在继承德国教育理念和教学方法的基础上，学校更加注重根据国家发展需要确立教育目标，并结合国内实际需求调整人才培养结构，逐步确立了新的发展方向。

首先，学校调整了办学宗旨。因学校主要由德国人发起创立，故最初的宗旨为培养中国自己的施诊医生和工程师，并宣传德国文化，扩大德国在中国的影响力。1917年下半年，校董会通过《同济医工专门学校学则》，指出"本校以教授高等学术，养成专门人才为宗旨。"《学则》发布后，学校管理层对新的办学宗旨非常赞同。校长阮尚介曾提到："吾校所习，虽仅医工两端，然良医熟察人生，良工精运物力。若以动力之原则论之，则人者，有情之机械；机械者，无情之人，皆凭于动力与造物争者也。

惟医与工,实足以代表全部科学矣。"校董袁希涛也认为:"中国之大患,曰贫曰弱,救弱莫若医,救贫莫若工,务望诸君,各求深造,以养成将来救国之人才。"学校将办学宗旨与富国强民、救弱救贫紧密联系在一起,充分体现了同济人立志教育强国、与中华民族命运休戚与共的责任担当。

其次,学校注重学生的全面培养与社会责任的养成。1919 年 4 月,在北京教育部召集的全国第一次教育调查会上,学校常务校董沈恩孚与时任北京大学代理校长蒋梦麟共同提出了一份关于教育宗旨的提案,主张"以养成健全人格,发展共和精神"为教育宗旨。所谓健全人格是指:"一、私德为立身之本,公德为服务社会国家之本;二、人生所必需之知识技能;三、强健活泼之体格;四、优美和乐之感情";共和精神则为:"一、发挥平民主义,俾人人知自治为立国根本;二、养成公民自治习惯,俾人人能负国家社会之责任"。这一提案在一定程度上反映了同济虽然仍属私立大学,但实质上已站在国立大学的角度谋划发展路径(此时学校的办学经费已大部分源于江苏省财政厅拨款),学校也已由德人办学时期的相对独立发展阶段转变为逐步融入国家的教育体系,确立了更好地服务于国家和社会的教育发展方向。

同济的本土化特征在被确立为国立大学之后更为明显。1927 年初,受"反誓约书"运动的影响,校长阮尚介辞职,学校的发展曾一度陷入困境。经过临时校务维持委员会的短期过渡后,1927 年 8 月,学校被南京国民政府确立为国立大学。9 月,南京国民政府任命张仲苏为国立同济大学校长。成为国立大学后,学校的管理体制发生了重大变化,校董会的权限被削弱,校长的权力扩大,由国民政府直接任命的校长开始全面领导学校的校务和教务。从此,在张仲苏、张群、胡庶华、翁之龙等历任校长的带领下,学校全体师生和衷共济、同心协力,克服各种困难,不断发展教育,开创了同济历史上本土化办学的新篇章。

1932 年 9 月 26 日,1920 年毕业于同济医科、曾留学德国并获医学博士学位的翁之龙就任学校校长。在教育部长朱家骅的支持下,翁之龙采取了一系列治校改革措施:第一,完善师资结构。除仍以德语为第一外国语外,逐步以聘请中国教授为主;若聘用德籍教师,受聘者必须具有德国大学的教授资格。这一改革举措实施后,教师水平和教学质量有了明显提高。第二,推进全面发展。学校在工学院增设了高等测量系与造船组;医学院与上海市卫生局合办市立医院,并作为学校的实习医院;与江苏省省立医院合作,在多个县开设了诊所;筹备建立周宗良医院,以彻底解决医科临

校长张仲苏
(任期：1927.9—1929.3)

校长张群
(任期：1929.3—1929.6)

校长胡庶华
(任期：1929.7—1932.9)

校长翁之龙
(任期：1932.9—1939.4)

床实习条件不足的问题；增加设备，扩大校舍，筹设理学院；将附设机师学校更名为高级工业职业学校，并恢复招生。第三，调整高中课程。除德语课外，其余课程均改用国语讲授，并聘请本国优秀高中教员任教。第四，扩充大学规模。将两年制的德文补习科改为一年制，并在周边部分高中开设德语学习课程，以便使更多高中毕业生能够直接进入同济就读，有效扩充大学部学生人数。此前因进入大学部前须先期学习德语，中学部学生占比较大，占用了学校大量经费，而大学部每年仅有三四十名毕业生；改变策略后，学校先后与几所著名的高级中学订立合作协定，在相应高中开办了德语班，并由其向同济输送高中毕业生，大学部的规模由此得以迅速扩大。截至1937年，学校的在校学生人数（含德文补习科、附中、高职）已达1100人。

在学校的不懈努力和社会各界的大力支持下,学校的各项改革措施得以逐步实施。至 1937 年,学校基本完成德国教育模式传承与本土化改革的协同推进,综合实力大幅提升,校园面貌焕然一新,并发展成为国内首屈一指的现代化大学。

二、实用医工人才的摇篮

1922 年 8 月,学校发布《同济大学暂行简章》,将学校的办学宗旨确定为:"教授高深学术,养成医工专门人才。"围绕这一宗旨,学校加强理论基础和德语教学,强化实践教学,提高学生的动手能力,培养学生养成精益求精、一丝不苟的作风。此后,大多数教师结合教学需要开展研究,校内的学术活动日益丰富,学生的各项能力也得到综合锻炼;以学生为主体的工学会、医学会等学术团体广泛开展活动,学术性刊物不断增多,学术讨论氛围逐步形成,有效促进了教学质量的提高。在培育学术氛围、提升学术能力、培养实践能力和培训应用技能等一系列举措的支撑下,学校在吴淞时期为国家培养了大量实用型医工人才,受到社会各界的广泛欢迎,学校的办学声誉和社会影响力显著提升。

吴淞时期的学校实习工厂拥有国内一流的实习和制造设备

为了加强实践教学,增长学生见识,1923 年,阮尚介校长带领机械科的 9 名学生到日本大阪、京都、东京、横滨、日光、足尾等城市进行了为期 18 天的考察和学习,先后参观了十几家工厂。参与考察的学生还将一路见闻编写成《东游考工记》并发表在学校的学术刊物上,供校内外师生学习交流。此外,以"联络感情,切磋学问,提倡

医学院学生在进行病理学实习

医学院学生在进行解剖学实习

医学院举办解剖学展览会的盛况

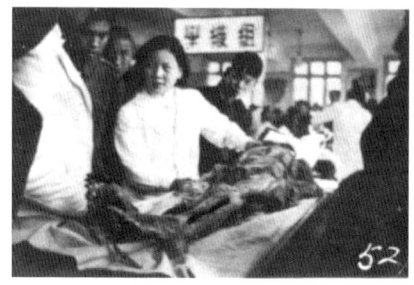
医学院学生在解剖桌旁为参观者作讲解

工业"为宗旨的同济工学会积极邀请中外学者来校作学术报告，组织会员参观工厂、学校，并组织编写了《机械原件学》（上下两册），供中等工业学校教学使用；同济医学会则积极组织学术讲座，并自1923年起出版《同济医学会旬刊》，面向公众介绍医学和卫生常识。

　　1930年，学校将医科改为医学院，医科的学制也仿照德国大学模式改为五年制，前四学期为医学院前期（相当于医预科），主要讲授医科基本知识；后六学期为医学院后期（相当于医正科），主要讲授医科各类临床知识，并开展临床实习。教育部的1931年度全国高等教育统计数据显示，在全国15所公私立大学及独立学院的医科中，同济医学院的在校学生人数最多，达204人。1934年的《国立同济大学概览》写道："本大学医学院之目的，固在造就医师以应社会之需要，同时且为提倡研究我国特别之病症，加以注意以资整理。"医学院除了注重临床实习外，还不断扩大学校与社会的横向联系，既为学生提供了更多的实习机会，同时也为社会做出了一定贡献。1934年，翁之龙校长在庆祝建校二十七周年时指出："同济大学是研究医、工的学校，应当一方面要注意高深学理的研究，一方面还要注意到本国实际的需要。学理事实，完全兼顾，能把一切科学上的学理，应用到事实上面，切切实实地作一些实际工夫,不蹈空泛,才能收到实益。本校平时一切主张,都是侧重在这一方面的。"1935年,按照教育部规定,医学院增加了一年实习期,学制也因此改为六年制。

1930年,学校工科同期改为工学院,并设立电工机械系与土木工程系。1933年秋,学校成立高等测量系(1935年1月更名为测量系),成为我国最早创设民用测绘专业的高校。此外,鉴于电工机械系的设备日臻完善,1934年5月,电工机械系增设造船及飞机机械课程,并积极筹建造船飞机机械系,中国航空公司还为此向学校捐赠了一架退役的飞机。1936年8月,电工机械系又增设造船组。

在教学体系方面,工学院电工机械系和土木工程系的学制仍为五年制,前三年为前期,课程设置不分系;后两年为后期,课程由各系分别设置。新增的测量系学制为四年制,且不分前后期。工学院的第一学年除开设少数几门课程外,学生大部分时间被安排在工厂实习;实习期间,一年级学生被分为若干组,每组依照教材大纲的规定程序轮流至各工场实习;机械实习导师负责轮流到各工场指导学生开展模型木工、铸工、钳工、锻工、淬火、机器工及焊工实习,土木系助教则协助教授指导学生开展土木工实习;为提高学生的兴趣,导师拟定的实习内容既要确保学生掌握基本技能,还需兼顾今后的实用性。

经过大量的工厂实习后,工学院学生对机器设备和生产过程有了初步了解,提高了感性认识,培养了动手能力,既有利于对后续专业理论课程的理解,也因此更加受到社会各界的认可和欢迎。1936年4月1日,柏林德国工程师学会专门来函,承认"同济大学工学院毕业生与德国工业大学毕业生具有同等资格,得为该会上海分会正式会员",从另一个侧面反映出国外工程界对同济工科毕业生的整体认可。

学生在进行木工实习(1928年)

李斯特教授带领工科毕业班学生赴青岛四方铁路工厂参观

学生在进行翻砂实习(1928年)

三、中国学生留学德国的窗口

魏时珍（曾教朱德学习德语）等与朱德的合影

第一次世界大战结束后，德国在恢复发展中十分重视对科技、教育的投入，以便在医学、工程机械、化学等领域继续保持世界领先的地位；同时，由于战后马克贬值，外国人赴德留学的费用较战前减少。因此，各地赴德国留学的人数激增，同济学生的留德人数也大幅度增加。

同济的留德学生大部分为自费留学，考取公费出国资格的仅占一小部分，由学校直接送往德国培养的更为少数。1921年6月14日，校董会决定每年资助医、工两科各一名毕业生赴德留学，其预备人选由校长及教务主任提出，最终人选由校董会审定，学校资助的费用额度按照留德公费生的标准报呈教育部暨江苏省长公署核准备案。据不完全统计，1921年，学校的留德学生已达103人，他们分别在柏林、海德尔堡、哥廷根等城市的11所大学及德累斯登、达姆施塔特等城市的4所高等工业学校就读；其中学习医科的50人，约占当时留德学生总数的一半；学习机械、电工科的22人，约占留德学生总数的20%；另有学习化学科（包括工业化学、食料化学）8人，建筑、土木科8人，数理科4人，纺织和印染科3人，采矿科和哲学科各2人，教育、法律、经济、商业等科各1人。

1923年，学校开始资送助教赴德留学。受资助助教须签订学成回国后为学校服务的合同。合同规定包括：受资助人留德期间的费用由学校借与，回国后学校从其

同济工科留德学生谭翊在《同济杂志》
上发表的《德国高工校学制近况》

月薪内分期扣还；受资助人留德回国后在学校服务的最低年限等。因受客观条件影响，该政策实施不久后即终止。1926年，因学校经费拮据，校董会决定一并暂停资助毕业生出国留学。

在留德期间，同济学生有的担任中国留德学生会会长或哥廷根地区中国留学生会会长，有的参加编写《留德年鉴》……他们热忱为中国留学生服务，积极向国内传播德国科学技术和文化，为推进我国的现代化进程、增进中德两国人民之间的友谊做出了贡献。魏时珍、宗白华等人还发起成立了中德文化研究会，"以共同发展文化为宗旨"，通过报纸、杂志等渠道"将德国的文化传递至中国、中国的文化介绍给德国"，进一步增进了中德两国的文化交流和相互了解。

同济的留德学生也非常珍惜到德国留学的机会。他们学习勤奋，生活俭朴，不仅努力掌握专业知识，还注重学习德国人民勤劳而富于创造的精神、严格遵守纪律的风尚及讲科学、爱卫生的良好习惯。他们中的许多人学成后归国，为国家的医学、工业、教育等事业做出了积极的贡献。据不完全统计，在这一时期的同济留德学生中，许多人经过之后的长期奋斗和努力拥有了深邃的学术造诣，为国家做出了突出贡献，其中一部分还成为中国科学院学部委员或著名专家、教授，包括：贝时璋（生物学家、中国科学院学部委员、中科院生物物理研究所研究员）、梁伯强（病理学家、中国科学院学部委员、中山大学教授）、宁誉（皮肤科专家、第三军医大学教授）、金问淇（妇产科专家、武汉医学院教授）、宗白华（美学家、北京大学教授）、魏时珍（数学家、四川大学教授）、梁之彦（生化学家、同济医科大学教授）等。

四、中德文化交流的桥梁

为了恢复由于第一次世界大战而中断的与德国实业界、教育界的联系，争取师资和设备的支援，阮尚介校长于1920年7月赴德国考察。访问期间，他不仅得到1919年春回国的同济工科创办人贝伦子教授的大力协助，贝伦子还答应重返同济工科工作。1921年3月29日，阮尚介代表校董会与德国远东协会会长崔纳协商并签订了一项合同。合同规定："远东协会将价值400万马克的仪器设备等捐赠给同济工科。起初12年（自1921年7月1日起），同济有使用权，其所有权仍归远东协会。12年后，其所有权移归同济工科。""同济校董会对工科须实现以下3项：甲、交换中德文化；乙、教授专科之文字只用中文或德文；丙、除中国教员与副教员外，只用德籍教员。""同济工科设一办事委员会，由华德各4人组织之。华委员由同济校董会选之，德委员由远东会选之。"协议的签订表明，德国愿意加大对学校的支持力度，同时希望学校持续保持德国教育模式，并继续发挥中德文化交流的桥梁作用。

1924年5月15日，阮尚介代表校董会与上海德医公会及宝隆医院的柏德等签订《同济大学与宝隆医院协定》。协定规定："宝隆医院的房屋设备，应供给同济医正科授课及实习之用。由同济校董会付给津贴费，3年内，按学生人数每名每年150元计；3年后，按每名每年100元计。德医公会，应尽义务聘请内、外、妇产、五官、皮肤等科教授5人。""医科无论何时，应研究中德医学；教授方言，应只用中文及德文；除中国教授及助理外，其余只用德国人。""同济医科应组织委员会，讨论同济医科一切事项，委员人数，中德各4人。中国委员由同济校董会聘请，德国委员由宝隆医院（基金委员会）及远东协会推定，委员会主席，每年更迭一次，由中德人轮流各任一年。"

通过这些合作协议，学校与德国政商界及宝隆医院开展了深入合作，中德文化交流的桥梁作用得到了进一步体现。此后，每逢学校举办校庆等纪念活动，德国

1928年1月16日，唐哲等同济学生登上天津丸轮船送别回国休假的生理学教授史图博

1934年，学校为病逝的附中主任、德国教授威廉·欧特曼举行追悼会

大使、驻上海领事纷纷出席，国内官员也前来陪同，学校活动成了国家级外事活动；作为两国交流的文化使者，欧特曼、史图博等德籍教授不断地向同济学生传授德国科学技术和德国文化；魏时珍等人也在《同济杂志》开辟"相对论专栏"，使同济成为国内最早将爱因斯坦相对论学说系统性地介绍给中国学界的高校。

1937年5月20日，学校隆重举行庆祝建校三十周年纪念会，中外来宾及师生共三千余人参加庆典，蒋介石、林森、朱家骅、王世杰、俞鸿钧等分别题词祝贺。德国柏林各报也发表纪念文章，称赞学校为增进中德文化事业所做的努力。在庆典大会上，德国大使托德曼致辞道："诸位同学，你们比较其他许多年龄相等的同伴，更有一种特权，在本国的文化智识而外，还可以接受另一国家的学问，参加一些我们两国沟通结合的事业，而且还可以学会德文德话。"

济忆——历史上的这一周

魏时珍,1913年考入同济,最早与爱因斯坦交往的三名中国学者之一,1926年受聘为学校首批华人教授

夏元瑮,最早与爱因斯坦交往的三名中国学者之一,1926年受聘为学校首批华人教授

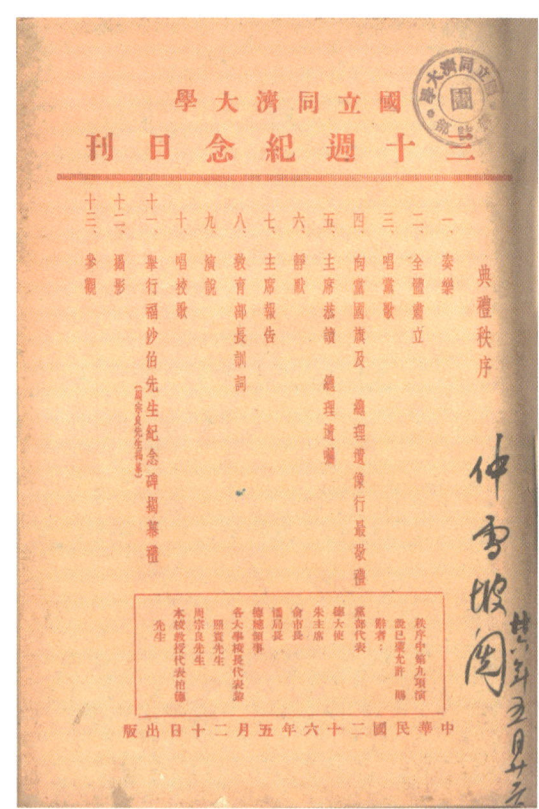

1937年5月20日《国立同济大学旬刊》刊载的《国立同济大学三十周年纪念日刊》

巍巍吴淞，壮哉同济！二十年苦心经营，最终在日军的炮火下化为废墟。1937年8月淞沪抗战期间，日军轰炸吴淞校园，尤其在28日和29日两天内，日军投下了大批重磅炸弹，学校的大礼堂、工学院、电机馆、解剖室、生理馆、材料试验馆、实习工厂、教授住宅及学生宿舍等建筑均被炸毁。此后，为坚持办学，学校在战火硝烟中一路西迁，踏上了同济人战时的长征之路。尽管昔日的"巍巍吴淞"如今仅剩宝山区一块"同济路"的路牌可以纪念，但同济人会永远铭记，通过在吴淞时期二十年的辛勤耕耘，离开吴淞时的同济已成为拥有医、工、理三大学院的著名国立大学，"吴淞之兴"也必将以浓墨重彩载入学校发展的史册。

44

"同济德文医学堂"校门(上海凤阳路)

第四十四周　　　　　　3.29~4.04 [2020]

那些年，
那些承载着历史印记的校舍

同济建校以来历经多次迁校
从上海租界到吴淞之滨
从浙江金华到江西赣州
从广西八步到云南昆明
从四川李庄、宜宾到回迁上海
办学足迹遍布多个省市

在每一处办学地
那些依然存在的，或已消失的校舍
都已融入学校发展的血脉
留存着学校发展史中独有的文化印记
成为同济人永远的记忆

1914 年 4 月 2 日
"同济德文医工学堂"举行工科校舍落成典礼
中外来宾 2000 余人到场参加，场面蔚为壮观
回眸"历史上的这一周"

让我们一起走近
那些年，那些承载着历史印记的校舍
感受校园变迁背后的同济往事

同济德文医工学堂校门

德文科校舍

1908年的校区地块

1914年建成的工科讲堂

第三宿舍

实习工厂

自1907年创校以来，受中国近现代半殖民半封建社会的政治环境影响，同济曾数易校址，办学地点跨越全国多个省市。其间，无论面临何种困难，无论经历多少磨难，同济人始终同舟共济、自强不息，坚持与祖国同行、以科教济世，为民族独立、人民解放事业做出了卓越贡献。同济的办学旧址，有些已经不复当年的模样，有些已经改变了用途甚至更换了归属，更有些因为战争早已消散在历史的烟云中……但这些曾经辉煌却已消失的校舍与现今仍然展现着蓬勃发展生机的建筑一道，构成了同济人的精神家园，成为滋养一代代同济人的文化土壤。

一、建校初期的校舍

1907年至1917年是同济创办后的第一个十年。学校从医科鹤立到医工结合，从租借校舍到建立环境优美的校园，校园基础设施经历了从无到有、从简陋到逐步完善的发展过程。

1907年"德文医学堂"创办初期，学校租赁了位于白克路（今凤阳路）23号至25号、地处同济医院对面的西式三层楼房作为校舍。1908年，为改善办学条件、扩大办学规模，学校在宝昌路（今淮海中路）以南、金神父路（今瑞金二路）以西地块购买了12亩土地，并开始自建校舍。

1909年暑期，新建校舍相继落成，除医正科学生为便于在宝隆医院实习仍住原处外，德文科和医预科师生全部搬入新校舍。经过精心规划，新校园内的教室、办公室、藏书楼、宿舍及各项生活设施一应俱全，既美观又实用。1911年，学校又在校园内增建医预科教室及第二宿舍，并在宝隆医院旁购置了一栋西式楼房，专供医正科学生住宿。

1912年，学校创办"德文工学堂"，并与医学堂合称为"同济德文医工学堂"。为此，学校又在校园旁购置了19亩土地用于扩建校舍，校园面积扩大至31亩。新建的工科校舍以普鲁士皇家机械学校的设计方案为蓝本进行构思和布局，具有典型的普鲁士建筑风格，其中的实习工厂于1912年开始建设，工科讲堂于次年开工建设。1913年，为增建第三宿舍、风雨操场和运动场等建筑和设施，学校再次购买土地，校园面积进一步扩大为47.5亩。

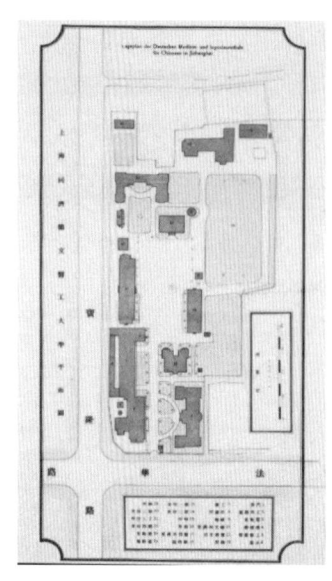

同济德文医工学堂校园平面图（1916年）

校园概貌（1915年）

1914年4月2日，学校举行工科校舍落成典礼，中外来宾2000余人到场参加，场面蔚为壮观。1915年，在贝润生、周宗良、邱渭清等上海绅商的捐助下，学校又建设了可容纳120人居住的第四宿舍，并于1916年投入使用。

在中德两国政界、工商界及学界人士的大力支持下，首期校园建设在管理团队、运作模式、建设资金、设计风格、建筑功能等诸多方面充分体现了德国文化移植与富国强民诉求的结合与统一，彰显了创校初期中德合作办学的同济特色。1916年底，学校第一次大规模校舍建设基本完成。新建的校园规模宏大、设施齐全，拥有包括工科讲堂、德文讲习室、医预科讲室、动物园、壁恒支店、第一宿舍、第二宿舍、第三宿舍、第四宿舍、工人住所、运动室、运动场、蓄电室、机械厂、实习工厂、门房、钟楼、水塔、储藏所、厕所等在内的诸多建筑，为学校的发展奠定了基础。

1914年，法租界实施了大规模扩张，原属公共租界的同济校园被划入法租界管辖，为此后的校园存亡留下了隐患。1917年3月17日，法租界当局以同济是德国人的产业为由强行霸占学校，并强迫学校解散，蓄意制造了同济历史上的"三一七"事件。此后，同济师生被迫迁离苦心营建的校园。

二、吴淞时期的校舍

"三一七"事件使学校顿时面临解散危机。危难时刻,在华人校董和社会各界人士的通力协助下,除医正科仍在宝隆医院附近租借房屋开展教学和临床实习外,工科等均迁至吴淞并租借已停办的中国公学和炮台湾海军学校、吴淞商船学校校舍继续办学。此后不久,学校更名为"同济医工专门学校",并聘请阮尚介为校长。至此,学校以政府出资、民间接管的方式度过了危机。

迁至吴淞初期,由于学校所租借的校舍较为分散,给教学和管理带来了诸多不便。为改善办学条件,学校于1917年向教育部申请自行建造两座教员住宅和一幢学生宿舍,江苏省财政厅为此拨款27000元;三座楼宇于1918年建成并投入使用。1919年上半年,中国公学计划于8月份复学并收回所出借的校舍。鉴于学校暂无去处,在教育部委派专员的协调下,学校于6月1日与中国公学签订校舍租赁合同,约定于1920年8月1日将所借校舍归还给中国公学(租借期间增建的建筑物一并无偿赠予),中国公学则被暂时安排在上海威廉小学内上课。为了解决学校的校舍问题,在教育部次长袁希涛主持下,教育部再次拨款1万元,学校用该笔资金在吴淞乡购置了150亩土地,并筹资启动新校园建设。自此,以政府出资、银行贷款、社会筹资三者结合为特点的第二轮校园建设高潮正式开启。

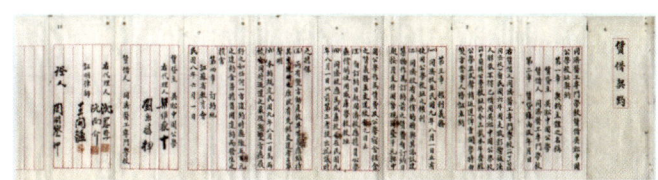

1919年6月,同济医工专门学校租借吴淞中国公学校舍的契约

学校借用的中国公学校舍

学校在吴淞初期租借校舍的分布图

吴淞时期的大礼堂及工科教学楼

吴淞时期的医学院解剖学研究馆

学校新校址位于吴淞乡衣字圩三十六图。1924年春，校舍建设一期、二期工程相继完工，工科（含中等机械科）、医预科均有了崭新的教室和学生宿舍楼，校园内不仅拥有宏伟壮丽的罗马式大礼堂、设备齐全的实习工厂、雅致实用的德籍教员住宅楼，还有喷水池和大草坪，校园整体环境优美，景色宜人。5月18日，学校隆重举行新校舍落成典礼，中外官、绅、商等各界人士及学生家长应邀出席；同时，学校还举办了全校运动会、文艺演出等庆典活动。

这一时期，医正科的教室、病理室、药理室仍设在宝隆医院内，师生则租住在白克路的三幢楼房内。1921年夏，宝隆医院成为柏德等人的私有财产。1924年5月，学校（已更名为同济大学）与宝隆医院签署协定，明确医正科可继续租用医院内的教室、病理室、药理室等开展教学活动。同时，为节约开支，学校改租位于祥康里的几座简陋房屋作为医正科学生宿舍。

1927年南京国民政府成立后，同济被列为首批国立大学。此后，学校又陆续在吴淞校园开展了大规模扩建，兴建了包括工学院教学楼、医学院教学楼、解剖学馆、生理学馆、病理学馆、药物研究馆、实习工厂（三座厂房九个车间）、附设中学部和德文补习科教学楼、中学部学生宿舍（共116间）、附设机师科学生宿舍（31间）、

1937年的理学院校舍（同为附中"一院"办公室及教室）

吴淞时期的附设德文补习科教室及宿舍

吴淞时期的实习工厂

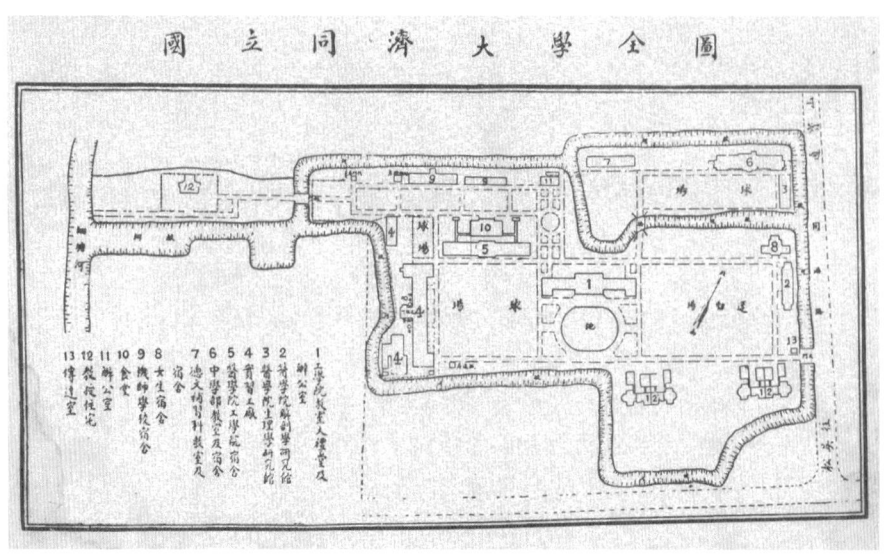

1930年的吴淞校园布局图

吴淞时期的教授住宅

大学部学生宿舍（94间）、德籍教授住宅（100间）等在内的大批建筑，校园占地面积也扩大为198亩。

1933年5月，学校接收国立劳动大学（1932年停办）的校舍、设备、实习工厂（位于江湾镇奎照路）等设施设备，并将其改建为"国立同济大学附设高级职业学校"（1935年5月更名为"附设高级工业职业学校"）。

在吴淞的二十年里，学校建设了环境优美、设施齐全的美丽校园，并在校园占地面积、单体建筑数量、园林绿化覆盖等各个方面比"同济德文医工学堂"旧址有了全面完善和整体提高。与此同时，学校的各项事业也取得迅猛发展，随着医、工、理等三个学院的先后成立，学校已初具综合性大学的雏形，成为国内首座综合性大学。

吴淞时期的附属中学部及德文补习科宿舍

吴淞时期的大学部第一宿舍

吴淞时期的大学部女生宿舍（今同济大学校史馆参照此外观设计）

吴淞时期的附设机师学校学生宿舍

附设高级职业学校校门

位于上海市区的医学院教授住宅及医后期学生宿舍

济忆——历史上的这一周

被日军飞机炸毁的吴淞校舍

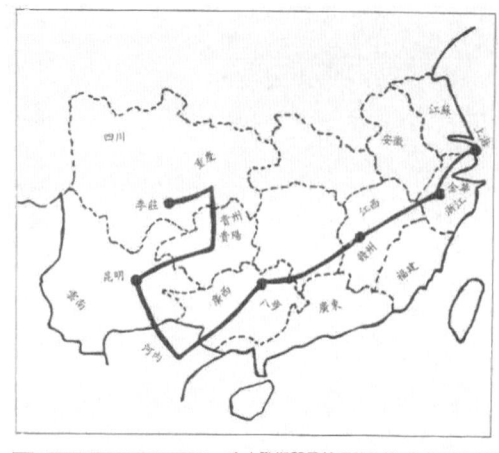

台湾校友徐为康手绘的同济西迁地图

金华时期的校舍

吉安时期的校舍

八步时期的校舍

三、西迁时期的校舍

全面抗战爆发后，同济人再一次被迫离开苦心营造了二十年的校园。1937年8月淞沪抗战爆发后，日本飞机于28、29日连续轰炸吴淞地区，学校大礼堂、工学院、电机馆、材料试验室、实习工厂、教授住宅、学生宿舍等校园建筑及设施遭到严重损毁。1937年秋，同济师生被迫西迁，先后辗转沪、浙、赣、湘、粤、桂、滇、黔、川等9省以及越南，总行程11000多千米，缔造了同济历史上的"万里长征"。

西迁途中，同济人初心不改，始终坚持沿途办学，因而被喻为"装在行李箱上的大学"。然而，在那个战火硝烟四处蔓延的年代，西迁的师生们且行且走，连找个落脚之处都很困难，根本谈不上寻找良好的教学设施和环境，每到一个落脚之处也只能"就地取材"、因陋就简地开展教学，其办学条件和难度可想而知。

纵观这一时期的校园建筑，可以归纳为以下几个特点：一是校舍多为借用或租赁。从吴淞迁出后，学校先在上海市地丰路（今乌鲁木齐路）12号临时落脚，之后便辗转浙江金华、江西赣州与吉安、广西贺县八步镇和云南昆明等地，并最终到达四川李庄镇和宜宾县。其间，除在李庄和宜宾有过五年多的稳定期外，在其他地区少则刚放下行李就被迫离开，多则几个月或一年，沿途办学过程中只能依靠租借当地民房、庙宇等作为临时校舍。二是校舍的建筑种类繁多。因受客观条件限制，学校每到一处，不论是中学校舍、银行建筑，还是衙门旧址、祠堂、庙宇、旅馆、民居等，只要能用于办学，均可被租借为校舍。三是校舍极为分散。因校舍均为临时租借且建筑种类繁多，故西迁时期的校舍分布极为分散，给师生的教学和学校的管理造成了极大不便。

学校到达昆明后，虽然整体办学条件有所改善，但校舍分散的问题仍非常突出。在昆明期间，学校的总办公室先设在临江里106号，后迁至武成路468号；工学院设在富春街的富春中学内，理学院则设在青莲街；医学院前期的教室分散在水晶宫、八省会馆、青莲街、富春街、商业学校等处，医学院后期的教室设在福照街商业学校内，而附属医院则设在翠湖南路4号的赵公祠；附属中学最初设在青莲街，后迁至福照街商业学校，1939年又迁至宜良县狗街的西村杨家祠；附设高级职业学校先设在木行街，后迁入双塔寺女子师范学校，再迁至水晶宫、八省会馆，最后迁往

昆明时期的教室

李庄时期的工学院所在地东岳庙

昆明时期的学生宿舍

位于宜宾的医学院医后期校舍

西仓坡一号；图书馆则设在富春街太阳巷1号……过于分散的校舍给学校的管理、教学和师生的生活增添了不少困难和麻烦。其间，学校曾有在昆明自建校舍的计划，但终因经费筹措困难而未能实现。

到达李庄后，学校渡过了相对平静的5年多时光。李庄是一个有着"九宫十八庙"的千年古镇。由于学校到达李庄的日期比中央研究院史语所、营造学社等文化机构稍早一些，故学校的大部分机构被安排在镇上的庙宇中，另有少部分校舍租用了私人房屋。其中，校部总办公室设在禹王宫，工学院在东岳庙，理学院在南华宫，医学院前期在祖师殿，图书馆在紫云殿，实习工厂在官山殿，其他附属机构和学生宿舍、教职员宿舍则散落在镇上各处。为了便于医学院后期的学生开展临床实习，医后期被特别安排在宜宾县女学街的县立女中，附属医院住院部设在西郊花园，门诊部设在女学街前都司衙门，南门诊所设在黄州馆，医学院附设助产护士班也被安排在了医后期内。

战火炸毁了同济的校舍，却没有摧毁始终坚守教育、为国育才、支援抗战的同济人的信念。与这一时期流动的教学、临时的建筑、分散的校舍相比，学校的凝聚力达到了前所未有的高度。同济师生充分发扬同舟共济的精神，以坚定的意志和信念走完了这条教育事史上令人叹为观止的长征之路。

工学院校舍全貌（其美路，现为四平路校区）

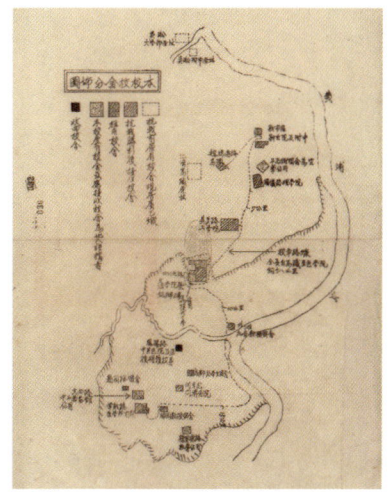

1949年的各学院及附设机构分布图

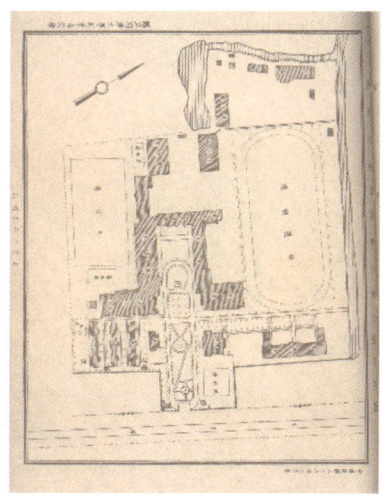

1949年的工学院校舍分布图

四、返沪初期的校舍

抗战胜利后，学校于1946年5月分多路回迁上海。由于吴淞校园已毁于战火，学校便派先遣队提前返沪，经四处联系和交涉，终于落实了部分房屋用于安置各学院和机构。因这些校舍分布在上海市区各处，学校也因此再次面临校舍极为分散的处境。其中，医学院设在善钟路（今常熟路）100弄10号原德国医学院，附属医院设在白克路（今凤阳路）中美医院（原宝隆医院），后将妇产科迁入同孚路（今石门一路）82号原德国医院，改称中美医院分院暨妇产科医院，并租赁医院对面的江阴同乡会房屋作为内科、耳鼻喉科门诊部及护士学校的教室；工学院设在其美路（今四平路）原日本中学；理学院设在协议路原日本第七国民学校（今政法路上海开放大学）；文、法学院设在四川北路191号原工部局西童小学（今复兴

回迁上海后的法学院、文学院校舍"红楼"(现为复兴初级中学)

理学院校舍(现为上海开放大学)

医学院校舍

医学院附属中美医院(现为长征医院)

国立同济大学房地产清册

学院所在地及楼宇	地址	房屋性质
总办事处	四川北路 2066 号	接收
文学院	四川北路 2066 号	接收
法学院	四川北路 2066 号	接收
医学院前期	常熟路 100 弄	租赁
医学院后期	凤阳路 415 号	自有
医学院学生宿舍	成都路 200 号	租赁
医学院教职员宿舍	长乐路 672 弄 16 号	租赁
医学院教职员宿舍	愚园路 627 弄一号	租赁
教授宿舍	黄埔路 17 号礼查饭店	租赁
工学院	其美路	接收
理学院	协议路	接收
附属高级中学	新市区	借用
新生院	新市区府外西路 99 号	借用
附设高级工业职业学校	新市区魏德迈路 370 号	租赁
中美医院	中山北一路 82 号	接收
吴淞学校大学部旧址	吴淞镇北同济路	自有
原附设高级职业学校旧址	江湾镇火车站旁	自有
附设原高级中学旧址	吴淞火车站旁	自有
附录:(未接管部分)		
国立高级机械学校	复兴中路 295 号	
中央文化教育馆及中央广播电台	大西路 1357 号	
平昌街住宅房屋	新市区平昌街	

初级中学）；附属中学设在江湾新市区的市立博物馆和飞行馆（今长海路）；附设高级工业职业学校设在江湾新市区魏德迈路(今邯郸路)370号原同德医学院教学楼(同德医学院其它校舍均在淞沪抗战中被炸毁,此后同德医学院回到同孚路67号老校舍暨同德医院继续办学）；新生院设在江湾新市区府外西路（今黑山路）99号市立图书馆；学校总办公处设在四川北路法学院内。此外,学校还租赁了金山路礼查饭店（今黄埔路,曾作为浦江饭店、上海证券交易所,现为上海证券博物馆）和长乐路留园的部分房屋、愚园路房屋为教授和职员宿舍、成都路中美饭店为医后期学生宿舍。

1949年5月27日,上海解放。6月25日,上海市军管会正式接管同济。学校被接管的一项重要工作就是房地产及校舍的清点与接收。根据1949年《国立同济大学房地产清册》记载,学校校舍主要分为自有、租赁、接收、借用四种性质。其中,自有校舍为学校1937年西迁以前的凤阳路415号(医学院后期所在地,现为长征医院)、吴淞大学部本部（吴淞镇北同济路,现同济路旁）、附中（吴淞火车站旁,现为淞沪铁路吴淞站遗址）、附设高级职业学校校址（江湾镇火车站旁,现邯郸路旁）等四处；接收性质的校舍主要为1946年学校回迁上海时由国民党政府调拨的几处校舍,如四川北路2066号（现为复兴初级中学）,其美路工学院校舍（现为四平路校舍）,协议路理学院校舍（现政法路195号）等。

回迁上海后,由于自有校舍远不能满足需求,学校只能采取临时租赁或借用的方式满足需求,导致校舍极为分散的状况,给学校的教学和管理带来很大不便。因此,学校师生也迫切希望在军管会接管之后能够彻底解决这一问题,使同济人得以在一个相对完整统一、设施齐全的环境中开展教学和研究工作。

五、新中国成立初期的校舍

1949年新中国成立后,经过院系调整,同济大学由全国知名的综合性大学转变为以土木建筑为主的单科性大学。同时,学校的校舍也进行了相应调整,除工学院所在地作为学校永久校舍外,随着其他学院和附设机构的调出,相应校舍也同步划出同济,学校租赁和借用的校舍也一并退租、退借。

1952年建成的大草棚,兼具礼堂、食堂等功能

1955年建成的教学南(北)楼是学院派建筑的代表之作

陈从周教授设计的三好坞

1954年建成的电工馆(现大学生购物中心),已入选上海市第四批优秀历史建筑

1954年建成的文远楼是我国最早、也是唯一的典型包豪斯风格建筑,已被列为第四批"上海市优秀历史建筑",并被载入《世界建筑史》

坐落于同济新村的教工俱乐部始建于1956年,被列为20世纪50年代中国建筑的经典之作

院系调整结束后,学校的师生员工仍达近1000人,而从各院校调整来的设备已陈旧,不少家具已破烂不堪,学校的教学设备和设施已难以满足教学的需求,校舍紧缺的状况更加突出。为保障教学,学校搭建了十多个草棚以维持教学,其中的一个大草棚还兼作食堂和礼堂,全校大会、联欢晚会等均在此举行。

1952年下半年,学校着手兴建新校舍。为节省开支、增强师生员工的劳动观念,学校决定开展劳动建校活动,发动全校师生员工开展义务劳动、共同建设新校园。1952年7月22日,学校成立劳动建校指挥部,1953年又成立校舍设计处,师生们自己动手进行规划和设计,并积极协助开展施工建设。这一时期,学校陆续兴建了一大批极具特色的优秀校园建筑,形成了如今四平路校区的雏形。其中,由冯纪忠设计的融江南民居建筑及现代建筑设计方法于一体的"和平楼"、由黄毓麟和哈雄文等设计的具有典型包豪斯建筑风格的文远楼、1959年建成的同济学院派建筑的代表作"南、北教学楼"、1961年由俞载道为主设计并曾被誉为"远东第一跨"的"大礼堂"等经典建筑作品,已成为同济校园中主要的标志性建筑。

六、发展中的现代化校区

1978年,我国实行改革开放政策,国家进入了一个新的发展阶段。在此背景下,学校提出了具有战略意义的"两个转变",学校的各项事业取得了快速发展。近二十多年来,学校紧紧抓住"211工程"和"985工程"建设契机,紧密围绕中国特色世界一流大学建设目标,统筹谋划,大力推进,学校的发展迈入了全新的时代。

随着学校的不断发展,学校的校园建设也进入了一个新的发展阶段。1996年7月18日,上海市城市建设学院、上海建筑材料工业学院并入同济大学;2000年4月27日,学校与上海铁道大学合并,组建新的同济大学;2003年11月14日,上海航空工业学校划归同济大学管理。实施并校后,相应的校园及建筑也一并划归同济大学,南校区(现已统称为四平路校区)、沪东校区(现已划转上海财经大学)、沪西校区、沪北校区、彰武路校区(现已统称为四平路校区)等校区名称随之应运而生,其校园建设也纳入了学校的整体规划。

四平路校区正门

四平路校区南区（原上海城市建设学院校园）

原沪东校区（原上海建筑材料工业学院校园）

四平路校区彰武路校舍(原上海航空工业学校校园)

沪北校区(原上海铁道大学校园,其前身为上海铁道医学院)

沪西校区(原上海铁道大学校园)

嘉定校区校前区

嘉定校区校园建筑与风貌

位于张江科学城的同济大学上海自主智能无人系统科学中心

2014年3月31日，同济大学佛罗伦萨校区在佛罗伦萨市 Le Murate 隆重举行揭牌仪式

在国家建设世界一流大学的政策激励和上海市政府的大力支持下，学校于2001年9月开始新建嘉定校区。嘉定校区现有占地面积1900余亩，建筑总面积约45万平方米，建设总投资约25亿元，校区布局分为行政服务培训区（校前区）、公共教学区、二级学院区、研发实训区、体育运动区、生活休闲区、公共绿地区、磁悬浮和轨道交通实验区、上海地面交通工具风洞试验区等九大功能区。嘉定校区的建设大大拓展了学校的办学空间，有效提升了学校的整体科研能力，已构建的以地面交通工具为核心、以汽车产业为龙头的清洁能源地面交通装备制造学科群与四平路校区的城市建设与防灾学科群遥相呼应，成为学校人才培养和国家科技创新的重要引擎。

目前，学校拥有四平路、嘉定、沪西和沪北等4个主要校区，占地面积2.54平方千米，校园建筑总面积181万平方米。此外，2014年正式启动的同济大学佛罗伦萨校区成为学校在海外设立的第一个校区。2011年12月，同济大学海洋科技中心暨海洋地质国家重点实验室临港基地开工建设；2019年12月，由我校牵头建设的上海自主智能无人系统科学中心入驻张江科学城16号楼，再次体现了同济大学卓越的综合科研实力，展示了同济人与祖国同行、以科教济世的信心和能力。

每一处校园和建筑，都是同济历史的见证。在一幢幢校园建筑里，在一条条林荫小道上，留下了无数同济人的青春记忆和无悔年华，唱响了一代代师生心系祖国、服务社会的同济之歌。百十余年来，无论是白克路的洋派、吴淞之滨的幽静、西迁时千里辗转的苦难、回沪后筚路蓝缕的艰辛，还是改革开放以来的如沐春风、步入新时代的慷慨激昂，无论顺时逆境，同济人始终与中华民族命运休戚与共、与祖国科教事业心手相牵、与上海城市发展相濡以沫，不忘教育初心，牢记报国使命，朝着"与祖国同行，以科教济世，建设成为中国特色世界一流大学"的目标奋力前行！

45

1980年，第一届留德预备部学生结业

第四十五周　　　　　　　4.05~4.11 [2020]

同济的"留德中转站"

同济与德国有着悠久的渊源
既是中德文化、教育合作与交流的窗口
也是向德国输送留学生的培育基地

改革开放后，受教育部委托
学校成立留德预备学校
1979年4月6日，第一批学员正式上课
开启了德语强化培训的探索之路

2006年4月5日，学校成立出国培训学院
进一步扩大了出国培训范围
从"留德预备部"到"出国培训学院"
学校充分发挥对德交流的窗口优势
响应时代号召，助力科教兴邦
为国家的人才培养做出了重要贡献

回眸"历史上的这一周"
让我们一起跟随时代变迁
回顾同济作为"留德中转站"的发展历程

济忆——历史上的这一周

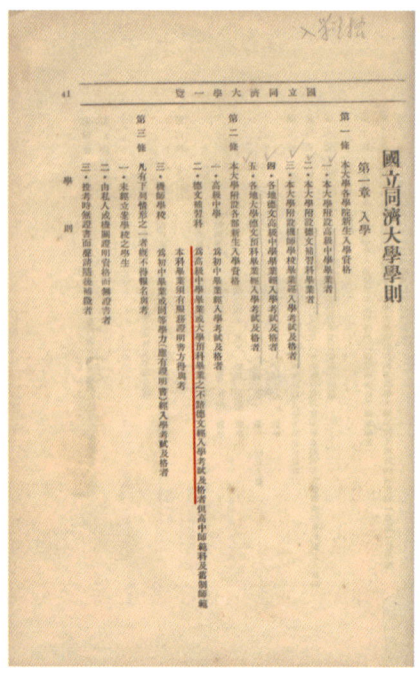

1930年版《国立同济大学一览》中有关附设德文补习科的新生入学资格

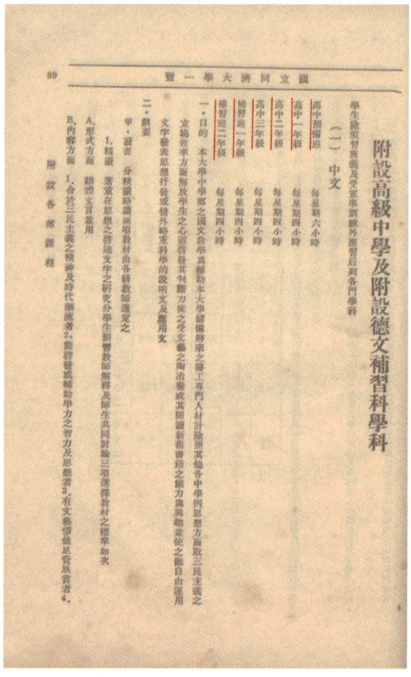

1930年版《国立同济大学一览》中有关附中与附设德文补习科统一安排课程的记载

同济素有中国学生留学德国"中转站"的传统。在中德两国政商界的支持下，学校由医工始创，其中医科由德国医生埃里希·宝隆博士创办，工科由德国工程师伯恩哈特·贝伦子主持创办；医、工两科仿照德国培养施诊医生和工程师的模式，采用德国教材，聘请德籍师资，采用德语授课。在此背景下，学校不仅成为中德文化交流的窗口，更为中国学生留学德国提供了便利条件。

在 1949 年新中国成立以前的两次留德热潮中，同济学生成为中国留德学生的主要来源。这些留德学生后来大多成为国内医工界的中流砥柱，为国家的医疗卫生事业和工业发展以及中德文化的传播与推广做出了积极贡献。新中国成立后，我国与西德的交流全面中断，早期曾向东德派遣少量留学生的举措也因"文革"而终止。

国家实行改革开放政策后，学生出国留学的政策也随之放开。根据中国和德意志联邦共和国建交后签署的文化协定，学校受教育部委托于 1979 年 3 月成立"中国赴德意志联邦共和国留学生预备学校"，负责为国家公派赴德语国家学习、工作的人员开展出国前的德语强化培训。同年 4 月 6 日，第一届留德预备班正式开课。1980 年 2 月，学校正式成立留德预备部，专门为公派赴德国学习的大学生进行德语强化培训。1983 年，因培训对象变更为研究生，留德预备部更名为"同济大学留德研究生预备部"。1988 年 8 月 5 日，根据教育部外事局批复，学校将该机构再次更名为"同济大学留德预备部"，并一直沿用至今。2006 年 4 月 5 日，为扩大出国培训范围，学校成立出国培训学院。在保持德语培训特色的同时，出国培训学院结合学校国际合作的重点，逐步扩大外语培训语种，为国家的出国培训教育和交流合作做出了重要贡献。

一、早期的留德传统

19 世纪末，以严谨的作风和宏博的科学思维著称的德国赶超英法，成为欧洲新一轮工业强国。20 世纪初，中国新式学校的外语教学主要以英语为主，专注德语教学的学校很少。因语言障碍，我国赴德国留学的人数极为稀少。同济创立后，因沿用德国教育模式、聘用德籍教师、采用德语授课、传授德国医工技术，因而迅速发展成为我国对德交流和学生留德的重要窗口。

校友宁誉、张静吾和谢苍璃等与朱德（前排右 3）在德国合影

创校时，学校同期设立了德文科，主要任务是开展德语语言教学和补习高中课程，以使这些学生在德文科结业后既可适应采用德语教学的大学部学习环境，又具有高中学业水平，满足进入大学学习的要求。因学校要求严格，淘汰率高，附设中学部高一至高三学生人数逐渐减少，为扩大医、工两科学生来源，1920 年秋，学校增设预备科，学制为 1 年，主要招收各地高中毕业生或具有同等学历者。

此后，德文科和预备科分别向着两个不同的方向发展。其中德文科于 1922 年 9 月改为中学部，1925 年又改为附属中学，其教学内容既有德语课程，也有中学各科课程，并最终成为学校的附设高级中学。而预备科专注于德语教学，主要目的是使学生通过短期培训后能够基本掌握德语（也有少量数理化及生物课程），以适应后续以德语为教学语言的大学教育环境；1922 年 3 月，预备科改为附设德文补习科，学制也改为 2 年制；1932 年，附设德文补习科学制改为 1 年制，并在新落成的附中校舍上课，其行政及教务也与附中统筹管理（此前两者已统一安排课程）；1942 年，附设德文补习科改为新生院；1949 年，新生院被撤销，德语课此后改为选修课。

学校开展德语培训的举措为有留德意愿的中国学生学习德语提供了便利。在学校早期留德学生中，医科首届毕业生江逢治成为在德国获得医学博士学位的首个中国学生；工科首届学生朱家骅在工科教务长贝伦子的推荐下留学德国并获得博士学位，后成为中国近代地质学奠基人、中国现代化教育的先驱，对民国时期的政治、教育、文化事业和中德交流产生了重要影响。20 世纪 10 年代，以江逢治、朱

1938年秋，赴德国留学途中的李国豪与同学金经昌在威尼斯游览

家骅、宗白华为代表的同济早期留德学生基本为自费留学，故留学人数极为有限；他们学成后回国服务，为中国近现代各项事业的发展和进步做出了重要贡献。

虽然"一战"后中德两国断交，一度影响了学校与德国的教育和文化交流，但自1920年校长阮尚介访问德国后，学校很快恢复了对德交往，毕业生留德深造的传统也逐渐恢复，并逐步形成中国学生赴德留学的首个高潮。第一次世界大战结束后，德国在恢复国民经济的过程中十分重视科技和教育的发展，以保持其在医学、工程机械、化学等领域的领先地位；同时，由于战后马克贬值，外国人赴德留学的费用较战前减少，加之德方在《中德协定》（1921年签订）附加交换书中关于"德方同意接受中国学生进入德国高等学校学习或从事实践教育"的承诺，为中国学生赴德留学创造了更加便利的条件，极大地促进了留德学生数量的快速增加。1921年，同济的留德学生人数由1920年的57人增加到103人，并已涵盖德国23所大学中的11所。

在1920至1930年代的留学热潮中，同济学子占据了半壁江山，成为留德中国学生的主要来源。1929至1933年世界经济危机期间，中国的公费留德学生人数逐渐超过了留英学生人数。同时，由于同济留德学生的德语熟练程度普遍较高，且学习勤奋、学风严谨，因而备受德国各大学的欢迎和认可。继此前承认同济医科毕业生与德国医科学生具有同等学历后，1924年4月18日，德国普鲁士文化部发布公告称，同济工科毕业生若进入普鲁士工业大学土木系和机械系学习，将免除硕士学位前期考试。1936 年 4 月 1 日，柏林德国工程师学会来函告知，该会承认同济大学工学院毕业生与德国工业大学毕业生具有同等资格，并接纳其为上海分会的正式会员，充分体现了德国方面对同济学生培养体系的认可。

1937 年全面抗战爆发后，我国的留德学生人数锐减。1940 年前后，德国再次成为中国学生留学的重要对象国之一。那一时期的不少留德学生归国后经过多年努力逐步成为国家建设的骨干和精英，为中国科学界及教育界开辟新兴学科、培养科学技术人才、提高科技水平和国防力量发挥了重要作用，其中就包括后来成为同济大学校长和中国工程院院士、中国科学院院士的李国豪。李国豪留学于达姆施塔特工业大学，1942 年以论文《钢构分析的几何方法》成为首名获得德国"特许任教工学博士"学位的中国学生，其论文对悬索桥、桁梁桥的结构稳定分析提出了创造性理念，至今仍作为经典悬索桥二阶理论的宝贵遗产被各国教材所引用，其本人也因此在德国赢得了"悬索桥李"的美誉。

二、"留德中转站"的建立

1978 年 6 月 23 日，中共中央副主席邓小平作出重要指示：出国留学是我国提高科学技术和现代化水平的重要方法之一。改革开放总设计师这一具有划时代意义的指示，翻开了新时期我国留学教育崭新的一页。沐浴着改革开放的春风，具有对德交流传统的同济大学也迎来了新的发展契机。

1978 年 7 月，李国豪被任命为同济大学校长。李国豪上任后力主加强对德交流，努力恢复对德窗口的作用，并提出了"两个转变"，即"向恢复对德联系和德语教学传统转变、由土木为主的单科性大学向以理工为主的多科性大学转变"的办学方针。以"两个转变"为发展契机，学校恢复了德语教学，赓续了与德国的联系，开启了全面发展的新局面。与此同时，李国豪校长动员各方力量开展了整理校史、落实校内德语教学师资、向兄弟院校商借德语教师、筹办教师和学生德语课程班等大量前期准备工作，为后续工作的持续推进奠定了基础。

1978 年 8 月，教育部决定公费派遣 3000 名学生赴国外高校学习理、工、医、农等专业知识，其中除了留学西欧、北欧、美、日的进修生外，还有留德、留法和留日的

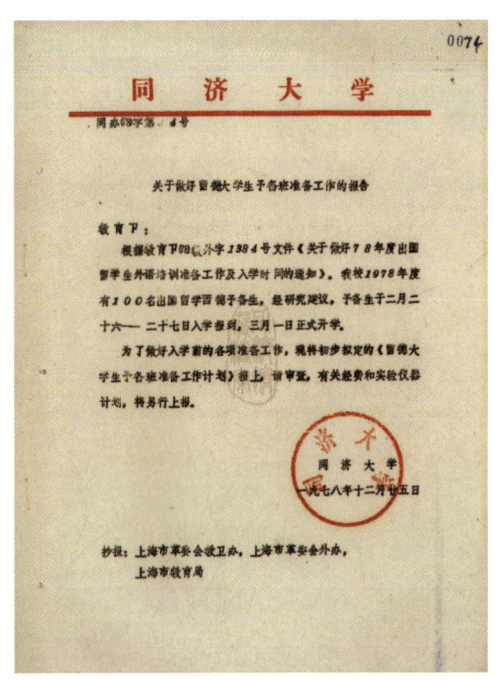

1978年,学校提交《关于做好留德大学生预备班准备工作的报告》

大学生各100名。鉴于学生出国留学前需先期进行语言培训,李国豪校长敏锐地发现了这一机遇,便着手策划和积极争取在学校设立德语培训机构。为争取德语培训机构的落地实施,根据教育部《关于做好78年度出国留学生外语培训工作及入学时间的通知》(1978年教外字1384号文)要求,学校于12月25日向教育部提交了《关于做好留德大学生预备班准备工作的报告》,阐述了拟成立的留德预备班的师资力量、学生规模和课程设置等基本教学方案。该方案最终获得了教育部的批准。

1979年1月4日,学校在胜利楼(学校行政机构所在地,1987年前后被拆除,后在原址兴建逸夫楼)召开筹备会议,宣布了开办留德预备班并设立留德预备部的决定。1月22日,外语系召开全系大会,民主选举赵其昌为系主任兼留德预备部主任。至此,我国有史以来第一所专门为留德人员设立的语言培训学校正式建立。

1979年2月28日至3月2日,教育部代表团(我校张德龙、赵其昌参团)在访德期间与联邦德国文教部长举行会谈,商议确定了留德预备部的具体培训计划,并签署《中德专家组关于培训中国大学生、研究生和进修生问题的会谈纪要》。鉴于中、德两国中小学学制存在差异,双方约定:将一年的德语强化培训分为两个阶段,第

1979年,歌德学院的首批七位专家来到留德预备班任教

联邦德国教师施特格利茨夫人在上课

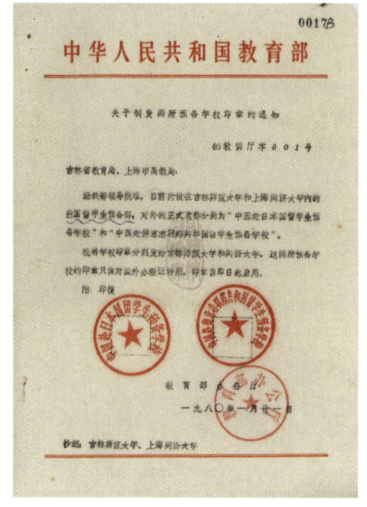
教育部授予学校"中国赴德意志联邦共和国留学生预备学校"印章的通知

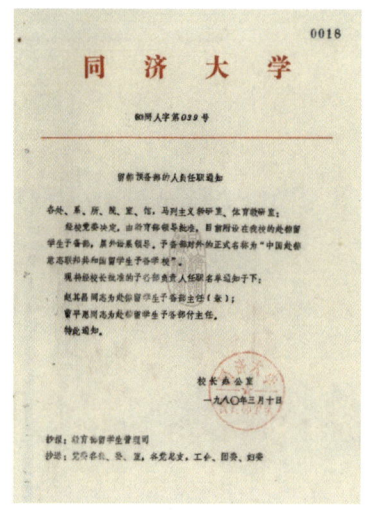
1980年3月,学校任命留德预备部主任、副主任的通知

一阶段为德语单科教学,第二阶段除德语外再加补德国高中课程;两个阶段的课程全部由德国教师执教。

3月28日,以皮隆博士(Dr. B. Pirrung)为首的7名歌德学院(Goethe-Institut)德语教师带着相应的教材和教学设备抵达同济。3月30日,由各高校选送的首批100名留德预备生来校报到。4月2日,留德预备部举行师生见面会。4月6日,首批学员按理、工、医等不同专业被分成6个班,正式开始第一阶段的学习。此后,中、德双方教育主管部门曾赞叹,同济的办事效率极高、速度惊人。

首期留德预备班的培训周期为14个月。1979年8月28日,由德意志学术交流中心(DAAD)委派、以尤斯腾先生(K.D.Justen)为首的9名高中基础课教师抵达同济，开始对学员进行第二阶段的培训。其间，学校还委派德语系青年教师协助德国教师开展教学工作，不仅提升了青年教师的德语教学水平，促进了德语学科发展，也为业已开展的在校大学生德语教学（自 1979 级起的 10 余年内，学校约一半本科专业延长一年学制，一年级新生主修德语）积累了有益的经验。

1980 年 1 月 21 日，教育部发布《关于制发两所预备学校印章的通知》，将学校留德预备部正式命名为"中国赴德意志联邦共和国留学生预备学校"（对外称呼，学校内部仍称为"留德预备部"），并授予专用印章。3 月 10 日，学校正式任命赵其昌为留德预备部主任。

经历一年的摸索和实践后，留德预备部的语言培训周期被延长至一年半，培训师资来源不变。德语强化培训结束后，德方委派专门的考试委员会来华举行"西德高校德语确认资格考试"（PNDS），成绩合格的学员可获得由中德双方分别颁发的结业证书，并取得直接进入西德高校学习的资格。由此，同济成为国内唯一拥有"PNDS"考试资格的高校。1980 年 5 月 24 日，留德预备部首期 100 名学员完成学业考试，并全部取得优异成绩。6 月 10 日，第一批学员赴西德留学，成为新中国成立后的首批公派留德学生。

德方对留德预备部的教学质量给予了高度评价。歌德学院代表指出，中国学生的成绩在全球 127 个分院中是最好的；DAAD 的代表评价道，这批学生是他们所知的所有预科中成绩最优秀的学员。1980 年年初，由皮阿措罗（Piazolo）率领的联邦德国文教部长联席会议代表团在北京与教育部举行会谈，充分肯定了留德预备部所做的工作，一致认为"同济大学留德预备部是中国培养留德学生的重要基地"。

1982 年 3 月 2 日，教育部部长蒋南翔在给联邦德国驻华大使修德先生的回信中提到："根据我国'四化'建设急需培养高级人才的要求，今后我国将以派遣研究生出国学习为主，故同济大学的留德预备部也将从第四期开始，由培训留德本科大学生改为培训留德研究生。"5 月 15 日，联邦德国外交部代表团与中国教育部代表签署《关于同济大学留德研究生预备部谈判的备忘录》。《备忘录》指出，"预备部的培训目的是让研究生通过德国高校承认的德文知识考试"，中方"有意将来派硕士学位毕业生赴德攻读博士学位"。1983 年，留德预备部更名为"同济大学留德研究生预备部"。

1980年，第一期留德预备班学生在宿舍（西南一楼）前合影

1980年，第一期留德预备班学生参加结业考试（口试）

1983年，留德预备部举行首届研究生德语培训班结业典礼

1983年，德国专家在给留德预备部学生上课

  1982年7月，国家颁布《关于自费出国留学的规定》。随后，留德预备部的德语强化培训业务不断扩大，培训对象增加了自费留德学生、赴西德从事考察或开展课题研究的进修生和高级访问学者，培训周期改为两个学期，课程主要为初、中级德语，授课师资也调整为由中德教师联合任教。据统计，自1979年4月至1987年12月，留德预备部先后为教育部培训了3期留德预备大学生、3期留德预备研究生和2期留德预备博士生，共有728名学员经培训合格后赴德深造；同时，还培训了非公派攻读学位的"计划外"学员约350名。

  留德预备部在学员的语言培训质量上也取得了良好的效果。1984年2月，西德技术合作协会（GTZ）对在德中国留学生进行了语言熟练情况调查。调查结果表明，"同济大学留德预备部培养的预备大学生语言困难最小，成绩最佳"；"预备研究生虽然在德时间不长，但语言基础扎实，这是无可争辩的"。

1987年，留德预备部举行出国人员培训班结业典礼

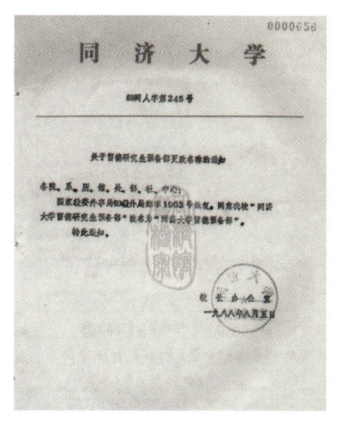
1988年，"留德研究生预备部"更名为"留德预备部"

在培训过程中，留德预备部不仅得到西德歌德语言学院和德国学术交流中心（DAAD）的大力协助和资助，还通过与应聘来华专家开展长期密切合作，有效发挥了短期德语强化教学的优势，形成了特色。1986年，学校与DAAD合作开办科技德语培训中心，全方位培养科技德语师资、研究人员和翻译人才。

1988年8月5日，根据国家教委外事局批复，学校将"同济大学研究生留德预备部"更名为"同济大学留德预备部"，并沿用至今。此后，留德预备部的职能调整为"在完成教育部指令性任务的前提下，适当接受委培生和自费生"，要求"学员一般须具有大专以上文化程度和一门外国语基础；入学学员必须完全脱产，并能遵守本部管理规定"。1987年学校80周年校庆时，德国总理科尔发来贺信称："在过去的九年里，通过频繁地交换教授、教师及大学生，同济大学又成为德中科学关系的一个中心。"

三、不断传承与发展

随着学校的不断发展和对外交流的不断深入，需要开展出国培训的人数、语言的种类、学员的类型均不断扩大，迫切需要学校建立适应新发展需求的语言培训基地。2006年4月5日，学校成立出国培训学院。出国培训学院是在留德预备部基础上成立的、专门从事外语强化教学的非学历教育机构，旨在为学校中法、中意等众多教育合作项目提供优质的语言培训服务。出国培训学院成立后，留德预备部划归出国培训学院管理。

2008年,学校举行留学德国大型咨询活动

2009年3月,留德预备部举行成立三十周年大会暨德福能力培训中心揭牌仪式

2014年10月31日,"留德咨询日"活动在四平路校区综合楼举行

2006年夏,出国培训学院第一个非德语培训班暨意大利语强化培训班开班,首批学员来自中意两国政府支持的"马可·波罗"项目的自费留学生。2006年底,意大利语培训、法语培训、西班牙语培训及英语培训等项目均列入出国培训学院发展计划,其中的留德预备部也调整和拓展了赴德留学前的培训内容。

经过一年多的筹备,2007年5月19日,"同济大学留德预备部部友会"正式成立。同年7月,出国培训学院与德国德福考试院签署合作协议,成立德福能力培训中心,并面向社会招收学生,满足自费赴德留学生的德语培训需求。2007年10月,留德预备部与德国学术交流中心合作,为申请赴德留学的中国学生开展个性化的语言和跨文化能力培训。

在40年的教学历程中,留德预备部先后培训了20000多名学员。这些学员中的许多人经过在德语国家的学习深造后,已成为我国科教、经济等领域的顶尖人才,有的成为国家政府部门的高级干部,有的担任大学校长、院长、博士生导师、教授,也有的成为世界著名公司的董事、总经理、高级工程师等,其中还有21名留德预备部学员成为德国大学的教授。

2018年3月23日，留德预备部会同德方多个机构举办春季留德咨询日活动

目前，出国培训学院设有留德预备部、意大利语培训部，数字语音实验室等机构，教学设施不断完善，综合培训能力和水平不断提升，学院教师编著的《新求精德语强化教程》已成为国内广泛使用的教材。

"人才培养是大学的根本任务，不仅体现在以本科生、研究生为主的学历教育上，还应该体现在面向社会各层次的非学历培训上。"秉持这样的理念，学校长期注重多元化、多层次平台构建，积极开展社会培训，融入终身教育体系，服务学习型社会建设，以实际行动响应十八大报告中提出的"努力办好人民满意的教育"的总体部署，在服务社会中推动教育事业的发展。从早期的留德传统到留德预备部的建立，继而发展为出国培训学院，学校立足于传统和特色，结合对德合作的优势和国际化办学目标，积极探索出国留学生语言培训及跨文化能力培养模式，促进了国际影响力的提升，为我国的留学教育和文化交流做出了卓越贡献，彰显了同济人以人才强国、科技振兴促进中华民族伟大复兴的坚定信念。

46

毕业设计答辩会（1950年代）

第四十六周　　　　　　　　4.12~4.18 [2020]

本科毕业设计（论文）的发展与变迁

毕业设计（论文）是高等教育的必要环节
也是检验学生学业水平和实践能力的重要手段
在百余年发展历程中
学校始终重视毕业阶段教学与考核
注重学生实践与应变能力的培养
人才培养体系得到不断完善

1955 年 4 月 13 日
学校举行首次毕业设计答辩会
结合本科生毕业设计的大规模试点
以及在职副博士研究生的毕业设计答辩
学校建立起本科生毕业设计与答辩的新模式
成为检验教学质量与培养效果的新途径

回眸"历史上的这一周"
让我们一起回顾
本科毕业设计（论文）的发展与变迁

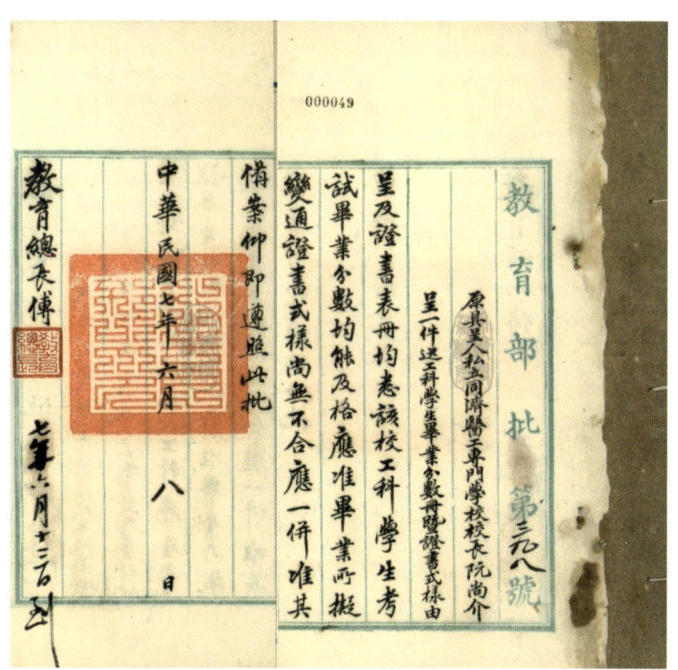

教育部关于"同济医工专门学校"毕业生的批复函（1918年）

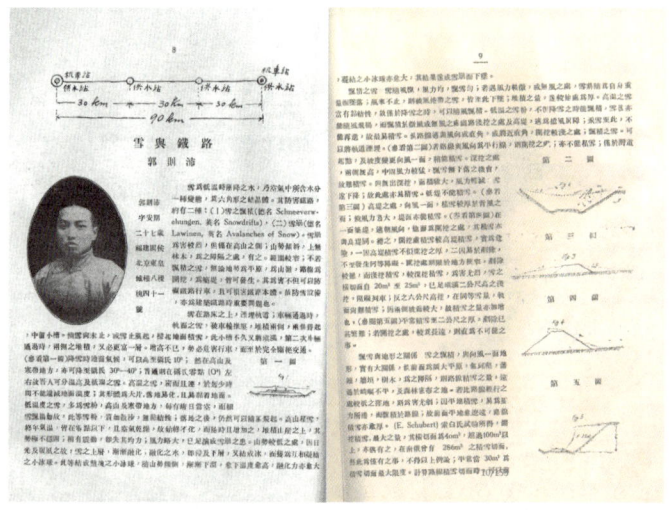

1923年，《同济大学工科毕业纪念册》上刊载的学生毕业论文

大学生除修满所需课程外,在毕业前完成毕业设计(论文)已成为各国高校对学生的普遍要求,也是学生完成学业的重要标志。在一百多年的发展历程中,学校一向重视人才培养质量,尤其注重对学生动手能力和实践能力的培养与考核,对毕业环节的审核也十分严格。从创校初期组织的毕业实习与毕业考试,到逐渐建立体系化的毕业设计(论文)答辩模式,学校不断加强和完善学生毕业环节的考核,努力提高学生的实践与应用能力。结合人才培养目标和学科发展特色,学校不断创新教学大纲、培养计划、培养方案,逐步完善本科生导师制,探索出了具有同济特色的人才培养与毕业考核体系。

一、毕业设计的早期雏形

　　同济是19世纪末20世纪初期中西文化交流与碰撞的结晶。创校初期,学校仿照德国高等教育模式,不仅强调理论素养和实践能力并重,对毕业环节的考核也有严格规定和标准,学生在修完各门课程、达到考核要求的基础上,须通过毕业考试后方可获得相应文凭,从而保证了学生的培养质量。

　　在初创阶段,学校对学生的学业考核以各类考试为主。当时的医科分为医预科和医正科两个阶段,各阶段结束时均有一次考试。医预科主要以口试方式评议学生能否升入医正科;医正科则由各科教师带领学生开展临床实习,考查学生是否具备独立的施诊能力,然后再组织口试并评议成绩,各科成绩均合格者方可经校长审定后发放毕业文凭。工科的学业考核与医科相仿,学生须参加工厂实习、掌握机器性能、完成各科理论学习和专业实践,并最终通过毕业考试后才能顺利毕业。由于考试制度严格、通过率低,学校早期的医、工两科毕业生人数每年仅有寥寥数人或十几人。正因为如此,虽然学校的毕业生人数不多,但学生毕业后服务社会能力强、社会赞誉度高。

　　随着办学体系的完善,除毕业考试以外,学校逐渐出现了毕业设计的形式。学校最早的毕业设计可以追溯到迁校吴淞初期。1917年因"三一七"事件迁址吴淞并转由国人自办后,学校在沿袭德国教育理念和教学方法的基础上更加注重面向我国实际确立教育目标,除结合国内需求调整人才培养结构外,进一步强化了学生实践能力的培养。1919年,工科教师为即将毕业的学生出了一批题目,要求土木科学生或

李斯特教授(左一)带领部分工科毕业班学生参观青岛四方铁路工厂(1929年)

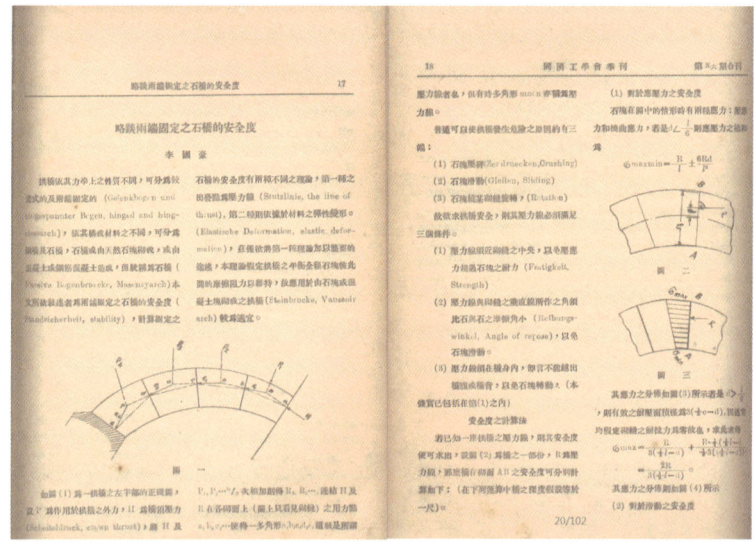

李国豪在《工学会季刊》第五、六期合刊上发表的论文《略谈两段固定之石桥的安全度》

机械系毕业生外出参观新中工程公司(1948年)

分析和计算某处石桥、铁桥、钢筋水泥桥的承受力,或设计某城镇的自来水厂、铁路等工程,以此作为学生毕业环节的考核内容。这一探索形成了同济早期毕业设计的雏形。1923年的《同济大学工科毕业纪念册》以"机械门""土木门""数理门"三个板块刊载了多名毕业生的论文,这些论文既有理论探讨性的,也有实践应用类的,从一个侧面充分体现了学校的教育培养成效。以工科为例,因学生就读期间经过理论学习、实践操作、各类考试和毕业设计的熏陶、磨炼和检验,毕业后在工作岗位上不仅具有精益求精、一丝不苟的作风,还能做到绘图精确、模具设计合理、机器操作熟练,因而受到社会各界的一致好评。

1927年成为首批国立大学后,学校的各项制度更加规范,对毕业考核环节也作了更严格的规定。这一时期,学校仍以毕业实习和考试作为学生毕业的主要考核依据,但要求学生撰写病史和诊断报告(医科)、考察和调研报告(工科)等内容的考核方式已较为普遍。以医学院为例,负责指导毕业临床实习的教授会挑选一例门诊病人,指导学生询问病史、做各种物理检查和化验、分析检查结果、诊断病情、提出治疗方案(含可能的并发症和对预后的估计),并最终形成病史和诊断结果,完成全程诊疗;病史和诊断报告经教授检查并认可后,学生方可参加后续的毕业考试。

1937年全面抗战爆发后,学校被迫西迁。虽然沿途办学条件异常艰苦,但学校对人才培养质量的要求并未降低。恰恰在这一时期,为满足抗战后方基地对实用型人才的迫切需求,工学院开始对毕业设计提出了明确要求。迁至李庄后,工科各系将毕业设计纳入教学必备环节,并作出了严格规定。例如,机械系学生必须完成原动机、工具机、工作机等三种机器的设计和精准图纸绘制后方可达到毕业要求。1944年，工学院土木系、造船系、电机系、机械系、测量系共有107名毕业生参加了毕业设计。

学校之所以将毕业设计作为学生毕业的重要考核方式，首先得益于对德国教育模式的沿袭和传承。学校始终将实践教学作为教学体系中的基本要求，因此，作为实践教学内容之一的毕业设计自然而然地成为对学生理论知识水平和实践运用能力的有效检验方式。另一方面，学校严格执行高水平、高质量的师资选聘标准，所聘用教师大多为具有丰富教学和实践经验的知名学者，他们业务精湛、作风严谨，为有效指导毕业设计提供了可靠保障。这一时期，学生的毕业设计多以指导教师审定为主，尚未建立起全面完整的集中答辩和统一评定体系。

二、毕业设计与答辩模式的正式推行

新中国成立之初，由于国家急需一大批专门人才，加之我国缺乏办社会主义教育的经验，学习苏联教育模式便成为必然选择。20世纪50年代，国内各大学陆续聘请了一大批苏联专家、学者，并有组织地翻译苏联的教学大纲、教学计划、教材和各种文献资料，开启了学习与模仿苏联高等教育体系的时代。按照苏联的教育模式，毕业设计的目的是使学生将理论知识与实践操作相结合，独立地解决专业范围内的技术问题。这一目标与国家对建设人才的迫切需求不谋而合。

1952年11月，借鉴苏联的教育模式，结合院系调整后的实际情况，学校调整了系科设置和教学计划，拟定了《1952年专业系科及教学计划草案》，并将为期11周的毕业设计环节（专修科为4周）纳入教学计划。1954年6月29日，华东军政委员会高等教育局转发高等教育部《关于在高等学校内试行教师毕业设计答辩办法的通知》，鼓励学校组织在职副博士研究生毕业设计和答辩，提升教师的业务水平。

1955年2月23日，校务委员会通过《关于应届毕业生进行毕业设计的决议（草案）》，首次提出本科毕业生应进行毕业设计，并计划在工业与民用建筑、工业与民用建筑结构、建筑学等三个本科专业及铁道建筑专修科的全部应届毕业生和工程测量、公路与城市道路、道路桥梁与隧道、给水排水、城市建筑与经营等五个本科专

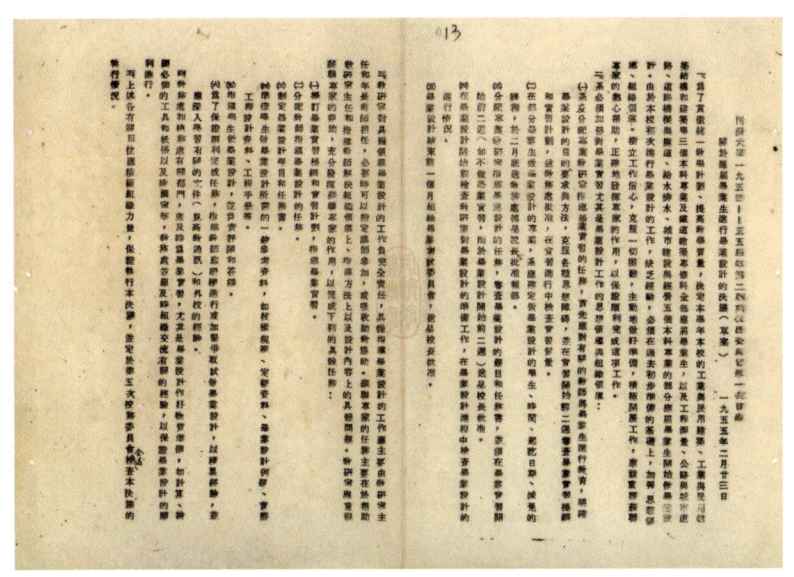

1955年2月23日,校务委员会通过《关于应届毕业生进行毕业设计的决议(草案)》

业的部分应届毕业生中开展毕业设计的试点工作。此次大规模实施毕业设计共涉及应届毕业生261人,标志着学校在本科教学体系中正式建立毕业设计环节与考核机制。

1955年4月13日下午,学校举行首次(在职副博士研究生)毕业设计答辩会,道路桥梁系在职副博士研究生、助教曹雪琴以"近郊城市公路桥梁的设计"为题进行了毕业设计答辩,由道路桥梁系教授陈本端、周念先、陈超、钱钟毅及市工务局副局长徐以舫、交通部公路总局第三分局副局长王世锐等组成的评判委员会一致同意曹雪琴通过答辩。为观摩和了解这一检验毕业设计成果的新形式,师生及华东化工学院、华东纺织工学院部分教授等三百余人旁听了答辩会。在职副博士研究生毕业设计与答辩模式的探索和实践为后续在本科生毕业环节的全面推广与实施积累了经验。

为了做好总结和推广工作,4月30日,学校还专门举办了毕业设计和课程设计展览会,展出各种设计的图样和计算书近100份。在苏联专家指导下,该年度共有28位助教(在职副博士研究生)开展毕业设计,并顺利完成答辩。在总结以上两类学生毕业设计与答辩试点工作经验的基础上,1956年,学校提出明确要求,所有应

1955年4月13日，道路桥梁系曹雪琴在作毕业设计答辩

1956，铁路系李秉成教授在毕业设计经验交流会上作报告

届本科毕业生均须完成毕业设计。从此，毕业设计与答辩模式正式成为检验学校教学成效和学生实践能力的最后一个教学环节。

与此同时，在苏联专家的指导下，学校成立了毕业设计答辩委员会，答辩考核的组织与管理工作逐步趋于完善。1957年，学校出台《关于修订1957年教学计划的几点意见（草稿）》，提出5年制学生毕业设计的周期一般为15至19周，4年制的则视需要而定。1960—1961学年，学校共有733名学生参加毕业设计，毕业设计选题共91个，其中与科研项目结合的为13个；254名学生通过研究撰写毕业论文，论文选题共40个，其中与科研项目结合的为33个。

1962年6月21日，学校成立毕业设计总结工作组。工作组由王时达任组长，吴景详、龚雨雷任副组长，成员包括黄家骅、李寿康、江景波、金经昌、杨佩昆、孙立成、马地泰、陈本端、张士铎、孙钧、闻望、薛挺秋、金大钧等。经过全面分析和总结，工作组将近年来毕业设计的推广与实施归纳为三个阶段：第一阶段为1954至1958年，主要是借鉴苏联的模式和经验；第二阶段为1959至1961年，主要以结合生产任务的生产设计代替毕业设计;第三阶段为1961年以后,主要根据"高教60条"的精神,以教学目标为主,毕业设计不再要求结合实际生产。工作组还研讨和分析了毕业设计和毕业论文两种方式的适用性,认为毕业设计可作为工科类毕业生的基本考核方式,毕业论文则只宜在少数学生中试行。工作组同时指出,毕业设计是对学生进行工程师(建筑师或工艺师)基本训练的最后一个教学环节,对整个教学过程具有总结、巩固、提高的重要作用;在毕业设计中,学生应在教师指导下综合运用已学过的基础知识和专业知识,发挥独立思考和独立工作能力,全面完成设计任务;毕业设计一般包括方案设计、初步设计、局部技术设计、施工详图设计、施工组织设计、经济效益分析等部分;每个教师指导的学生人数一般为6至8人;毕业设计须以答辩方式评定成绩。工作组的意见和建议为学校健全本科生毕业教学环节的制度体系奠定了基础。

新中国成立初期,国民经济百废待兴。因此,这一时期学生毕业设计的题目大多以结合国家建设需求的具体工程为主。这一结合实际的举措也为学生后续走向工作岗位、服务国家建设奠定了基础。

周念先教授(中)在辅导学生毕业设计(1950年代)

姚祖康在作本科毕业设计答辩(1956年夏)

俞载道在指导学生毕业设计
(1958年)

学校举办的首届函授生
毕业设计答辩

学生在作毕业设计答辩

三、毕业实践教学体系的不断深化

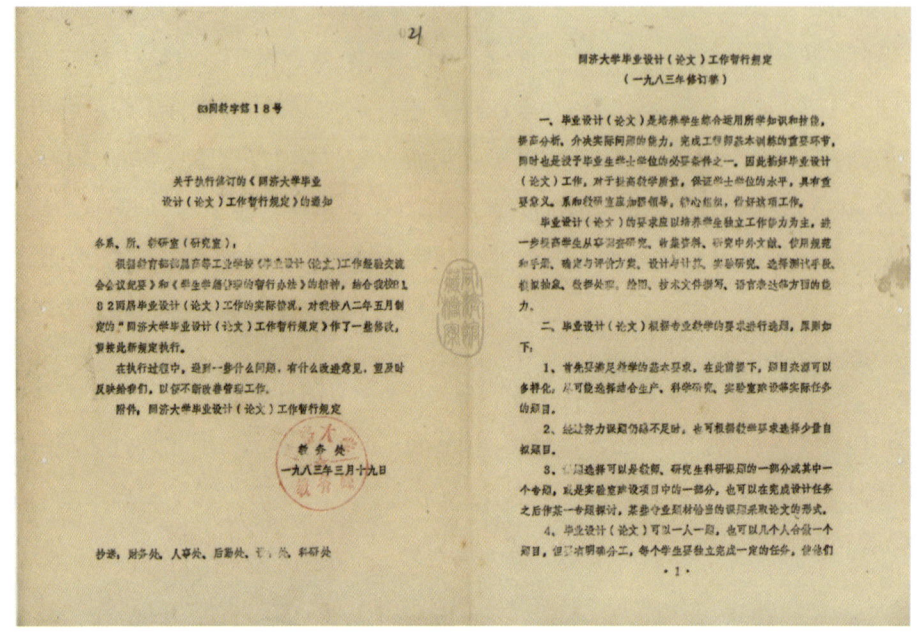

1983年,学校修订《同济大学毕业设计(论文)工作暂行规定》

党的十一届三中全会以后,学校贯彻"调整、改革、整顿、提高"的方针,办学活力日益凸显,教学工作取得长足发展。1982年,学校制定《同济大学毕业设计(论文)工作暂行规定》。1983年,学校对《暂行规定》作了修订,并发布《关于开展1979级本科学生毕业设计(论文)工作的几点意见》,要求各系领导高度重视毕业设计(论文)工作,切实加强组织领导,在选题上尽可能地结合生产和工程实际,体现教学、科研与生产的结合,既要充分发挥教师的指导作用,又要有效调动学生的主动性和创造性。修订后的《暂行规定》要求,毕业设计(论文)以培养学生的独立工作能力为主,提高学生在调查研究、收集资料、阅读中外文献、设计与计算、实验验证、数据处理、绘图制作、技术文件撰写、语言表达等方面的能力。《暂行规定》还指出,毕业设计(论文)答辩时提问的内容应着重于课题的关键问题和与课题密切相关的基本理论知识、设计及计算方法、实验方法、测试方法以及对学生独立工作能力的鉴别等;毕业设计(论文)的成绩按照优、良、中、及格、不及格等5个等级进行

毕业生在进行论文答辩（1986年）

机械系暖通83级学生在做毕业设计（1987年）

评定。1982年，学校还举办了毕业设计（论文）成果交流会，并将部分设计成果和论文汇编发表于《科技苗圃·同济大学学报专刊》。

1991年，学校再次对《暂行规定》作了修订，规定毕业设计（论文）的课题一般可分为工程设计、工程技术专题研究和理论研究等3类，各专业可结合实际进行选题；工程技术类专业应安排2/3以上学生做毕业设计；要对设计图纸有明确的数量和质量要求等。《暂行规定》还对外语、计算机能力等方面提出了更高要求：除个别专业外，毕业设计阶段人均上机时数不低于20小时；有条件的学生可用外文撰写300个单词左右的论文摘要，其他学生要有8000个印刷符号的专业翻译或1000个以上印刷符号专业外文读物的中文读书报告。

这一时期，学校对毕业设计（论文）的指导教师资格也作出了严格的规定，要求必须由具有讲师以上职称的教师担任指导教师。据统计，1995至1997年的毕业设计（论文）指导教师中，副教授及以上的教师分别占65.9%，63.8%和62.7%。同时，学校严把毕业设计（论文）答辩关，各系、专业分别成立了答辩委员会和答辩小组，统一了评分标准，并规定毕业设计（论文）评为优良的比例不得超过每班人数的65%，其中优秀的比例不得超过20%。

为确保毕业设计（论文）质量，学校在《关于制订1998级本科培养计划的原则意见》中规定："毕业设计（论文）和毕业实习安排在最后一学期（按20周计），4年制不低于14周，5年制安排20周，每周记1学分。"在《关于修（制）订1999级本科培养计划的原则意见》中规定："毕业设计（论文）和毕业实习，工科类专业安排不低于14周，文理科专业安排不少于12周。"

童乐为教授在指导学生毕业设计（1997年）

工业设计专业学生的毕业设计作品（1990年）

同时，学校还积极支持学生参加各类毕业设计（论文）竞赛活动。1996年起，学校组织学生参加了"迅通杯"上海大学生机电一体化毕业设计大奖赛。在相关专业指导教师的精心组织和悉心指导下，我校学生在4届大赛中均取得优异成绩，共获得一等奖1名、二等奖2名、三等奖4名、优秀奖1名。

2000年初，根据市教委《关于加强上海普通高等学校本科毕业论文（设计）工作的若干意见》精神，学校对毕业设计（论文）工作进行了全面改进，提出要"统一思想，提高认识，充分重视本科毕业设计（论文）工作；明确要求，加大投入，形成本科毕业设计（论文）工作的良好氛围；健全制度，完善措施，切实加强本科毕业设计（论文）工作的规范管理"。同时，学校将毕业设计（论文）的管理工作由教学研究科划归实践教学科，理顺了实践教学环节的工作职责；从完善制度着手，制订了《同济大学本科生毕业设计（论文）撰写规范》《同济大学优秀毕业设计（论文）评选实施办法》《同济大学本科生毕业设计（论文）工作的若干规定》，实施了中期检查和公开答辩，形成了系统性的毕业设计（论文）考核体系，保证了毕业设计（论文）的质量。

四、面向新世纪的改革与发展

学校举行本科生毕业设计公开答辩（2005 年）

学校举行毕业设计工作部署会

进入 21 世纪以来，学校抓住"211 工程""985 工程""双一流大学"建设契机，大力探索和推进世界一流大学建设，明确了"教学、科研、服务、交流"（TRSC）四大功能，提出了"知识、能力、人格"（KAP）三位一体的人才培养模式，形成一整套毕业设计（论文）工作的管理和质量监督制度。

在本科教学的毕业设计（论文）环节，学校建立了二级管理体制，学校和学院依据各自职责对毕业设计（论文）工作施行"过程监督、分段管理"。在毕业设计（论文）的各个阶段，学院（系）负责组织实施，学校则会同学院进行监督和检查，检查范围涵盖选题、下达任务书、中期检查、组织答辩、成绩评定、工作总结等所有环节；同时，学校建立了公开答辩制度，严格控制"优秀"比例，推行和实施全校性的毕业设计（论文）成果评比表彰，并将优秀毕业设计（论文）汇编成集。1999 年至 2005 年，学校汇编的《同济大学优秀毕业设计（论文）集》共收录优秀毕业设计（论文）336 篇。

经过多年的实践和探索，学校已逐步形成规范有效的毕业实践教学体系：一是课题公开，实行双向选择；二是强化毕业设计（论文）工作的规范化管理，汇编并发

2011年4月,参与同济大学和台湾大学联合毕业设计的学生在台大参加活动

学校举行的中美本科生联合毕业设计项目答辩会(2010年)

布了《同济大学本科生毕业设计(论文)工作手册》;三是开设专门课程,对学生的毕业设计(论文)进行辅导,并专门开设了"大学毕业论文写作技巧"选修课;四是突破专业和学科界限,鼓励学生跨学科、跨专业选题,探索学生个性化培养的新途径。2005年,学校试行毕业设计(论文)选题网上公开,为学生和教师的跨专业、跨学科选题创造了条件;当年,6个试点学院在网上公开的选题涉及10多个专业大类、总数达1500个。

同时,学校十分重视毕业设计(论文)的管理工作。2003年,学校聘请17位专家组成4个专家检查工作小组,开始对毕业设计(论文)的规范管理工作开展系统性检查,及时发现问题并予以纠正。经过2年的摸索与实践,学校检查的重心由对毕业设计(论文)资料的规范性检查转变为以检查教学质量为主。2005年5月,在市教委对全市各高校开展的毕业设计(论文)检查评比中,专家组一致认为我校的管理工作成绩突出。为此,在2005年9月市教委召开的高校教务处长会议上,我校专门介绍了毕业设计(论文)工作的经验。

为了提高学生的动手能力,各学院还带领学生参加实际工程,参与实地考察,为学生提供更加贴合实际的实践教学环境和锻炼机会。比如,建筑与城市规划学院组织毕业班学生开展新农村建设的实地考察和相关设计;土木工程学院将学生的毕业设计与港珠澳大桥建设工程相结合,为学生提供参与重大建设工程的机会,在实践中提升设计能力。

同济学子结合毕业设计在乡村考察调研

近几年的就业调查数据显示,用人单位普遍反映同济毕业生具有基础扎实、解决问题能力强等特点,充分体现了学校长期坚持课堂与实践融合、教学与能力培养并重、注重毕业阶段实践教学所取得的成效。通过在改革与发展中的不断探索和创新,学校的实践教学体系逐步趋于完善,提升了人才培养质量,向国家和社会输送了大量高质量创新型人才,为祖国的建设和繁荣昌盛做出了重要贡献。

47

返沪后的工学院校舍（今四平路校区）

第四十七周　　　　　　　　4.19~4.25 [2020]

自西向东，回迁上海

在西迁途中虽历经磨难
但同济人矢志不渝
开展沿途招生，推进沿途就业
坚守教育报国，坚持文化抗战

抗战胜利后，学校启动回迁工作
1945年10月，学校成立迁校委员会
因西迁前的吴淞校园已被炸毁
经过艰难斡旋与积极协商
回迁后的校舍终于得以落实
1946年4月23日
学校开始全面回迁，师生陆续返回故里
12月1日，学校新学年在上海开学
经过短暂恢复和不懈努力
学校成为拥有五大学院的综合性大学
以崭新姿态迎接上海解放

回眸"历史上的这一周"
让我们一起回顾
同济复员返沪的东归往事

学校青年剧社青春艺术剧团举行的离川返沪公演

徐诵明，国立同济大学校长（任期：1944—1946）

迁建委员会的会议记录

一、克服困难，回迁上海

全面抗战初期，学校吴淞校园被日军炸毁。因日军不断进犯，为延续文脉，同济师生被迫西迁，辗转 11000 千米，在战火烽烟和艰难困苦中坚守着教育使命。

抗战胜利后，国民政府教育部曾有意将学校迁往四川重庆。考虑到学校发展和师生意愿，时任校长徐诵明对此表示了坚决反对。在蒋介石到宜宾巡视并询问"可否将学校留在四川重庆继续办学"时，徐诵明当即向其转达了全体师生希望返回上海的迫切心情，并明确表示无法从命。随后，徐诵明为学校回迁事宜积极斡旋。他在给原教育部次长、时任上海市教育局局长顾毓琇的信中写道："得其在原地恢复弦诵之声，继续为国育人，则幸甚至矣。"在徐诵明等的不懈努力下，学校回迁上海的梦想终于得到政府允诺。

1945 年 10 月 23 日，学校召开由各方面代表组成的迁校委员会会议，正式启动回迁筹备工作，并决定委派理学院院长顾葆常、医学院院长江鸿、工学院教授蒋益生作为校长代表赴上海洽谈和落实校舍等回迁事宜。1946 年年初，顾葆常、江鸿、蒋益生三人抵达上海，开始洽谈工作。2 月 14 日，徐诵明校长飞抵上海，与有关方面商洽回迁后的校舍等关键事宜。

因吴淞校园已毁于日军轰炸，无法继续使用，给回迁工作带来极大困难。同时，由于国民政府热衷于在各地接收抗战胜利果实，漠视教育事业，加之学校面临财政困难及李庄至上海的交通不便，整个回迁工作持续长达一年之久。

1946 年 1 月，在重庆头塘溉澜溪民生轮船公司上课的工学院造船系五年级学生先期启程返沪。4 月 10 日，在李庄和宜宾两地的师生提前结束学年课程，开始做返沪的准备工作。1946 年 4 月 23 日，学校全面启动回迁工作，师生陆续集中到重庆，然后经水路、陆路分批迁往上海。其中，部分师生经水路顺长江而下；经陆路返沪的师生被分为南北两路，南路取道川湘公路再转道浙赣及沪杭铁路，北路则由川陕公路转经陇海、津浦和沪宁铁路；另有部分学生在领取返沪路费后先返回自己的家乡，之后再按学校规定的期限自行到上海报到。5 月 27 日，集中返沪的首批三百余名师生抵达上海；12 月中旬，所有师生全部回到上海。

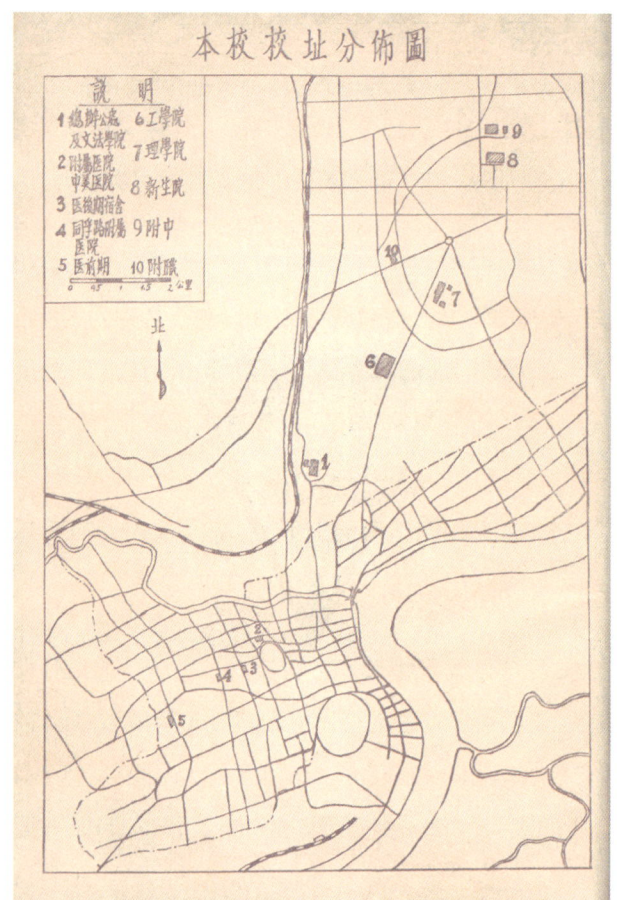

校址（各学院及附设机构）分布图

1947年初，造船系二年级学生赴张华浜船厂参观，便顺便去看看老校园。此时的吴淞校园已成为农田，仅有一条"同济路"路牌可作为纪念

学校总办公处（今四川北路复兴初级中学）

附属中学（新市区市立博物馆及飞行馆，今长海路）

附设高级职业学校（新市区魏德迈路，今邯郸路）

新生院（新市区府外路市立图书馆，今属杨浦区）

学校曾租借外白渡桥旁的礼查饭店作为教授宿舍

由于当年的交通条件比较落后，组织大规模人员返沪尚且困难重重，学校大量物资的搬迁工作就显得更为复杂和艰难。师生离开李庄和宜宾后，学校于5月启动设备、仪器、图书等物资的迁运工作，计划先租用汽车将物资运至重庆，然后再租用船舶经水路转运上海。其间，因原来签约的新绥公司违约，学校只得另行联系和落实新的运输公司，导致物资搬运工作延误，不少物资至11月之后才得以启运。1947年3月17日，满载学校各类物资的"同乐号"轮船在长江忠县下游45公里处的析危子滩触礁，后漂到石宝寨附近江面并沉没，导致学校损失车床、药品、书籍、生物标本、私人行李、档案等各类物资共165吨，所幸随船人员均获救。这次沉船事件中生物系的损失最为惨重，师生多年来采集的标本和图书、仪器设备等约90%均沉入江底。

为解决师生返沪后的校舍问题，经四处联系和交涉，学校通过政府调拨、借用、租赁等多种途径筹措到一些房屋作为临时校舍，用来安置返沪后的各学院、机构和学生。临时校舍的地域分布极为分散，其中，医学院设在善钟路（今常熟路）100弄10号原德国医学院，附属医院设在白克路（今凤阳路）中美医院（原宝隆医院），后将妇产科迁入同孚路（今石门一路）82号原德国医院，改称中美医院分院暨妇产科医院，并租赁医院对面的江阴同乡会房屋作为内科、耳鼻喉科门诊部及护士学校的教室；工学院设在其美路（今四平路）原日本中学；理学院设在协议路原日本第七国民学校（今政法路上海开放大学）；文、法学院设在四川北路191号原工部局西童小学（今复兴初级中学）；附属中学设在江湾新市区的市立博物馆和飞行馆（今长海路）；附设高级工业职业学校设在江湾新市区魏德迈路（今邯郸路）370号原同德医学院教学楼（同德医学院其他校舍均在淞沪抗战中被炸毁，此后同德医学院回到同孚路67号老校舍暨同德医院继续办学）；新生院设在江湾新市区府外西路（今黑山路）99号市立图书馆；学校总办公处设在四川北路法学院内。此外，学校还租赁了金山路礼查饭店（今黄埔路，曾作为浦江饭店、上海证券交易所，现为上海证券博物馆）和长乐路留园的部分房屋、愚园路房屋为教授和职员宿舍、成都路中美饭店为医后期学生宿舍。

1946年6月1日，徐诵明校长开始在沪办公，学校的校务工作步入正轨。9月10日至12日，学校在上海启动新生报名工作；9月21日、22日，学校举行新生笔试；12月1日，学校新学年正式开学。但由于物资转运、接收工作尚未全部完成，各院系直到1947年2月才陆续开始上课。自此，学校结束了历时近10年颠沛流离的生活，重新回到了创校地上海，开始了新的发展。

二、矢志不渝，砥砺前行

董洗凡，国立同济大学校长（任期：1946—1947）

返沪后，因受内战影响和种种条件限制，学校的发展面临重重困难。但在徐诵明、董洗凡、丁文渊、夏坚白等历任校长的不懈努力下，学校增设了教学科研机构，充实了图书馆，扩建了实习工厂，补充了师资，并重新建立了规章制度，教学和科研工作逐渐走上正轨，各项事业取得了不同程度的恢复与发展。

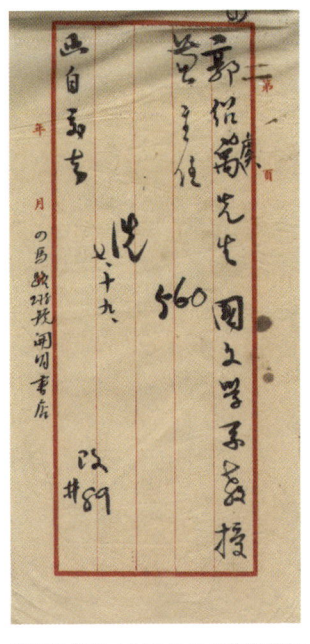

董洗凡校长1946年7月聘任郭绍虞教授的批文

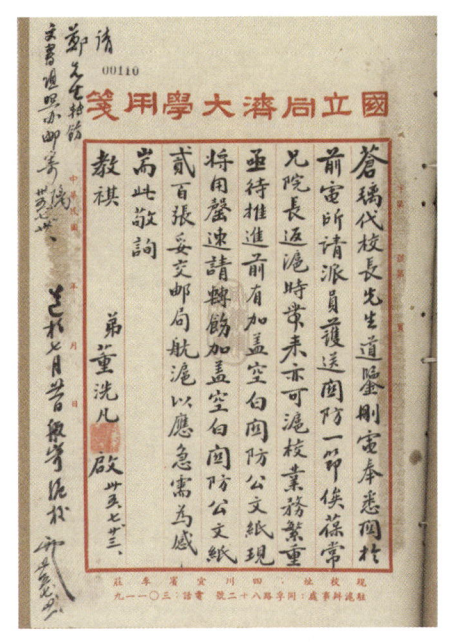

1946年7月23日，董洗凡关于学校返沪工作的信函

1946年6月25日，行政院决定将时任校长徐诵明调往东北任职，并任命董洗凡接任同济校长。7月3日，董洗凡到校履职。为了解决师资问题，董洗凡借抗战胜利后国计民生百废待兴的大好时机四处网罗人才，先后聘请了多位知名学者到校执教或担任院系领导。法学院院长胡元义、工学院土木系主任李国豪、医学院外科主任梁舒文及眼科主任陈任、法学院哲学系主任郑寿麟、中文系主任郭绍虞、外文系主任陈铨以及医学界教授裘法祖、过晋源、杨一之和造船界名流杨俊生、朱淑沂等的加盟为提升学校办学质量和整体水平提供了可靠保障。

为沿袭德国教育理念，保持求真务实的教学传统，学校曾致函教育部和外交部，请求暂缓遣送学校聘用的14名德籍教授。虽然当时德籍教授已所剩无几，且不再承担校、院两级的管理工作，但具有留德背景的中国教授占据了相当比例，因此，德国的教育理念和教学传统得以继续保持下来。

在图书资料方面，虽然因沉船事故导致学校图书损失严重，但返沪后学校图书馆的藏书量很快得到了大量扩充。结合校舍分散的特点，设在四平路工学院内的图

工学院校舍及楼前广场

工学院的实习工厂（1948年）

书馆分别在医、理、文、法等四个学院设立了图书阅览室。此后，经校方和图书馆主任魏以新的多方筹资和不懈努力，学校自购了大量图书，并接收了教育部分配的部分书籍，图书馆藏书量得到大幅增加，至1949年5月上海解放时，全馆藏书量已由返沪初期的24820册增加至123182册。

实习工厂历来是工学院各系必备的教学基地，也是开展实践教学的重要场所。返沪初期，实习工厂仅剩20余台设备。为使实习工厂尽快恢复到吴淞时期的水平，学校购买了爱工二厂的全部设备，后又接收由日本赔偿、经教育部转拨的若干设备及联合国救济总署赠送的部分机床，各类教学设备在短时期内增加至近200台，使学校很快成为当时国内教学仪器设备最齐全的大学之一。

此外，为了促进学校发展，学校发起成立了上海同学会（校友会的前身）。上海同学会设立了母校学术研究基金委员会、同济医院管理委员会，不仅出版学术刊物，还为学校的发展全力奔走，在一定程度上促进了学校教学科研工作的深入开展。在内部管理方面，学校建立了新的教务管理模式，并改由教授代表代替系主任出席学校行政会议，使教学岗位的教师代表有机会直接参与学校的教务和行政管理工作。同时，各院系积极开展学术研究，定期组织各种学术交流活动，并邀请外校及途经上海的名家开办讲座，学校的学术氛围日渐浓郁。

学校的发展与办学成效在学生就业环节得到了充分体现。在学校回迁上海后的特殊时期，许多大学的毕业生面临着"毕业即失业"的困境，而同济学子仍然供不应求，一名学生往往会收到多个用人单位的邀约，这一现象也从另一个侧面反映了当年学校办学的社会认可度和赞誉度。

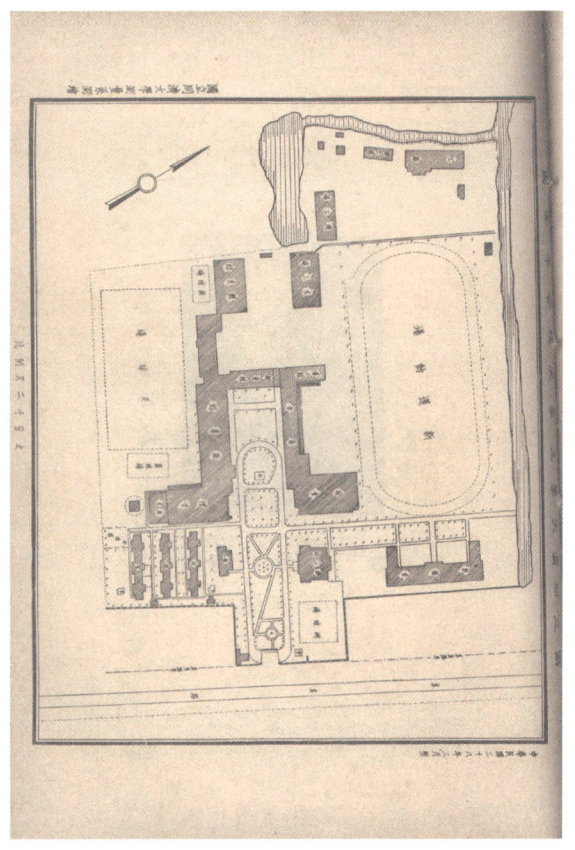

1949年《国立同济大学毕业纪念册》记载的工学院校舍分布图

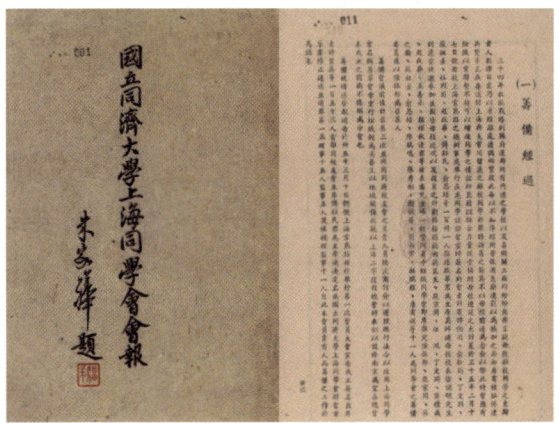

国立同济大学上海同学会会报

三、初为综合,迎接解放

夏坚白,国立同济大学校长(任期:1948.12—1949.6),后改任校务委员会主任(任期:1949.7—1953.11)

经过回迁后的逐步恢复,各学院相继取得稳步发展,学校也发展成为拥有医、工、理、法、文等5个学院及16个系、9个附属单位的综合性大学,为迎接上海解放、建设社会主义祖国奠定了基础。

这一时期的医学院已发展成为国内著名的医学院,被誉为"医生的摇篮",并享有"北有协和,南有同济"的美誉。在返沪后的几年里,虽然医学院领导层变动频繁,杜公振、梁之彦、丁文渊(兼)、谢毓晋、唐哲等曾先后担任过医学院院长,但其整体发展步伐并未受到影响。学院汇集了一大批国内知名的医学专家,师资力量雄厚,教授们潜心研究、著书立说,学术气氛非常浓厚。学院的附属机构也日趋壮大,既有中美医院、中美医院分院和其他教学医院,还有高级医事检验职业科、高级护士职业学校等附属教学机构。医学院及附属机构的教学设施先进,实习环境优良,为开展教学和临床实习创造了良好的条件。医学院保持了德国医学教育模式,学生学制为6年,教学分为前后两期,课程均按教育部部颁规定开设,教学内容侧重于传授德国医学科学的知识与成果,并强调基础理论与临床实践并重。1946至1949年间,医学院有近两百名学生毕业,其中多人后来成为我国著名的医学家。

医学院校门（善钟路，原德国医学院）

医学院前期（善钟路，原德国医学院）

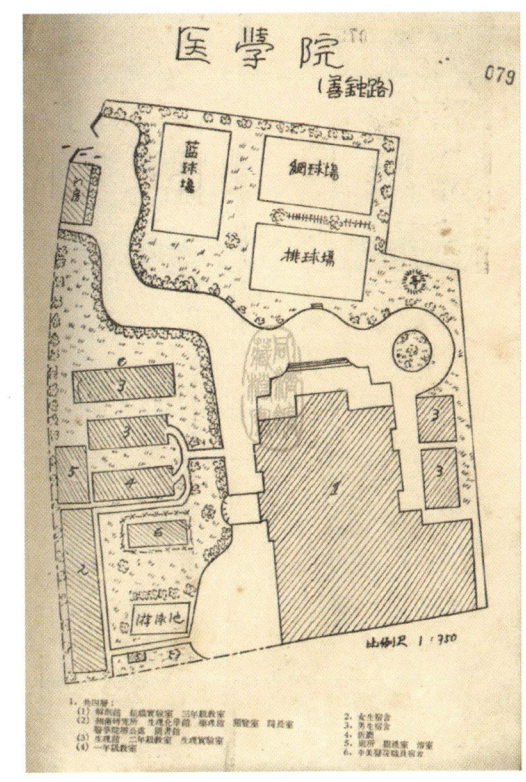

医学院校舍分布图（善钟路，原德国医学院）

作为全校规模最大、师生人数最多的学院，工学院共有机械、电机、造船、土木、测量等五个系及附设高级职业学校，江鸿、叶雪安、李国豪等先后担任院长。在教学体系方面，学院各专业课程均按教育部部颁要求设置，并结合实际开设了部分选修课；除课堂教学及课内实验外，倡导理论与实际相结合，注重学生在实用技术方面的训练，提升学生操作仪器、设备的技能和实际动手能力。

各系也推出了一系列促进教学和研究的发展举措。土木系首创教授、讲师每周轮流开办一次课外讲座的教学模式，不仅巩固了课堂教学成果，还扩大了学生的知识面；此举得到校务会议肯定后在全院推广施行。机械系将学生的实习周期提升至一年，以提高学生的实践能力。电机系努力挽回因返沪途中船舶失事而造成的损失，不断扩充电机等关键设备，并快速恢复了元气。造船系聘任造船界名流杨俊生、赴美深造归国学者朱淑沂等来校任教，师资队伍质量明显提升。测量系不仅聘任刘

妇产科医院大门

中美医院分院暨妇产科医院（同孚路）

医学院附属中美医院（白克路，今长征医院）

隽快，龚瑾等来校任教，还于1947年8月新设大地测量研究所，并新购了不少图书及仪器设备，整体实力与日俱增。

与此同时，工学院积极推动教师赴国外开展学术交流与研究工作，其中，教授陈延年去了瑞士，副教授朱振德去了美国，助教吴畿糠则因获丹麦大学奖学金赴哥本哈根继续深造。留在国内的教师们也积极开动脑筋，想方设法开展专题研究，并结合当时有限的建设工程撰写学术报告，参与学术交流。工学院毕业生颇受社会欢迎，极高的就业率与其他高校形成了鲜明对比；学院的不少毕业生后来成为我国工程建设领域的高级专家和学科带头人。

1946年8月，返沪后的理学院增设中国文学、外国文学、哲学等3个系，并更名为文理学院。1948年6月，上述3个文科系又从文理学院中划出并单独成立文学院。文科调出后，理学院恢复建制，汪浏、薛德焴先后担任院长。理学院设有化学、物理、数学、动物、植物等5个系，各系学制均为4年；由于无德语教学要求，学生无须进入新生院学习德语便可直接升入本科学习。各系实验室陆续配齐后，教学实验条件得到极大改善，其中物理系有六个实验室，化学系有五个实验室，并具备安排学生单人做试验的条件（特种实验例外）。学院还于每周二举行由学校教授或外校专家主讲的学术讨论会，学术交流活动日益活跃。自1946年至1949年，学院共培养本科毕业生98人。

工学院学生在上制图课

工学院教室

法学院、文学院校舍（今四川北路复兴初级中学）

理学院校舍（今政法路上海开放大学）

1949年6月25日，全校师生庆祝接管

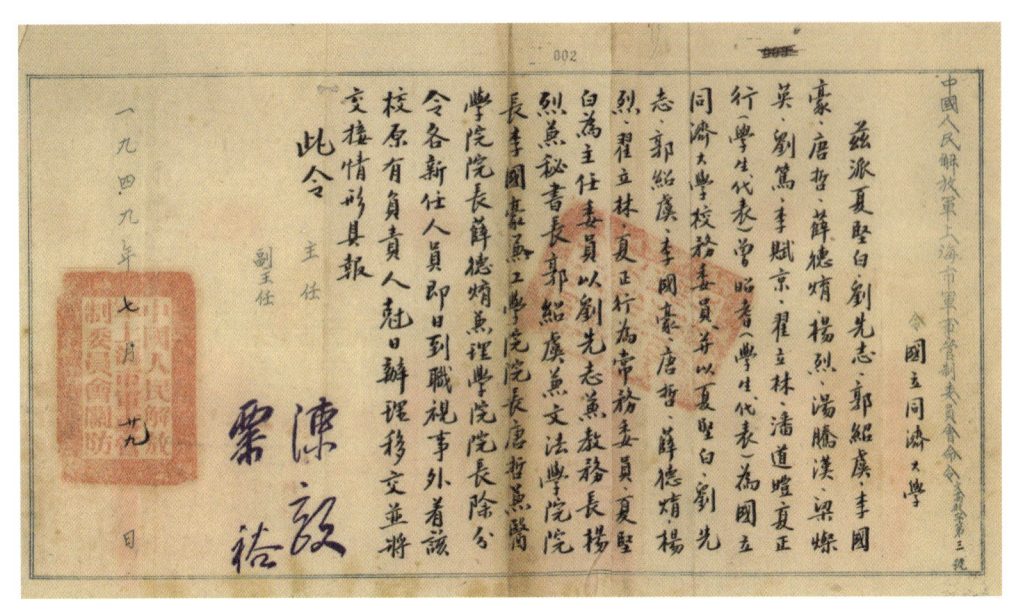

军管会任命同济大学校务委员会成员的命令

成立于李庄时期的法学院人才济济,绝大多数教授学术水平高深、教学经验丰富。返沪后,法学院领导层同样变动频繁,胡元义、徐道邻、薛祀光、张企泰等先后担任院长。学院侧重于研究和推广德国法学,其课程设置完全参照德国的"大陆法系",各专业学制均为四年。在教学安排上,除课堂教学外,法学院专门设置了专题练习和讨论课,努力为学生提供研究讨论及训练的机会。这一时期,因报考法科的学生众多,法学院的在校学生规模快速上升。1947年上半年,法律系仅有169名学生,1948年下半年便已跃升至348名。1949年3月,法学院招收的首届40名学生毕业。

独立后的文学院设有中国文学系、德国语文学系、哲学系、历史学系等4个系,各系学制均为四年,校长丁文渊(兼)、熊伟、郭绍虞等先后担任院长。受当时国内形势影响及地下党组织的宣传和号召,文学院学生的思想比较进步,不少学生参加了地下党领导的进步学生运动,也有些学生为参加革命而选择了中途退学,投身于中国人民解放事业。因文学院中的系科设立于1946年,至1949年仅招收了三届学生(历史学系仅招收一届),故新中国成立前学院无学生毕业。

回迁上海后,在中共地下党组织的领导下,同济学生开展了轰轰烈烈的爱国学生运动,为上海解放做出了同济贡献。1949年5月27日上海解放后,全校师生欢欣鼓舞,校园面貌焕然一新。6月25日,学校隆重举行庆祝接管大会,同济翻开了新的历史篇章。

新中国成立后,在人民政府的领导下,学校配合国家政策调整,开展了教育领域的社会主义改造,调整了管理体制,革新了教育制度和方法,为学校的发展注入了新的活力。面对新中国成立初期国力薄弱的局面,同济人继续发扬"脚踏实地"的实干精神,坚守严谨求实的优良传统,充分发挥学以致用的学科特长,彰显了与祖国"同呼吸、共命运"的使命与担当。

48

2000年4月27日，同济大学与上海铁道大学合并成立新的同济大学

第四十八周　　　　　　　　4.26~5.02 [2020]

同济医科的恢复与发展

1907 年，同济以医科始创
"医院救人于一时，学堂救人于后世"
自创校至新中国成立
以培养自己的"施诊医生"为目标
学校为国家培养了大量医学人才
新中国成立初期
为支持中南地区医疗卫生事业发展
医学院及附属医院奉命内迁武汉
同济的医学教育就此中断

国家实行改革开放后
学校一直努力争取重建医科
2000 年 4 月 27 日
同济大学与上海铁道大学合并
组建新的同济大学
相关医学院及附属医院随之并入
同济中辍近 50 年的医学教育得以恢复
学校生命学科也乘势崛起

回眸"历史上的这一周"
让我们一起回顾
同济医科的恢复与发展

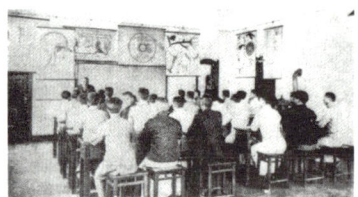

当年生理学教学的所有挂图均由德国教育机构捐赠

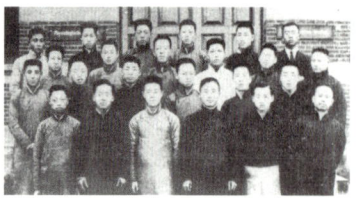

1916 年的医预科二年级学生，其中翁之龙（第 3 排右 2）、赵士卿（第 4 排右 2）、丁文渊（第 2 排右 2）于 20 世纪 30 至 40 年代先后任同济大学校长

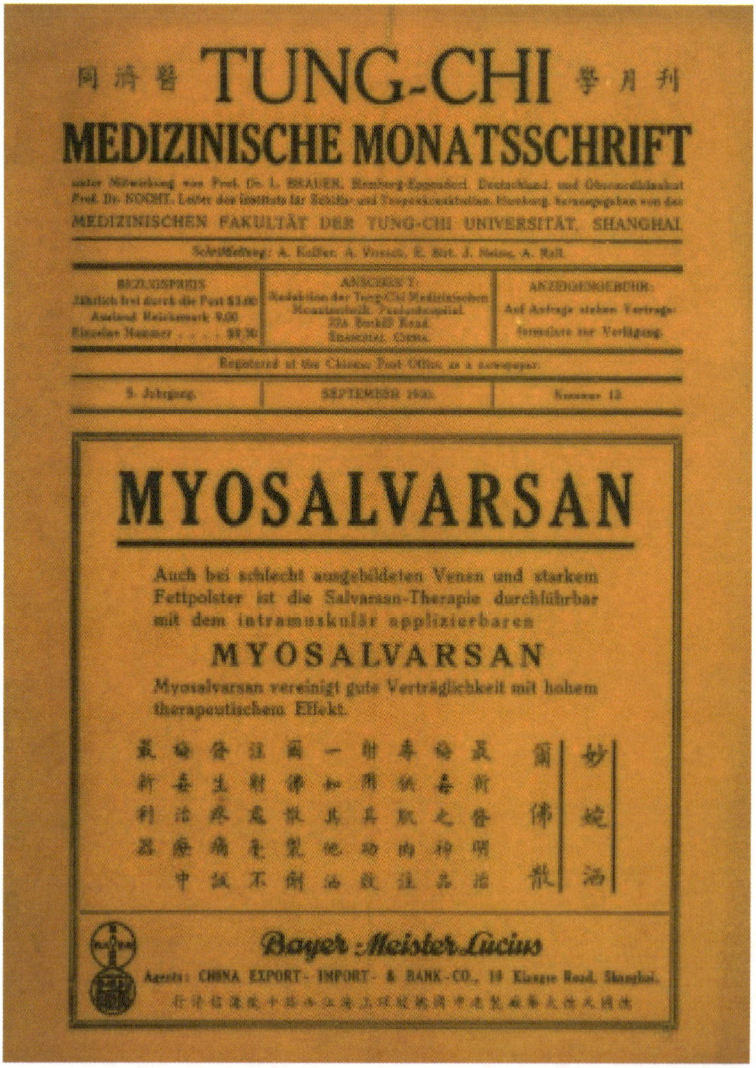

同濟醫 TUNG-CHI 學月刊

MEDIZINISCHE MONATSSCHRIFT

MEDIZINISCHEN FAKULTÄT DER TUNG-CHI UNIVERSITÄT, SHANGHAI

MYOSALVARSAN

Auch bei schlecht ausgebildeten Venen und starkem Fettpolster ist die Salvarsan-Therapie durchführbar mit dem intramuskulär applizierbaren

MYOSALVARSAN

Myosalvarsan vereinigt gute Verträglichkeit mit hohem therapeutischem Effekt.

Bayer-Meister Lucius

Agents: CHINA EXPORT- IMPORT- & BANK-CO., 18 Kiangse Road, Shanghai.

1925 年 10 月创刊的《同济医学月刊》以中德双语刊载中德两国最新医学学术文章，极具社会影响力

1907年，本着"医院救人于一时，学堂救人于后世"的初衷，同济医科始创，开启了同济的办学之路，并为国家培养了大量杰出医学人才。20世纪50年代初，为发展中南地区的医疗卫生事业，同济医学院及附属医院奉命内迁武汉，同济大学的医学教育就此中断。但医科作为创校之源已深刻融入同济人挥斥方遒的血脉中，成为同济人难以割舍的至深情结。

1958年，上海铁道医学院诞生，并逐步在新中国的医疗、卫生与教育事业中崭露头角。"文化大革命"期间，上海铁道医学院一度被取消，但经1980年恢复建制和1995年与上海铁道学院合并成立上海铁道大学后，其医学学科取得了新的发展。

一边是不忘建校初衷，心系医学事业，改革开放以来始终不懈努力寻求重建医科机缘的同济大学；一边是刚经历了并校，希望寻求更大空间、实现跨越式发展的上海铁道大学，这样两所几乎有着共同诉求的高校最终携手，并于2000年4月27日合并组建新的同济大学，同济的医科也因此得以复归。两校合并后，学校成立了医学院、口腔医学院和生命科学与技术学院，通过不断加大投入，扩充人才队伍，优化资源配置，同济的医学与生命学科实现了快速发展和腾飞。

一、医科教育的中断与寻求重建

1. 医科始创与内迁武汉

1907年，在中德两国政府和社会各界的支持下，德国医生埃里希·宝隆博士在其开办同济医院的基础上创办了同济大学的前身"德文医学堂"，开启了同济的医科办学历程。治学严谨、注重实践、培养医术精湛的精英人才是同济医学教育的主要特点和办学目标。经过几代同济医科人的不断努力，至1937年国立同济大学三十周年校庆时，同济医科在师资队伍、人才培养、教学科研和临床医疗等方面均达到了国内领先水平。

为支撑医科的基础研究，1937年7月理学院成立时，学校以动物研究馆为基础设立生物系，开启了研究与发展生命学科的探索之旅。

1937年全面抗战爆发后，医学院师生跟随学校历经千辛万苦辗转来到远离战火、相对平静的四川宜宾和李庄。虽然当时的教学与生活条件相当艰苦，但医科师生潜心问学,不费研求,推动了医学与生命学科的持续发展。回迁上海后,董洗凡校长抓住抗战胜利后百废待兴的大好之机广纳人才,聘请了许多著名学者来校任教并委以重任。医学院也汇集了一大批国内知名的医学专家和海外学成归来的学者,师资力量雄厚,学院也成为国内最著名的医学院之一,并被誉为"医生的摇篮","北有协和,南有同济"之美誉盛极一时。

1950年,为支援中南地区的医疗卫生事业,同济医学院及附属医院奉命整体内迁武汉,理学院生物系也于同期调入华东师范大学。同济医科和生命学科的办学历史因此付之阙如。

自1907年至1950年代初,学校的医学与生命学科历经曲折,跌宕起伏,但同济人始终坚持"与祖国同行,以科教济世",为国家的医学教育事业和人才培养做出了非凡贡献,培养出了吴孟超、王守武、唐有祺、吴式枢、王守觉、卢佩章等一大批卓越医学家。

2. 恢复医科的努力

1982年,李国豪校长与在沪的原同济医学院校友座谈

国家实施院系调整后,同济大学从拥有医、工、理、法、文等5个学院及附设高级职业学校、护士职业学校、附属中学等办学机构的综合性大学转变为以土木建筑为主的单科性大学。经历了20世纪50至70年代国内外形势的风云变幻之后,1978年12月,党的十一届三中全会在北京召开,中华大地迎来科学和教育的春天。在国务院副总理方毅等多位中央领导的亲切关怀下,学校提出了"两个转变"的办学方针,同时着手酝酿恢复医科的计划。

1985年,学校召开同济大学医学院上海校友会暨中德医学协会上海分会成立大会

　　1982年2月19日,学校成立医学系筹备组,正式启动医学系的重建工作。2月28日,李国豪校长邀请在沪的原同济医学院校友共100余人来校座谈,吴孟超、郭秉宽、胡志远、钱允庆、陈其三、裘德懋等在国内外享有盛誉的医学专家云集校园,共同商议医学系筹办大计。

　　经过充分准备,并征得卫生部、教育部主要领导支持,1982年3月22日,同济大学和上海市卫生局、上海市高教局联合向上海市政府提交《关于重建同济大学医学系的请示报告》。《报告》分析了上海医学人才队伍的现状,指出了上海现有医学院校人才培养与医疗卫生事业发展需求之间的差距,列举了同济大学在探索理工医结合、发展边缘学科和学习德国先进医学技术方面所具有的得天独厚优势。《报告》重点阐述了同济重建医学系的理由:一是现代医学的发展促进了医学学科与理工学科的紧密结合,同济的理工学科在诸多领域具有显著优势,有利于培养综合性医学人才。二是德国在基础医学研究、临床医学研究、医疗器械、医药研究和生产等现代医学领域具有明显优势,并在医学教育方面具有独特优势,备受世界瞩目;作为中国对德交流的窗口,同济已在许多学科领域与德国建立了密切的合作关系,已具备的天然条件可在与德国的医学教育合作中发挥重要作用。三是同济源于1907年中德合作创办的"德文医学堂",虽然20世纪50年代医学院及附属医院整体搬迁至武汉,但同济与德国医学界依然有着密切的联系;200余名同济医学院校友正在上海的医学教育、科研和临床医疗岗位上发挥着重要作用,并十分关切同济医学院的重建与发展。《报告》还就医学系的重建规划、筹备工作重点及师资队伍配备、教学安排、教学设施保障等作了全面阐述。

1982年3月29日,卫生部教育局复函学校,称"目前条件尚不成熟",待"开办条件成熟以后再办"。为此,学校又进行了积极筹备。5月27日,学校向卫生部提交《同济大学医学系筹备情况的报告》,再一次表达了学校希望重建医学系的殷切期待。6月,李国豪校长在代表学校党委作近期规划报告时指出:"关于医学专业的问题,党委的意见是要积极准备,争取早日招收学生,同时成立医学工程研究所。"9月,学校呈文教育部,希望国家教育主管部门支持学校重建医学学科。

然而,由于卫生部有不同看法等种种因素制约,学校重建医学学科的计划最终遇阻,医学系(筹)的十余名教职工随后调入环境工程系,重建工作告一段落。虽然学校的重建努力暂时受挫,但同济人发展医学事业的坚定信念为日后医学学科的复归打下了基础。

3. 孜孜不倦拓展新路径

1982年筹建医学系的努力落空后,学校改变策略另辟蹊径,探索医工结合的发展道路,等待机遇伺机而动。1984年底,学校成立上海放射免疫分析技术研究所。1985年8月,上海市卫生局批复同意成立同济大学医院(原为学校卫生科),并明确同济大学医院"相当于区级医院等级"(可面向社会服务的二级医院)。

同时,学校有关系科结合各自发展方向积极拓展生物力学与效应、生物医学信息、人体科学、生理工程、药物科学、生物医学仪器与传感技术、生物声学、康复工程、生物控制、医疗体育等与生物医学相结合的领域。在此基础上,1987年4月,学校正式成立生物医学工程研究中心。1987年8月,学校与上海中医学院签订合作协议。1991年,生物医学工程研究中心更名为生物医学工程研究所,并于1992年开始招收生物力学专业硕士研究生。

1993年,学校成立医学院筹备组(挂靠生物医学工程研究所),再次启动医学学科重建工作。1996年3月,经校务会议讨论,学校决定成立生命科学与医学工程学院。1997年5月16日,在庆祝建校90周年之际,生命科学与医学工程学院挂牌成立。同年,生物力学专业调整为生物医学工程专业,并于1998年开始招收硕士研究生。

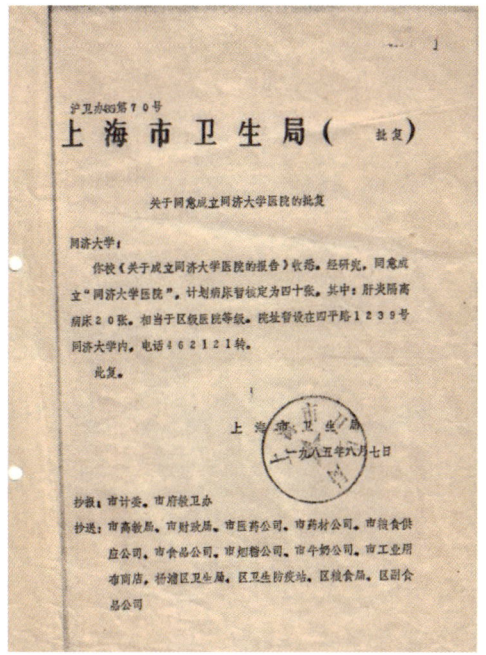

上海市卫生局《关于同意成立同济大学医院的批复》

1991年，生物医学工程研究所挂牌成立

1987年8月，学校与上海中医学院签订合作协议

二、医学教育重建的渊源与契机
1. 重建医科的重要源头

在同济医学院及附属医院内迁武汉后不久,一所在若干年后成为同济重建医科重要渊源的医学院在上海建立,并逐步在新中国的医学、卫生与教育事业中崭露头角。

1953年9月21日,经铁道部批准,上海铁路管理局上海铁路卫生学校在军工北路765号张华浜铁路桥梁厂旧址开始办学。1954年,因隶属关系变化,卫校更名为铁道部上海卫生学校。1955年1月,铁道部上海卫生学校迁入共和新路1238号的新建校舍办学。

1958年,在全国兴起教育大跃进的背景下,国家下放办学管理权限,并号召全党全民办学。6月21日,铁道部批准上海铁路管理局在铁道部上海卫生学校的基础上创办上海铁道医学院,规划设立医疗、卫生、药学、进修等四个系和基础部、卫校

1964年,上海铁道医学院建设的第一教学实验楼

当年的上海铁路局中心医院

20世纪70年代初期的宁夏医学院部分教师

1980年7月28日,上海铁道医学院再次挂牌恢复建制

中专部,学生规模为8000人。在中央有关部委和上海市相关部门的支持下,上海铁道医学院先后从北京、东北和上海医学院校调入一批教授、副教授和中青年教师,组成了60余人的教师队伍。9月15日,上海铁道医学院正式开学,首届即招收本科生达448名。

1959年9月3日,上海铁路局中心医院改由上海铁路局和上海铁道医学院双重领导,并同时挂牌上海铁道医学院附属医院(简称"附属铁路医院")。11月30日,根据中央对1958年新建高等院校进行整顿和调整的要求,铁道部决定保留上海铁道医学院建制及医疗专业,但将学生规模缩减至1500人。1963年6月,上海铁道医学院改由铁道部直接领导。1965年12月,北京铁道医学院被撤销;1966年2月,北京铁道医学院的25名干部、教师及186名学生被并入上海铁道医学院,部分教学设备也同期转入。

1969年10月,根据中央文件规定,上海铁道医学院划归上海市领导。1971年8月,中共中央办公厅转发《关于高等院校的调整方案》,上海市革委会决定将上海铁道医学院搬迁至宁夏银川,与宁夏大学医学系合并组建宁夏医学院。1974年1月,附属铁路医院建制撤销(上海铁路局中心医院仍由上海铁路局领导)。1975年春,搬迁工作结束,上海铁道医学院成为"文化大革命"期间在全国范围内被砍掉的106所高校之一。

党的十一届三中全会召开之后,1979年3月,中央批准撤销《关于高等院校的调整方案》。1980年5月,经国务院批准,教育部同意恢复上海铁道医学院。7月28日,上海铁道医学院在原址再次挂牌恢复建制;同时,上海铁路卫生学校(1972年11月创建于上海铁路局中心医院内,隶属于铁路中心医院,1978年11月转由上海铁路局领导)划归上海铁道医学院,成为其中专部(1983年10月改为附属卫生学校)。复校后,上海铁道医学院规划设立临床医学本科专业(5年制),学生规模1200名;中专部设护士和口腔医士两个专业,学生规模300名。自此,上海铁道医学院再次扬帆起航。

1980年恢复建制时,上海铁路局中心医院再次成为医学院附属铁路医院,并同时接受上海铁路局和上海铁道医学院的双重领导(以铁路局为主)。经铁道部批准,1983年6月,上海市计划委员会同意上海铁道医学院新建附属医院项目立项;1991

20 世纪 90 年代的附属甘泉医院（病房大楼）

20 世纪 90 年代的附属铁路医院（上海铁路局中心医院）

20 世纪 90 年代的附属口腔医院

年 11 月 28 日，附属甘泉医院正式对外开诊（1995 年 9 月通过上海市三级甲等综合性医院评审）。同期，鉴于 1986 年 3 月铁道部决定缓建位于延长中路 399 号的口腔教学实验主楼，为满足临床教学需要，1987 年 6 月，上海铁道医学院在该处动工兴建口腔实验教学辅助楼暨附属甘泉医院口腔门诊部；1988 年 6 月，附属甘泉医院口腔门诊部先期正式开诊。1991 年 3 月，铁道部批准建设口腔教学实验主楼；1994 年 6 月，口腔教学实验主楼投入使用；1995 年 5 月上海铁道大学成立后，铁道部批准附属甘泉医院口腔门诊部（含口腔教学实验主楼、辅助楼等建筑）改为上海铁道大学附属口腔医院。

恢复建制初期，上海铁道医学院仅有临床医学一个专业。1983 年 7 月，铁道部教育局正式批复同意成立上海铁道医学院口腔医学专业筹备组。1985 年 4 月 13 日，教育部批复（85 教高二字 4 号）同意上海铁道医学院增设口腔医学专业。同年 6 月，口腔医学系正式成立，当年面向全国招收五年制本科生 31 名。

上海铁道医学院成立后，依托铁道行业和地处上海的区域优势得到迅速发展。1986 年，经国务院学位委员会审定，上海铁道医学院获得临床医学、口腔医学学士学位授予点和临床内科学（心血管）、公共卫生与预防医学（营养学）硕士学位授予点。同期，医学院的附属医院、教学医院和实习医院得到迅速扩大。医学院还注重科学研究工作，骨肿瘤灭活再植、人工角膜、微小胃癌研究等项目研究成果已具有国内或国际先进水平。

2. 上海铁道大学成立后的医科

1995年5月18日,上海铁道大学成立,铁道部副部长傅志寰、上海市委副书记陈至立为学校揭牌

1999年落成的原上海铁道大学医学院大楼

全国优秀教师、儿童口腔临床医学重点学科学术带头人石四箴教授在指导研究生

上海铁道大学校长朱广杰向裘法祖教授(同济校友)颁发兼职教授聘书

1995年3月,国家教育委员会批复同意上海铁道医学院与上海铁道学院合并成立上海铁道大学,上海铁道医学院建制被撤销,成为上海铁道大学医学院。

合并初期,上海铁道大学医学院设有基础医学院、甘泉临床医学院、临床医学一系、口腔系、护理系等基本教学单位。1996年,原隶属于医学院的口腔系升格为上海铁道大学口腔医学院(与医学院并列为学校二级学院)。医学院和口腔医学院共设有临床医学、口腔医学、计算机(医学)应用、高级护理等4个本科或专科专业,拥有内科学(心血管病)、外科学(心胸外科)、肿瘤学、皮肤与性病学、精神病与精神卫生学、影像医学与核医学、口腔临床医学、营养与食品卫生学、病原生物学等9个硕士点,并有甘泉医院、铁路中心医院、口腔医院等三所附属医院和另外七所教学医院。

上海铁道大学成立后,学校层面对医学院实行了"虚院实系"的管理模式,促进了医科的快速发展。医学院下属的基础医学院、临床医学一系、临床医学二系、护理系及升格后的口腔医学院均为学校独立核算单位,各院系拥有较大的办学自主权,教师开展教学与科研的积极性和创造性得到充分激发。1995年至1999年,仅基础医学院承担的科研项目就达 72 项（其中国家级 5 项、省部级 42 项），且有多个项目获得省部级科技成果奖项，其中的"日本血吸虫卵计量变异的数学模型及应用研究"等科研成果达到国际领先水平并填补国内空白；其他各临床院系在科研、教学成果等方面也取得了较大提高和发展。

三、医学与生命科学的新起点

2003 年落成的医学院大楼

2000 年 4 月 27 日，在经历了艰难曲折的努力后，上海铁道大学医学院、口腔医学院伴随着同济大学与铁道大学的合并而归入同济大学，为百年同济曾经中断的医学教育接续了根脉。并校后，学校打破传统的医学和生命学科管理模式，成立了医学与生命科学部，下设医学院、口腔医学院和生命科学与技术学院，同时在人才引进、资金投入、资源配置等各个方面给予医学与生命科学学科充分的政策倾斜，学校的医学与生命科学学科进入了一个崭新的迅猛发展阶段，现已在各相关领域取得丰硕成果和显著成就。

1. 医学学科迅速崛起

经过重建后的快速发展，同济医学学科的整体水平已跻身全国医学院校前十。2002 年，学校实现了医学学科博士学位授予点的突破。2003 年，学校投资 1.12 亿元建设、建筑面积达 25150 平方米的医学院大楼在四平路校区落成。随着学科的

医学院聘请的德国教授在为本科生讲授生理学

陈义汉院士带领团队在多种心律失常的发生机制和干预研究方面接连取得一系列重要发现,为中国在国际心律失常研究领域赢得一席之地

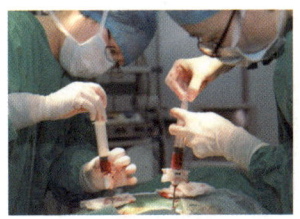

医学院左为教授及其研究小组利用成人肺脏干细胞移植技术,成功实现全球首例自体肺干细胞移植

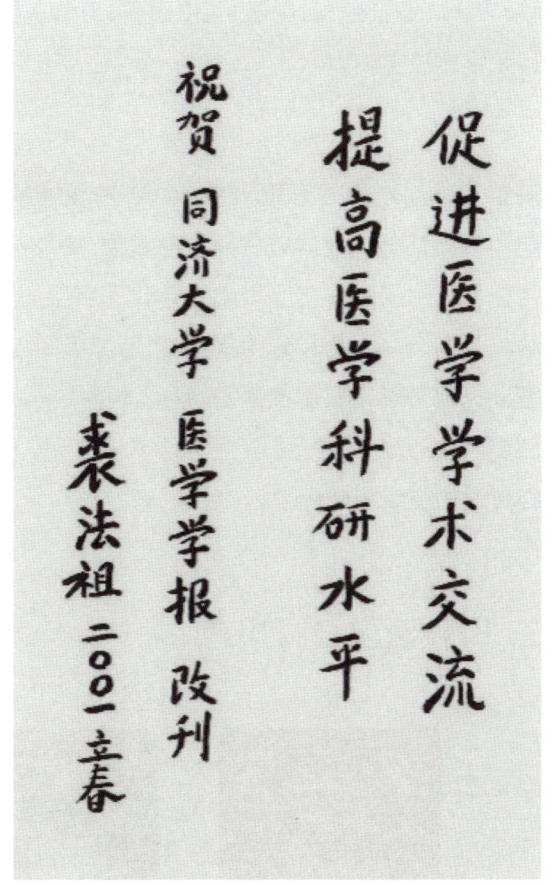

2001年,裘法祖院士为同济大学医学学报更改刊名题词祝贺

不断发展,医学院的学生规模和师资水平不断提高,博士生导师、硕士生导师队伍逐渐扩大,高级职称人员数量明显增加。

医学院现已拥有临床医学、基础医学一级学科博士和硕士学位授予点,临床医学专业博士和专业硕士学位授予点,公共卫生与预防医学、药学、生物医学工程一级学科硕士学位授予点,护理专业硕士学位授予点,并拥有基础医学院、护理系、生物医学工程与纳米科学研究院等内设机构和第十人民医院、同济医院、东方医院、肺科医院、第一妇婴保健院、杨浦医院、养志康复医院、皮肤病医院等附属医院,另有20余家教学医院及社区卫生服务中心等实习基地,临床教学资源丰富,附属医院总床位数达12000余张。医学院还拥有8个国家临床重点专科(胸外科、消化内科、产科、职业病科、呼吸科、中医科、急诊医学和临床护理)、一批上海市重点学(专)科和临床医学中心。

为探寻医科的创新发展之路,结合世界医学发展前沿、未来趋势及国家需求,学院重点推动对接国家重大需求、未来发展前景看好的"干细胞""肿瘤""脑与脊髓""心脏"等几大领域的研究与发展。2010年,学院成立"转化医学高等研究院",并在各家附属医院布局和成立转化医学中心,凝练四大研究方向,着力建设干细胞、脑与脊髓、心血管疾病、肿瘤生物治疗等四大研究中心,通过灵活的双聘机制,深化基础研究与临床应用的紧密合作。随着这一战略的深入实施,学校在干细胞及转化医学领域的重大研究已取得丰硕成果,学校干细胞研究中心现已成为上海市科创中心建设的重要组成部分。

2. 口腔医学当行出色

2011年,《口腔颌面外科杂志》获评百种中国杰出学术期刊

2014年9月,口腔医学院举行建院三十周年校友联谊会

口腔医学院目前拥有口腔医学一级学科博士点及口腔医学博士后流动站,附属口腔医院的口腔修复科、口腔正畸科被评为国家临床重点专科项目。在行业学会领域,口腔医学院已享有较高的声誉,并成为中华口腔医学会第五届口腔种植专委会主任委员单位、中国医师协会口腔医师分会副会长单位、上海市医师协会口腔科医师分会会长单位、上海市口腔医学会副会长单位、儿童口腔医学专委会主任委员单位。在教育部组织的2009年、2012年、2017年等三次学科评估中,口腔医学院在全国同类高校中排名均位列10名左右。

同济大学附属口腔医院外景

2015年12月,口腔医学院所属上海牙组织修复与再生工程技术研究中心揭牌

2018年12月,附属口腔医院吴少鹏、石四箴教授荣获"上海市口腔医师终身成就奖",王佐林教授荣获"上海市口腔医师杰出贡献奖"

附属口腔医院地处上海市静安区延长中路399号,是经上海市卫健委核准登记、政府主办的非营利性三级口腔专科医院,拥有牙科综合治疗椅169台,核定病床50张,每年诊疗上海市及全国各地病人60余万人次。附属口腔医院始终坚持"公立医院要坚持公益服务"的办院理念,青年志愿者服务队自2009年起开展"关爱自闭症患儿"志愿活动,至今已为3000余名自闭症患儿提供了全方位的诊疗服务,受到患儿家长的热烈欢迎和一致肯定,并多次被各类媒体报道。

附属口腔医院既是国内拥有国家重点研发计划项目的五家口腔医院之一,也是拥有国家自然科学基金优秀青年基金项目的六家口腔医院之一,并拥有集产学研于一体的高水平口腔转化医学实验中心——上海牙组织修复与再生工程技术研究中心。作为上海市唯一一家口腔专科医院,附属口腔医院不仅被国家卫健委确定为首批14家国家住院医师规范化培训基地,同时也成为上海市专科医师和住院医师的规范化培训基地。

3. 生命学科异军突起

裴钢院士在为本科生授课

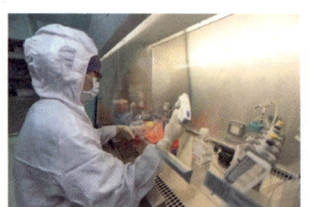

细胞干性与命运编辑前沿科学中心在开展干细胞研究

2000年4月并校后，原上海铁道大学医工技术中心并入同济大学生命科学与医学工程学院。2002年，生命科学与医学工程学院更名为生命科学与技术学院。同年，经教育部和国家计委批准，生命科学与技术学院成为首批国家级生命科学与技术人才培养基地。

生命科学与技术学院现设有分子与细胞生物学系、生物信息学系、生物医药与技术系等三个系，拥有生物学一级学科博士点、生物学硕士点和生物工程领域专业学位硕士点、生物学和生物医学工程博士后流动站。学院还设有教育部"细胞干性与命运编辑"前沿科学中心、国家干细胞转化资源库、蛋白质研究所和上海市信号转导与疾病研究重点实验室。

在国家"985""211"和"双一流"高校建设的支持下，生命科学学科聚焦生物医药及重大疾病机制的转化医学研究，并在分子生物学、细胞生物学、发育生物学、干细胞与表观遗传学、生物信息学等领域积极开展基础性研究。最近5年，生命科

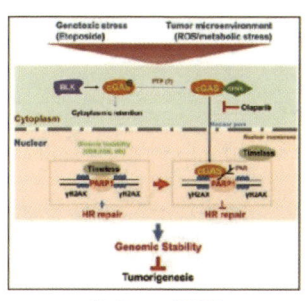 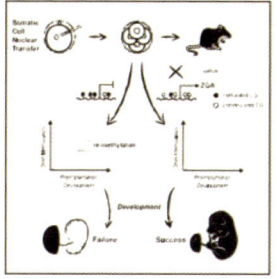 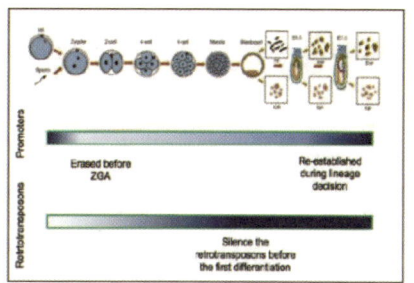

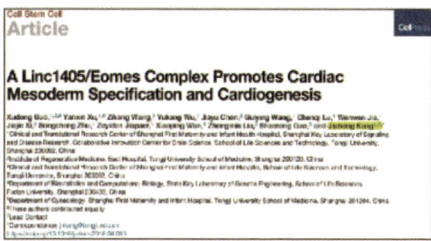 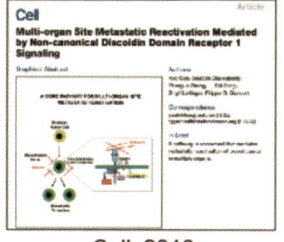 

生命科学与技术学院的干细胞基础研究重大发现在国际顶级杂志 Nature、Cell 及子刊发表

建设中的同济大学生命科学大楼（效果图）

学学科获得科技部重点研发计划、教育部研发项目、国家自然科学基金项目、上海市重大攻关项目、上海市科委和上海市教委科研项目等多方面支持，获批科研经费达三亿多元，并已在重大疾病的细胞信号转导研究、胚胎发育与细胞重编程的表观调控机制研究、干细胞转化医学研究、人类基因功能及疾病的模式生物研究、中药信

息学研究、纳米医学研究、中草药资源调查与保护等方面做出了有特色的工作,产出了一批重要成果。

生命科学学科每年发表的 SCI 科研论文达 70 余篇,科研成果《早期胚胎发育与体细胞重编程的表现调控机制研究》获得 2019 年教育部自然科学类一等奖。助力学院可持续发展、建筑面积达 6 万余平方米的国内领先、国际一流的生命科学大楼预计将于 2022 年投入使用。

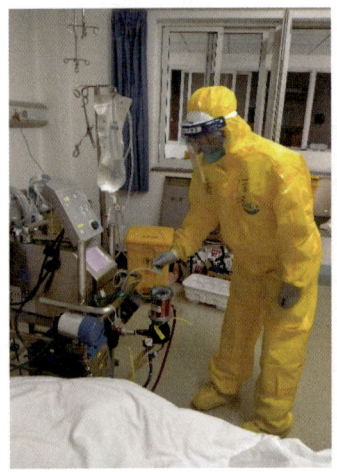
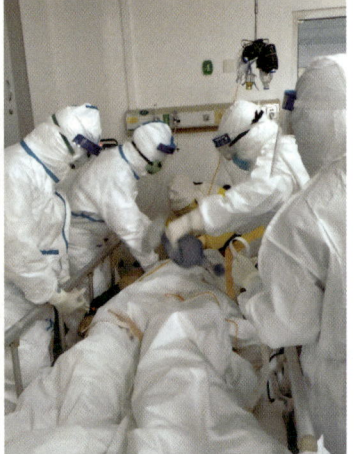

附属医院的医护人员踊跃报名援驰武汉,成为新时代英勇的"逆行者"

东汉徐干《中论·修本》道:"乘扁舟而济者,其身也安;粹大道而动者,其业也美。"2000年4月27日的两校合并实现了强强联合、优势互补,不仅使同济的医科和生命学科得以复归并实现跨越式发展,为学校建设中国特色世界一流大学提供了新的历史性机遇,也为学校在医疗卫生、轨道交通等更广泛的学科领域服务社会创造了新的条件。在2020年初至今的抗击新冠肺炎疫情过程中,同济附属医院的167名医护人员作为"逆行者"支援湖北武汉,为抗击疫情取得胜利做出了同济人的贡献,生动诠释了同济人"与祖国同行,以科教济世"的责任和担当。

49

德文科校舍（法租界时期）

济忆"同济附中"

同济附中作为学校的附属机构
在同济创办初期发挥着重要保证作用
为保障大学部采用德语授课
同济创校时同期设立德文科
主要讲授德语及高中课程
德文科后改为附中
持续为大学部输送优秀生源
绘就了同济发展历史上独特的风景

1950 年 5 月 9 日
附中改属市教育局领导
学校的附中办学历史因此而一度中断
改革开放后,学校践行初心使命
承担提供优质教育资源的社会责任
开启了向基础教育领域拓展的新时代

回眸"历史上的这一周"
让我们一起济忆
"同济附中"的发展与梦想

一、从德文科到附属中学

1. 德文科初创

"德文医学堂"成立时由德国文化部派遣的三位德文科教授

同济附中的前身可追溯到1907年"德文医学堂"创办时与大学部同时设立的德文科。创办初期,德文医学堂仿效德国教育模式,由德籍教师采用德语授课。考虑到中国学生大多不会说德语,为了保障生源和大学部教学的顺利开展,学堂同期开设德文科(亦称语言科,德文名为Sprachschule),并作为医科附设的预备部(当时学校仅有医科)。德文科学生的主要任务是学习德语及高中课程。

为落实医学堂正式开学后的教学安排,1907年6月3日,德文科辛德勒博士对已准备录取的25名学生开展了为期一个月的德语教学,以了解学生对德语的接受能力。10月1日医学堂正式开学时,全校共有首届学生33名,其中医科学生8名,德文科学生25名。

德文科学制为三年,报考者须年满14岁且已达到初中毕业水平。德文科第一学年主要讲授德语,同时开设数学课程;第二、三学年则开设德文、代数、几何、物理、化学、动物、植物、世界历史、拉丁文(1913年下半年取消)等课程。1912年学校增设工科并更名为"同济德文医工学堂"后,德文科成为"医、工两科之预备中学"。为了向医、工两科输送德语水平高、基础知识扎实、身体强健的优质生源,1913年,德文科将学制改为四年,并开设中文、德文、数学、历史、地理、动物、

德文科监督、理学博士费提克（Föthke）

德文科一年级丙班学生（1916年）

植物、化学、代数、几何、三角、图画、体操等14门课程，毕业生学业水平可达到高中毕业同等程度。

德文科的各项事务由德文科监督主持，监督一职则由德国教师担任。1907年至1917年，辛德勒、阿曼、林丕雷、柯乐维康、费提克等曾先后担任德文科监督。

2. 改为附设中学校

1917年3月17日，法租界当局以同济是德国人的产业为借口驱逐师生并勒令学校解散。为延续文脉，学校被迫迁往吴淞，德文科也随之来到吴淞，在学校向中国公学租借的校舍内开展教学。1920年9月，因中国公学收回校舍恢复办学，德文科不得不搬回上海市区，暂借威海路95号威廉小学（德国人创办，已由中国政府接管）继续教学。

1920年3月，德文科设立教务主任一职，欧特曼受聘担任首位主任。1922年2月，因工科和机师科由租借的炮台湾海军学校迁入学校自建的吴淞新校舍，德文科得以从威廉小学迁入炮台湾海军学校，从而回归位于吴淞的同济大本营。1922年夏，德文科改为附设中学校（校内也常称为中学部），并设中学部主任一职，袁希洛被聘任为首位中学部主任，负责掌管中学部的各项事宜。

同时，为了使学生进入大学部后能够更好地适应德语授课环境，夯实高中学业基础，1922年，中学部将学制由四年改为五年，每个学年安排一定学时的德语课

欧特曼教授（Prof.Dr.W.Othmer）

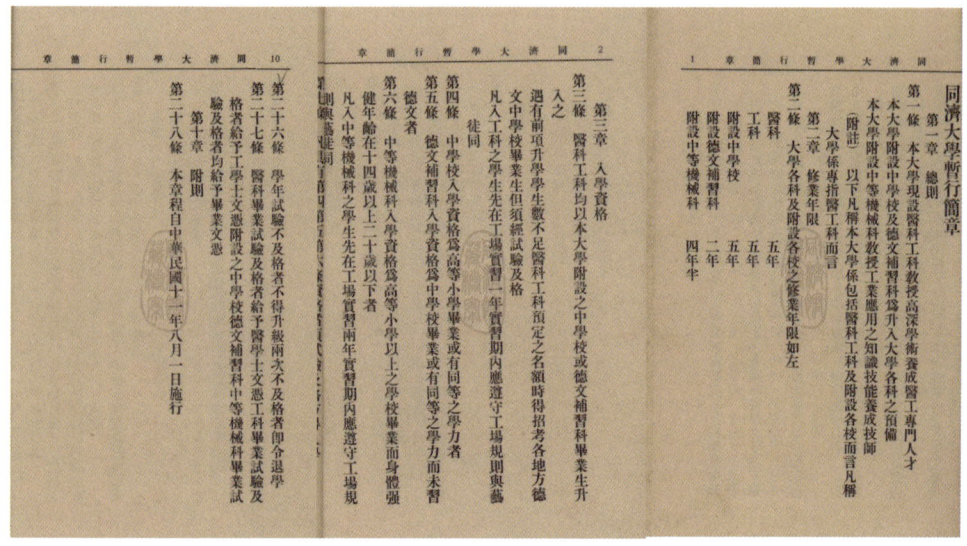

1922年8月1日起施行的《同济大学暂行简章》对附设中学校的学制、入学资格、学费、课程安排等作了明确规定

《德文月刊》创刊号

欧特曼教授与德文月刊社职员的合影

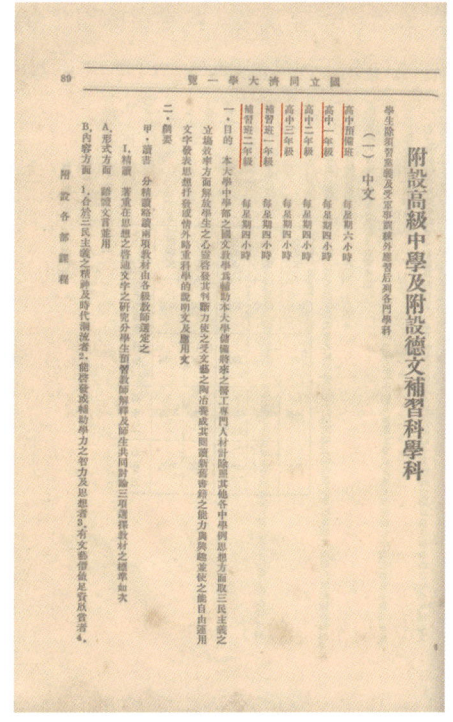

1930年版《国立同济大学一览》中有关附中与附设德文补习科统一安排课程的记载

程，德语教学则以德籍教师桑德曼编写的《德文入门》为基础教材，并以德语演讲、作文写作等作为辅助教学手段。中学部严密的教学安排和严格的语言训练不仅提高了学生的德语水平，保证了优质生源向大学部的输送，也为部分学生大学毕业后赴德留学创造了条件。

为了配合德语教学、满足学生诉求，中学部欧特曼教授于1923年冬创办《德文月刊》并担任主编。《德文月刊》是当时国内唯一的德语学习刊物，其宗旨是"使学生易于从事于德文的学习，并由谨密的适当的注释，为彼等开发读德文的德国文学和科学书籍的门径"，"使中国的青年，易于明隙德国学术之精奥，并因此间接地辅助，促进近世中国学术之发达"，因而深受学校中学部及大学部学生的欢迎，并广受社会舆论的赞扬和社会读者的喜爱。

同期，因学校要求严格，淘汰率高，高一至高三学生人数逐渐减少，为扩大医、工两科学生来源，学校于1920年增设预备科，学制为1年，主要招收各地高中毕业生或具有同等学历者，教学目的是使学生通过短期培训后能够基本掌握德语（也有少量数理化及生物课程），以适应后续采用德语开展教学的大学教育环境。1922年3月，预备科改为附设德文补习科，学制也改为2年制；1932年，附设德文补习科学制改为1年制，并在新落成的附中校舍上课，其行政及教务也与附中合并管理（相当于合署办公，此前两者已统一安排课程）；1942年，附设德文补习科改为新生院；1949年新生院被撤销，德语课此后改为选修课。

1924年10月22日，炮台湾海军学校被军阀张宗昌的部队强行占用，中学部被迫暂时迁入邻近的水产学校。1925年2月，中学部迁入大学部校园，开始在由工科调剂出的部分教室内授课。

3. 改为附属中学

1925年5月，附设中学校更名为"同济医工专门学校附属中学"。1926年6月，校董会决定将附中分为高中和初中，附中的完整学制增加至六年制（与当时其他中学的学制相符），且每个学年均会安排一定周学时的德语学习课程。1926年秋，附中整体迁入学校新建成的第四宿舍，其中底楼为教室和办公室，楼上为学生宿舍。1927年8月同济被列为国立大学后，附中更名为"国立同济大学附属中学"。

1928年，附中在招收最后一个班的初中生后停办初中。随着初中学生陆续升入高中，1933年，根据教育部令及上海市教育局颁发的"钤记"（印章），附属中学正式更名为"国立同济大学附设高级中学"。成为高级中学后，附中的学制被改回为四年，第一年为高中德文预备班，高中新生须先在预备班学习一年德语，之后才能进入高中一年级学习，以便能听懂德国教员讲授的高中课程。

1932年夏，附中迁入新落成的附中校舍。同年9月，翁之龙担任校长，并实施了一系列改革举措。1933年，附中与吴淞初级中学签署教育合作协议，在该校增加德文课程，以便其初中毕业生直接进入附中高一年级就读。该模式后推广至高级中学，附中先后与广东中德中学、扬州高级中学、青岛礼贤中学、开封高级中学等签订合作协议，要求其增加德语课程或德语班，相关毕业生考取同济后可直接进入大学部就读。1934年，继大学部改用国语授课后，附中也开始改用中文教材并用汉语

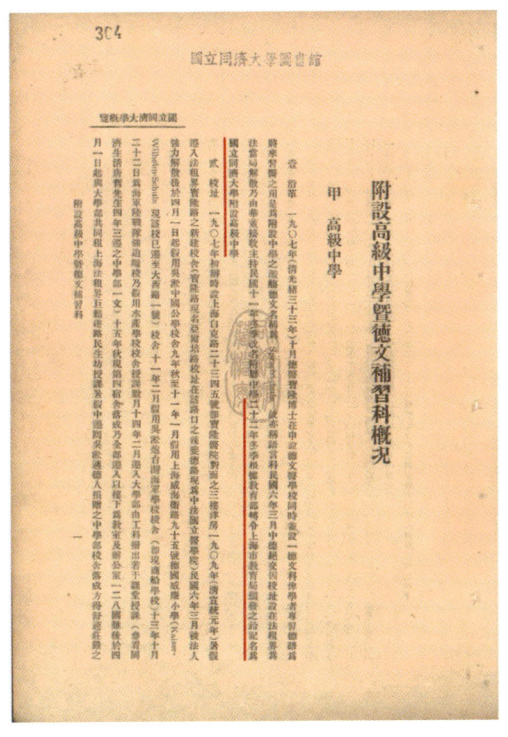

1934年版《国立同济大学概览》中关于上海市教育局颁发附设高级中学钤记(印章)的记载

授课(德语课程仍保留)。此后,附中取消了高中德文预备班,并将学制改为三年制,初中毕业生被录取后可直接进入高中一年级学习。

1933年夏,因办学规模扩大导致校舍紧缺,教育部将位于吴淞车站对面的原中央大学医学院旧址划拨给同济。于是,大学部决定对附属中学及附设德文补习科实行"两院"模式分地办学,附中的高一至高三各年级及德文补习科二年级被划为第一院,仍留在大学部内开展教学;第二院则全部为新生,附中的高中德文预备班及德文补习科一年级在原中央大学医学院旧址内办学。1935年,为了减少在不同场所教学给管理带来的不便和设备的重复投入,大学部再次对布局做出调整,将附中的各年级全部集中到第二院,德文补习科则设于大学部内。

其间,附中的教学质量有了显著提升。1934年,附中的64名学生参加了上海市高中毕业会考,总平均成绩为80.2分,获甲等奖;及格人数占参加会考人数的96.9%,王炳章同学获全市会考第二名,19名学生的个人总成绩位列甲等行列。

附中的课堂教学和体育活动

吴淞时期的附中校舍

附中主任陆振邦（任期：1933年暑假—1936.2）

1937年，冯至（冯承植）与同济大学德文月刊社全体干事的合影

附中主任冯至（任期：1936.8—1939）在上海家中工作

1935年，附中组织学生参加第二次毕业会考，48名学生中除1人外均达到及格标准，2名学生进入全市会考获奖的8人名单。

附中的社会影响力也不断提高。当年的同济不仅有大量德籍教师，中国籍教师也大多具有留学德国的背景，师资力量雄厚。附中则依托大学部的师资优势和教学特色，逐步成为国内以德语为第一外语的中学代表，其毕业生大多升入大学部或直接赴德国留学，广受社会各界关注，附中也因此获得了稳定的生源。至1937年5月，附中的在校学生达300人，其中女生24人。

更名为附属中学后，原中学部主任改称为附中主任。在此后的十多年间，附中主任一职更换频繁。1927年，袁希洛辞去附中主任职务，李祖勋接任该职务；1928年

3月至暑假，戴克让担任附中主任；暑假后，附中改由校长张仲苏兼管；之后的1929年至1937年间，冯威麟、李青崖、杨迩安、陆希言、陆振邦、余森文、冯至等先后担任附中主任。

1936年，学校聘请冯至担任附中主任。到任后，冯至悉心谋划附中的发展，不断改善教学质量，并邀请其留德时期的朋友鲍尔和进步学者杨晦来校任教，为附中学生讲授德语和历史。其间，杨晦还结合教学对学生进行爱国主义教育，宣传抗日主张，反对法西斯暴行，深受广大学生的欢迎。在冯至的主持下，附中主办的学术刊物《德文月刊》得以复刊。冯至还指导学生编写刊物《芥舟》，并在刊首语《赠同学》中写道："同济大学是一个研究医学、工学和自然科学的学府。这些学问，一方面是致用，一方面是求真；同时也教给我们做人的道理：不要苟且。因为无论是建筑一座桥梁，或是治疗一个久病的人，都要灌注以全副的精神，不容有半点疏忽。至于处事呢，也正如在河上建桥、给病人医病一般，我们立在'现实'的前面，既不能躲避，也不能蒙混，人人要想到自己的责任，认真地做下去。……我希望我们无论是做学问，或是做事，遇有不切实、不合理的地方，都要觉得是切身的痛苦，加以改正。"冯至的寄语不仅是其个人追求的真实写照，也诠释和传播了"同济精神"，起到了激励学生的作用。

二、随校西迁与改属地方

1. 随校西迁

1937年，位于吴淞的同济大学遭到日军的毁灭性轰炸，校舍被毁。为躲避战乱，延续文脉，同济人踏上了充满艰辛的西迁征程，附中也随大学部一同西迁。在西迁的大部分时间里，冯至一路随行；学校到达昆明后，冯至于1939年8月辞去附中主任一职并任教于西南联大。西迁途中，冯至还将他随附中西迁的经历写成散文《在赣江上》《忆平乐》，成为这一时期师生同甘共苦、同舟共济、互相关心、克服困难等特殊经历的历史见证。

在李庄时期，附中仍然是大学部生源的重要来源。其间，附中的课程设置以德文、数学、物理、化学、生物为主，第一学年有公民、体育、军训、国文、德文、英文、数学、生物、历史、地理等10门课程，其中德文课每周12学时，英文课每周3学时；第二

李庄时期的同济附中食堂

李庄时期的同济附中校门

李庄时期的附中校长廖馥君

附中1943级从军学生与班级同学的临别合影

李庄时期的童第周教授和夫人叶毓芬（时为同济附中教师）

回迁上海后位于新市区的附中校舍（原市立博物馆）

学年增加物理、化学、外国地理等三门课程，德文课则减为每周 9 学时；第三学年再增加外国历史和国学概论课程，并减除公民、体育、军训等课程，德文课仍保持每周 9 学时。

李庄时期的办学条件虽然艰苦，但阻挡不了学生刻苦学习、文教救国的热情。这一期间，大中学生中的群众社团如雨后春笋般蓬勃发展，"南友社""曙光社""民锋社""二胡研究社""夜航"等社团应运而生，并不断发展壮大，在同学中产生了积极影响。

1941 年，附中主任改称校长，廖馥君、曹融南先后担任附中校长。其间，曹融南、廖馥君、陈一荻（Elith Chen）、杨烈、叶毓芬、吴柳凡、乔九如、高棣华、魏以新、王树琪、邹镇华等先后在附中任教。1945 年，附中的在校学生达 284 人。

1945 年 8 月抗战胜利后，同济大学开始部署复员上海的工作。1946 年 1 月 13 日，教育部批准同济大学接收上海市华德中学；2 月，华德中学更名为"同济大学附属中学上海分校"。1946 年 12 月 1 日，回迁后的同济附中在位于新市区的原市立博物馆正式复课。回沪后，江鸿（兼）、方召（兼）、张廷干、陆振邦、晏华璋等先后担任附中校长。

回沪后，附中的教学目标和教学方式与其他普通中学相似，并恢复了初中（仅招收少量学生），高、初中学制各为三年，在校学生人数大致保持在 300 人左右，人数最多时达 370 人，高中毕业生则大多报考同济大学。与其他学校不同的是，附中仍以德语为外语语种，故毕业生被大学部录取后可直接升入本科就读，无须进入新生院学习德语，省去了一年的德语学习时间。据 1948 年 6 月统计，当时附中有高中男生 227 人，女生 29 人；初中男生 64 人，女生 6 人。

2. 改属地方

上海解放后，同济大学被上海市军管会顺利接管。1949 年 9 月，同济大学校务委员会决定，任命曹礼吾为附中校长（后改称校务委员会主任）；同期，附中建立了工会组织。11 月，附中正式建立新民主主义青年团，高中各班均成立了团支部。

1950 年 5 月 9 日，华东军政委员会教育部在向同济大学发出的通知中指出："为统一各级学校的领导关系，关于你校附属中学应该属上海市教育局直接领导，希将

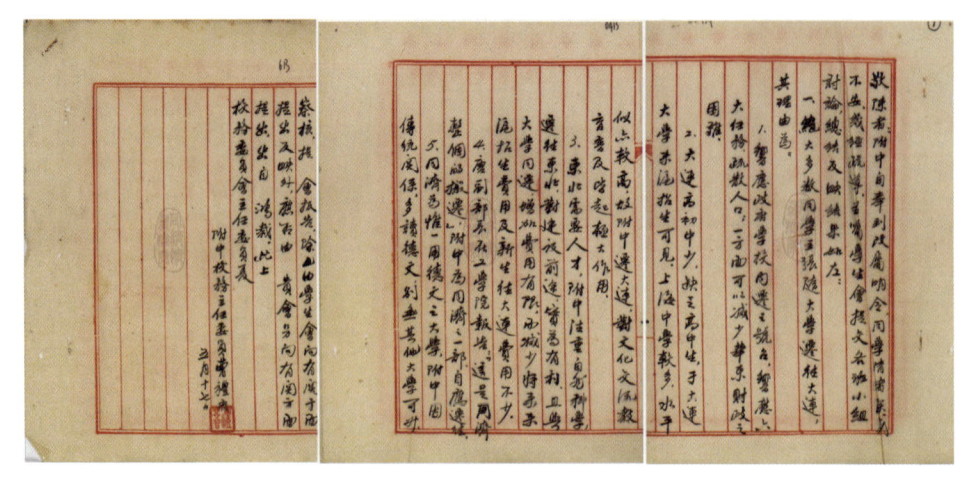

1950年5月17日,附中校务委员会主任委员曹礼吾写给夏坚白的信件

附属中学有关教学及经费等各项应报报表一并备报上海市教育局查核接管为要!"此通知立刻在附中引起极大反响。

因当时大学部正在按照高等教育部要求筹备和探讨将医学院和工学院分别迁往武汉和大连的相关事宜,5月17日,附中校务委员会主任曹礼吾致信大学校务委员会主任夏坚白,表达了附中师生希望随校迁往大连的愿望,并阐述了随迁理由和师生要求:"响应政府将学校内迁之号召,响应六大任务,疏散人口;附中迁大连,对文化交流教育普及皆起极大作用;东北需要人才,附中注重自然科学,迁往东北,对建设前途,实为有利,且与大学同迁,增加费用有限,而减少将来来沪招生费用及新生往大连费用不少;迁校是同济整个的搬迁,附中为同济之一部,自应迁往;同济为唯一用德文之大学,附中因传统关系,多读德文,别无其他大学可升,故随同大学迁往,既可减少大学招生之困难,于同学亦至为有利;附中与大学同在一地,图书仪器及其他设备,皆可借用,便利不少。""如必不能迁大连,则有如下希望:仍保持原来名义,与大学密切联系,以便升学;改属市教育局,务请于大学迁移后或下半年度实行,以免影响同学学习情绪;改属后请保持独立性,不能与他校合并;附中因国立之故,同学大抵清寒,故改属,请仍依原例不收宿费、水电费,而由政府补助,并保存救济金名额;希望迁往市区或略近市区之处,就大学医学院、总办公处、或理工学院尽先拨用;大学迁往大连后,校产(如实验仪器体育设备,校车等)之不移往者,附中能优先使用;中美医院诊疗,仍同前优待。"

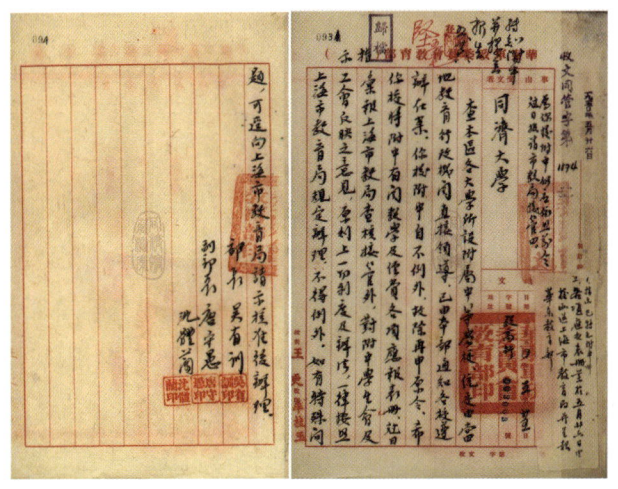

教育部关于附中改属上海市教育局领导的进一步通知

收到信函后,同济大学及时将情况向华东军政委员会教育部作了呈报,并按要求于 1950 年 5 月 23 日将附中的校印、信件、卷宗、图书、仪器、家具、用具、体育用具、教导处档卷等九种清册及学生和员工统计一览表等一并上报和移交。据统计,截止 1950 年 5 月 22 日,附中共有七个班级、241 名学生,教职工 29 名(含校长曹礼吾、教导主任杨烈昭、秘书主任曹融南及威多福、郭凌阁、王国宁等三名德籍教师),工友 16 名(含两名高等教育处派来的驻警)。

5 月 25 日,华东教育部在给同济大学的进一步通知(教高行字第 0030063 号)中指出:"查本区各大学所设附属中等学校,统交由当地教育行政机关直接领导,已由本部通知各校尊办在案。你校附中自不例外,故除再申原令,希你校将附中有关教学计划经费各项应报表册,剋日汇报上海市教育局查核接管外,对附中学生会及工会反映之意见,原则上一切制度及办法,一律按照上海市教育局规定办理,不得例外,如有特殊问题,可径向上海市教育局请示核准后办理。"

6 月 19 日,上海市人民政府教育局训令(市教社 [50] 字第 1159 号)要求:"即日起,附属中学该归上海市教育局领导,并更名为上海市同济中学。""学校经费本学期仍照原预算按月拨转,下学期起应按照本局市立各校标准统一办理。"转移归属关系当天,附中举行了典礼,大学部秘书长杨烈宣读了华东教育部的附中改属通知,教育部代表说明了转移归属关系的原因,上海市教育局中教室杭苇主任宣读了转移归属关系及更名为"市立同济中学"的训令,学校工会代表、学生会代表及学生代表也相继发言,表示愿以最大努力将"市立同济中学"办好。附中更名为同济中学后,曹礼吾担任首任校长。

至此,同济附中与同济大学脱离附属关系。作为大学的附属中学,同济附中培养了大批优秀人才,杰出校友中既有后来成为两院院士的吴孟超、吴式枢、武忠弼、张弥曼、贝时璋、涂铭旌、钟大赉、叶奇臻等知名学者,也有陆续走上中央和地方等重要领导岗位的中共中央纪律检查委员会书记处书记李昌、国家体委副主任张彩珍、中国人民解放军第二军医大学校长李家顺少将、洛阳外国语军事学院副院长姚乃强少将、中共中央宣传部文艺局局长成志伟等,他们在各自的工作岗位上为国家的科技发展和祖国的繁荣昌盛做出了重要贡献。

三、同济基础教育的新发展

1. 成立附属工农速成中学

新中国成立后不久,国家号召向工农开门办学。1950年9月20日,教育部和全国总工会在北京联合召开第一次全国工农教育会议,通过了《工农速成中学暂行实施办法》,规定工农速成中学招收十八岁以上三十五岁以下、具有一定革命工作年限的优秀工农干部及工人入学,学习相当于普通中学的基本课程,修业期限为三年。1952年11月19日,教育部作出《关于工农速成中学附设于高等学校的决定》,明确规定:"从1953年起,工农速成中学应有计划、有步骤地附设于各类高等学校,作为高等学校预备学校。学生毕业后,一般即直接升入本高等学校继续深造。"

附中改属地方后,同济大学也在努力寻求机遇,探索拓展基础教育的渠道。1954年8月,根据华东教育部决定,以华东速成实验学校(成立于1951年1月,分为工农速成中学和师资培训两部分)工农速成中学为基础的同济大学附属工农速成中学正式成立,刘任之受命担任校长,同济大学教务长吴之翰兼管同济速中的行政工作。同济速中接受学校和地方的双重领导,同济大学负责党政等日常管理工作,上海市教育局负责教学指导、经费拨付和师资配备等保障工作。

附属工农速成中学成立后的校门（1955年）

同济速中与复旦速中联合举行毕业典礼

速中的首批学生包括由华东速成实验学校转入的二年级9个班377人、三年级4个班144人和文化班、补习班的63人；1954年，速中又招收11个新生班级共507名学生。速中的教室设在"一·二九"大楼，行政办公场所设在光明楼和旭日楼，学生被安排在新落成的西南楼住宿。

作为国家面向工农开门办学的产物，速中在师资队伍和教学保障等方面均得到优先配备。速中的师资多为从全市中学里抽调而来的优秀教师，仅一级教师就有叶懋英、王庭华、赵章、王栖霞和陈汉民五人，其中叶懋英后来还成为上海市首批三名特级教师之一，体育及俄语课教师则由大学部选派。速中的物理、化学、生物等教学实验设施齐备，并有图书、杂志约10万册。

1955年，速中第一届学生毕业。7月9日，中央教育部、高等教育部联合发出的《关于工农速成中学停止招生的通知》指出："实践证明，对工农干部文化科学知识的学习，不用循序渐进的方法而用短期速成的方法，使之升入高等学校，从根本上说来，并不能达到预期的目的。""对广大工农干部和工农群众的学习，应贯彻业余学习为主的方针,不再采取举办工农速成中学的办法。""工农速成中学自1955年秋季起停止招生。"8月,根据上级决定,原交通大学工农速成中学的6个班共210名学生并入同济速中。速中停止招收新生后,剩余两个年级的学制被改为四年制。1957年和1958年,速中的最后两届学生毕业。

2. 从工农预科到再次成立附中

同济校园内"师魂苑"中的叶懋英纪念石刻

1958年8月,经上海市高教局、教育局同意,同济大学附属工农速成中学更名为同济大学工农预科,并面向全市招收应届初中毕业生中的优秀工农子弟和革命干部子弟,学制为两年,各方面优秀者毕业后可直升大学。工农预科仍由同济大学和上海市教育局双重领导,同济大学副校长杨钦兼管预科工作,王平、叶懋英先后担任预科主任。1958年和1959年,工农预科各招生八个班级,两年合计招收803名学生;其中的两个班还试行半工半读,并与大学部机电系挂钩,实行七年一贯制教学,两年预科学习的合格者可直升同济大学机电系继续深造。1961年夏,为提高教学质量,工农预科的学制改为三年制。

1963年1月,根据上海高教局、教育局的联合通知,同济大学工农预科更名为同济大学附属中学。同济附中学制为三年,面向全市招收初中毕业生,学生毕业后可参加高校招生考试。在管理体制方面，同济附中仍接受双重领导；同济大学副校长徐文兼管附中工作，叶懋英任附中校长，主持日常工作；附中党支部为同济大学党委直属支部，团总支由同济大学团委领导。

受"文化大革命"影响，同济附中于1970年3月被宣告解散，同济大学的附中办学历史再度中断。同济附中解散后，教职工被分配到杨浦区40余所中学工作，学校的图书、仪器等也被分配给杨浦区的部分中学。

3. 重新申办附中再度搁浅

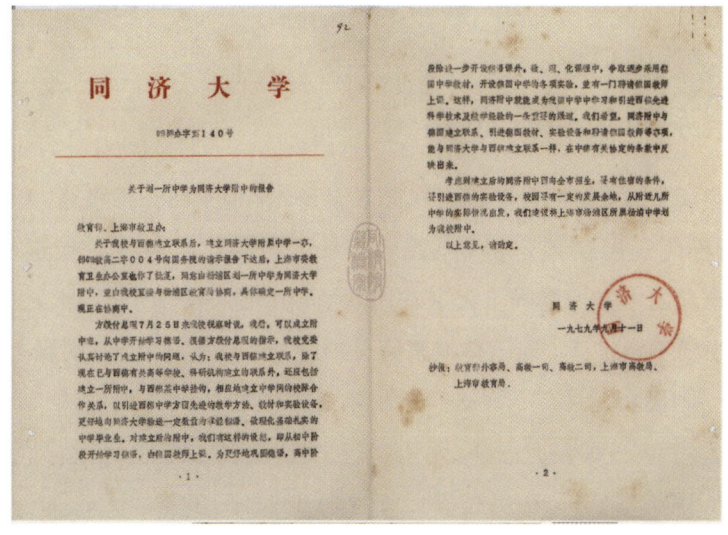

1979年，学校向教育部、上海市教卫办申请将杨浦中学划拨为附中的报告

1978年，国家实行改革开放政策，中国进入新的发展阶段。在此背景下，同济大学提出了"两个转变"的战略方针，推动"恢复对德联系和向德语教学传统转变，由土木为主的单科性大学向以理工为主的多科性大学转变"，开启了学校发展的新征程。1979年7月25日，方毅副总理视察同济时指出，"同济可以成立附中班，从中学开始学习德语"。根据方毅副总理指示，学校在讨论成立附中的可行性后认为："我校与西德建立联系，除了现在已与西德有关高等学校、科研机构建立的联系外，还应包括建立一所附中，与西德某中学挂钩，相应地建立中学间的校际合作关系，以引进

西德中学方面先进的教学方法、教材和实验设备,更好地向同济大学输送一定数量掌握德语、数理化基础扎实的中学毕业生。"

1979年,国务院批复同意教育部递交的《关于同济大学设立附中的请示报告》,上海市教育卫生办公室也作了批复,同意由杨浦区划拨一所中学作为同济大学附中。考虑到新建的同济附中要面向全市招生,校园周边需留有一定的发展空间,故学校向教育部和上海市教育卫生办公室提出申请,建议将杨浦中学划拨为同济附中。此建议因故未被采纳。

1984年,学校再次申请将鞍山中学划拨为同济附中。该申请同样未能获批。其间,上海市教育卫生办公室曾建议学校在老附中原址复校或征地新建,但也因种种原因未能实现。学校重办附中的努力再度搁浅。

4. 开办全系列基础教育

进入新世纪以来,为拓展多种形式办学渠道,学校不断开拓思路,积极与地方教育行政主管部门开展交流与协商,逐步加快了设立附属中学的推进步伐。2001年,原上海市鞍山中学加盟同济大家庭,成为同济大学第一附属中学。此后,同济的附中、附小规模不断扩大,现已有附属第一中学、附属第二中学、附属七一中学、附属存志学校、附属实验中学、附属实验小学等附属中、小学,加上原有的同济幼儿园(获评为上海市一级幼儿园)、同济小学以及新建立的杨浦基础教育集团和附属嘉定幼儿园,同济已初步完成全系列基础教育的布局。

同济大学第一附属中学的前身是上海市鞍山中学,建立于1960年。1978年,鞍山中学被确定为杨浦区重点中学;2001年,鞍山中学更名为"同济大学第一附属中学";2007年,同济一附中被命名为"上海市实验性示范性高中"。在同济大学的关心和帮助下,同济一附中努力发扬"同舟共济、自强不息"的精神,深化教育改革,正全力打造具有和谐人文环境、高效信息环境、低碳生态环境、开放交流环境的新型大学附中。

同济大学第二附属中学的前身是原普陀中学和长寿中学,2002年6月由同济大学与普陀区委区政府合作筹建,2003年6月正式挂牌,现已成为一所全日制公办完

同济小学校园

同济幼儿园举办亲子活动

全中学。同济二附中占地面积58亩,分为南北两个校区。建校以来,同济二附中依托同济品牌,主动创新发展,弘扬"同舟共济、自强不息"的精神,坚持"科技与人文和谐发展"的办学理念,探索"生态课程,和谐教育"特色课程,积极致力于培养具有"科技创新和国际视野"的人才。

同济大学附属七一中学始创于1905年,地处上海市中心城区静安区,有总部和分部两个校区,是一所具有百年悠久办学历史的区重点完全中学。七一中学有着优秀的办学传统,在百余年办学历程中,秉承创办之初"先事后得、非崇德欤"的办学宗旨,不断凝练形成了"学生勤奋好学,教师严谨治学,学校勇于教改"的优良学风、教风和校风。

同济大学附属存志学校原为1953年创建的上海市首批重点中学、首批实验性示范性高中——上海市控江中学的初中部。1996年,初中部转制为民办初级中学,

同济大学第一附属中学

同济大学附属存志学校

同济大学附属实验中学、小学校园

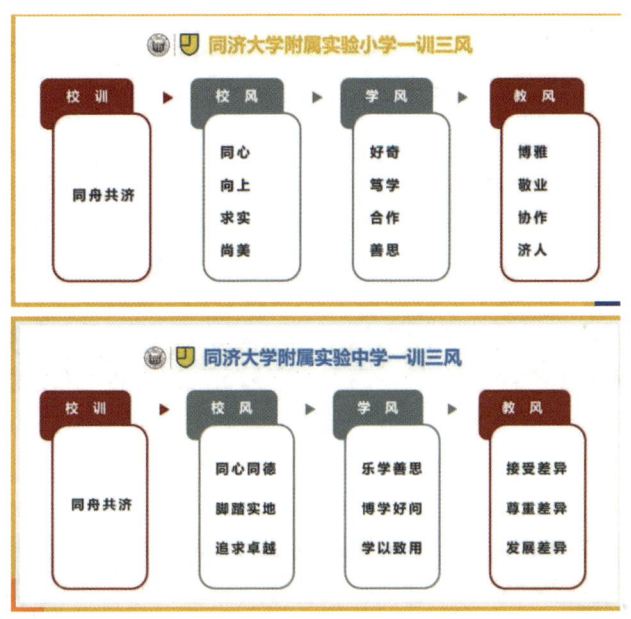

同济大学附属实验小学、附属实验中学的"一训三风"

并更名为上海市民办存志中学。2013年，存志中学成为同济大学附属初级中学。附属存志学校"志存高远、自主发展"的办学理念取自于诸葛亮《诫外甥书》中的"夫志当存高远"，寄望存志的学生从小树立远大理想，并拥有一颗为国为民之心。

2015年12月23日，在上海市深化教育综合改革的百舸争流中，嘉定区政府与同济大学正式签署合作办学协议，区校合力开展教育战略合作的大幕在安亭拉开。2016年9月1日，同济大学附属实验中学、附属实验小学正式开学。附属实验中学、小学占地面积共80亩，开放优美的校园环境、创意无限的空间打造、先进齐全的校园设施为学生的成长成才提供了可靠保障。自开办以来，两校以"政府办学、高校管理、社会参与"为办学模式，上接同济大学百年精神传承，下汲嘉定区品质教育文化滋养，秉承"让每一位孩子出彩"的办学理念，传承"同舟共济"精神，努力打造"学在同济"的教育品牌。

2019年7月12日，杨浦区人民政府与同济大学共同签署《合作共建同济大学杨浦基础教育集团协议》（首轮合作期为10年），区校联手共建"同济大学杨浦基础教育集团"。同济大学杨浦基础教育集团由同济大学第一附属中学、同济大学附属存志学校、同济大学附属存志东校、同济大学实验学校、同济小学、同济大学幼儿园、

2019年7月12日，同济大学与杨浦区签约共建"同济大学杨浦基础教育集团"

嘉定区政府与同济大学共同签署《合作共建幼儿园协议书》

同济大学附属新江湾城实验学校（筹建中暂名，位于政学路）组成，通过区校联手共同推动同济大学优质教育资源向杨浦区基础教育（含幼儿教育）辐射和延伸，助力打造优质教育集聚区，既为服务上海科创中心人才培养提供优质的教育资源，同时服务于同济大学世界一流大学建设。

此外，2020年1月10日，同济大学附属新江湾城实验学校奠基。学校建成后，杨浦区政府与同济大学将以合作办学的方式支持学校高起点办学，利用同济大学的资源优势和品牌优势，将学校办成上海市优质的九年一贯制学校，进一步提升杨浦基础教育品质，共同努力办好人民满意的教育。2020年4月9日，嘉定区政府与同济大学共同签署《合作共建幼儿园协议书》（首轮签约期限为5年），区校联手共建同济大学附属嘉定幼儿园，进一步深化"同济-嘉定"合作办学模式，发挥同济大学各类资源优势,共同促进嘉定区学前教育稳步发展,完善同济大学基础教育(含学前教育)体系建设。

回望同济大学与同济附中的风雨同行历程,我们可以看到,附中的创办与大学同步,大学为附中的发展和壮大提供了养分,附中也为大学输送了大量优质生源,为大学的蓬勃发展提供了根基。尽管附中的办学历史曾多次中断,但在改革开放后,学校顺应时代发展需要和国家对不同人才的培养需求,充分发挥自身办学优势,联合地方政府合作办学,开始了中小幼全系列、一体化育人模式的探索与实践,并取得了飞跃式发展。同济附中的历史与记忆,既是同济历史的重要组成部分,也是同济精神和同济文化的重要来源。同济大学将继续履行社会责任,与政府一道共同担当,共创教育品牌,努力为社会提供更多、更好的优质教育资源,践行"努力办人民满意的教育"的初心。

50

2012 年 5 月,学校章程编制专家咨询组召开第一次会议

《同济大学章程》与现代大学治理

在百年办学与发展历程中
学校始终致力于健全和完善管理制度
深入推进大学章程建设
完善中国特色现代大学治理体系
对于建设世界一流大学具有重要意义

2014年5月13日
《同济大学章程》经教育部核准正式公布
学校章程立足当下，放眼未来
上承国家法律法规
下启学校规章制度
成为依法治校的基本制度保障
为学校的可持续发展奠定了基础

回眸"历史上的这一周"
让我们一起回顾
《同济大学章程》的发展历程

一、学校章程的发展历程

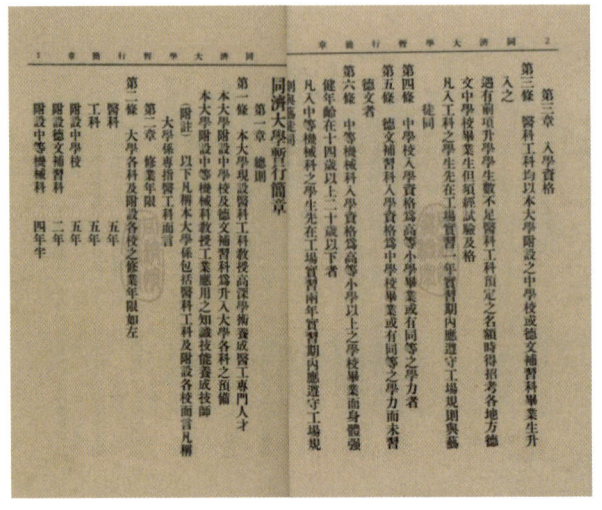

《同济大学暂行简章》(1922年,部分)

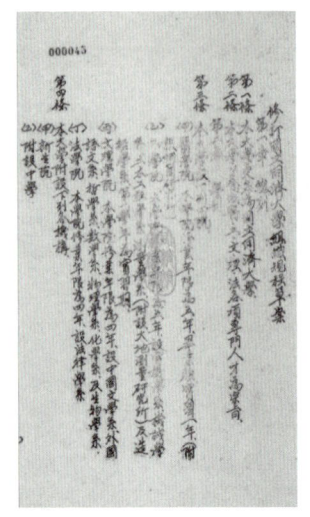

《国立同济大学组织规程》(1947年,部分)

自1907年建校以来,学校始终致力于不断健全和完善管理制度。在不同的历史阶段,学校均出台过学则、规程、章程等基本制度类文件,但尚未形成真正意义上的"大学章程"。

1917年,学校颁布《私立同济医工专门学校学则》,对教学、管理等各方面作了详细规定,形成了学校最早的制度性规则。1922年,学校制定《同济大学暂行简章》(注:1923年教育部正式批准学校更名为同济大学),对学校的各方面工作做了进一步明确和规范,扩大了制度管辖的范围,成为学校历史上第一部类似于章程的制度性文件。1947年,根据国民政府教育部要求,学校制定《国立同济大学组织规程》,对学校的宗旨、院系及附设机构、委员会等作了详细规定,首次将内部组织机构的职责与管理纳入学校制度性文件。

新中国成立初期,中央政府对高等院校实行集中统一领导,建立了国家对大学全面管理的体制。1952年院系调整后,按照中央教育部要求,校务委员会讨论通过了《同济大学暂行校章草案》,并报华东军政委员会教育部核准。此后,根

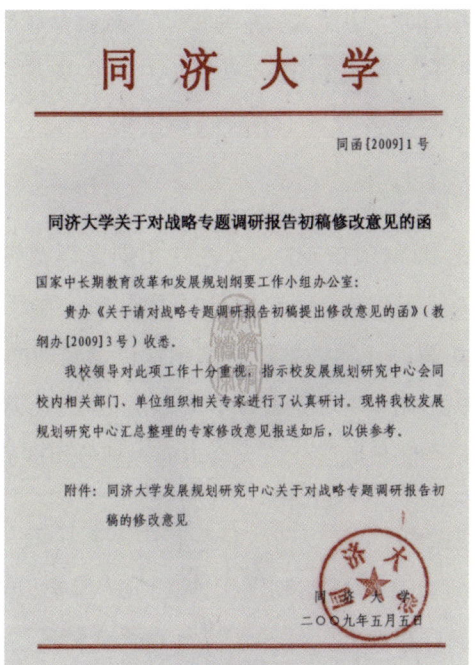

2009年5月,学校就《国家中长期教育改革和发展规划纲要》编制过程中的战略专题调研报告初稿提出修改意见

据国家颁布的一系列政策法规,学校的内部管理体制作了反复调整,先后经历了"校务委员会制(1949.8—1952.2)""党委领导下的校务委员会制(1952.2—1953.12)""校长负责制(1953.12—1959.7)""党委领导下的校务委员会负责制(1959.7—1962.11)""党委领导下的以校长为首的校务委员会负责制(1962.11—1967.6)""革命委员会制(1967.6—1978.7)""党委领导下的校长分工负责制(1978.10—1984.10)""校长负责制(试行)(1984.10—1991.4)""党委领导下的校长负责制(1991.4—)"等不同阶段。

改革开放以后,我国高等教育事业取得迅速发展。1978年7月,学校革委会被撤销,并恢复了校长、副校长的设置。1978年10月4日,教育部颁布《全国重点高等学校暂行工作条例(试行草案)》,规定高等学校实行"党委领导下的校长分工负责制",明确党委"是学校工作的领导核心,对学校实行统一领导",校长是国家任命的行政负责人;同时取消校务委员会,并首次要求高校设立学术委员会。1984年10月,根据上海市教卫党委指示,同济大学试行校长负责制。作为上海市开展校长负责制试点的7所高校之一,学校颁布了《同济大学校长负责制暂行工作条例》,

规定"校长有决策权、指挥权、任免权、奖惩权","党委从领导学校全面工作转变为对学校工作发挥监督保证作用"。1991年3月,《中共中央加强高等院校党的建设的通知》明确要求,高校实行党委领导下的校长负责制。自此,党委领导下的校长负责制在我校正式确立。

1998年8月29日,国家颁布《中华人民共和国高等教育法》,重申了"国家举办的高等学校实行中国共产党高等学校基层委员会领导下的校长负责制"的要求。《教育法》的颁布为理顺大学内部管理体制提供了明确的法律依据,确立了党在高校的领导核心地位和由中国共产党高等学校基层委员会、校长主持的校长办公会议或校务会议、学术委员会和教职工代表大会等四个部分组成的大学内部组织架构。

在国家政策法规的指引下,学校在改革创新中不断探索具有同济特色的现代大学治理体系,并着手启动大学章程的制定工作。2007年初,学校推出新编制的章程草案(共十二章八十六条),提交第八届教职工代表大会第三次会议讨论并征求意见。但由于各种原因,该章程最终未能正式推出。

2010年7月13日,中共中央、国务院在北京召开全国教育工作会议。会议从我国社会主义现代化建设全局出发,对新时期教育改革发展作出了全面部署,推出了实施科教兴国、人才强国的重大战略举措。7月29日,《国家中长期教育改革和发展规划纲要(2010—2020年)》正式发布,明确提出"各类高校应依法制定章程,依照章程规定管理学校"和"完善中国特色现代大学制度""完善治理结构""加强章程建设""扩大社会合作""推进专业评价"等系列要求。为了落实《纲要》要求,教育部于2011年11月28日颁布《高等学校章程制定暂行办法》。为落实国家和教育部的战略部署和要求,学校于2012年3月正式启动《同济大学章程》的制定工作。2014年5月13日,教育部下发《同济大学章程》核准书。

二、《同济大学章程》制定过程

《同济大学章程》建设既是教育部的明确要求,也是学校改革与发展的内在需求。在章程建设过程中,学校注重梳理和协调与章程相关的若干重要关系,积极寻找章程建设的突破口,努力编制一部符合国际惯例、满足国家要求、体现同济特色的大学章程。

1. 凝聚共识，全校动员

学校召开《同济大学章程》编制工作动员会（2012年）

2012年1月17日，学校召开寒假务虚会，专门就大学章程与现代大学制度建设问题进行了专题研讨，指出了章程制定在明确学校发展定位和办学宗旨、促进学校内部治理和发展规划等方面所具有的重要意义。之后，党委常委会和校长办公会多次专题研讨章程制定工作，凝聚领导班子共识，确定相关工作方案，并将编制《同济大学章程》纳入2012年度重点工作。

3月27日，学校党委召开党委中心组学习（扩大）会暨《同济大学章程》编制工作动员会，要求全校各部门、各单位及全体师生厘清思路、集思广益，将章程建设与增强全校师生民主管理意识、增进校园和谐相结合，大力支持和积极参与章程建设。

2. 系统设计，分层推进

为了做好章程编制工作，学校组建了强有力的章程编制工作班子，成立了"专家咨询组""编制工作组"和"秘书处"。编制工作组组长由学校党委书记和校长担任，专家咨询组吸纳了来自学校多学科的专家和教授，并聘请了部分美国、德国的专家。4月12日，编制工作组召开第一次会议。5月2日，专家咨询组召开首次全体会议。5月25日，编制工作秘书处召开章程总体框架讨论会，并初步确定将凝练办学理念、梳理管理体制与机制等作为学校章程建设的重点。

同时，学校拟定了章程编制工作计划，将编制工作分为前期工作、宣传动员、调查研究、专题推进、初稿起草、征求意见、审议审定、核准申请等八个阶段，并确定了各阶段的主要任务和时间节点。此外，学校建立了学校、职能部门与院系、广大师生

《同济大学章程》编制专家咨询组和编制工作组成员名单

2012年10月18日,教育部政策法规司司长孙霄兵来校作章程建设辅导报告

员工等三个层面的工作体系,其中,学校层面主要负责章程制定和治理结构完善等重大专题;职能部门与院系层面负责全面梳理与建设各单位规章制度;广大师生员工应积极参与学校或本单位的建章立制工作。

3. 加强学习,深入宣传

为了提高全校师生的认识,学校邀请有关专家来校作现代大学制度与大学章程建设的辅导报告,开展了不同层次的章程建设和内部管理体制改革的学习与讨论,各职能部门、院系也组织了相关的主题学习和研讨活动。通过学习,广大师生从原则、内容、程序和效力等方面更加准确地把握了章程建设的内涵,逐步建立起现代大学制度的理念,促进了师生的广泛参与和积极踊跃建言献策。

同时,学校通过校刊积极报道编制工作进展,并开辟"聚焦大学章程编制"专栏,逐期刊登校内外专家、普通师生对大学章程编制的分析与思考,努力营造章程建设的良好氛围。

4. 注重研究,专题推进

4月至6月,学校全面开展章程建设的专题调研;6月到8月,多次组织召开章程建设专题讨论会。其间,学校根据章程建设所涉及的各方面问题设置了章程制定依据、办学定位与办学方向、学术组织管理等系列专题研究课题;委托专家咨询组、编制工作组成员和有关职能部门负责人分别牵头开展研究论证、撰写专题报告、设计初步方案;组织专题讨论会,确定章程建设需要解决的问题,根据"成熟一项、实施一项"的原则,及时推进相关工作,分期固化章程编制成果。

8月25日,学校党政领导班子召开2012年暑假务虚会,听取了《同济大学章程》编制工作总体进展情况和相关部门负责人就《同济大学校务委员会章程》《同济大学学术委员会章程》《中共同济大学委员会常务委员会议事规则》《同济大学校长办公会议议事规则》《同济大学关于贯彻落实"三重一大"决策制度的实施办法》等五个讨论稿所作的说明。9月,学校被遴选为"教育部章程建设试点高校",并被纳入现代大学制度建设试点单位。10月,教育部章程建设试点高校工作会议在同济大学召开,学校的相关成果与经验受到好评。

5. 梳理关系,体现特色

在章程建设过程中,学校注重梳理和协调好与章程相关的若干重要关系,体现学校章程建设的特色。学校着重研究了以下五个方面的关系:第一,章程与现代大学制度建设的关系;第二,相关各方的关系;第三,治理结构的关系;第四,共性与个性的关系;第五,现实与未来的关系。通过对以上五个关系的梳理,学校进一步明确了章程建设的目标与重点,厘清了各方关系,找到了学校章程建设的突破口,为建设符合国际惯例、满足国家要求、体现同济特色的大学章程奠定了基础。

6. 征求意见,审议修订

9月,章程编制工作组进入章程起草阶段,并于12月形成初稿。12月14日,学校召开《同济大学章程》文本第一次意见征求会;12月中下旬,学校还召开了多次不同类型的意见征求会,广泛听取意见,凝聚各方智慧,并在此基础上对章程文本进行了反复推敲和不断修改。

2013年1月7日,校长办公会议讨论通过《同济大学章程(征求意见稿)》,并提交教代会讨论和审议。1月19日,学校召开第九届教代会第三次全体会议,与会代表审议了章程文本,提出了修改意见。2月至4月,学校又多次召开意见征求会。4月12日,学校召开校外专家咨询会,来自上海市教育评估院、复旦大学等单位的专家对章程文本提出了修改建议。5月,校务委员会、学校董事会分别召开章程专题讨论会。经过对章程文本的12次大型修改,7月,《同济大学章程》最终稿经学校暑假务虚会、校长办公会、党委全委会、党委常委会审议通过。7月30日,经校长签发,《同济大学章程》正式提交教育部核准。

第九届教代会第三次全体会议审议《同济大学章程(征求意见稿)》

7. 核准修改,落实执行

2013年下半年,学校对章程建设工作进行了阶段性总结。2014年1月,教育部第一次反馈章程核准修改建议;学校根据建议对章程文本进行了修改,经党委常委会讨论通过后报教育部。4月,教育部第二次反馈章程核准修改建议;学校根据建议再次修改后报教育部。4月24日,教育部第13次部务会议审议通过《同济大学章程》。5月13日,教育部印发高等学校章程核准书(第9号),并于6月4日在教育部官方网站公布,《同济大学章程》成为经教育部第二批核准、当时全国仅有的15部高校章程之一。

学校章程获得教育部核准并公布实施后,学校党委常委会于6月16日就章程的实施工作进行了专题研究,并要求全校各单位及全体师生认真学习章程,严格执行章程,以章程实施作为学校依法治校的新开端。随后,学校相关部门积极开展章程的宣讲与解读,在干部、师生中组织开展专题培训和学习,加深师生对章程的认识和理解。同时,工作组编制了《同济大学章程(释义版)》,广泛宣传章程的内容、地位和作用,全方位推动章程的执行和落实。

2018年11月7日,学校提交的章程修正案经教育部核准后予以公布。

《同济大学章程》在内容上呈现了四个特色:一是明确学校定位,进一步凝练了学校的使命、愿景和价值观等核心内容,并将其列入章程第一章的总则部分。二是体现以人为本,将教职员工与学生列入章程第二章,并对其权利与义务作了较为详细的阐述。三是梳理内部治理结构，在第三章的组织与机构中，对学校层面的治理结构和学校下设的各类组织及机构进行了明确界定和关系梳理，形成了较为合理的内部治理结构。四是注重建设成效，阐明章程的制定并非局限于章程文本本身，而是要以章程建设契机，推动全校各单位开展建章立制工作，形成全校制度建设与创新的良好氛围。通过章程建设，学校建立了以章程为核心的现代大学制度，完善了学校领导体制和决策体系，健全了民主参与和民主管理制度，梳理和完善了学校内部机构设置，提高了广大师生的法治意识、民主参与意识和制度意识。

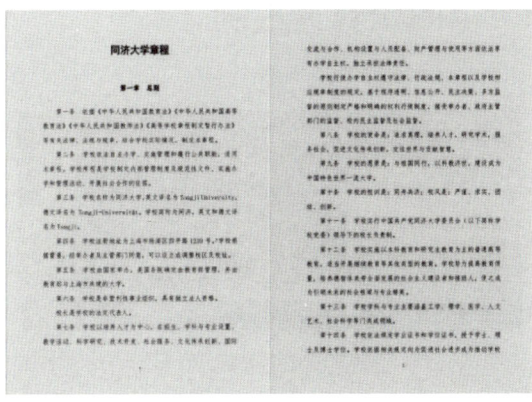

《同济大学章程》中文版（部分）

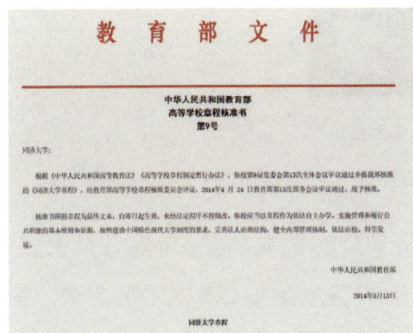

教育部网站公布的高等学校章程核准书（第9号）

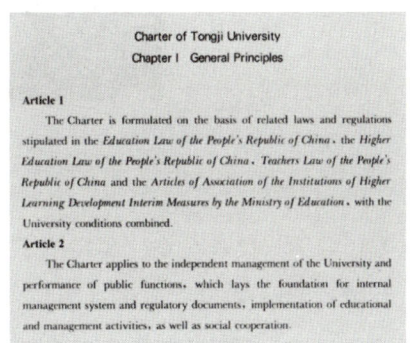

《同济大学章程》英文版（部分）

三、同济特色的现代大学治理体系

学校坚持以章程巩固改革成果,以改革促进章程建设。《同济大学章程》在学校发展历史上具有重要地位,章程建设开启了建立和完善学校现代大学治理体系的新纪元。《章程》彰显了"党委领导、校长负责、教授治学、民主管理"的现代大学治理体系的基本特征,厘清了党委、行政、学术组织、群众组织等各方面的关系,明确了各自的职责范围,构建了党委统一领导、校长独立负责地行使职权、学术组织决定学术事务、其他各方民主参与和监督的现代大学治理架构。

1. 坚持党委领导下的校长负责制

2018年7月,中国共产党同济大学第十一次代表大会胜利召开

2019年10月,学校党委先后启动对六个学院党委的巡察工作

党委领导下的校长负责制是中国高校必须坚持的根本制度,是保证社会主义办学方向和党的路线、方针、政策在高校贯彻落实的基本保障。根据国家要求,健全学校议事规则与决策程序、依法落实党委和校长的权力是《同济大学章程》建设最为核心的命题。通过章程建设,学校稳步推进与之相关的各项关键制度的落实,先后修订了《中共同济大学委员会常务委员会议事规则》《同济大学校长办公会议议事

规则》《同济大学关于贯彻落实"三重一大"决策制度的实施办法》等基本制度，规定了各类组织做出决策、发挥作用的运行方式，使学校各项重要事务的决策均能在内部治理体系中找到可以遵循的程序和规则，进一步健全了党委统一领导、党政分工合作与协调运行的工作机制，落实了党委领导下的校长负责制，完善了学校的领导体制与决策体系。

为加强各级领导班子和干部队伍建设，学校党委制定了《校领导班子成员行为要求》《校领导班子成员进一步加强投入、做好管理的约定》等制度性要求，强化班子的纪律意识，严格控制班子成员承担教学科研任务的数量，督促班子成员将主要时间和精力投入到办学治校的工作之中。为加强对学校发展战略的谋划和顶层设计，学校党委还制定和实施了《同济大学一流大学建设方案》等一系列举措，深入推进学校综合改革。

2. 探索教授治学的有效途径

学术委员会制度的健全为有效推进教授治学、规范高校行政权力和学术权力的关系、形成以学术为中心的评价机制提供了有效的制度保障。

2012年11月19日，学校召开学术委员会会议，来自各学科领域、具有代表性的31名专家学者作为新一届学术委员会成员投票选举郑时龄院士为学术委员会主任。会议审议通过的《同济大学学术委员会章程（试行）》对学术委员会的工作职责、组织机构、工作制度及委员的权利和义务等进行了规范，完善了教授治学的制度保障，维护了教师在学术事务中的主体地位。为充分保障学术的独立性，在新一届学术委员会的31名委员中，仅有1名分管学科与科研的校领导加入其中；委员中未担任校院各级机构领导职务的教师达22名，占总人数的2/3以上。

学术委员会作为学校学术事务的最高咨询和评定机构，负责审议教务委员会、学位评定委员会、专业技术职务聘任工作委员会等组织的委员提名和工作规则，并审议各委员会提请审议的相关学术事务等。同时，学校健全了校、院两级学术委员会制度，在各学院设立了院级学术委员会，努力营造健康的学术环境。学校的这些举措进一步促进了学术管理体制改革，健全了学术制度，成为学校探索"教授治学"的新开端。

2012年11月19日,学校召开学术委员会换届会议

2019年11月,海洋地质国家重点实验室召开第六届学术委员会第三次会议

3. 完善师生参与的民主管理体制

为建立科学民主的决策体系,完善民主管理体制和机制,学校健全了《同济大学校务委员会章程》《同济大学董事会章程》《同济大学教职工代表大会实施办法》等制度体系,加强教职工代表大会、学生代表大会建设,发挥群众团体的作用,进一步拓展师生参与民主管理和监督的渠道,增强全校师生民主管理的意识,推进大学治理的民主化与法治化。

同济大学校务委员会主要承担为学校党委、行政提供决策咨询的职能。2013年5月16日,校务委员会召开全体会议,新一届校务委员会成员开始履行职责。校务委员会下设发展战略咨询委员会、学科建设咨询委员会、文化建设咨询委员会等7个专门委员会。同济大学董事会认真审议校长的年度工作报告,积极为学校制定战略规划建言献策,努力推动学校与企业和地方的合作。学校董事会成员来自国际国内各界,其中,2007年成立的首届(注:新中国成立后)董事会中就包含了7名来自科技教育界、5名来自国内外政界、35名来自国内外经济界的专家学者。成立于

2015年12月,校务委员会会议研讨学校"十三五"及中长期规划纲要

2016年,学校召开第三届董事会全体会议

2019年1月2日,同济大学教育发展基金会第三届理事会召开第五次全体会议,听取并审议基金会2018年度工作报告

2006年的同济大学教育发展基金会负责接受和管理校内外及社会各界的捐赠,所获捐赠主要用于更新教育和科研设施、扶植重点课程和重点学科,支持实验室建设和骨干教师的引进等,在学校建设和学科发展中发挥了重要作用。

教职工代表大会是教职员工参与学校民主管理和监督的重要组织形式。学校坚持每年一次的教职工代表大会制度,教师代表听取和审议校长的年度工作报告,对学校的重大事项和财务状况发表意见。第九届教职工代表大会第三次全体会议审议通过了《同济大学教职工代表大会实施办法》,从制度上推动了教代会工作的有序开展。学生代表大会、研究生代表大会是贯彻以人为本原则、实施民主监督的重要方式,广大学生代表积极对校园建设、教学设施、后勤服务等学校发展的方方面面建言献策,促进了学校管理水平的不断提高。

校务公开是加强民主管理、促进依法治校的重大举措,可使广大教职工充分享有知情权、参与权和监督权,有力推动了学校的信息公开工作。2003年4月,学校召

济忆——历史上的这一周

2009年12月6日,参加共青团同济大学第十九次代表大会的三百多名团员代表选举产生了学校共青团新一届委员会

2012年5月,同济大学第二十一次研究生代表大会召开

2016年3月,学校召开第十届教职工代表大会暨第十九次工会会员代表大会

2017年4月15日,同济大学第四十次学生代表大会召开

2019年11月,学校顺利完成"上海市依法治校示范校"创建实地评估工作;2020年初,学校入选第二批"上海市依法治校示范校"

2020年4月30日,学校召开职能部门及二级单位主要负责人会议,部署和落实《同济大学推进治理体系与治理能力现代化建设2020年行动计划》

开行政工作会议，发布了《同济大学行政工作流程汇编》，全面公开了校务行政职能的职责范围和办事程序。同时，学校建立了每月一次的行政工作信息发布会制度，学校和有关职能部门领导向师生代表通报学校改革、发展和建设的工作情况，并就"热点问题"回答师生代表的提问，积极与师生沟通情况，宣传有关政策。学校还利用广播台、宣传橱窗、校务公开网等形式，推进校务公开的落地、落实，扩大师生的监督渠道。

大学章程是建立现代大学治理体系的重要组成部分和重要载体。学校坚持以章程建设为核心，完善法人治理结构，健全内部管理体制。通过开展《同济大学章程》建设工作，学校建立和完善了科学民主的决策体系、高效有力的执行体系和规范严密的监督体系，有力推动了学校的依法治校和科学发展。为积极响应党中央推进国家治理体系和治理能力现代化的号召，同济大学将现代大学制度建设作为促进学校长远和全局发展的基础性、战略性任务，不断推动学校内部治理体系与治理能力的现代化建设，为建设成为中国特色世界一流大学而笃行致远、砥砺前行！

51

2007年1月5日，同济大学举办建校100周年新年音乐会

第五十一周　　　　　　　　5.17~5.23 [2020]

同济百年校庆经典时刻

五月的鲜花盛开
又一个浪漫的"520"
迎来全体同济人的深情告白
我！爱！你！同！济！

2007年5月20日
同济迎来百岁诞辰
师生校友四海同集欢聚一堂
隆重的庆典大会激动人心
繁盛的学术报告推陈出新
精彩的庆祝活动应接不暇
百年同济，继往开来
百年校庆既是学校发展承前启后的里程碑
也是学校迈向世界一流大学的新起点

回眸"历史上的这一周"
让我们一起回顾
同济百年校庆的经典时刻

一、百年校庆的方向指引

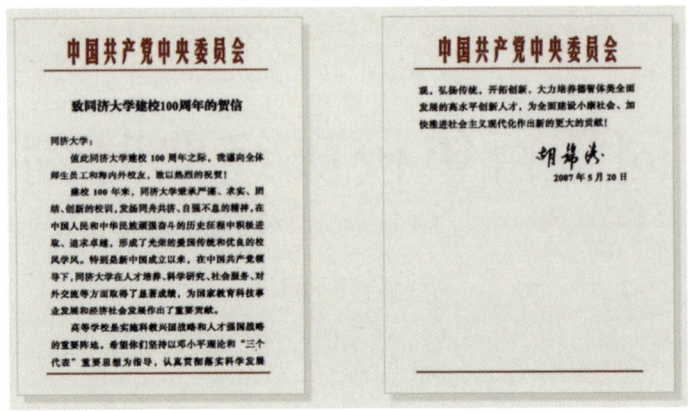

胡锦涛总书记致同济大学建校 100 周年的贺信

世纪百年，斗转星移。2007 年 5 月，在经历整整一个世纪的沧桑与发展之后，同济大学迎来了百年华诞。同济百年校庆得到党和国家领导人的高度重视和亲切关怀，为学校今后的发展指明了方向。

5 月 14 日，温家宝总理于校庆日前夕视察同济大学，并在建筑与城市规划学院钟庭向数百名师生发表了演讲。温家宝总理寄语道："在纪念同济大学一百周年的时候，我想提 5 点祝愿：学校要树立为社会服务的办学理念，要办出特色，要培养全面发展的人才，要开放办学，要勤俭办学。我希望，同济大学借百年校庆，发扬你们的光荣历史，规划你们的美好未来，大步向前走。同济的未来是美好的。"温家宝总理的祝愿凝练了百年同济的精神与特色，进一步明确了学校的发展方向。

百年校庆前，胡锦涛、吴邦国、贾庆林、曾庆红、黄菊、吴官正、李长春、罗干和乔石、朱镕基、李岚清等在任或离任的党和国家领导人分别以不同方式对同济大学建校百年表达了祝贺。胡锦涛总书记在贺信中说，建校 100 年来，同济大学秉承严谨、求实、团结、创新的校训，发扬同舟共济、自强不息的精神，在中国人民和中华民族顽强奋斗的历史征程中积极进取、追求卓越，形成了光荣的爱国传统和优良的校风学风。特别是新中国成立以来，在中国共产党领导下，同济大学在人才培

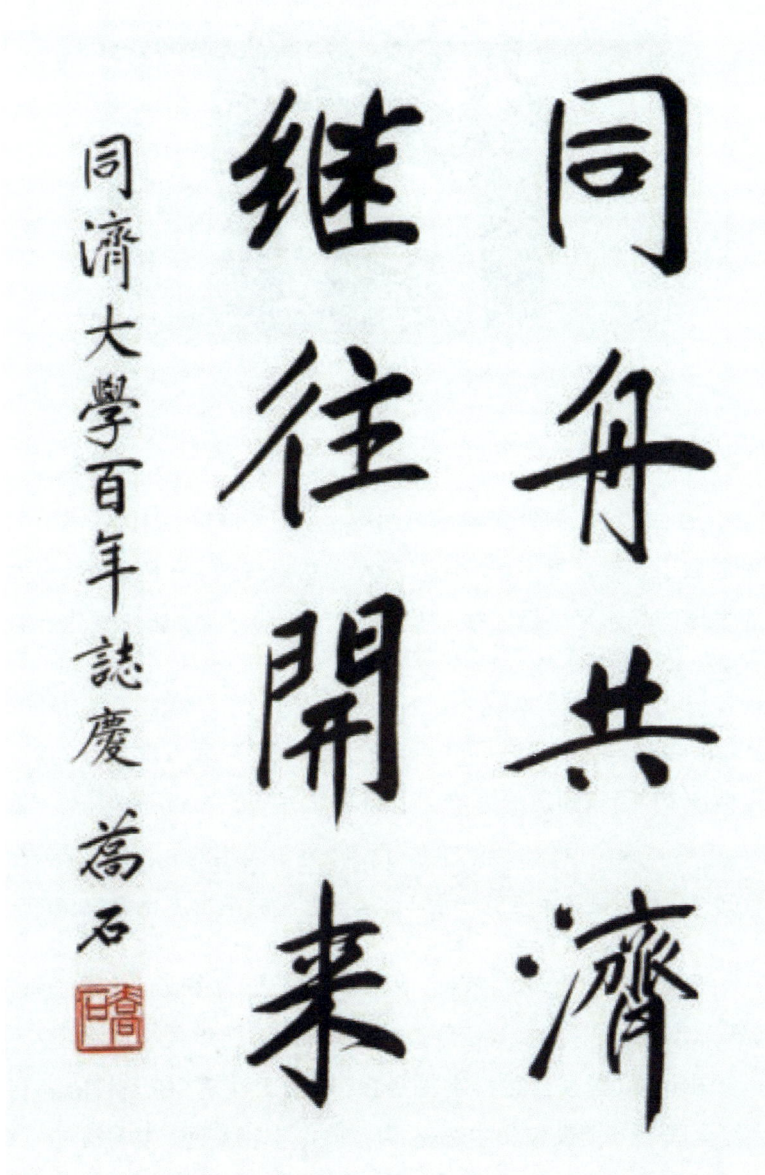

原中共中央政治局常委、同济校友乔石为百年校庆的题词

德国总统霍斯特·克勒于 2007 年 5 月 26 日到访同济大学，祝贺学校百年华诞

养、科学研究、社会服务、对外交流等方面取得了显著成绩，为国家教育科技事业和经济社会发展做出了重要贡献。希望同济大学弘扬传统，开拓创新，大力培养德智体美劳全面发展的高水平创新人才，为全面建设小康社会、加快推进社会主义现代化做出新的更大的贡献。

时任上海市委书记习近平在同济百年校庆期间曾先后五次来到同济，并在校庆纪念大会上致辞，对百年同济的办学历史和精神进行了总结，他指出："同济大学的一百年，是与中华民族命运休戚与共的一百年；同济大学的一百年，是与祖国科教事业心手相牵的一百年；同济大学的一百年，是与上海城市发展相濡以沫的一百年。"

中共中央统战部、教育部、科技部、建设部、交通部、铁道部、国家海洋局、国家环保总局、天津市委、甘肃省委、江苏省人民政府、新疆维吾尔自治区人民政府、共青团中央、全国学联、国家自然科学基金会、中国工程院、中国科协等有关部门及清华、北大等全国 110 所高校和中石化、中海油、宝钢集团、中国核工业集团、中国建材集团等中央企业也发来贺信，祝贺同济百年华诞。

此外，学校还收到法国总统希拉克、意大利总理普罗迪、日本前首相羽田孜、法国参议院主席、法国教育部长、德国外交部长、德国教育部长等外国政要的贺信。据统计，学校在百年校庆期间共收到海内外贺信 205 件。

二、百年历史的精神凝练

通过百年校庆，学校进一步厘清了百年同济的发展文脉，凝练了同济精神，明确了学校未来的发展目标。同济校名出自先秦·孙武的《孙子·九地》："吴人与越人相恶也。当其同舟共济，遇风，其相救也如左右手。"百年同济历经沧桑，其间几多风雨，几多变迁，唯同济之名未变，唯精神之魂永存。本着"隆重热烈、规模适度、注重时效、办出特色"的原则，学校成立了同济大学百年校庆筹备工作委员会和百年校庆筹备工作办公室，并于2005年3月正式启动各项筹备工作。根据学校确定的筹备原则，百年校庆以凝练和弘扬同济精神为主线，进一步明确学校的办学理念和发展方向；以总结和展示办学成果为宗旨，营造浓郁的学术氛围，充分展示百年同济的精神风貌；以整合发展资源、凝聚师生校友为重点，夯实学校未来发展的基础。学校在筹备工作中明确提出：校庆的目的就是要梳理百年历史文脉，展望未来发展愿景。

通过百年校庆，学校更加清醒地认识到：同济的百年历史也是创造知识、启迪智慧、服务社会、报效国家的历史。经过一百年来的努力和奋斗，学校形成了"矢志不渝的爱国精神、同舟共济的团结精神、自强不息的奋斗精神、严谨求实的科学精神"，并以此凝练成"同舟共济、自强不息"的同济精神。

为弘扬传统、总结经验、展示成就、继往开来，在百年庆典筹备之际，学校在四平路校区建造了一座校史馆，并向广大校友、社会各界征集学校各个时期的校史资料和实物。作为学校百年校庆的重大专项之一，校史馆自2006年4月开始筹备，历经400多天，于2007年5月12日正式开馆。

为筹备百年校庆，学校重回"第二故乡"李庄，挖掘和梳理李庄时期的同济精神。在李庄办学的近六年中，学校培养了一大批科学英才和爱国志士，取得了一系列教学科研成果，铸就了同济大学办学历程中一段辉煌的历史，以"同舟共济、自强不息"为核心的同济精神在李庄得到传承与发展。为了铭记历史，激励后学，2005年6月，周家伦书记一行赴李庄开启"寻根之旅"，为李庄同济纪念碑奠基，并与宜宾市签署了校市全面合作协议；9月，万钢校长赴李庄参加"中国李庄抗战文化节"。

在百年校庆即将到来之际，学校举办了纪念李国豪名誉校长的系列活动，广泛宣

2007年5月12日,校史馆举行开馆仪式

校史馆全貌

2007年5月26日,德国总统克勒与校领导一同为校史馆内的埃里希·宝隆塑像揭幕

2005年9月,万钢校长参加"中国李庄抗战文化节"

2005年6月,时任同济大学党委书记周家伦参加李庄同济纪念碑揭幕仪式

同济在李庄时期的诸多办学场所现已成为当地著名的文化旅游景点

2007年3月18日,"纪念李国豪系列活动"在中法中心隆重举行

传以李国豪为代表的杰出同济人的事迹和精神。3月18日上午,由上海市政协和同济大学共同主办、作为学校百年校庆重大活动之一的"纪念李国豪系列活动"在中法中心隆重举行,各界领导、师生代表、李国豪家属及生前亲朋好友等参加活动,共同缅怀李国豪光辉的一生,表达对李国豪的深切思念和对他的精神和风范的崇仰之情。系列活动包括李国豪纪念图书首发仪式、李国豪生平图片展、李国豪逝世两周年追思会等。

除此之外,学校还出版了系列书籍,包括同济老照片、百年同济画册等纪念图书及《同济大学百年志》《德国对华政策中的同济大学》《李国豪画传》《百年同济》《舟行纪——同济百年诗传(上部)》等18本文史类图书,进一步总结和凝练了同济精神。

三、百年华诞的盛大庆典

百年校庆庆典活动精彩纷呈、盛况空前,受到师生校友和社会各界的广泛赞誉。2007年1月5日,一场精彩的新年音乐会向多年来关心和支持学校发展的各地校友、各界人士和朋友宣告:同济大学建校100周年庆祝活动正式拉开帷幕!1月6日,国家邮政总局发行由同济教师设计的《同济大学建校一百周年》纪念邮票。

为了展示"同舟共济、自强不息"的同济精神,在普陀区委区政府的支持下,2007年4月22日,学校在苏州河上举办了"亚龙工业杯"上海苏州河城市龙舟邀请赛暨同济大学百年校庆两岸四地大学生龙舟赛,来自6所港澳台大学及多所内地高校的15个大学队参加龙舟比赛。此外,学校还承办了第一届亚洲大学生足球赛。

2007年5月13日,学校举办"五月的鲜花"全国大学生文艺汇演

2007年5月20日,同济大学隆重举行百年庆典大会

同济大学校长万钢发表演讲

中国科学院院士吴孟超作为校友代表发言

以"同舟共济、和谐中国"为主题的第七届"五月的鲜花"全国大学生大型校园文艺演出于5月13日下午在嘉定校区校前区广场开演,标志着百年校庆庆典活动进入高潮。来自全国21所高校的800余名大学生齐聚一堂,以各种文艺形式展现当代大学生昂扬向上、蓬勃奋进的精神风貌。中国教育电视台、浙江卫视、浙江电视台教育科技频道、上海文广新闻传媒集团音乐频道、新浪网、东方网等同步直播了演出盛况。

5月20日,学校在大礼堂隆重举行校庆大会,同济大学师生、校友、中外著名大学校长和各界人士10000多人参加了庆祝大会。庆祝大会上,时任同济大学校长万钢以《百年同济,大学对社会的承诺》为题发表演讲,回顾同济100年来的风雨历程,展望同济未来,并代表学校向社会庄严承诺:以一流的教学质量,培养创新型人才;聚焦国家科技发展战略,主动融入国家创新体系;服务经济社会发展,促进经济结构优化和增长方式转变;积极把握全球化机遇,提升国际竞争能力;坚持科学发展,建设和谐校园。时任上海市委书记习近平到会祝贺并致辞;德国柏林工业大学校长库茨勒先生代表中外大学校长致辞祝贺;吴孟超院士代表校友讲话;德国前总理施罗德出席大会。

当天晚上,学校在四平路校区一·二九操场举办"青春万岁——同济大学建校一百周年庆典晚会",将百年校庆庆典活动推向最高潮。庆典晚会表现了广大师生校

建校100周年大型文艺晚会"青春万岁"现场

2007年5月18日,联合国环境规划署与同济大学续签"联合国环境规划署-同济大学环境与可持续发展学院"合作协议

前来参加校庆活动的校友踊跃购买校庆纪念品

师生校友纷纷为学校百年华诞献上美好祝福

 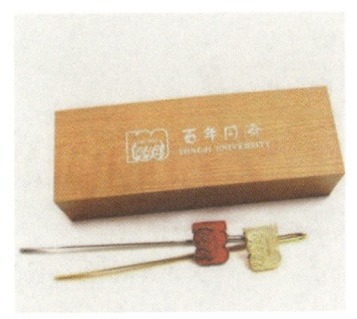

国家邮政总局发行的《同济大学建校一百周年》纪念邮票

百年同济纪念书签

友与时俱进、奋发向上的精神风貌，唱响了同济人在新的百年同舟共济、再创辉煌的雄心壮志和豪迈情怀。晚会由中国教育电视台、东方卫视、上海文广新闻传媒集团文艺频道、上海教育电视台向全国转播，获得社会各界的普遍赞誉。

5月26日，德国总统克勒来校参观访问，并为学校创始人埃里希·宝隆塑像揭幕。此外，5月校庆月期间，学校还举办了城市发展国际论坛、创新与可持续发展论坛、高等教育创新大学校长论坛、"四海同聚，共襄欢乐庆典"2007年全国校友大会、校史馆开馆仪式和学术图书出版展、学科建设与科技成果展等庆祝活动。

为了纪念百年华诞，学校发行了同济大学建校一百周年纪念邮票，设计、推出了各式各样的百年校庆纪念品，包括别具同济特色的"同舟楫"红木墨斗、国立纪念柱模型、百年纪念徽章及兼具实用性的百年纪念书签、钥匙包等。

四、百年校庆的社会影响

学校全方位多角度深层次宣传百年同济的办学成就，充分展示百年同济的精神风貌，扩大了学校的社会影响。百年校庆期间，人民日报、光明日报、中国教育报等对同济大学百年校庆作了系列深度报道；解放日报、文汇报和新民晚报分别从不同侧面作了8个和16个整版的报道；中国日报、中国青年报、南方周末等对同济大学百年校庆的重要活动作了重点报道；中央电视台、上海电视台、上海教育电视台和凤凰卫视多次报道同济大学百年校庆相关活动。其中，5月6日，中央电视台一套节目

《人民日报》在头版头条发表文章《与祖国同行 以科教济世——写在同济大学百年华诞之际》

播出《世界著名大学——同济大学》；5月16日，《人民日报》头版头条发表长篇通讯《与祖国同行、以科教济世——写在同济大学百年华诞之际》；5月17日，《人民日报》"人民论坛"专栏发表《难能可贵的"同济效应"》评论文章，客观评价了同济大学为国家和民族所做的贡献；5月20日，中央电视台"新闻联播"以头条新闻报道同济大学百年校庆的庆典活动。此外，人民网等网络媒体也对学校百年校庆作了多角度报道。与此同时，学校还利用广告、公告等形式营造环境和氛围，并在上海市标志性建筑物和陆、海、空主要交通通道、重要街区等密集发布同济大学百年校庆的相关信息。

迈入新的一百年以来,在国家、地方政府和教育行政主管部门的领导和关怀下,学校不断完善人才培养体系,培养高素质创新人才;加强一流学科建设,大力提升学科实力;实施人才强校战略,进一步优化师资队伍;推进重大科研平台建设,稳步提升学术创新能力和社会服务能力;深化全球战略,持续提高国际化办学程度;传承同济文脉,不断增强文化软实力;改善办学条件,努力提升服务能力,学校的各项事业迈上了新台阶。

一个时代有一个时代的主题,一代人有一代人的使命。走过世纪沧桑,经历百年风雨,同济之名不变,精神之魂永续。百年校庆以来,学校的新时代发展蓝图已经展开,迈向中国特色世界一流大学新征程的号角已经吹响。学校将继续坚持社会主义办学方向,紧紧围绕立德树人根本任务,不忘初心,牢记使命,与祖国同行,以科教济世,全面开启中国特色世界一流大学建设新征程,为实现中华民族伟大复兴的中国梦做出同济人的新贡献。

2015年11月,同济大学30余项科技新成果亮相工博会

2016年3月23日,德国总统高克访问同济大学

2017年,同济大学大型原创舞台剧《同舟共济》于110周年校庆期间公演

52

2017年,学校召开学生就业创业工作会议

第五十二周　　　　　　　　　　5.24~5.30 [2020]

学生工作体系的建立

"青年是祖国的未来、民族的希望"
"青年兴则国家兴，青年强则国家强"
联系青年、服务青年、凝聚青年
是高校青年工作的主要职责
也是高校整体工作的重要组成部分

1984年5月24日
党委青年工作部更名为学生工作部
经过对学生工作机构的充实和整合
学生工作体系不断健全和完善
从思政教育到学生事务
从助学就业到心理辅导
学校为青年学子高举航灯
成为学生健康成长的伴随者和引路人

回眸"历史上的这一周"
让我们一起回顾
学生工作体系的建立与发展历程

人事处所属学生科工作职责（1954年）

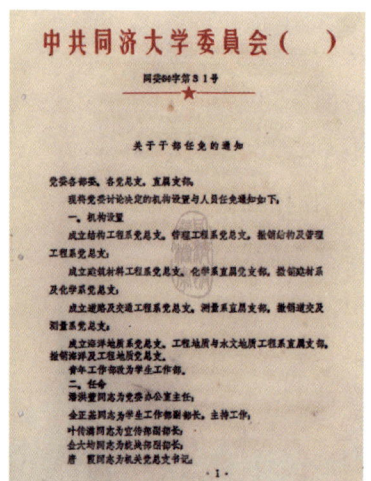

1984年5月，学校党委发文将青年工作部更名为学生工作部

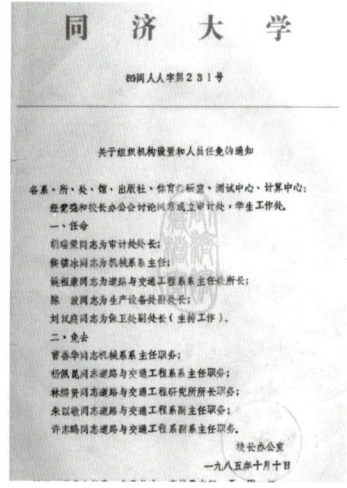

1985年10月，学校发文成立学生工作处

一、学生工作体系的初步形成

新中国成立以后，我国高等教育迈入新的发展阶段，学校的各项事业也开启了新的航程。1952年2月，经中共中央华东局批准，中共同济大学委员会成立。同年9月，为加强党的统一领导和师生的思想教育工作，学校成立政治辅导处（当时简称"政治处"），下设组织科、宣教科和青年科，其中青年科负责学生的思想政治教育、违纪处分、助学金审定、毕业分配等工作。1954年，校务委员会决定成立人事处，下设人事科、学生科、档案科，其中学生科负责学生的入学注册、政审、违纪处分、助学金审定、毕业分配等管理工作。1955年初，学校撤销政治辅导处，并成立党委组织部、宣传部、青年工作部等部门，其中青年工作部负责学生思政教育、党团组织建设等工作。"文化大革命"开始后，青年工作部的工作陷入停滞状态。

"文化大革命"结束后，国家的政治与经济秩序得到逐步恢复，学校的各项工作也陆续走上正轨。1977年10月，中共同济大学新一届委员会成立，党委办公室、宣传部等工作机构得以同步恢复。1981年2月，党委青年工作部正式恢复。为便于开展工作，青年工作部被安排在民主楼内办公（位于图书馆西北角、教学北楼的西南边，21世纪初被拆除后改为绿地；当年的民主楼为学生工作相关机构的主要办公场所，二楼为校团委和德育教研室，一楼为校学生会，青年工作部则在一楼进门右侧的第一间办公）。为切实加强学生的思想工作，1984年5月24日，学校党委决定将青年工作部更名为学生工作部，进一步明确了其面向学生开展思想教育工作的属性，迈出了学生工作体系化建设的第一步。

1984年10月，经国家教委和上海市教卫党委批准，学校作为试点单位之一开始试行校长负责制。时任校长江景波指出，加强学生思想政治工作是全面贯彻党的教育方针、培养"德、智、体"全面发展人才的重要一环；越是对外开放，越要加强学生思想政治工作，学生思政工作是中国特色社会主义大学的特色所在。学校同期颁布的《同济大学校长负责制暂行工作条例》也将"开展教书育人，并通过各项业务工作进行思想政治工作，把思想工作做到教学、科研领域中去，使学生德、智、体、美、勤诸方面得到全面发展"作为校长的职责之一。

实行校长负责制后，为了加强学校行政对学生工作的领导，学校明确了一位副校长分管学生工作，建立了学校党委副书记和副校长对学生工作部实行双重领导的新模式,并将学生思想教育工作纳入学校秘书长(当时高校实行"三长制",分别为秘书长、教务长、总务长)的职责范围。同时,为了更好地协调和统筹学生工作,学校成立了学生工作领导小组,成员包括分管学生工作的党委副书记、副校长及有关职能部门负责人;相应地,各系也建立了系一级的学生工作领导小组,除系党总支书记和副书记外,分管教学的副系主任、系办公室主任等也成为系一级领导小组成员,形成了党政齐抓共管学生工作的新局面,促进了学生工作与学校各项工作的紧密结合和不断提升。

经过一段时间的实践和摸索后,为进一步落实和推进校长负责制,切实加强行政对学生工作的领导,1985年10月,学校成立学生工作处,并与学生工作部合署办公。为贯彻国家教委提出的加强高等学校思想政治工作的指示,1986年12月,学校将原隶属于党委宣传部的德育教研室划转至学生工作部,以充实和加强学生的德育教育。同时,为统筹学生思想教育工作,学生工作部设置了"一正三副"四个领导岗位,其中一名副部长负责本科生思想教育,一名副部长分管研究生思想教育,另一位副部长则由校团委书记兼任,以促进群团工作与思想教育工作的有机结合。

1986年,学校成立研究生院。1987年9月,研究生院设立培养处和管理处,其中,培养处负责研究生培养及思想政治工作,管理处负责研究生的日常行政管理工作。1989年7月,学校将兼有学生日常管理、困难补助、毕业分配等职能的学生科由人事处划转至学生处。1989年10月,学校成立心理咨询室(挂靠学生工作部),负责大学生的心理健康辅导;11月,学校将学生科中的毕业分配职能划出,并单独设立毕业生分配办公室(仍归学生工作处领导),具体负责学生的毕业分配工作。至此,由学校党委和行政统一领导的学生工作体系初步形成。

二、学生工作体系的不断完善

1989年年底,面对国内外严峻的政治形势,党中央明确提出高校要把握政治方向,加强学生思想政治工作。根据中央统一部署和要求,1990年2月,学校召开思想政治工作会议,贯彻落实学校党委《关于切实加强和改善高校学生政工干部队伍建设的若干意见》。鉴于当时学生工作部、学生工作处合署办公及领导班子的实际情况,结合学校已改为实行党委领导下的校长负责制的体制要求,为加强党委对学

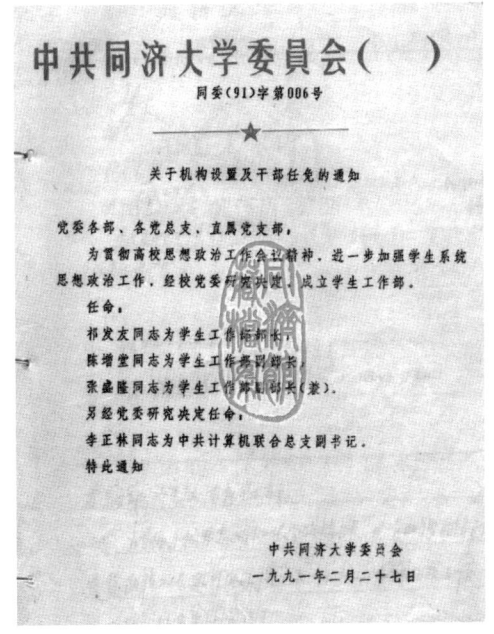
1991年2月，学校党委发文成立党委学生工作部

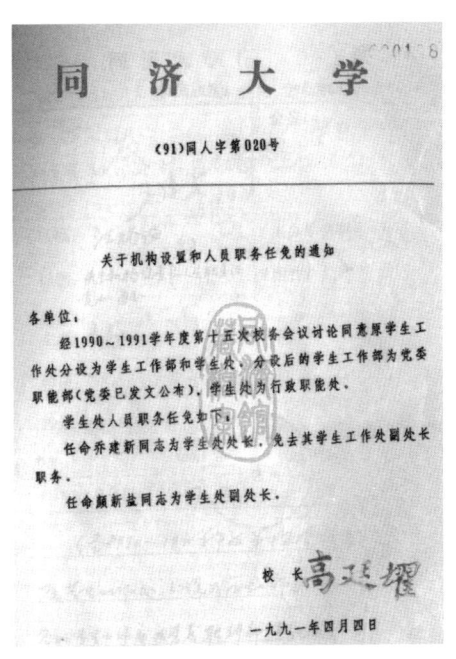
1991年4月，学校发文将学生处调整为独立的行政部门

生思想政治工作的领导，学校决定将原合署办公的学生工作部门一分为二，改由学校党政分别领导。1991年2月27日，学校党委发文成立学生工作部（实为与学生工作处分设，脱离合署关系），由学校党委领导，全面负责学生思想政治工作；同年4月4日，学校行政发布《关于机构设置和人员职务任免的通知》，明确学生工作处为学校行政单独领导的职能部门（实为与学生工作部分设，脱离合署关系），主要负责学生的行政管理、毕业分配等工作。

虽然学生工作部与学生工作处实行了分设，但系一级的学生思想教育、日常管理、毕业分配等工作仍由各系党总支副书记一人负责，因此，出现了会议次数翻番、工作多头布置、时间安排冲突等不利于工作有效开展的情况，给基层学生工作造成了一定压力和负担。经过一年半的运行，结合机构分设后的实际工作效果，为加强和统筹领导学生工作，1992年9月3日，学校党委决定再次实行党委学生工作部与学生工作处合署办公；合署办公后的学生工作部（处）实行"两块牌子、一套班子"，全面负责学生的思想教育和日常管理工作。1994年3月，周家伦被国家教委党组及国家教委任命为同济大学党委副书记兼副校长，并分管学生工作，学校正式建立由同一位校领导以双重身份统管学生工作的新格局。

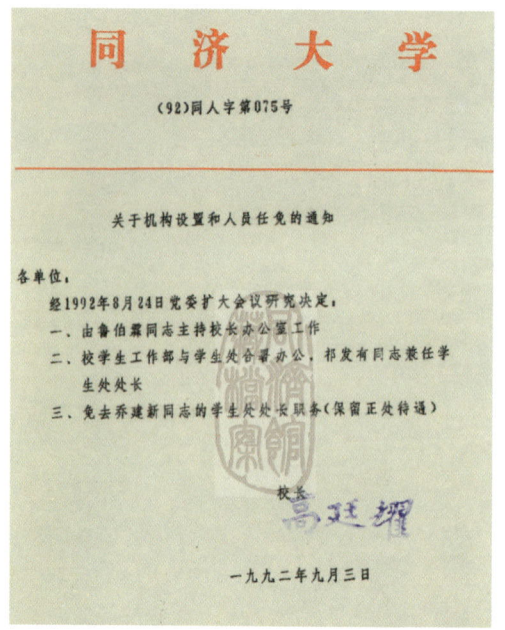

学生工作部与学生处重新实行合署办公的发文(1992年)

1994年5月,学生处设立勤工助学管理办公室。为适应由学生分配向自主就业转型的要求,经过两年多的筹备,1995年10月11日,学校成立毕业生就业指导中心(归学生处领导),同时将"毕业生分配办公室"更名为"毕业生就业办公室",并与毕业生就业指导中心实行"两块牌子、一套班子"的运行模式,实现了就业体制的实质性转型。同期,学校还建立了作为学生业余活动重要场所的大学生活动中心。

1996年,上海城市建设学院和上海建材学院并入同济大学。1997年,学校在沪东校区设立新生院,全面负责在校区学习、生活的一年级本科生的思想教育和管理工作;新生院则设立了五个管理部,分别负责对口学院的学生工作。随着研究生规模的不断扩大,1997年10月,校党委决定成立研究生工作部,全面负责研究生思想政治工作(研究生日常行政管理工作仍由研究生院管理处负责)。

1997年底,学生处探索学生奖学金、助学贷款发放方式改革,为97级本科新生制作并发放招商银行"一卡通";1998年1月10日,97级学生的助学贷款通过招商银行"一卡通"发放;同年秋季起,各年级本科生的奖学金、助学贷款、勤工助学费用等全部通过招商银行"一卡通"发放。1999年新学年开学前,财务处借助该卡首次实现了本科生学费缴纳的统一扣款。至此,本科生缴纳学费及学校发放的奖

档案馆馆藏中的部分学生工作年鉴（1997～2012年）

沪东校区（新生院）举办第三届文化艺术节（2000年）

学金、助学贷款等全面实现无现金模式。1998年2月，学生工作部（处）开始编制学生工作年鉴，《同济大学学生工作统计年鉴（1997年，大学生篇）》成为学校的首部年鉴（累计编至2012年），现已成为承载学生工作历史的宝贵历史资料。

1998年9月，德育教研室划转至文法学院。同年，土木、机械等学院开始尝试设立学生工作办公室（与学院总支的学生工作队伍为"一套班子，两块牌子"），为后续的全面推广积累了有益的经验。为了将学生思想工作延伸到宿舍，1998年秋季，学生工作部试点在本科生宿舍设立社区辅导员，四名当年留校的院系专职辅导员成为首批进驻宿舍的社区辅导员。1999年，一批由院系推荐的研究生成为社区辅导员。2000年，为规范社区辅导员招聘方式，学生工作部采取"个人申请、院系推荐、集中答辩"的方式在全校研究生范围内公开招聘和选拔社区辅导员，有效促进了社区辅导员队伍整体素质的提高，社区辅导员的作用和价值也在工作中得以逐步体现。此后，在校研究生成为社区辅导员的生力军。至2005年，共有200多名品学兼优的研究生入选并担任社区辅导员。

1999年底，根据国家教委精简机构的要求，学校撤销、合并了部分职能部处，个别部处被改设为办公室，并首次实行职能部门正职岗位的公开竞聘。在这次改革中，学校撤销了学生工作部、学生工作处，并以设立学生工作办公室取而代之。2000年3月14日，学校任命学生工作办公室主任。2000年4月同济大学与上海铁道大学合并后，为适应学校改革发展的需要，学校对内设机构再次进行了全面调整，学生

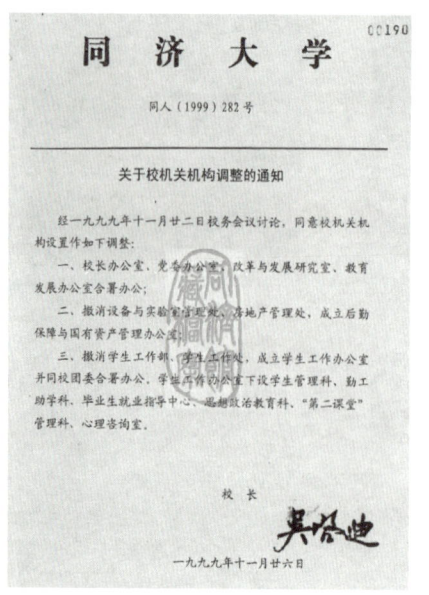

1999年11月26日,学校撤销学生工作部和学生工作处,并设立学生工作办公室

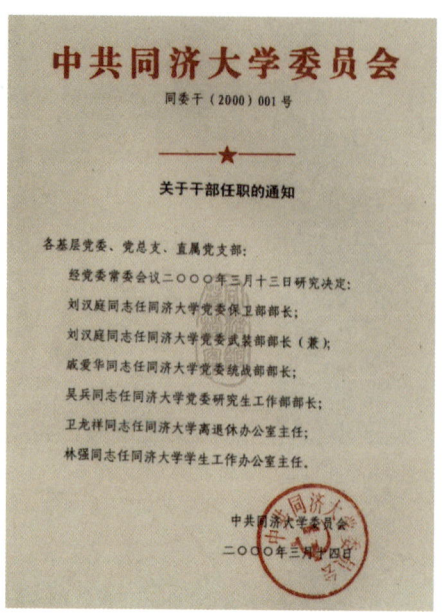

2000年3月14日,学校任命机构改革后的学生工作办公室主任

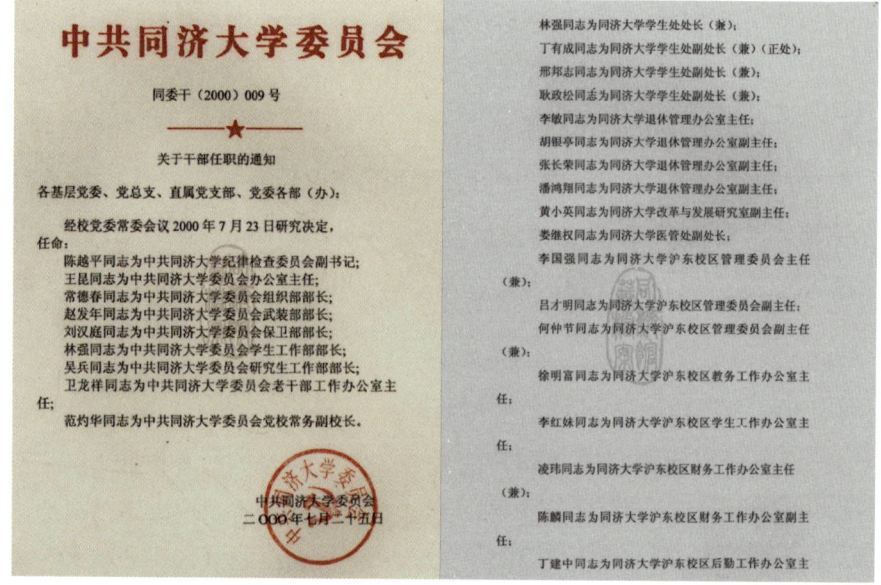

2000年7月25日和8月25日,学校分别任命两校合并后的党口和行政职能部门负责人,党委学生工作部、学生处重新恢复建制

工作部、学生处得以重新设立。同年7、8月间,学校党委和行政分别任命两校合并后的学院及职能部门负责人。2000年10月,学校在学生处设立思想政治教育科。

伴随着信息时代的来临和校园网的建设,学生处积极探索学生工作的信息化管理方式。经近两年的准备与开发,2000年9月,"同济大学学生管理信息系统"上线运行;9月5日,学生处组织开展2000级新生的基本信息录入;此后,又陆续完成高等技术学院2000级新生和沪西、沪北校区(原铁道大学)学生的基本信息录入,加上此前已完成录入的同济大学在校学生信息,所有在校学生的基本信息全部收集完毕,为后续全面实现对学生的信息化、规范化管理奠定了基础。同年11月,学生处开发的就业管理信息系统(同济大学就业网)上线试运行,并在系统中创新性地建立了就业协议"鉴证"模式,彻底消除了以往集中录入就业协议信息(就业信息须按时上报国家教委,并用于核发派遣证和户口迁移证等)时导致的大量数据差错,有效保证了就业协议相关数据的真实性和准确性。

为了提升就业工作效能,2000年7月,学生处组织各学院的16名学生工作干部赴香港开展了为期13天的考察活动,学习香港高校在就业指导等方面的成熟经验,并与在港的大型企业进行了广泛交流,建立了长期合作关系。同时,为了向企业广泛宣传同济大学"知识+能力+人格"三位一体的人才培养模式,11月下旬,学生处组织召开了"为人才铺路、助企业腾飞、促同济发展"大型企业家咨询会议,与会的企业家们纷纷为学校的人才培养献计献策。11月25日,由同济大学承办的上海市东北片十所高校毕业生就业招聘会在同济举行,300多家用人单位和2万多名毕业生参加市场招聘;该招聘会成为同济历年来组织的规模最大的招聘会,既方便了毕业生择业,也扩大了学校在社会上的影响。

为了加强学生工作队伍建设,2000年12月26日,学校召开学生工作专题研讨会,党委书记程天权到会并讲话。会议明确,今后学生工作队伍统一实行单轨制,各班不再设立班主任,由专职或兼职辅导员负责各班的教育与管理工作。为鼓励本科毕业生留校担任辅导员,促进辅导员队伍的合理流动,在学生工作部的不懈努力和积极协调下,2001年4月,学校专门拨出了一些保送研究生的名额用于选留辅导员,使这些留校任职的辅导员得以在两年后直接攻读硕士研究生,解除了他们的后顾之忧;同时,这些辅导员在攻读研究生后还需自主择业,学校不保留他们的人事关系。这一政策的出台,不仅为提高辅导员队伍的整体素质创造了良好条件,无形中还

1993年3月15日，《同济报》刊载评论文章《你中有我，我中有你——毕业生供需见面会后话"供需"》

2007年5月18日，学校举行经纬楼落成典礼

增加了一次双向选择的机会，提高了队伍的流动性，为今后人员的优胜劣汰、队伍的长远发展奠定了扎实基础。

2003年4月，根据教育部推行市场导向的政策要求，学校发文成立"同济大学学生就业指导中心"（挂靠学生处），同时撤销毕业生就业指导中心，并将研究生就业工作的职能从研究生院管理处划转至学生就业指导中心，从而建立起全校统一的就业工作与服务机构。同年6月，心理咨询室更名为心理咨询中心。2004年12月，学生工作部（处）设立"同济大学助学服务中心"和"心理健康教育与咨询中心"。2005年6月，同济大学助学服务中心下设国家助学贷款管理办公室、勤工助学管理办公室。嘉定校区建成后，学生处在嘉定校区设立学生工作管理办公室，负责协调和处理嘉定校区的学生事务。2007年5月，在学校百年校庆之际，原设备处所在大楼（现名山南楼）改造完成，在大学生活动中心原址新建的经纬楼同期落成，心理健康教育与咨询中心、就业指导中心、校团委、助学服务中心等学生管理和服务部门分别迁入山南楼和经纬楼。至此,功能健全、运行高效的学生工作体系基本构建完成。

三、学生工作体系的深化发展

百年校庆以后,学生工作部门坚持"以学生为本"的理念,遵循"依法治校,科学管理"的原则,积极探索和建立具有同济特色的思政育人体系,加强辅导员队伍的专业化和职业化建设,推动实现学生事务管理的信息化和智能化,强化学生就业创业指导,关怀学生心理健康,学生工作体系得到不断深化和发展。进入新时代以来,学生工作部门以习近平新时代中国特色社会主义思想为指导,深入学习贯彻党的十九大、十九届二中、三中、四中全会精神,在学校党委的领导下,紧紧围绕立德树人根本任务,按照教育部"三全育人"综合改革试点工作要求和学校党委工作部署,着力形成全员、全过程、全方位育人格局,开创了新时代同济大学学生思想政治工作的新局面。

2015年,党委学生工作部、研究生工作部实行合署办公(简称"学研工部")。2018年10月,学校入选全国首批10所"三全育人"综合改革试点高校。根据教育部"三全育人"综合改革试点工作要求,学研工部统筹协调各部门,提出"三全育人"的同济思路,组织开展改革试点申报工作,牵头制定学校"三全育人"综合改革试点工作方案、任务分解表。在实施过程中,学研工部统筹推进"心理育人""资助育人",打造"深夜树洞"等线上服务号,以"未来企业家养成计划"等品牌活动提升学生综合素养;依托"一站式"学生社区协同育人中心建设,提升学生社区育人功能,将育人资源与育人力量压实到育人一线,形成辅导员与学生"同场域、同频率、同成长"的工作法则,不断完善学生社区管理及协同育人机制;推进"形势与政策"课责任教授制,组建由责任教授、主讲教师和辅导员助教、研究生助教组成的教师团队,在马克思主义学院、政治与国际关系学院、经济与管理学院及辅导员团队中遴选一批学术水平高、教学能力强的骨干教师作为常设讲师,并邀请校领导班子全体成员参与授课。同时,学研工部依托"信仰启航""卓越领航""先锋示范"三大工程,加强学生党建工作,激发学生党支部活力。

2018年,校领导为学生讲授"形势与政策"课

2019年,学校举办"卓越·领航"学生党支部书记论坛

围绕"高进、严管、精育、善任、优出"的闭环培养模式,学研工部精心打造"信念坚定、爱心坚守、能力坚实、执行坚决"的专兼职辅导员队伍。学研工部坚持配齐与配强相结合,以高准入标准优选辅导员;坚持专业化职业化发展,为辅导员持续"赋能";制定辅导员能力素质进阶提升规划,建立"新任辅导员发展计划 + 骨干辅导员提升计划 + 资深辅导员支持计划"三级体系;坚持评价与激励相结合,明确不同类别辅导员的岗位职责,坚持职业能力评价与工作绩效评价相结合,构建由辅导员自评、院系考评、学生评价、学校考察、学校评优等组成的"五维"评价体系;坚持严管与厚爱相结合,设立辅导员专项绩效津贴,组织开展辅导员入职仪式、表彰仪式,为每一位新任辅导员配备职业导师;全方位提升辅导员专业化发展水平,推动辅导员将工作做深、做细、做实、做精。

围绕"助学育人"的目标,学研工部不断加强基地和平台建设,逐步构建起以"贷、奖、助、免、补、勤"为基础的资助体系,通过改革奖贷学金制度、做好困难学生补助、推进勤工助学等措施,完善学业发展与指导中心功能,为广大学生完成学业、成长成才提供可靠保障;建立上海市高校第一家自强学生社团,组织学生义务家教志愿队,培养学生自信、自立、合作、关爱的理念;通过建立校内外相结合的勤工助学实践基地,大幅增加勤工助学岗位数量,努力打造以勤工助学基地为依托的勤工助学新体系。

赴定西锻炼培养的辅导员在给当地学生上课

2015年，学校举办暑期勤工助学招聘会

在做好常态化就业指导、健全和完善就业服务机制的基础上，学生就业指导中心主动对接"一带一路"建设、京津冀协同发展、长江经济带、粤港澳大湾区建设等国家重大战略对高层次人才的需求，致力于向重点地区、重大工程、重要领域输送优秀专业人才；通过"同行计划"、校院联动、建立重点学生库、开展岗前培训、落实持续关怀等举措，积极推进选调生工作，以"扶上马、送一程、关怀一生"的理念，鼓励学生到祖国最需要的地方建功立业，不断开创和拓展毕业生赴基层单位就业的有效途径。

学研工部坚持育心与育德相结合，积极开展心理健康教育和心理咨询工作。心理健康教育中心现已在四平路校区和嘉定校区拥有团体训练室、测量室、督导室、咨询室和资料室，配备了必要的硬件设施，专职心理咨询师队伍逐步健全，并组建了由督导专家、兼职心理咨询师、心理辅导员和心理委员组成的援助队伍。同时，开展心理健康特色实践活动，在潜移默化中提升学生的心理素养；建好心理健康教育微信公众号，建立心理健康教育素质拓展基地，加强心理健康教育项目研究，构建和完善系统化的心理关怀体系。

为加强少数民族学生管理，学校于2019年10月发文成立少数民族学生事务管理服务中心，并建立了由学校民族工作协调委员会牵头、学研工部制定工作措施和实施监督考核、各学院落实具体工作的校院两级少数民族学生管理体系，形成了"专职辅导员＋内派教师＋学院少数民族学生辅导员＋工作室＋学生骨干队伍"的全叠加、全覆盖、全交叉管理网络。为做好少数民族学生的教育引导和服务工作，学研工部开展了"万里大家访"实地调研活动，走村入户了解少数民族学生家庭的需求和困难，织密"学校＋学生＋家庭＋企业"四位一体的育人立体网。目前，学校共有6名少数民族学生工作专职辅导员和1名新疆地区的内派教师。

济忆——历史上的这一周

同济大学毕业生签署沪上高校 0000001 号就业协议书

毕业季开展的"人才福建周"选调生推荐系列活动

学校开展的大学生心理健康教育主题活动

校领导为四平路校区学生事务中心揭牌

嘉定校区学生事务中心在开展服务

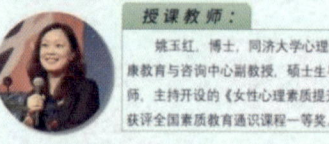

2020 年疫情防控期间，心理健康教育与咨询中心开通心理热线，开设咨询讲座，全力做好心理援助工作

学研工部积极推进学生管理与服务的规范化、信息化、便利化。经过多次升级改版,学生管理信息系统、学生就业网、学工部网站等为院系和学生提供的信息服务更加精准、贴切,促进了学生事务管理与服务的规范化。2014年,四平路校区学生事务中心正式启用,实现了学研工部、校团委等相关业务的一站式服务。此后,嘉定校区学生事务中心也投入使用。

"青年一代有理想、有本领、有担当,国家就有前途,民族就有希望。"这是习近平总书记对新时代青年人的期待。培养好青年一代是国家基于长远发展目标的战略性考量。学校的学生工作者们将继续开拓创新,同舟共济,努力将育德、育心、育能融为一体,引领青年学子坚定不移跟党走、与国家和民族的前途命运紧紧相连,教育和引导青年学子不负韶华、奋发有为、积极投身中国特色社会主义现代化建设的伟大事业。

参考文献

1. 同济大学档案馆馆藏档案及校史资料。
2. 《同济大学史（第一卷 1907—1949）》，第二版，翁智远、屠听泉主编，同济大学出版社，2007年5月。
3. 《同济大学百年志》，同济大学百年志编撰委员会编，同济大学出版社，2007年5月。
4. 《同济大学100年》，皋古平主编，同济大学出版社，2007年5月。
5. 《中欧教育交流的发展》，李兴业、王淼著，山东教育出版社，2010年12月。
6. 《同济大学建筑设计院60年》（1958—2018），华霞虹、郑时龄著，同济大学出版社，2018年10月。
7. 《同济人忆抗战》，《民间影像》编，同济大学出版社，2017年8月。
8. 《战斗在血防一线的同济师生》，马先松，《武汉文史资料》，2016年第2期。
9. 《冲破黑暗迎曙光——纪念同济"一·二九"事件五十周年》，王建云主编，同济大学出版社，1999年5月。
10. 《跨越百年的激情——同济大学校园红色景观巡礼》，同济大学建筑与城市规划学院研究生党总支编。
11. 《同济这十年》（《同济报》同济大学2007—2016年新闻作品选），同济大学党委宣传部编，同济大学出版社，2018年。
12. 《德国对华政策中的同济大学》（1907—1941），李乐曾著，同济大学出版社，2007年5月。
13. 《中德友谊的结晶——忆留德预备部初建》，赵其昌，《同济人》，2006年第3期（总第8期）。
14. 《探索中国大学治理之道 同济大学章程建设的思考与实践》，周祖翼、裴钢主编，同济大学出版社，2015年1月。

后记

从 2019 年通过微信公众号推出"校史回眸"之"历史上的这一周"到 2021 年策划出版，再经过一年多的修订完善，《济忆——历史上的这一周》一书终于和读者们见面了。这本书既是对同济大学百余年办学历程中重大事件和经典时刻的铭记与再现，也是编者与同仁们不断传播校史文化、传承同济精神的一次有益尝试。

2019 年 4 月，时任同济大学副校长江波向档案馆负责人提出了每周推出一期校史推文的要求。为此，档案馆馆长林强召集校史馆的同仁们研讨推文主题和推送方式。由于时间紧迫，经反复斟酌，最初仅确认了前几期的推文主题，主要由校史馆的周黎萍、林松两位同志负责起草推文。进入暑期后，林强和周黎萍同志对全年主题进行了整体梳理，发现个别推送周期的可选主题较多，难以取舍，而有的推送周期可选主题则偏少；另一方面，由于每期推送仅间隔一周，编写推文内容的压力持续增大。9 月份开学后，林强同志再次召集校史馆的几位同仁，提出了主题选取的基本原则（已在前言中描述），并最终确认了全年的推送主题。同时，档案馆在全馆人员中发出倡议，发动大家积极参与推文编写工作。此后，档案馆的张静、杜婕、季玲玉、刘丽娟、朱国兰、李双双、臧亚丹、王晓云等同志加入推文编写队伍，各自承担相应推送周期的推文起草工作。

对于新加入队伍的年轻人而言，这项工作不仅是学习的机会，更多的是挑战。大家各自构思内容、寻找资料、沟通探讨、相互帮助，最终均顺利完成了推文起草工作。各期推文陆续起草完成后，林强和周黎萍同志对推文初稿进行了认真校审。由于每周一要发布新的推文，为了严格考证推文内容、严把质量关，两位同志放弃了大部分休息时间，晚间及周末经常沟通审稿意见，有时甚至要工作到次日凌晨；周黎萍同志不仅编写了每期推文的导语，形成了独特的推送风格，还对个别推文进行了重新编写。负责新媒体制作的王毓灵同志经常在周末收到文稿，但从未耽误周一上午在微信公众号上的准时推送。

2021 年上半年进入出版阶段后，林强同志对推文原稿进行了全面校审。在周黎萍、周玮、孙洁、吕真真、刘丽娟、季玲玉等同事的协助下，林强同志利用当年暑期仔细阅读了馆藏档案中的所有历史出版物和其他相关史料，对个别推文中表达不够严谨、描述不够准确的内容进行了修改，并对全书作了文字修饰，形成了书稿的初

后记

稿。2022年暑期，林强和周黎萍同志又根据编审意见对书稿的个别内容和图片进行了再次修改和完善，完成了出版的各项准备工作。

回想起从微信推送到出版的艰辛过程，大家觉得那个时期人人都像"拼命三郎"，每周都"压力山大"，何况同期还有多个大型展览需要筹备，但当看到推文发出后师生校友的反响和鼓励，所有参与者都认为，我们的付出是值得的。在书稿的校验过程中，虽然有时会感到重复繁琐、孤寂枯燥，但我们也常常因书中的同舟共济时刻而感动，为同济人奋发图强、自强不息的精神所鼓舞。在庆祝同济大学建校115周年、迎接中国共产党第二十次全国代表大会召开之际，谨以此书为贺。希望本书52篇历史剪影和娓娓道来的讲述能让读者更加了解同济、读懂同济、热爱同济，进一步激励同济人和衷共济、报效祖国的信念和意志。希望读者能够喜欢这本书，从中得到有益的启示和收获。

《济忆——历史上的这一周》能够如期出版，离不开编撰团队所有成员的辛勤付出，更离不开各方面的支持与鼓励。在此，我们衷心感谢学校领导在前期推送、图书编审和题写序文上的指导、关心和支持；感谢学校校友会、本科生院、研究生院、学生处、人事处、图书馆、后勤、产业等部门和建筑城规、土木、汽车、海洋、测绘、航力等学院给予的大力支持和帮助；感谢金正基、李乐曾、乔建新、颜新盐等老领导、老专家、老同事对推文的指导和把关；感谢学校党委宣传部姜锡祥、江平、周游等同志为推文和本书提供了大量照片。同时，感谢同济大学出版社以及各位编审、设计人员，他们的用心审稿和精心设计，保证了本书的出版质量，使本书保持了推文的原有风貌，提升了阅读的美感和体验的质感，实现了内容和形式的完美结合。

由于编者水平有限，本书的纰漏和缺陷在所难免，热忱希望广大读者不吝赐教，给予批评指正。同济大学历史悠久，内蕴着丰富的精神内涵，本书的52篇文章仅仅勾勒出了学校发展的大致轮廓，还有许多重要事件、精彩瞬间和内涵理念有待今后进一步挖掘、提炼和发扬、传承。校史研究与档案编研道阻且长，校园文化建设和同济精神传承任重道远，此书的编辑出版只是一个尝试，希望在学校领导的关心指导和师生校友的支持帮助下，学校的校史文化传播和同济精神传承工作取得更加长足的进步。

编委会
2022年9月